i

为了人与书的相遇

杨照 —— 著

史记

的读法

司马迁的历史世界

广西师范大学出版社

· 桂林 ·

图书在版编目(CIP)数据

史记的读法：司马迁的历史世界 / 杨照著．
—桂林：广西师范大学出版社，2019.11（2020.5 重印）
ISBN 978-7-5598-2060-0

Ⅰ．①史… Ⅱ．①杨… Ⅲ．①司马迁（约前 145 或前 135-？）－
人物研究②《史记》－研究 Ⅳ．① K825.81 ② K204.2

中国版本图书馆 CIP 数据核字 (2019) 第 161206 号

广西师范大学出版社出版发行

　广西桂林市五里店路9号　邮政编码：541004
　网址：www.bbtpress.com

出 版 人：黄轩庄
全国新华书店经销
发行热线：010-64284815
山东韵杰文化科技有限公司

开本：1230mm×880mm　1/32
印张：16.625　字数：375千字　图片：27幅
2019年11月第1版　2020年5月第3次印刷
定价：88.00元

如何读史记？

太史公司马迁的《史记》是一部好看却难读的书。

《史记》之好看，大家都知道。书中写了那么多精彩的故事，还写了让人一读难忘的人物。沈从文 1952 年的一封家书中，如此反映了《史记》的迷人之处：在四川农村里参加土改工作队的一个难眠之夜，他从垃圾堆中翻出了一本残破不全的《史记》选本，在灯下读了李广、窦婴、霍去病、卫青、司马相如的传记，"不知不觉间，竟仿佛如同回到二千年前社会气氛中，和作者时代生活情况中，以及用笔情感中"。然后，沈从文感慨评断："《史记》列传中写人，着笔不多，二千年来还如一幅幅肖像画，个性鲜明，神情逼真。重要处且常是三言两语即交代清楚毫不黏滞，而得到准确生动效果，所谓大手笔是也。"

英年早逝的漫画家郑问，当年就靠着慧眼选择了《史记·刺客列传》的内容，完全将司马迁所写的用来作剧本，完成了他的代表性杰作。郑问会画、能画，不过他的《刺客列传》能够一炮而红，很大程度上还是要归功于《史记》中那些好看且动人的故事。

但好看的《史记》却有其难读之处。毕竟《史记》是两千多年前用文言文写成的，文字语法各方面有着时代差异带来的障碍。

虽然现代有各种白话翻译版本流通，偏偏司马迁的古文写得那么漂亮、简洁、准确、透彻，简直无法改动，转化为白话就韵味全失了。难就难在不用原装古文来读，就读不到从纸面穿透而来的真挚情感。

《史记》之难读，还有超越文字层次之处。最难的，在于《史记》是一本完整的大书，不只翻译成白话就走样了，事实上各种节录选本也都必然扭曲《史记》的面貌。《史记》中有那么多好看的内容，然而重点却在于，司马迁放进《史记》里的不只是那些好看的内容。

《史记》一共有五十二万余字，分成一百三十篇，五个不同部分，这些都是司马迁特别规划的，那是《史记》的架构，更是司马迁极度在意的全书完整性的呈现。

读《史记》，我们不能光拣好看的看。古往今来很多《史记》的选本，都依循一个简单的原则，就是考虑《史记》文章好看程度，将"不好看"的部分挑出来，只留"好看"的部分。但这样就遗漏了一个关键问题：为什么司马迁要在《史记》里放那么多"不好看"的内容？为什么很多读者认定"好看"的内容，在《史记》中往往被放在很后面？为什么依照司马迁自己的编排方式，读者必须先读很多没那么好看的内容，挨着挨着才能挨到"好看"的篇章出现？

难道司马迁没有编选的眼光，分辨不出自己写的哪些好看哪些不好看？还是说司马迁是个缺乏自制拣选能力的作者，舍不得放弃自己写的任何东西，当断不断、当舍不舍，以致让《史记》变得过度驳杂、庞大？司马迁是个能写好文章的杰出作者，却是个糟糕的编辑，不能好好整编自己的著作，必须由后人来替他拣择重编？

当然不是。仔细读过《史记》全书，配合相关史料对于司马迁的认识，就会明白，这问题的真切答案是：司马迁从来就没有要写一本"好看"的书，或者该说，他没有要写一本光是"好看"的书，"好看"在他自觉而严格的写作标准中不是那么重要。对于《史记》这本书，司马迁有更广阔且深刻的动机及目的。

我们不能，也不应该抛弃这位伟大作者的主观动机及目的来读《史记》。只将此当作一本好看的书，只选择好看的部分来看，这样的阅读态度与方法，一方面对不起付出了生命与自尊的代价来写作的司马迁，另一方面也限制了我们能够从《史记》中得到的领悟与启发。读《史记》，一定要有耐心（甚至要有知识上的勇气）走入这片文字的荆棘丛中。

如何读史记？很简单的基本态度，就是谦虚地面对这本大书，认知这样一本书的内容和安排出自远比我们博学、聪明、深思的伟大心灵，因而愿意尽心竭力地去探触书中形构的复杂历史世界。不只要从头到尾通读，而且在细读的过程中，要不断追问为什么：为什么司马迁这样写，为什么司马迁如此繁写、如此简笔，为什么司马迁如此分配相关内容，为什么司马迁如此安排篇章及行文顺序……

所有的为什么都必须、也只能回到《史记》的文本中找寻答案。令人惊讶的是，愈是积极探问为什么，就愈是会在《史记》中挖掘出相关的解释，读到原本忽视了的，或是读不到的意义。换句话说，今天针对《史记》能够发出的种种疑问，似乎司马迁早在写作之时，就在文章之中或文章之间准备好了给我们的回应。

用这种方式读《史记》，逐渐就会明白，光是将《史记》当故事书来读，只看到其中"好看"的部分，会多么浪费！司马迁的历史意识、他那既辽阔又深邃细致的心灵，远远超过一个说故事的人。而且，由这样一颗既辽阔、深邃又细致的心灵流泻到笔下的故事，也就充满了多层次多曲折的感情与经验表达，无法用单纯听故事的轻松态度来领会。

"如何读史记"因而是一种试图穿越两千年时空距离的努力，通过文本去接近并揭示司马迁那不可思议的复杂、精密的心灵。先从《太史公自序》和《报任安书》解读起，然后进入《史记》和司马迁的切身遭遇，接触那些明确影响他终极生命价值建立的事件，查考他如何写李广、写汉武帝。要更深入理解汉武帝及其时代，就必须上溯汉代的建立，所以接着对照细读《项羽本纪》和《高祖本纪》，尽量厘清司马迁对于汉代的看法，以及写当代历史的他抱持了什么样的标准与理想。

《项羽本纪》《高祖本纪》同时也是《史记》本纪中最具代表性的篇章，可以借此说明本纪的意义与功能。书中另外选了《吕后本纪》，希望让读者能体会司马迁对政权运作独树一格的功过判断。

然后进入表和书，除了用"多重时间维度"的观念来说明司马迁的设计之外，再从《史记》八书中选出了《平准书》来凸显书的突破性创意。

至于《世家》则选了留侯、萧相国、淮阴侯、曹相国等在内容上相关联的几篇，将司马迁对于汉初政治的锐利观察与分析，表现得更清楚。

《世家》之后是《列传》。我们首先会仔细逐字逐句解读列传首篇《伯夷叔齐列传》，因为这篇含藏着司马迁最热情的史家自我责任告白，宣示着正因为"天"与命运是不公平的，好人不一定会有好报、坏人常常不会有坏报，许多值得被推崇的人没有权力、没有地位，最后默默无闻地被遗忘了，许多恶行因没有被记录下来而逃过了谴责，所以需要史家史笔。历史重要的存在理由之一，就是弥补"天"与命运的这种不公平，将好坏行为与名声彼此相称地存留下来。

《伯夷叔齐列传》放在第一篇，还有另一项宣示作用——在司马迁的道德价值判断上，最纯粹最高贵的德行就是"让"，为了原则而宁愿将至高的利益与享受推出去，甚至会为了原则不惜牺牲自己的生命。这样的人，他们把坚持自己的信仰、原则看得比生命还重要。不管他们是什么样的身份地位，有没有丰功伟绩，历史都应该将他们的人格典范记录下来，传留给后世。

读完并充分理解了《伯夷叔齐列传》，我们回头才能明了为什么世家的第一篇是《吴太伯世家》。吴太伯和伯夷叔齐的共通点在于，他们人生中最关键的决定都是"让国"。有国而不居，吴太伯甚至为了贯彻"让国"的决心，逃到文明之外的地区，宁可"断发文身"化为野蛮人。

最后则从列传中选出几篇今天读来仍具备高度思想冲击的个传与集传，让读者体会一下司马迁碰触、揭露跨时空的普遍人间议题的高超能力。

这本书源自 2017 年所制播的一套一百二十集音频节目，如果没有梁文道和"看理想"的同事们提出这项计划督促我整理过去对于《史记》的种种研究与探索，当然就不可能会有这项相关的出版计划。在此过程中，主要安排协助音频节目制播的张登邑、负责整理书稿的马希哲，还有参与其中的马晓晨、鲁兴刚都对他们的工作提供了超标的成果，我也才得以在那么短的时间内将书稿备好，和读者见面。简单的"谢谢"两字实在无法表达我衷心的感动。

当然，书中有任何错误或混乱等未尽完美之处，都是我自己的不足，赖不得任何人。

是为序。

目 录

认识司马迁

权力与命运

超前与缺憾

司马迁的英雄们

如何为官

被遗忘的智者

简短的结语

认识司马迁

太史公自序：史官的使命

何为"太史公"？

在司马迁写了《史记》之后，中国人看待历史的方式有了非常大的变化。并不是司马迁之前的中国人不重视历史，或不知道历史是什么，而是司马迁从概念上对"历史是什么""我们如何看待历史"给出了新的答案，更写了一部庞大作品来亲自示范。因此，要深切地理解《史记》，就应该先了解司马迁是一个什么样的人，活在什么样的时代，有些什么样的精神，而这些精神又源于何种生平经历。

了解司马迁的重要资料是《汉书·司马迁传》，但是班固在写《司马迁传》的时候真是偷懒，这篇传记几乎找不到班固自己写的内容，从头到尾就是抄两篇文章：前面抄的是《太史公自序》，也就是《史记》的最后一卷；后面抄的是一封信，即司马迁写完《史记》之后，在非常特别的情境下写给任安的信。班固没有再多加什么内容，但通过这两篇文章，我们已经能够清楚地认识到司马迁是什么样的人，以及他为什么写《史记》。

在《汉书》中写司马迁的这篇文章叫《司马迁传》，没有加

"太史公"三个字。然而，要了解司马迁和《史记》，就不能不追究为什么司马迁叫"太史公"，以及"太史公"是怎么来的。

东汉的时候，卫宏有一本解释汉代朝廷制度的重要著作，叫作《汉仪注》，其中有一小段记录对后人造成了很大的困扰。书里说到，武帝时曾经立过一个叫作"太史公"的官职，高于丞相：

> 太史公，武帝置，位在丞相上，天下计书，先上太史公，副上丞相。

换句话说，各种朝廷资料的正本先要给太史公，副本才给丞相。然而这只是一个孤证，可能是卫宏搞错了。但这就涉及两个有趣的问题：一、卫宏为什么这样讲？二、如果没这个官，司马迁为何自称太史公？

司马迁和父亲司马谈在武帝时期担任的都是太史令，再加上司马迁把这个官职看得非常重要，从而误导了卫宏，让他觉得武帝设置了一个了不起的官职，司马迁才会把它记录下来。

卫宏的错误是一个重要的提示，反而让我们能更精确地掌握司马迁的想法。其实中国本没有太史公这个官职，司马迁担任的是"太史令"。太史令最早掌管天文、仪式，后来慢慢开始负责记录，这就是为什么《汉仪注》说"天下计书先上太史公"（其实应该是"先上太史令"），他掌管的不过是一个资料保存中心，地位不可能比丞相高。这个职位既然位阶不高，又不那么重要，为什么司马迁要"自抬身价"，称自己为太史公呢？实际上司马迁并没有私心，他不是为了炫耀自己官做到多大，父亲官做到多大。认真读一下《太史公自序》和《汉书·司马迁传》，我们就可以解开这个谜。从汉代官职的现实去看，太史令其实不是什么重要的官，但司马迁扩大了太史令所做的事，改写了自己的使命。他认定，太史令应该保存古往今来所有重要的史料。

本来太史令是一个普通工作，很多人都做过，但是司马迁极其认真地看待这个工作，以至把它变成一种 vocation——这个词在英文里有一种宗教式的意涵——是一个 calling，是更高、更神圣的声音召唤你去实现生命最大的意义。

在原本微不足道的太史令工作上，司马迁有近乎宗教式的自我提升，这个提升不在于别人怎么认定他，而在于他如何认定自己。这部分来自他对父亲的崇拜，如果进一步溯源，则还有历史、传统、家世所给予的一种命运让他不得不承担。所以，"太史公"三个字含有宗教式的情怀，在这个信仰面前，其他的都没有那么重要。也是从这里，我们才能理解司马迁生命中的悲欢，以及种种决定。如果没有这种宗教性的坚持，司马迁不可能在遭遇到这么大的打击后还能坚持下去。

这个最大的打击，就是"李陵之祸"。在这个事件中，司马迁触怒了汉武帝，他那时面临两个选择：要么去死，要么接受宫刑。如果对汉代人最基本的尊严稍有理解，你就会知道司马迁几乎没有选择。选择接受宫刑，被养在宫中，那是比死还要痛苦的事。可是最终在考量之后，司马迁没有选择死，而是苟活下来，去完成他应该完成的事情。

所以，当他写《太史公自序》或者《报任安书》时，这些事情已经在脑海里折磨他很多年。司马迁是如此严肃地看待"太史公"这三个字，把它当作自己的命运，即使付出最屈辱、最不堪的代价也非完成不可。

在《太史公自序》一开始，我们就看到他解释这个命运如何落到自己身上：

> 昔在颛顼，命南正重以司天，北正黎以司地。唐虞之际，
> 绍重黎之后，使复典之，至于夏商，故重黎氏世序天地。

他把太史公的传承一路往前推，推到黄帝的孙子颛顼的时代，即
文明刚开始的时候。颛顼时有什么特殊官职，到了尧舜时代又有
什么样的官职，然后一步步到了夏商。

而司马家的由来可以追溯到周宣王的时候。

> 其在周，程伯休甫其后也。当周宣王时，失其守而为司
> 马氏。司马氏世典周史。惠襄之间，司马氏去周适晋。晋中
> 军随会奔秦，而司马氏入少梁。
> 而少梁更名曰夏阳。靳与武安君坑赵长平军，还而与之
> 俱赐死杜邮，葬于华池。

关键的一句话是"司马氏世典周史"，就是说，已经不知道多少
代，姓司马的人的职责就是记录周代的历史。到了春秋战国时期，
司马氏分散各地，出了好多名人。他一代一代地开始讲这些留下
名字的人，先讲了司马昌，司马昌之后是司马无泽，司马无泽之
后是司马喜，司马喜之后是司马谈。

到了这一段的结尾，他称司马谈为"太史公"。这是文章中第
一次出现这个词。司马迁想告诉我们，他父亲不仅继承了家族长
久的历史渊源，而且是被正式任命为该官职的。这也意味着，司
马谈已经用太史公的自我期许来看待自己的工作了。

于是，一种清楚的、高贵的、昂扬的史家意识形成了。能够
记录历史的人是光荣的，而且这个人是继承了责无旁贷的使命的。
司马迁秉持着这种态度，不是为写书而写书，而是为了可能已经

传承了近千年的家世传统，因此《史记》才会有这样令人惊讶的、突破性的创意和成就。

太史公的成长之路

司马迁，这位中国史学上最重要的人才，绝对不是凭空而来的。对于自己的来历，他在《太史公自序》里面交代得清清楚楚。

他的自豪首先来自家世。司马家原本就是一个史学世家，司马谈在武帝朝担任太史令，《太史公自序》里完整收录了他的《论六家要旨》，彰显了其学术和思想。

这里有几个可能的用意。其一当然是司马迁作为儿子，不仅想留住父亲的名字，而且要把父亲的重要贡献借由自己的著作保留下来；其二，他想展示，司马谈这样一个杰出的历史学家，最大的本事是把过去几百年非常繁杂的现象化繁为简，同时不扭曲地表现出来。

春秋战国时期百家争鸣，各种思想同时冒出来互相竞争，各个流派出现了诸多人才、著作、思想，彼此错杂影响。这种情况贯穿了三四百年。面对这一现象，如果没有史学家来整理，我们可能手足无措，很可能也无法将其收录在人类经验当中。这也是司马迁收录《论六家要旨》的重要用意之一。

六家指的是阴阳、儒、墨、名、法、道德，司马谈对其都有非常简要的说明及统纳。他先从阴阳家开始说起："窃观阴阳之术，大祥而众忌讳，使人拘而多所畏。"阴阳很繁杂，它很重要的一个作用是使人感觉这个世界有很复杂的运作道理，在生活当中必须要和阴阳五行的各种元素配合。这是它的重点，同时也是它的问题。司马谈接下来说，"然其序四时之大顺，不可失也"。阴阳有它的好处，就是让人感觉到天道流行中的模式，以及和我们之间可能产生的关系。

接下来讲儒。儒家的不足在于它有非常复杂的六艺，加上《诗》《书》《礼》《乐》《易》《春秋》等各样著作，让很多人一辈子都没有办法搞清楚，甚至父子两代都不行。从这个角度来看，儒家并没有一个简要的原理。但儒家的好处是有一个贯穿始终的理念，即"君臣父子之礼、夫妇长幼之别"。将人伦规范清楚，告诉每一个人在人伦关系中应该做的事情，这是儒家绝不能被抹杀的功劳。

通篇看下来，我们会知道司马谈在六家当中有所选择，《论六家要旨》谈得最多的不是儒家，而是道家——"道家无为，又曰无不为。其实易行，其辞难知。其术以虚无为本，以因循为用。无成执，无常形，故能究万物之情。"这些都是正面的。道家无为，但同时又无不为，正因为无为，所以才能无所不为。用语言把道家的道理讲清楚非常困难，可是如果落实在生活上面，道家却又是最简单的。

在《太史公自序》中，司马迁先是追溯了自己的家世，而后又彰显了父亲的教导和成就：把春秋战国时代的诸子百家整合为六家，又厘清六家的要旨，交代其脉络渊源，让人一下子就能领会。能够用精到的文字把复杂的东西说清楚，这也是史学精神当中非常重要的一点。

再然后，司马迁终于说到了自己："迁生龙门，耕牧河山之阳。年十岁则诵古文。"司马迁受教于家世，还有经学。当时经学有今文经和古文经，司马迁学的是古文经这一派。二十岁的时候，他开始壮游。

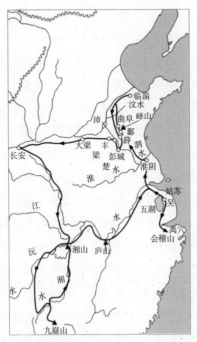

司马迁旅行路线　鹤间和幸《始皇帝的遗产：秦汉帝国》

　　南游江、淮，上会稽，探禹穴，窥九疑，浮于沅、湘。
北涉汶、泗，讲业齐鲁之都，观孔子之遗风，乡射邹、峄，
厄困鄱、薛、彭城，过梁、楚以归。

　　若把这些地名全部在地图上铺陈开来，会发现他游历了很庞
大的区域。此外，壮游意味着他不是去当观光客，而是抱着生命
的生成这种想法的。显然，他的游历是要完成对历史的探索，所
以他"上会稽，探禹穴"，是去探索传说当中大禹治水的痕迹；

"讲业齐鲁之都，观孔子之遗风"，不只是为了看山东的山水、民风，更重要的是去凭吊孔子的遗迹。

壮游彻底改变了司马迁对很多事情的看法，这是他成长中不可或缺的一部分。今天我们都应该思考，壮游跟年轻人的成长可以有什么样的关系——如果没有这样的机会，没有抱持这样的态度去游历世界，那么要如何才能成熟，才知道自己要追求什么、做什么样的人呢？我们今天可以去到很多地方，但不见得就有壮游的经验。壮游需要强大的自觉，不只是要看到一个广大的世界，更重要的是要被这个世界冲击，从而检讨、反省在离开家门之前的那个自己是多么有限，借此去追求更广、更大、更高的经历及思想。

等到司马迁回到长安，又有一件事情对他产生了巨大的影响，那就是父亲的死。父亲之死是因为汉武帝封禅。封禅是历史性的重要仪式，汉武帝没有带太史令去，司马谈、司马迁这两代显然都不能认同，认为这是一个严重的错误：如此重要的事情，竟然没有让负责记录历史事件的太史令同去。司马谈觉得自己的职责没有办法尽到，人也受到了侮辱，因而"发愤且卒"。

那时刚好司马迁回来，"见父于河洛之间"，在病榻临终之时，司马谈握着儿子的手，哭着说："余先周室之太史也，自上世尝显功名于虞夏，典天官事，后世中衰，绝于予乎？"他有巨大的焦虑，即司马氏一路下来所做的这些有意义的事情，到自己这一代难道就结束了吗？不可以这样！

因此，他交代司马迁说：

> 汝复为太史，则续吾祖矣，今天子接千岁之统，封泰山，而余不得从行，是命也夫，命也夫！余死，汝必为太史。为太史，无忘吾所欲论著矣。

　　他留给司马迁继续完成的使命，就是要写出汉武帝时代是什么样的时代，封禅这个事件从历史上又该如何看待。这里的两个目标，是后来成就《史记》的关键。其一，如果认定某件事是历史性的关键事件，一定要知道历史是什么。一定要有历史的模式我们才会知道在古今之变中哪些事情重要，哪些没那么重要；其二，要能够探索当下时代，尤其是司马谈、司马迁所生活的汉武帝这一朝。汉武帝到底做了什么，在汉武帝之后，时代发生了什么变化？一个史家，如果没有完成这两件事，没有把历史从古到今的大模式探究出来，把当下这个时代放进历史长流中解释、彰显它的特色，那就是没有完成任务。

继《春秋》遗志

　　《史记》是司马迁"成一家之言"的著作，其背后是司马迁和他的精神，他的人格从头到尾贯穿在书中，不了解司马迁，《史记》就只是硬邦邦的文章而已，不会变得鲜活生动起来。

　　在理解《史记》时，不能忽略司马迁的大志向。他不是随随便便写一部著作，甚至不是用文人的态度来写的，他的野心和自觉最清楚地写在《太史公自序》里面。在讲完父亲临终遗命后，司马迁写道：

　　　　先人有言："自周公卒五百岁而有孔子，孔子卒后至于今五百岁，有能绍明世，正易传，继春秋，本诗书礼乐之际？"意在斯乎！意在斯乎！小子何敢让焉。

　　从周公到孔子相隔五百年，从孔子到司马迁生活的年代正好也是五百年。这样的排列彰显了司马迁巨大的自信和野心，即在周公之后有孔子，而在现在的时代，就像孔子继承周公一样，司马迁要继承孔子。接下来他讲得更明白，要写出延续经学、具有真理探索地位的文本。这里也可清楚地看出，虽然他很推崇父亲司马谈，也认为在作为史家的事情上司马谈的影响至关重要，可是他有自己的想法和立场。他和父亲的立场不同，事实上也影响到了他对历史的看法。例如，他对儒家及儒家所继承的王官学的尊重就远胜父亲。

在《论六家要旨》中，司马谈跟随文帝、景帝时期最流行的思想，以黄老道家为最先。但司马迁有自己独立的判断，他要继承的是王官学、儒家、孔子，所以当司马迁说"意在斯乎！意在斯乎！小子何敢让焉"，是怎样的野心和自信，那意味着他要继承经书，要在经书已经没落的五百年后，承担起这样的任务。

他担心这个想法表达得不够清楚，接下来引用了一段对话——我们甚至不确定这段对话究竟是真实发生过，还是他为了彰显自己的思想虚构出来的。他提到一人，叫作"上大夫壶遂"。壶遂说："昔孔子何为而作《春秋》哉？"要继承孔子，那我来问问你，孔子为什么作《春秋》呢？司马迁引用董仲舒的话来彰显自己的信念：

> 余闻董生曰："周道衰废，孔子为鲁司寇，诸侯害之，大夫壅之。孔子知言之不用，道之不行也，是非二百四十二年之中，以为天下仪表，贬天子，退诸侯，讨大夫，以达王事而已矣。"

对照《太史公自序》和《汉书·司马迁传》，我们会发现一个非常微妙的差别。在《汉书》里，"贬天子"三个字不见了，只剩下"退诸侯，讨大夫"。在班固心里，"贬天子"这个话是不能讲的，皇帝处于真理的最高位置，不可能有什么高过他的权威。但是，按董仲舒当时说的，被司马迁引为历史的最重要职责的，其实是"贬天子，退诸侯，讨大夫"，三件事情一起，才真正算是"以达王事而已"。

"以达王事而已"是司马迁探索的非常重要的问题，用现代的语言来说，也就是政治权力的运用，以及人与人之间的行为模式。司马迁要探索的是它究竟有没有一个最终的规范。什么叫作"王事"？"王事"是在政治、权力以及人的行为模式上的绝对道理，要用"贬天子，退诸侯，讨大夫"来彰显。孔子之所以必须要去写《春秋》，是因为那时天子不像天子，诸侯不像诸侯，大夫不像大夫，三个重要的封建角色都没有按照应该的道理行事。这是那个时代碰到的大问题，例如鲁国的问题就是三家大夫僭越国君的权力，甚至把持了国政，所以要用《春秋》来"讨大夫"。

另外，"退诸侯"意味着诸侯也僭越自己的身份，侵夺天子的权力。春秋五霸兴起就是因为天子陵夷，整个封建秩序没有办法在天子的权力下维持，所以才会有齐桓公、晋文公这种霸者产生。可是霸者在身份和做法上也就等于"代理天子"，把天子应该做的事情抢过来做，去主持诸国会议，操控各种仪式。这些行为是绝对秩序或者绝对政治伦理之敌，因而《春秋》要用文辞来"退诸侯"。

但是，更关键的其实是"贬天子"。天子失责，他忘记了自己不是一个个人，不能依照个人身份做事情，而是要上承天命。就算是天子，也必须按照最高的原理行事，尽到天命所交付的责任。这时，孔子所写的《春秋》也没客气，一一指出天子在做哪些事情的时候不像天子，没有尽到责任。所以，"贬天子，退诸侯，讨大夫"，意味着《春秋》建立了一套更高的原则，所有人都必须服膺。这套原则的一个来源是封建规范，通过历史的记录和探索才有办法重建。

关于《春秋》的解释，太史公接下来说：

> 夫春秋，上明三王之道，下辨人事之纪，别嫌疑，明是非，定犹豫，善善恶恶，贤贤贱不肖，存亡国，继绝世，补敝起废，王道之大者也。

借由对历史的记录和探索，我们了解理想的政治之道、人间秩序。我们知道要用什么方式把错误彰显出来，把是非的标准定下来，并且懂得如何彰显一个人做的事情是对的、好的，另一个人做的事情是错的、坏的。我们要在所有人中看出人才，知道给人才什么样的地位，让他发挥。反之，我们也要看出什么样的人是坏人、无能的人，如何把他从不对的位置上排除。

这些都是非常具体的智慧，也非常必要。可是，这些智慧要怎么取得呢？用孔子的说法，"载之空言，不如见之于行事之深切著明也"。有两种方法可以给我们这种智慧，一种是用抽象的语言讲，可是如果光讲抽象的道理，就没有办法在现实中对它们运用自如。反之，历史是实际的、具体的，其中有事情所产生的各种因果，有人所作为的各种动机，这些都能更好地教给我们人间智慧。

司马迁告诉我们，他写《史记》就要写人物的动机、行为，事情的前因后果，但这不是目的，而是手段。他的最终目的是要教我们，人事之上有一个更高的原则。这个原则有一部分是分析性的，你希望得到什么结果，就在运用权力或者做人做事上如何做。另一部分则是伦理道德的，我们判断好人坏人、好事坏事时，要有一个基本的道德高度。太史公借由他的想象、引用跟壶遂之间的对话，清楚表现了《史记》继承《春秋》这一点。

我们读《史记》，不能光是读故事，应该在故事的背后领略司马迁的用心，他是要我们在具体的人的行为中问两个重要问题：第一，用什么原理来统纳这些人的行为；第二，用什么原则来判断这些行为的好坏、对错。

报任安书：司马迁的理想告白（上）

前文提到，《汉书·司马迁传》基本上是前半部分抄《太史公自序》，后半部分抄《报任安书》。有趣的是，班固在《报任安书》之前写了几句话，虽然很短，但足以让我们了解《报任安书》是在什么情境下写成的。

"迁既被刑之后，为中书令。"司马迁遭李陵之难后接受宫刑，无法继续在外朝做官，被迫放弃了父亲留给他的太史令，进到内朝去当中书令——中书令最重要的工作是跟在皇帝的身边，帮皇帝抄写、记录。在这里，我们也就明白，他之所以追溯先世，是因为内心怀着强烈的悲愤与羞辱。

司马迁进入内朝后很受赏识，经常跟在皇帝身边，"尊宠任职"。这个时候老朋友益州刺史任安写了一封信给他，指责他现在在皇帝身边，拥有了很大权力，但没有好好利用。

《报任安书》一开头，司马迁为自己辩护说：

> 曩者辱赐书，教以慎于接物，推贤进士为务。意气勤勤恳恳，若望仆不相师用而流俗人之言，仆非敢如是也。

他说，你过去给我写信，教我"慎于接物"，"推贤进士"，运用作为皇帝身边红人的身份推举贤士、照顾老朋友——后者才是任安的重点，他指责司马迁发达后忘记了老朋友。

任安的信写于两年前。司马迁在回信中讲到，信早已收到，但是两年来都没有回，因为它非常难回。我们看后面的内容就知道，为何司马迁在此时回信。

"今少卿抱不测之罪，涉旬月，迫季冬。"这是公元前91年，即征和二年发生的事情。该年发生了戾太子案。太子刘据被怀疑要叛乱，于是宰相发兵攻打太子，最后太子被迫自杀，谥号为"戾"，表明汉武帝对他的谴责。宰相发兵去对抗太子，背后自然是皇帝在做主。对于官员来说，这是一件尴尬而麻烦的大事：在皇帝和太子反目的宫廷斗争中，是选择站在宰相（背后是皇帝）一边，还是站在太子一边？就算你站在宰相那边而宰相又赢了，也未必能得到好处，甚至会摊上坏事，因为皇帝一旦追究太子之事，宰相自己都可能会倒霉，更何况是与宰相发兵攻打太子的这些人。

任安当时是益州刺史，统领军队。收到宰相命令后，他显然是在观望，并没有第一时间发兵。等到戾太子案结束后，汉武帝就开始算账，史书留有汉武帝骂他的话："是老吏也，见兵事起，欲坐观成败，见胜者欲合从之，有两心。安有当死之罪甚众，吾常活之，今怀诈，有不忠之心。"武帝认为他只是作壁上观，看谁赢了再投靠过去。而且武帝自认平常待他很好，但是关键时刻任安却没有马上表态支持，还在那里观望，自然就被下狱了。到司马迁回信的时候，"涉旬月，迫季冬"，即已经确定死罪，过了秋天就要被处斩了。

司马迁知道这件事已经无从挽回，因此必须要回信了。两年多来，他一直觉得任安误会了他，但是他不想辩解，也很难辩解。可是此时再不辩解，任安就会抱着对他的误解死去，因此他才写了这封回信，"请略陈固陋"。

了解《报任安书》的背景之后，再来看司马迁要辩解的事情，才会受到真正的冲击。他要辩解的最关键的一点是，你觉得我现在是皇帝身边的红人，但你知道我的感觉是什么，又付出了什么样的代价吗？我今天之所以能够在皇帝身边，是因为受了腐刑。

> 太上不辱先，其次不辱身，其次不辱理色，其次不辱辞令，其次诎体受辱，其次易服受辱，其次关木索被箠楚受辱，其次剃毛发婴金铁受辱，其次毁肌肤断支体受辱，最下腐刑，极矣。

这段话里面一直都是"其次、其次、其次"，即一层一层解释腐刑比任何事情都糟糕。最不严重的是"辱先"，即伤害到父母先人的名声；其次是侮辱到自己；其次是看人家的脸色，让别人当面侮辱你；其次是别人用言词羞辱你；其次是被打，在身体上受到屈辱；其次是在身份上受到屈辱；其次是受了刑罚；其次是受到留有痕迹的刑罚，像在身上刺青或是砍掉手脚。可是，这些都没有受腐刑严重。

他告诉任安，自己所受的是最深的屈辱，接着用很长的篇幅解释为何受到这样的屈辱——李陵之祸。他对任安沉痛地说，依照正常的观念，自己当然只能去死，但他却活了下来。难道这是为了去宫中服侍皇帝，获得权力吗？如果你这么想，那就太误会我了。之后，司马迁简单直接地讲明了原因——他必须要把《史记》写完。如果《史记》已写完，或者他没有承担这个使命，早就可以死了，毕竟顺理成章的死比苟活更好。

任安的指责逼出了司马迁具有历史性感染力的告白，告诉我们写作《史记》对他的意义多么重大。

> 仆窃不逊，近自托于无能之辞，网罗天下放失旧闻，考之行事，稽其成败兴坏之理，凡百三十篇，亦欲以究天人之际，通古今之变，成一家之言。草创未就，适会此祸，惜其不成，是以就极刑而无愠色。仆诚以著此书，藏之名山，传之其人通邑大都，则仆偿前辱之责，虽万被戮，岂有悔哉！

虽然不自量力，但我正在做的这件事情很重要。我要把过去从来没有被完整搜罗过的所有历史材料放在一起，进行详密的考究，借由它们探索成败兴坏之理。这就是司马迁的用意。

刚刚开始写就发生了这件事情，我才会选择接受最可怕的屈辱也不后悔——只要把书写完，一切都可以不计较了。

最后，他很感慨地对任安说："然此可为智者道，难为俗人言也。"这是司马迁深刻的感慨，同时也在解释他为什么两年多没有回信。虽然任安是一个老友，而且已经做到益州刺史的高位，但这个人算得上智者吗？显然，司马迁也没有把握。两年多来，他没有讲这些心里话，因为他觉得任安未必能够理解。司马迁心里面蓄积了一直没有对人讲的情绪，现在想到任安要抱着这种误解死去，终于留下这封信，想把一切都解释清楚。

感谢他这封信，我们借此可以进一步了解中国历史、中国文明甚至人类文明上一件可贵的事情。还好司马迁有这样的抱负，

还好他委屈自己活了下来，才有了这一百三十篇庞大、丰富的
《史记》，成为我们共同的智慧与思考的来源。

李将军列传：国士之风

《史记》章节的安排

《史记》一百三十篇的次序非常有意思，分成本纪、世家、列传、书、表五类，而且各类的排列也有清楚的时间轴概念。时间越早，顺序就越靠前。可是，历史时间的顺序永远不可能如此整齐，早出生的人未必就早去世，有些事情又可能延续很长，所以总会有很多交错的地方。司马迁在《史记》中非常用心地安排时间先后，让大家体会其中的细微意义。

举个例子，从大的结构上看，《史记》主要的两个大表，其中一个是春秋战国时期的列国。列国主要的事迹和人物写在世家里，例如吴世家、越世家、鲁世家、三晋世家的韩赵魏等。可是，当涉及国与国之间彼此互动的时候，时间就很容易错乱，各国的事情会平行发生，又彼此关联。为了防止读者混淆世系和时间的互动，司马迁就用一个大的表，把主要列国发生的事情列下来，使其一目了然，例如说他写下晋文公和齐桓公是谁，他们做了什么事，他们之前之后发生了什么事，以此掌握时间的变化。另一个大表则是汉初，这时因为分封，也有了众多王国、侯国，很可能会错乱，所以要用表来整理。

此外，就算不是用表将事件按时间顺序严格排列，在世家、列传中，司马迁对人物的顺序也有讲究。而除此之外，列传还有其他分类，比如他会把活动领域相近的人放在一起。

和匈奴之间的关系是汉武帝时代最重要的一件事，不只是对外方面，甚至影响到整个朝廷的权力升降、资源分配乃至政治结构的变化。有三篇列传因为和匈奴有关系而被放在一起，构成一个群体，即《李将军列传》《匈奴列传》《卫将军骠骑列传》，里面还列了和征伐匈奴有关系的一些人，例如霍去病、公孙贺、李息、公孙敖、李沮、张次公、苏建、赵信、张骞等等。

如果只是很现实地讲成王败寇，在这些大臣和将军中，卫青、霍去病的成就最高。卫青因为是外戚，很受汉武帝重用，两度率大军进攻匈奴，得到的胜利和荣耀最多；他的外甥霍去病不只获得同样多的军功，还是一个传奇英雄。从十六岁开始，霍去病在短短几年内立下巨大功劳，其后又像彗星一般陨落，二十岁出头就去世了。所以，若单纯看汉武帝和匈奴之间的关系，理所当然要以卫青和霍去病为中心。

《匈奴列传》这篇有更长的贯时性，包括匈奴何时开始与汉代有关联，匈奴做了什么事情，文帝、景帝朝发生了哪些事情，作为一个基本背景。当然，戏剧性最强、事件最多、变化最频繁的时候还是武帝朝。《匈奴列传》从匈奴的角度来看待两方在外交、军事上的互动，《卫将军骠骑列传》则是涉及匈奴的成功者的画像，写了汉武帝怎么打匈奴，谁建了军功、得了什么赏赐等。这两篇在《史记》中的安排不难理解，但随之就出现一个问题：为什么在它们前面是《李将军列传》？

当然，李广比卫青、霍去病都早，但是把他的传记放在这里仍有两个问题。第一，与卫青、霍去病相比，李广并没有很大成就。进攻匈奴的过程中，李广不是位阶很高的将军，在几次与匈奴对阵中也并非战无不胜，非但不像霍去病那样英勇，而且有很多挫折和失败。第二，司马迁不只为李广单独作传，还把它放在《匈奴列传》前面，换句话说，要让《李将军列传》带出汉武帝朝与匈奴的种种关系。

司马迁如此设计，自然有他的深意。要解释为何如此安排，我们就必须回到他的生平，以及"通古今之变""究天人之际"的含义。想知道司马迁命运的巨大转折，就必须知道李陵发生了什么事，也就必须上溯到他的祖父李广，李家与汉代、匈奴之间的关系。司马迁被下狱受宫刑，主要就是因为替李陵辩解，不过司马迁有史学家的专业和节制，只写到了李陵，没有提到自己。

司马迁写李广，基于自己个人遭遇的只是一部分原因，还有一个更关键的价值概念上的问题——司马迁首先要表达的就是李广的独特个性。虽然李广是一个失败者，但司马迁其实更看重他个性如何，如何面对匈奴，如何带兵，与兵士之间是何种关系，又是怎么失败的。通过《李将军列传》，我们不光是去认识一个与匈奴作战的将领，更是认识一个具体的人。司马迁要把李广与公孙贺、李息、公孙敖、赵信、张骞、赵破奴、路博德等汉代大将区隔开来，因为在他看来这些人在人格、个性上根本无法与李广相提并论。

李广是一个真性情的人，面对所有的生命困境，他不去计较利害得失。司马迁要凸显李广的这种精神，也借此替自己辩解。他之所以出面为李陵辩护，是因为与这家人很接近——不是私交上的亲近，而是认同李家人那种真诚地看待生命的态度。

最后，他要借此建立一种历史的评断——历史不应该那么现实，只记录成功者，忘掉失败者。一个失败者如果有好的失败理由，反倒可以让我们学到更多。

太平世里的战争奇才

李广是陇西成纪人，先祖叫李信，是秦国的将军。荆轲刺秦后，秦王政大为震怒，派大军灭燕国抓燕太子丹的人就是李信。

文帝十四年，匈奴大举进军萧关，汉代需要更多人从军以对抗匈奴，李广"以良家子从军击胡"，登上了历史舞台。汉代士兵基本上有两个来源。一个是"力役之征"，即服徭役。作为这个国家的国民，每年必须奉献一段时间给朝廷。这是临时征调的性质，这些人不太能够打仗，因为到边境要花很长时间，走到服役的地方役期可能也快结束了。而且，一年当中通常农闲时才服役，等到生产的季节还要回去耕种，不可能长期备边。另一个来源则是奴隶和罪人，他们是边防的主力，前者为了摆脱奴的身份宁可去从军，后者则是抵罪受罚而去守边。

李广是"良家子"，这个背景非常重要，他来自一个军事世家。主动从军后，他的表现非常好，很快升到中郎的位置，而且有机会保护孝文帝出行，给孝文帝留下非常深刻的印象。孝文帝对他的评价是："惜乎，子不遇时！如令子当高帝时，万户侯岂足道哉！"汉高祖时是一个乱世，借由军功可以获得各种好处，享受荣华富贵。以李广的身世、身手、武勇，万户侯都不在话下。可惜到了文帝的时候，时代已经发生了巨大改变，天下太平，武勇军士的用处下降，只能对付匈奴。七国之乱时，李广虽然也曾跟随周亚夫去攻打吴军，可这是内乱，即使有战功，也得不到太多好处。

李广骑射图壁画砖（敦煌市博物馆藏）

　　后来，李广被任命为上谷太守。上谷位于农业民族与草原游牧民族重要的交界点上，几乎每一天都会与匈奴势力发生冲突。李广非常自信且高傲，动不动就要出去与匈奴战斗。典属国公孙昆邪很害怕，就跑到皇帝面前告状："李广才气，天下无双，自负其能，数与虏敌战，恐亡之。"首先害怕他会惹事，其次害怕这样有才能的人可能会在小冲突中丧生，因此景帝又把李广改封为稍微靠南边的上郡太守。但是李广的个性不会改变。据《史记》记载，他先后当过陇西、北地、雁门、代郡、云中等地的太守，不管到哪里，"皆以力战为名"，换句话说，他既不怯战，在战场上又很有能力。

　　匈奴与汉朝的冲突越来越严重，皇帝又给了李广一个重要的工作：教中贵人带兵打匈奴。这个中贵人带着几十骑兵马，看到三个匈奴人，仗着人多势众，想欺负人家。但是这三个人很厉害，"还射，伤中贵人，杀其骑且尽"。中贵人逃回来找李广，李广说："是必射雕者也。"别人其实是出来打猎的，根本没有侵犯汉人的意思，结果你们反而去挑衅，惹了这样的祸。从这里也看得出来，李广很清楚匈奴的情况。

中贵人惹了这样的祸，李广也不能不处理，便带了大概一百人去追。三个匈奴人丢了马，只好步行，并没有走远。李广叫自己的部队从左右翼先布战，可是并没有用他们对付这三个人——这就是李广的骄傲之处——他自己过去杀了两人，抓回一人，一问之下，果然就是匈奴的射雕者。

人家只是出来打猎，没有挑衅，却无故被杀，这其实已经破坏了双方应有的默契，匈奴自然也有他们的对待方式。匈奴大军出动，但只看到了李广带着少数人，怀疑李广在这里是作为诱饵，便退到山上列阵，不敢妄动。匈奴有数千骑，李广只有一百骑，军营里没有人知道他去了哪里，不可能去救他。双方实力相差太悬殊，同去的人都想逃跑，但李广对他们说，我们现在离自己的大军已经有几十里远，而且只有百骑，现在一逃，匈奴就会知道我们的实力，如此一来我们谁也活不了。留在这里，匈奴反而不敢轻举妄动，这样我们才有机会生还。李广带着百骑，非但不逃，反而前进到离匈奴大军大概只有二里远的地方，下马解鞍。换句话说，万一发生什么事情，绝对没办法立刻上马逃跑。同去的人吓得不得了，李广却说，匈奴预计我们一定会逃，我现在就解鞍，让他们更加疑虑，不敢攻打我们。

李广的策略是对的。几千骑匈奴大军布阵在旁边，不敢攻击李广的军队。这时匈奴阵前出现一匹白马，上面坐的显然是匈奴大将，正在巡查他的阵容。李广看到以后立刻上马，可能连鞍都没有放上去，就带了十余骑一直往前冲，到了射程内，一箭射中白马将，然后立刻冲回自己阵中，叫所有人下马躺在那里。匈奴当然被这样的做法吓坏了，完全不知道这群汉兵究竟在干什么，所以一直到天黑都按兵不动。最后，他们认定旁边一定有埋伏，在黑暗中越想越不对，竟然就退兵了。于是李广带着他的百骑，挨到天亮才回到军营。

因为中贵人闯的祸，李广带着军队经历了一次如此戏剧性的转折与变化。如果李广不是这样镇定的将领，他们早就全军覆没了。

这是《李将军列传》的重要开场，司马迁借此告诉我们，李广作为一个将领，最重要的特质是善于用头脑带兵，而不是单纯用武勇。

天下无双的"飞将军"

汉武帝即位时，李广的名声已经非常大，很快有人向朝廷推荐，将他从上郡太守提拔为未央卫尉。

当时另一位名将程不识担任长乐卫尉，也是因在边境防守匈奴有功而获得升官机会，不过他的带兵方式跟李广完全不同。李广带的部队非常松散自在，他不会严格要求怎样布阵，也不会预先规划好走到哪里，晚上休息的时候，不会设各种严格的守卫、规定如何守夜、用什么样的方式警示。不只如此，李广也不看重文书，能省就省。虽然用这种松散的方式带兵，可是很少遇到奇袭或者大规模的进攻。

程不识则刚刚相反，他治军非常严格，军队去哪里、怎么走、走哪条路、几点钟必须休息、谁负责守夜、谁负责警报，一切都必须清清楚楚。而且，谁担任什么职位、留下什么样的资料，在程不识的部队里面都非常明确。不过，程不识有自己的认知：李广的带兵非常简约，手下兵士都很快乐自在，乐意为他效死，匈奴自然不敢侵犯；他自己带兵虽然非常严格，但是匈奴知道他随时有准备，也不敢轻易来犯。

后来，李广升任骁骑将军，领属护军将军。这时，汉朝想用马邑城来诱惑匈奴单于，把大军埋伏在马邑旁边的山谷里。这个计谋并没有成功，单于还没有进入山谷就发现情况不对，立刻退兵了。

四年之后，李广以卫尉身份作为将军，出雁门进攻匈奴。匈奴的军队远比李广的多，让他吃了带兵以来第一次重要的败仗。李广喜欢身先士卒，又有伤病，这次甚至连自己都被匈奴俘虏了。单于知道李广很有能力，特别下令只能活捉。于是，匈奴人让两匹马拉一个布毯，把李广放在上面。走了十几里，李广装死，让匈奴人放松警惕，以为只是载着一具尸体。李广注意到旁边的匈奴少年骑了一匹好马，在所有人没有防备的情况下跳到少年的马上，顺手夺过他身上的弓箭，鞭马南驰，一下子跑了几十里。几百骑追捕者跟在后面，有时几乎快要追到了，但是每当此时，李广就拿抢来的弓箭回头射箭，阻挡住后面的追击，最终回营。

李广虽然逃了回来，但终归是败将，还是要被审讯。这是汉代将军非常可悲的一件事情，打了胜仗当然可以得到赏赐、升官晋爵，但打了败仗也一定会有惩罚。他们审后认为，李广折损了很多军队，还被匈奴抓获，论罪当斩。不过好在汉代有二十爵制，每个人都有自己的身份，并可以借各种机会不断提升爵位，李广爵位很高，就用来赎罪，逃过一死，成为庶人。

他在家赋闲了一段时间。有一次去南山打猎，夜里与朋友在田间喝酒，回去时经过霸陵亭。守霸陵亭的人也喝醉了，不让他们通过。朋友报出李广的名号，但霸陵尉依旧狂妄地说，现任的将军我都不让通过，何况是以前的李将军。不久，匈奴大举入侵辽西，守卫辽西的韩将军大败，退守右北平。汉武帝召见李广，任命他为右北平太守。李广是有仇必报的刚直个性，第一件事情就是要求带上霸陵尉，刚到军中就把他杀掉了。

李广到右北平后，匈奴人称他为"汉朝的飞将军"，好几年都不敢进入这个区域。有一次李广出去打猎，看到草里面好像有老虎，感觉已经逼得很近，立刻引弓射箭。后来才发现那并不是老虎，而是一块石头，但是箭竟然没入石头之中。这让我们知道，在危急状况下，人的潜力会被激发出来，同时又暗示出了李广射箭的劲道与技术是如何厉害。李广很有趣，后来再试着用同样的方法看能不能把箭射到石头里，都没有成功。李广从来不害怕危险，他知道自己住的这个地方附近有老虎，但并不躲避，还专门去猎杀。

李广非常廉洁，得到任何赏赐都会分给手下，也没有架子，吃喝都与士兵一样，所以虽然四十多年都领高薪，却家无余财，不过他对如何积财也毫不在意。李广个子很高，手臂非常长，天生就具备射箭的好条件。包括子孙在内，很多人也都想跟他学射箭，但是没人可以与他匹敌。他不太会讲话，几乎没有其他的娱乐，别人在聊天、喝酒，他最喜欢的是拿竹竿在地上画如何布阵。他绝对不用苛刻的方式对待部下。带兵到没有水的地方，找到水时，如果士兵没有都喝饱，他不靠近水；大家吃饭时，士兵没有都吃饱，他也不会去吃。此外，因为射术出众，他宁可冒着离敌人太近的危险也不随便发箭，一旦发了箭，基本上就会有敌人倒地。因为这种性格，他杀了很多敌人，但也经常陷入危险境地。

评断一位将领可以有不同的标准，司马迁显然不觉得战功和荣耀是唯一的标准，甚至不是最好的标准。一个人如何对待身边的人，有时比他如何成就自己更加重要。一个真诚的人懂得如何真诚地对待别人，一方面因为真诚成就了事功，另一方面也可能因为真诚付出代价。李广性格的典范之处就在于，他如此郑重地看待自己的真诚，对他来说，真诚地对待部将比这些部将最后可以帮他杀多少敌人、建立多少战功更重要。

此外，他还坚守自己的个性与原则——关于怎么打仗、怎么对待人，不会因为时局、现实而有所改变。这就是李广，两千年后，我们仍能从他身上学到一些如何待人的基本智慧。

报任安书：司马迁的理想告白（下）

司马迁之所以忍受这么多痛苦和折磨，一定要完成《史记》，最重要的理由都写在了《报任安书》里面。《报任安书》没有写仔细的，也明显可以在《李将军列传》中看到，他让我们知道李广是一个什么样的人，以及这种精神如何影响到李陵。

司马迁与李陵的私交并不深，可是在李陵出事时，他竟然敢冒天下之大不韪，在汉武帝面前替李陵说话，给自己引来祸害。

他说，李陵这个人有"孝亲"的特性，和别人交往时讲信用，不贪求眼前的金钱财货，该给什么该拿什么，都是按规矩来，也不摆架子欺压底下的人。这些特点都是李广身上已经显现出来的。更重要的是，他在公家事务上面也传袭了祖父的特性：

> 常思奋不顾身以徇国家之急，其素所畜积也，仆以为有国士之风。

司马迁给了李陵四个字的赞许，叫作"国士之风"。"国士"这个词很难定义，如果用今天的话来解释，可以认为如果一个社会、国家多一点这样的人，可以变得更好。

夫人臣出万死不顾一生之计，赴公家之难，斯已奇矣。今举事一不当，而全躯保妻子之臣随而媒孽其短，仆诚私心痛之。

一个人在私人与公益、一家的幸福与国家的事务中，会选择公家、选择公益，已经非常难得了，但是他得到的是什么样的对待和遭遇呢？司马迁非常感慨，从李广到李广的儿子李敢，再到李陵，一家三代一直在战争前线对付匈奴，但在战场上面，尤其是面对匈奴这样的强敌，仗打得越多就越可能遭遇战败。从《李将军列传》中也可看到，李广一家不拘小节，做事时不太顾及自己的安全，更不会想得到什么利益。可越是这样奋不顾身，就越可能陷于危难之中。李陵在战场上打了这么多仗，有一次没有打胜，被匈奴围困，战斗到最后没有办法就投降了。这不过是众多战役中的一次失败，结果那些从来没有到战场、也从来不会冒险让家里承受损失的大臣就东讲西讲地毁谤他。

司马迁的感触是"仆诚私心痛之"，这句话是真性情，因为他清楚地看到了其中的对比。他钦佩的李广一家为了家国大义而活，他们是人格的典范，可以影响周遭的人、影响社会。正因为他们愿意为公家奉献，不小心跌了一跤，后方的小人们非但不愿意为他说话，反而利用这个机会，刻意去说他多么糟糕（"媒孽其短"）。这让司马迁心痛不已：

陵未没时，使有来报，汉公卿王侯皆奉觞上寿。后数日，陵败书闻，主上为之食不甘味，听朝不怡。大臣忧惧，不知所出。

这是现实中的另一个对比。李陵率军深入匈奴后方，大家都紧张地期待着。那时李陵一路打胜仗，虽然带的兵那么少，但能够深入匈奴阵中有所收获，于是后方这些人喝着酒，向皇帝表示祝贺。过了几天，李陵在无力支撑的情况下战败，消息传来，汉武帝非常生气，甚至到了"食不甘味，听朝不怡"的地步。所有人都看着皇帝的脸色，为之忧惧，不知道应该怎么办。

就是在这种状况下，司马迁犯了一个绝大的错误。听说李陵战败投降，皇帝心情很不好，他"不自料其卑贱"，想安慰皇帝不要因李陵的事情难过，还讲了几个理由：

> 诚欲效其款款之愚。以为李陵素与士大夫绝甘分少，能得人之死力，虽古名将不过也。身虽陷败，彼观其意，且欲得其当而报汉。事已无可奈何，其所摧败，功亦足以暴于天下。

意思是说，李陵并没有在政治权力上得到多好的待遇，却能够用这种方式效死，丝毫不比古代的名将差。虽然他打败仗，可是根据一路传回来的讯息，包括他后来投降，心里想的显然都是损失了多少军队，又能从匈奴那里讨回什么。你可以体会到他的心，就算他投降，也没有真正离开汉朝，没有减少对皇帝的效忠。现在这个事已经无可奈何，而且公平地说，李陵率军在匈奴阵中造成了那么大的破坏，又有什么丢脸的呢？天下人都觉得这是很大的功劳，已经足矣。

他心里面早已经这样想，恰好皇帝问他，于是就说了这些话安慰皇帝。然而，结果不是他可以想象的。

> 未能尽明，明主不深晓，以为仆沮贰师，而为李陵游说，

> 遂下于理。拳拳之忠,终不能自列。因为诬上,卒从吏议。家贫,
> 货赂不足以自赎,交游莫救,左右亲近不为一言。

皇帝没能体会司马迁的忠心耿耿,反而觉得他是在贬低李广利,替降将罪人游说。于是大怒,司马迁就被下狱了。

这是他最悲哀的时候。"诬上"就是得罪了皇帝,这是一种再宽泛不过的罪名,只要惹皇帝不高兴,都可以叫作"诬上"。既然得罪的是最高权力者,不难想象其他人会用什么方式对待他:为了讨好皇帝,断狱的人一定给很严重的惩罚,有交情的人也不敢求情,最后只有靠拿钱或爵位来换取性命。但司马迁既没有足够的钱,爵位也不够高,这些路都走不通,最后他面前只剩下两种可能:要么死,要么接受宫刑。如果司马迁选择离开人世,虽然争得了尊严,但也就再也没有机会写完《史记》了,因而他选择接受宫刑,进宫任职。用这种方式,司马迁卑微屈辱地得到了几年的时间,把《史记》写完,在历史上留下了自己的姓名。

《史记》是以这种方式、决心和精神完成的,因此司马迁绝不会以一部简单的著作来看待这本书,对于《史记》应该用什么样的方式和态度来写,他不可能没有一个清楚的想法。理解了他这个想法,阅读《史记》时才可以体会到其中最深刻的历史智慧。

《史记》的态度

究天人之际，通古今之变

《史记》的内容和写作方式，与司马迁的个性、写作态度有很密切的关系。如果不能好好认知并感受到司马迁就像我们身边的人，就很难深切地理解《史记》。在这一点上，《汉书·司马迁传》中占很大篇幅的《报任安书》对于我们理解这一点就显得非常重要。在这封信里，司马迁是一个非常之人，有他的非常之志。

感人的是，他的非常之志不是空想、空言。他自命为太史公，认为在孔子之后五百年，自己有书写历史的使命，而且真正用生命完成了《史记》。在《报任安书》里面，他透露了自己写历史最重要的精神，即"究天人之际，通古今之变，成一家之言。"

"究天人之际"是相对最不容易理解的一个原则。司马谈是道家，但司马迁却是不折不扣的儒家，这一点在《太史公自序》里已经表现得相当清楚。他的儒家精神坚持"天人之际"，不讲怪力乱神的东西，也不是借由历史说明存在于上天的神秘力量能够介入我们的人生，改变一个人的命运。

理解司马迁讲的"天人之际"有一个很好的切入点，就是秦的兴起。

战国时期，秦只是一个边远的小国，东边这些正统的国家将其比之戎狄，视为西陲的野蛮之邦。然而到了秦献公之后，秦竟然能够经常打赢这些中原诸侯。

> 论秦之德义不如鲁卫之暴戾者，量秦之兵不如三晋之强也，然卒并天下，非必险固便形执利也，盖若天所助焉。
>
> 或曰："东方物所始生，西方物之成孰。"夫作事者必于东南，收功实者常于西北。

如果用道德与正义做标准，秦国守道德的人连鲁、卫最没有德义的人都比不上；讲兵力，秦孝公时也没有韩、赵、魏强大。秦能统一六国，好像上天有什么神秘力量在帮助它。有人用类似风水的概念解释秦的兴起，事物会从东南方开始，但是最后在西北收成。秦占据了正确的位置，所以能够得到好的结果。这段话有意思的地方是"天"的用法，在整部《史记》中非常典型。司马迁什么时候会讲"天"？如果穷尽人事的道理仍然无法解释，那就叫"天"。

还有一个非常精彩的例子，在《高祖本纪》中，司马迁不只是用"天"来形容秦，也用来形容汉："故汉兴，承敝易变，使人不倦，得天统矣。"

他这样写是有深意的，里面有一种评断。秦并不是一个好的国家，从任何标准看都不应该取得这么大的权力，但它毕竟最后统一了天下；汉高祖也不是什么了不起的圣贤，一生中有太多的理由失败，但是他竟然也没有失败。如果单纯以人事作为研究和记录的对象，这个时候司马迁恐怕要双手一摊说，这个事情在我能力范围以外，我没办法单纯从人事上解释秦为何能统一天下，也不知道刘邦为何能成功。这里面有一些无法解释的神秘东西，所以"岂非天哉"事实上是一种评断，认为单纯从人事的道理看这些事本不应该发生。

这种态度在《伯夷列传》里则更直接：

> 或曰：天道无亲，常与善人。若伯夷、叔齐，可谓善人者非邪？积仁洁行如此而饿死！

伯夷、叔齐是坚持原则的人，反对周武王伐商。换句话说，他们在善的原则上面坚持得如此决绝，连以暴易暴都无法接受。这种人肯定是善人吧，可是为什么最后却活活饿死？不只是伯夷、叔齐，孔子的弟子颜渊也是善人，也有特别高贵的素质，但是颜渊的一生，一箪食一瓢饮，随时在贫穷的状况下，而且三十九岁就早早去世了。

司马迁在质疑天，为什么用这种方法来对待善人。这样还不够，他还要进一步对照："盗跖日杀不辜，肝人之肉，暴戾恣睢，聚党数千人横行天下，竟以寿终。"

作为史学家，他在历史资料里看到了许多人，而且认真整理了这些人做了什么事，得到什么待遇，由此看到的是——天不可能公平。人能决定的是要不要做好人，可是，做好人就能保证一定能得到好结果吗？颜渊就会摆脱贫穷，伯夷、叔齐就能不饿死，而盗跖就会得到报应吗？这些其实与人无关，人不能够决定一切。可是正因为这样，我们才能够回到本原上，了解人事上的是与非。之所以要"究天人之际"，是因为只有把天的部分和人的部分彻底隔开，我们在人事上的判断才不会受到干扰。很多时候，我们做人事上的判断时会看到偶然的东西——有人做了那么多坏事也没怎样，如果相信这些偶然，就不会相信原则，就看不到人事的教训，也不会相信人事的道理。所以司马迁清楚地告诉我们，写历史首先要分清什么是天，什么是人。

第二个原则是"通古今之变"。从古到今有种种的变化，其中有很多有趣的东西，但这不是历史的主要任务。历史不只是告诉我们朝代的兴废、皇权的更迭，以及战争、饥荒、婚丧嫁娶……这些都是古今之变，可以无穷无尽地记录下来，但并不是历史的真正核心。我们要超越表面的变化，探究历史背后的通则——什么样的人，碰到什么样的状况，依照什么样的信念，会有什么样的行为，因而产生了什么样的变化——这才叫作"通古今之变"。

成一家之言

《史记》是司马迁在很清楚的自主意识下创作的，与后世的史书写法很不一样，他并不是简单地把手上的材料按时间顺序编排在一起。在司马迁眼里，历史没有那么容易，更重要的是，要把从古到今的历史写进一本书里，不可能用这么简单的方式。除了"究天人之际""通古今之变"，还要能"成一家之言"。

在两千年前，他已经在清醒地思考史家与历史的关系。一个称职的史家写出来的东西并非就是历史，史家写出来的历史也不会都一样。有时候，我们可能比司马迁更落后，或者更天真，常常以为历史可以有定论，历史学家写出来的历史应该都一样。这怎么可能呢？一个历史学家如果没有清楚的个人理念，如何能够写出像样的历史呢？写历史的人背后必然有一种精神和价值观灌注到他的历史里。相当不幸的是，"成一家之言"这简单的几个字，在中国后来整个史学里面反而成了最难理解的一件事。

在这一点上，《史记》有着巨大的吊诡之处。司马迁从一开始就要写一家之言，换句话说，他的写作不是历史的定论，更不是标准答案——历史没有标准答案，不一样的人看历史会有不一样的评断。对于史书来说，重要的不在于写下来的历史不能更动，而是在历史记录与探究中"究天人之际，通古今之变"，挖掘出一些智慧，让读者可以通过对历史的理解与思考加以吸收。这个智慧比"历史究竟是什么"更加重要。正是在铺陈这种智慧的时候，才需要"成一家之言"。

然而，用这种精神写成的《史记》，在中国传统史学中竟然变成了"正史"的起源——二十四史之首就是《史记》。事实上，《史记》变成正史的起源，大部分是来自它在体例上面的贡献。接下来，每个朝代就只有一部，顶多有两部（如《新唐书》《旧唐书》）正史。再后来，中国传统史学认为正史里写的东西都是真相，都是事实，都是标准答案。

这刚好与司马迁写《史记》的态度相反。不管是什么人，甚至不管是什么委员会或者集体把这个事情写下来，它就代表真实发生过的事吗？如果我们不能有"成一家之言"的精神，去质疑历史上真正发生了什么事，探索各种人物与事件的关系，那还学历史做什么？"成一家之言"不只是说这本书是有作者的，更重要的是在提醒读者，读这本书要有谨慎、恐惧和自我准备的精神，不能完全被动地接收它，而应该以一种主动的精神去思考，司马迁到底想说什么，为什么要这样写，这样写对我们的意义又是什么。换句话说，在读《史记》时，我们应该跨越两千年的时空，与伟大的司马迁进行一种历史式的心灵对话。

　　《史记》涉及的重要体例分为本纪、表、书、世家、列传。本纪是从三皇五帝讲起，基本上是以政治统治者作为单位。这一部分在历史叙述上的功能，按司马迁的说法，叫"陈其科条"，即以统治者为线，将重要大事列于书的最前头。因此，我们看到从夏、商、周一路下来，哪些人当了皇帝，又做了什么大事。本纪是大纲，其他重要的事情则被分散在世家或列传中进一步介绍。

　　不过，这个体例里有一些有趣甚至怪异的安排。例如，《史记》是在最强调大汉光荣的汉武帝时代写就的，然而司马迁在本纪里放了一篇"项羽本纪"。按照原则，只有皇帝或者统治者才能被列在本纪里，那为什么会出现项羽？

　　汉朝是靠打败项羽而建立的。在五行安排上，汉代认定自己是土德，也就是直接接在秦后面，中间没有项羽。换句话说，汉代的官方意识形态不承认项羽。但是太史公写《史记》时，写的不是"项羽世家"或者"项羽列传"，而是"项羽本纪"。在此，他有一个不同于汉代官方意识形态的"一家之言"，他认为灭亡秦的是楚而不是汉，是项羽而不是刘邦。这是一个很重要的判断。

　　此外，按照刚刚讲的基本体例，应该是一个一个皇帝接续下来，高祖之后应该是汉惠帝，但是《史记》中又有很明显的"一家之言"的破例——我们找不到《惠帝本纪》，接在《高祖本纪》后面的是《吕太后本纪》。换句话说，《吕太后本纪》取代了《惠帝本纪》。

　　在汉兴的历史上，对比《史记》与《汉书》会看到非常清楚的差异。《汉书》里有《惠帝本纪》，同时前面有一篇《高后本纪》，这是《汉书》所排列出来的正统。依照原来的体例，既然惠帝当了皇帝，就不能没有本纪，可是《汉书》又继承了《史记》

（甚至有一些部分是直接抄《史记》的），觉得必须要把吕后放在这里。班固的评断与司马迁不一样，他把这篇称作《高后本纪》，"高后"指的是"高祖皇帝的皇后"，即依随刘邦而来的身份，这是一个正统的概念。但是司马迁的价值判断不一样，从头到尾称她为"吕后"，标题也叫作"吕太后本纪"，这就意味着，在司马迁眼中，吕后与项羽基本上是同样的。吕后要建立吕姓王朝，而且实质上已经把刘家天下改造成吕家天下了，只不过最后刘氏势力重新集结，她终归失败，吕家天下又变回了刘家天下。对司马迁来说，这个不应该忽略，他要借此彰显出"成一家之言"的重大评断。

世家里有更多有趣的"例外"。依照体例，世家本来讲的是封王的贵族，这是因应西周封建体制而特别设计的。在封建的历史架构下，贵族是与平民百姓彻底分开的，为了反映这一历史现实，太史公没有把贵族与平民放在同一范畴下。因此，如果是西周封建中的重要诸侯国，就有相应的介绍，例如《吴世家》《晋世家》；有过封王身份的人也一定要写进世家里，如果没有，或者是汉代之后这个身份失去了以前的意义，就把这些人归在列传里。世家与列传就以封建身份区隔。

从这个角度来看，又有一个奇怪的特例——孔子。孔子没有王位，在封建秩序里也没有正式的贵族地位，却被司马迁写进世家。对司马迁来说，没有人比孔子更加重要。本来应该将孔子放到列传中，但为了凸显他的重要性，同时追随自己所学的董仲舒的春秋学（认为孔子是素王），司马迁没有把孔子当作一般平民写在列传下，而是给予了世家地位。

还有一个很特别的人，陈胜。陈胜被列在世家里，就像项羽被列在本纪中一样。司马迁所看到的历史，从人事上看，在历史的关键点上，陈胜、吴广是秦朝最早起义的人。项羽很重要，因为他是真正灭秦的人；陈胜、吴广也很重要，因为他们最早有勇气揭竿而起。所以，虽然陈胜、吴广的王位是自封的，但是司马迁愿意承认他们的历史重要性。

借由《项羽本纪》《陈涉世家》，司马迁是在告诉我们，如果单纯从人的角度来看，这些人在历史上的作用远远超过他们的平民身份，甚至超过贵族的身份。他们有更高的身份，那就是在历史转折点上发挥了巨大作用。萧何、张良等人是协助高祖建立庞大王朝的功臣，有些并没有真正封王，可是为了凸显他们的巨大贡献与特殊角色，也都被列入世家之中。

本纪基本上是把政治事件逐条列出来，世家与列传则把这些大事相关的人和事做更详细的说明。此外，司马迁还奠定了"表"这个体例，这也是"成一家之言"的精彩表现。在周的封建时代和汉代早期有许多王国，各国都有自己的纪年，因此时间序列非常混乱。这时只好用表让读者一目了然。表还有另外一个作用，即有些人在历史上比较重要，但其事迹没有丰富到列入传记，就可以在表中留下位置。

"成一家之言"最特别的贡献是书。本纪、世家、列传、表基本上都是以人为主，但书以事件为主，它把一个事件，甚至是跨越时代的重要制度聚拢在一起，这本身就是一个了不起的史学体例的发明。《史记》所写的八书，尤其是《封禅书》，里面的内容有更多历史的评断。《封禅书》一开始说：

自古受命帝王，曷尝不封禅？盖有无其应而用事者矣，未有睹符瑞见而不臻乎泰山者也。

表面上看，司马迁是讲所有帝王都要到泰山去封禅，但这段话讲完之后，他开始仔细说哪个帝王与封禅发生了什么样的关系。看接下来的文字就会发现，前面的表面说法与细节铺陈有些不太对得上。他罗列出过去帝王与封禅的关系，得到的结论是：其实在秦始皇之前，所有封禅的故事都不太可信。那封禅到底怎么来的呢？依照《封禅书》的说法，最初的来源是秦时鄜畤的祭祀，是秦立国之后受到西戎习俗影响而来的。司马迁把这一来历写得清清楚楚，中间还加上了明白的评断。换句话说，封禅是在华夏礼乐倾颓、周的封建秩序变坏以后，秦受到外族影响才产生的一套东西。

到了秦始皇的时候，这套东西又加上了另外一个系统。秦始皇到了东方，遇到齐鲁的方士，他们在那里帮封禅附加上神话的光环。司马迁要处理的是非常敏感的内容，所以《封禅书》有一些文字是湮没的，不过倒也不至于看不清楚他到底要说什么。他就是想告诉我们：第一，封禅是晚近才产生的，尧、舜、禹、汤没有这样的东西；第二，封禅是两个巨大的迷信系统结合在一起而产生的，一个来自秦和西戎，另一个来自齐鲁方士的幻想，是秦始皇完成了封禅这个制度。接下来司马迁又写了秦始皇封禅时的种种荒谬内容。他铺陈封禅的背景与来源，最重要的是要显现他对于另外一个经常被与秦始皇相提并论的皇帝的评断，也就是随时有权力杀他的汉武帝。《封禅书》之所以那么有意义，那么重要，是因为司马迁在里面表达了他对于操有生杀大权的汉武帝的历史评断。

从这件事情上面，我们可以了解司马迁的精神有多么伟大。"成一家之言"，意味着他在写史书时一定要提出自己真正相信的、对历史事件或者人物的评断，不受别的人、群体或者权力的影响。

他大可以不必评论汉武帝，但如果不评论，在他的标准里，这本书就不能够真正称为"成一家之言"，所以他要表达对汉武帝的是非评断，要把汉武帝相关的行为与历史收纳在《封禅书》这篇奇特的文章当中。

权力与命运

封禅书：长生不老的讽刺

权力的背面

《史记》写了约三千年的历史，不过司马迁不单单要记录历史，还要对历史进行解释、评断，即"成一家之言"。对历史人物或事件的评断，有些相对容易，有些则要面临挑战——其中一个困难是要评断当代的事件。《史记》从开天辟地写起，一直到司马迁所处的时代，非此则不能算是真正的通史。换句话说，"通古今之变"的"通"，最后要表现为利用过去来认知现在。这是一个困难的任务，尤其是他所处的正是汉武帝时代。

汉武帝作为皇帝所握有的权力，跟作为史家的司马迁相比，不可以道里计。况且，汉武帝的个性和父亲汉景帝不一样，更不用说祖父汉文帝了。汉文帝时，汉代开始形成一个重要的政治意识形态和指导原则，叫"黄老无为之学"。它要让人民摆脱战国时代以来几乎没有停止过的战争状态，获得休息，恢复经济与社会活力。《史记》格外强调汉文帝节俭爱民、爱惜民力，他的后妃也都非常节俭，不轻易动用国家的财力。经过了文景两代，到汉武帝即位时，汉朝累积了庞大的财富，国家也已经有一套完整的经济、社会体制，可以支撑皇帝想要做的一些事情。所以武帝一改文帝、景帝的做法，变成了一位不断对内对外扩张的一种新形态的统治者。抱持这种雄才大略的君主明显对权力有一种饥渴——他的权力越来越大，也就意味着与一般人的差距越来越大，对于臣民的生杀予夺也越来越绝对。

司马迁对汉武帝的个性有第一手的接触。李陵事件中，司马迁一度性命不保，但为了完成《史记》，他接受宫刑，苟活下来，进宫服务汉武帝。换句话说，我们可能很难找到比司马迁更了解汉武帝个性的人，而在对汉武帝的权力及其恐怖性的认知方面，司马迁恐怕也仍然排在前列——比他进一步体会到汉武帝权力之可怕的人，大概都已经死在刀下了。

要评判尧舜那种古远的君王很容易，要评断做生意的凡夫俗子也相对容易，但困难的是去评断当前直接压在你面前的这个统治者。司马迁清楚地了解汉武帝的个性，又直接受到这个权力的可怕威胁，但依然没有放弃。当他要写历史的时候，仍然要写汉武帝、要坚持自己的做法，这就变成一件不可思议的、值得我们佩服的事情。他不会放弃一个史家要"成一家之言"的基本动机与野心，在本纪最后一篇写到《今上本纪》，但是这篇文章直接犯了忌讳，最晚到东汉时就已经消失，今天自然更是看不到了。

然而，即使没有《今上本纪》，我们仍然可以在《史记》里找到司马迁对汉武帝的评断，即在"书"这个特别体例中的奇文——《封禅书》。

父亲的遗命

《封禅书》至少有两个背景需要仔细说明。

　　其一，历史是什么，史官、史书是什么。中国的传统非常重视历史，在象形文字里，它是手拿着笔写字的形象，即"史"的根本意义在于用文字记录事物。这带出另一个重要的问题，即什么样的东西值得被记录下来。司马迁在《太史公自序》中追溯了自己的家世，一个有几百年传统的史官家族，然而直到汉代，史官所执掌的工作也不完全是我们今天所认知的历史记录或者历史探究。他最重要的工作叫作"星历占算之间"。汉代太史官首要的工作不是记录皇帝做什么，朝廷发生什么事情，更不是记录整个时代或社会中哪些重要人物在做哪些重要事情。他最关键的工作是订定历算，即观察天文。从历算延伸下来还有卜算，即占卜凶吉。从这个角度来看，大致可以说，"史"最初有介于神人之际，或者是把神人沟通的讯息记录下来的背景。

　　这一背景显然要追溯到商代。商代是一个鬼影幢幢的时代，用张光直教授的说法，商人深信他们的世界是一个连续性的世界，即活人的世界与死人的世界没有绝对的断裂，人死之后就变成了魂灵，仍然可以随时介入活人的生活，活人也随时可以去请教死掉的祖先，询问在现实中如何做会活得更好。所以，活人的世界与超验的世界，即包括众神的自然以及由逝者灵魂构成的领域，有很多可以沟通的途径，而负责沟通的人就是巫。中国的文字起源于甲骨文，刻在卜甲或者卜骨上的文字。换句话说，文字的出现就是因为要记录占卜的内容。巫祝向另外一个世界的祖先、神灵询问：明天会下雨吗？今年会丰收吗？如果要打仗，什么时候会比较合适？如果要渡河，什么时候才是适当的时机？如果要去打猎，应该要往哪个方向？……要把结果记录下来以备日后查验，显然就需要文字。中国文字最早的执掌者就称为"史"，他们最早记录的是人与神鬼之间的沟通。在这个传统上，我们能够理解为什么一直到汉武帝时代，司马迁仍然要负责星历卜算。

不过，史的工作不只有星历卜算。这里涉及从商到周的巨大变化。传统上商周被当作彼此相连的两个朝代，但今天从考古器物重新检验文献，有越来越清楚的证据显示，商文化与周文化大不相同。依据张光直教授的观点，最大的不同是商人的连续性世界观变成了周人不连续的世界观，即活人的世界与想象中的世界，不管是自然山川中的万物之灵，还是祖先灵魂、神鬼，都是彻底绝隔开来的。因此，周人文化中就特别强调现世，强调在这个体系中累积经验，归纳原则，从而找到人的智慧。人间的智慧只能在人间寻找，是周人非常特别的底蕴，后来也变成了中国历史的根本精神之一。

商到周，一切事物都反映着从注重鬼神转变为注重人世。商代青铜器上都有非常华丽的纹饰，一般都与动物密切相关。青铜器通常是炊煮之具，在煮东西把水烧开时，水气不断地往上升，这样的现象让商人相信，这个鼎是现实世界与想象中的神鬼世界直接沟通的工具。因此，商人看重这些器具，发展出非常复杂的铸造方法，又在上面做了华丽的纹饰。这些纹饰基本上是以真实或想象的动物为主题，因为商人相信动物能帮助人沟通不同的世界。周人虽然承袭商人铸造青铜器的技术和器物模样，但是改变了青铜器的意义与功能。最重要的改变是纹饰越来越简单，越来越不重要。换句话说，周人已经不再相信纹饰所产生的神圣力量。

此外，商代青铜器上面会有族徽，即又像图画又像文字的一种图案。但是周人之后的青铜器上开始刻蚀铭文。商人相信青铜器可以沟通不同世界，可是周人看重它是因为它可以长远流传。他们的铭文有一个经常出现的结语，叫作"子子孙孙永宝用"。这不仅表示青铜器可以当作世代传承的宝物，更重要的是要告诫子孙遵照上面的文字。这些铭文是人与人之间的许诺、和约。因此，周人如果有封建仪式，就必须要铸鼎以示契约——一个永久的契约要用可以永久留传的青铜器与金文让后人永远不忘。

因此，从商到周，史官虽保留了同样的职责，即记录重要事情，可是重要事情的定义剧烈变化了。于是，一直到汉代，史官的工作都还具有明显的双重性：有一部分来自商代的神鬼世界，要观察天文，计算历算，甚至去预卜吉凶；另一部分则来自周人对现世的强调，要记录人与人的交接、许诺，不同亲族如何建构秩序、规范行为。越往后，人世记录的部分越重要，星历卜算则逐渐挪到其他官职上去了。太史公的时代，史官仍然具备这样的双重职责，不过司马迁的选择是记录人世的"究天人之际，通古今之变"，认为那才是史官应该首先承担的职责。

《封禅书》很大一部分就是在讲汉武帝时代兴盛的各种怪力乱神，但又不是一般民间的迷信，而是只有皇帝才有资格的封禅。汉武帝相信封禅可以使人不死，因而才有相关的事情。这些材料基本上就在史官司马迁的执掌下，许多事情要去问他的意见，他自己也要参与到讨论之中。因此，我们不仅要感谢司马迁的勇气，还要感谢当时史官职责的暧昧性。封禅的细节本来牵扯到汉武帝个人最私密的恐惧以及信仰，司马迁却得以看到并把它记录下来。

另一个背景是父亲司马谈教给他的使命。司马氏世为典史，到了司马谈这一代，他想把家族保管的历史完完整整写下来，但来不及写，于是要司马迁把它写下来。司马谈作为史官，最大的遗憾是汉武帝到泰山封禅时竟然没有带他。从《太史公自序》的相关记载来看，大概可以认定司马谈是彻底肯定封禅的作用的，他认为这是一件划时代的历史大事，所以才会抱憾而终——作为史官，皇帝竟然漏了他。司马迁承继了父亲对于封禅的重视，于是把封禅的重要性，以及应该从何种角度理解封禅写在《封禅书》里。这里显现出来的意义恐怕与司马谈的认知有相当大的差距，但一脉相承的是，司马迁做到了他的许诺，真正写出汉武帝这一朝封禅究竟是什么，以及它对汉武帝和朝廷产生了何种重大作用。

汉武帝的"不死之路"

"书"的基本性质是制度史，所以文章开头，司马迁把封禅制度的来龙去脉做了整理，可是仔细看就会发现，司马迁在此强调了两件事情：第一，封禅不是拥有长远传统的制度；第二，封禅的形成与秦始皇关系最为密切，所以在讲封禅来历时，大部分都是讲秦始皇为了封禅，进行了种种荒谬的作为，在此之后则讲到了汉代，快速提了一下文帝和景帝。文帝部分从头到尾其实只讲一个人，就是赵人新垣平。后来文帝发现他那些封禅的说法都是假的，便"怠于改正朔服色神明之事"，不管这些东西了。换句话说，文帝与封禅只发生过间接关系。景帝部分也只有短短几句话，叫作"祠官各以岁时祠如故，无有所兴"，即行礼如仪，照着原来做就是了。

然而，"今天子初即位，尤敬鬼神之祀"。《封禅书》篇幅最长的一段其实是在讲汉武帝如何一步一步走上封禅这条路。因此，虽然本篇被归在制度史的"书"中，但是实质上它的内容，尤其是中间这部分，是理解两千年前汉武帝个人心理的绝佳资料——司马迁用非常细腻的笔法描写武帝身边的方士和他的回应——在所有的资料里面，恐怕只有《封禅书》能够提供这些。

从这里开始，《封禅书》进入真正的重点，精彩得不得了。

司马迁先写女子神君，"闻其言，不见其人"。你听到一个女人的声音，可是找不到她在哪里，因此大家都吓得不得了。后来这个女人现身，在汉武帝面前解释说，"你们只听到我的声音但看不到我的人，为什么我有这样的能力，因为我不会死，而为什么我不会死？因为我曾经参与过封禅。"这一段是司马迁的特别安排。他让神君在封禅故事中首先登场，从而告诉我们，封禅在汉武帝这一朝至关重要。对皇帝来说，它与"不死"结合在一起。

汉武帝如此热衷于封禅，是为了长生不老，这是他追求权力的终极目标。一切现世权力，在死亡面前便失去了所有意义，所以越是有权力的人就越怕死。《封禅书》很大一部分就是从这个角度来写汉武帝的，表达了司马迁的基本看法。他不是用抽象的方式简单地讲，汉武帝是一个怕死的人，为了长生不老，做了一些如何荒谬的事情，而是一段一段地铺陈，讲哪些人用什么样的方式去接近汉武帝，告诉汉武帝他们会什么，最重要的是让汉武帝认为，他们可以帮助皇帝不死。

《封禅书》里写到很多方术之士，例如说李少君。他自称七十岁，能够运用神力驱使不同的事物，更重要的是不会死。少君曾经与武安侯一起喝酒，座上有一位九十来岁的老人，年寿之高，被视为奇迹。李少君突然口出奇言，说："我还记得我与你祖父一起去游射的地方，那个时候你祖父喜欢到哪里去游玩，会在哪里射箭。"这个九十来岁的老人在孩童时的确与祖父去过那里，一听的确如此。这个老人已经九十来岁了，竟然有人不仅认识他祖父，还认得他祖父喜欢去的地方，于是李少君被引荐给汉武帝。汉武帝收藏有古代铜器，就拿它来问少君，少君说这是齐桓公十年摆在柏寝的东西。大家把那个铜器拿来，看后面的铭刻，果真是齐桓公时代，都觉得非常神奇，认为李少君已经活了几百岁了，是神。

李少君告诉汉武帝，如果你好好祭拜对的神祇，丹砂可以变成黄金，做成器皿吃东西，就可以活得很长，见到蓬莱仙岛的仙人，看到仙人就有资格封禅，封了禅就可以不死，变成黄帝。这是一套非常精巧的骗术，它的技巧在于给你一个极端的梦想，即长生不死，同时也给你一个现在就可入手的任务——不必经历一个不可想象的飞跃，而是开始认真祈祷，一步一步地做，将来有一天到那个终点，就可以长生不死了。它有很复杂的步骤，每一个步骤都可以拖时间。

李少君又告诉皇帝说，他曾经在东海走来走去。因为东海特殊的地理条件，海上经常起雾气，人们可以看到各种缥缈的海岛，可是等到天气晴朗时，这些栩栩如生、上面有人来往的海岛就再也找不到了。在齐地有很多这种神仙的传闻，李少君也用此勾引汉武帝，说自己经常在海上来往，看到仙人安期生。安期生不吃一般的五谷，而是吃巨大如瓜的枣子。安期生不是想见就能见到的，他"合则见人，不合则隐"。

接受了这一说法后，汉武帝就开始亲自去拜，并派遣各个方士到东方的海里，去蓬莱找安期生。接下来他就开始炼丹，想让原来的丹砂变成黄金，但有趣的是，没有多久，那个号称已经几百岁，与九十老翁的祖父一起生活过，好像还在齐桓公宫里看过铜器的李少君，竟然病死了。这当然是个很大的麻烦，打击了汉武帝的信心。有趣的是，李少君明明都死了，但是汉武帝为了安慰自己，宁可相信他是羽化了。

他还特别找了另外一个人，叫作史宽舒，恐怕也与史官有关系。后来碰到与长生不老、封禅有关系的事，史宽舒就与司马迁这些史官一起管理。汉武帝叫他去学李少君的各种法术，希望找到蓬莱仙岛或安期生，可是最终还是没有找到。接下来，司马迁就告诉我们连带的效果。李少君变成了一个示范，大家都知道皇帝相信神仙，所谓"上有好者下必应之"，于是"海上燕齐怪迂之方士多更来言神事矣"。这又是一个统治者明确让社会知道他喜好什么东西，对什么执迷的案例，大家为了得到权力和好处，这样的东西自然就会越来越多。

我们看到来自亳的谬忌。谬忌有一个新主张：皇帝若要长生不老，就要拜太一神。他讲了一大套怎样拜太一，汉武帝不只听进去了，还要按照这种说法立太一祠。再后，所有的人就在这上面不断加码。有人告诉他，天子三年用一次太牢，要拜三个神，即天、地、太一。于是从谬忌的太一祠加码成了天坛、地坛与太一坛。人们一看皇帝喜欢这种意见，接下来又有人上书说，以前天子在春天要去拜黄帝，要用一块破损的古镜，用羊用马。然后如何拜山，如何拜泽，如何拜武夷君，又讲了一大套。整个汉武帝时代，祭祀系统不断膨胀，花费的人力与财力也越来越多。到了一定的时候，要让皇帝能够继续相信，就要有一些奇迹般的现象出现，于是一只独角兽被及时捕获了。有人主张这只独角兽就是传说中的麟，而麒麟来到人世间应该有它的意义，于是大家猜测，下一步皇帝应该要封禅了。封禅要去哪里呢？要到泰山。

在行政体制上，汉代仍是郡国并行制，有很大一块领域是皇帝自己直接统治，以郡县的制度来运行，王侯（主要是王）则有各自的领地。泰山在济北王的国境内，于是济北王赶紧把境内的泰山及旁边的城邑全部还给了皇帝。汉武帝高兴之余，就用其他地方补偿给济北王。这时，常山王因事被贬，汉武帝趁机把常山王所封的地方也搬走了。于是，在号称有特别神圣意义的五月，本来在王国境内的两座山全部都还给皇帝，也就是所谓"五岳皆在天子之郡"。

接下来又出现了一个奇人少翁。少翁用"鬼神方"，和皇帝说

羽人莲花灯　用来承接莲花露，引自李学勒《欧洲所藏中国青铜器遗珠》

自己有一些特异功能。汉武帝有一个宠幸的王夫人，不幸早死，少翁就说自己有办法招魂，在夜里使王夫人及伴随她的灶鬼在皇帝面前显影。皇帝在帷幕之后远远地看，越看越像，好像真的就是王夫人的魂灵回来了。于是皇帝开始重用少翁，把他拜为文成将军，给了非常多的赏赐。文成将军得到皇帝的信任后，开始有各种建议。他告诉皇帝，要想与神仙有所交流，就不能住平常的房子，不能穿平常的衣服。如果宫室被服没有神仙图案，神仙不会来。于是，所有宫室全部要大变，不管是屋子还是衣服：

> 作画云气车，及各以胜日驾车辟恶鬼。又作甘泉宫，中为台室，画天、地、太一及诸鬼神。

　　即每天穿不一样的衣服，住不一样的地方，还要遵循不一样的时辰，避恶鬼。然后祭拜，希望天神愿意降下来。这样搞了一年多，神还是没来。如果再没有什么新的灵验，少翁知道自己的性命可能会不保，就做了一些诈术。他把有字的帛书喂给牛吃，然后假装不知道，看到牛时就说这牛不对劲，牛肚子里有奇怪的东西。杀了之后，果然发现帛书，上面写着稀奇古怪的话。但是汉武帝没有那么笨，看到帛书上的字体好像是少翁的，去找养牛人问，果然是假的。汉武帝非常生气，就杀了少翁。这里司马迁又有一个暗语，即文成将军被杀之后，"隐之"——为了给皇帝面子，假装他不是被杀的。

　　虽说杀了少翁，但汉武帝并未死心，不愿意完全放弃他教的一些方术，仍旧建造柏梁、铜柱、承露仙人掌。这些都是招神仙的方法。少翁死后第二年，汉武帝病得非常严重，不仅找了各种医生，还找了巫来医治，可是一直都没有好。当时有各种建议，让他在甘泉宫里拜这些那些鬼神，武帝后来没有办法，派人去问神君。有位神君就说，皇帝不必担心病，过一阵子就会好一点，届时请他勉强自己到甘泉宫见我。他说完这些话后，汉武帝的确感到身体稍微好一点，于是从病榻上起来去甘泉宫。到了甘泉宫之后，病真的好了，汉武帝松了一口气，大赦天下，建造寿宫供奉神君。寿宫中最尊贵的神君是太一，在旁边辅佐的是大禁、司命之属。人们见不到这些神仙，但可以听到他们说话，就好像真人在说一样。他们忽然而来忽然而去，来的时候非常肃然。如果听到了这种声音，只能在那里等着这些神人显现。于是，此后又有一堆的仪式，叠床架屋，以致要汉武帝"亲郊后土"。

　　这一路罗列下来，《封禅书》帮我们刻画了一个真正的武帝面貌。其他人写武帝只写他带着权力光环的表面，司马迁则要"成一家之言",虽然要通过《封禅书》这种形式才能够"偷渡",但是他坚持让人看到,在权力光环的背后,汉武帝是一个多么害怕死亡的人。因为有这个致命弱点,如此雄才大略的英雄在面对死亡时,再荒谬的术士都可以轻易地骗过他。而且,即便上了那么多次当,只要有人告诉他可以长生不老,武帝就又跳进去了。

权力的毒药

在面对死亡时,汉武帝与秦始皇在《史记》中被用同样的方式彰显出来。权力越大的人越怕死,他们心中的混乱与纠结比一般人更加严重。汉武帝希望借由封禅、各种方术摆脱一般人的命运,没有拥有这么巨大权力的人不会这样想。我们知道凡人皆有一死,这是颠扑不破的道理,然而权力会让人产生一种强烈的感受,让皇帝不相信自己是一般人——一般人必须排队,你可以不排;一般人无法得到的享受,你有权力就可以享受;一般人无法得到的安全感,有了权力,你就能拥有。有权力的人随时活在特权当中,随时在一种例外的情况下,自然就有一种错觉,认为拘束一般人的规律不应该放到自己身上。所有人都不想死,一般人不得不死,但作为一个有权力的人,尤其是拥有这么高的权力,为什么也需要死呢?一定可以找到一种方法,运用权力,让自己与其他人分隔开来,可以不死。

《封禅书》最精彩的部分,就是写了这样一种权力思考方法,尤其反映在汉武帝的身上。一方面,汉武帝如此雄才大略,立下巨大功绩;另外一方面,回到个人层面,我们看到他的脆弱,也更进一步看到这个脆弱所带来的愚蠢。在很多与权力、治国有关的地方,汉武帝可能有特殊的判断能力和智慧,然而在生死攸关的时候，他变成了一个非常幼稚单纯的人。在他身边，一而再再而三地出现各式各样的人，说着与封禅相关的各种诱惑，而他仍会一再上钩。

例如说宫人栾大。有趣的是，他是文成将军少翁的同门师兄弟，少翁被杀，但是栾大还是想接近汉武帝，就认识了康王。康王宠幸一位侧妃，立她的儿子为太子。康王死后，康王后基本上一无所有。不过，因为康王早死，康王后还很年轻，而且她对自己的美貌与才能很自信，有了非常大的野心，要去勾引汉武帝。之前有少翁用这种方法接近汉武帝，变成汉武帝身边最信任的人，康王后就去勾结栾大，因为栾大与少翁是师兄弟，学的是同样的方术。康王后把栾大推荐给汉武帝，如果汉武帝重用了栾大，自己就可以借机靠近汉武帝，最好让汉武帝爱上自己。这样，她就可以进到宫中，拥有荣华富贵和权力。

她的时机选择得还不错。汉武帝杀了少翁之后，正在后悔，认为还有很多的方术没有学到。栾大长得一表人才，又很会说话，更重要的是他敢吹牛。《史记》的用语极为有趣，说栾大"敢为大言，处之不疑"，用我们今天的话来说，有人吹牛说大话且完全相信自己所说的。他自己都不怀疑，就很容易说服别人。

见到皇帝之后，栾大说的一部分内容是所有方士都会说的。他说自己经常到海上，看到安期、羡门这些仙人，但是每次去都有挫折感，因为地位不够高，得不到他们的信任。栾大接着说：这些仙人同样看不起康王，认为他不过就是一个诸侯，不愿意把各种秘密法术教给自己和康王。康王是个笨蛋，不懂得重用我。我的老师经常与我说，只要能用对的方法找到对的仙人：

黄金可成，而河决可塞，不死之药可得，仙人可致也。

　　栾大这些话特别针对当时汉武帝的心思。第一个"黄金可成"当然是件好事，可是对汉武帝这样的人来说，黄金没那么重要。接下来，他知道这个时候汉武帝心中最大的困扰是黄河决堤。黄河决堤，整个黄河下游的泛滥，造成统治上的困扰，这是一个绝大的难题和巨大的工程。栾大就诱惑皇帝说"河决可塞"。皇帝不需要动用这么多人，也不需要那么担心，如果有神仙来帮你，马上就好了。这个当然就比"黄金可成"吸引力大得多。当然，最后是皇帝会最想要的"不死之药可得，仙人可致也"。

　　不过栾大非常聪明，他还要保护自己。他说自己的地位很低，重要性不够，神仙不见得会见他。此外，我们有法术的人借此与神仙交接，可是稍微有神仙不理会我们的时候，你就要发脾气，我的师兄文成将军少翁就被你杀了。杀了少翁，你要付出很高的代价，所有有法术的人都不敢来找你了，最后是谁损失呢？汉武帝听完之后，信誓旦旦地与栾大说，文成将军不是我杀的，是误吃马肝而死。然后他就拉拢栾大，说你如果真的有见效的办法，我什么东西都舍得给你。栾大继续替自己铺路，就说，你是皇帝，我们怕你、有求于你，你对我们则没有任何要求。可是神仙不一样，我的老师是个神仙，他不求人而是别人去求他。如果你一定要找我的老师来，就不能说"你给我来"，而要客客气气地用最好的待遇去把那个阵仗给排出来。你派使者去找神仙，神仙不见得要见，最好的方法就是赐给使者印信，表示皇帝如何看重。

　　汉武帝当然心动了，可是他毕竟被骗过几次，所以要验证一下。就像当时少翁借由让王夫人还魂来说服汉武帝一样，栾大摆好棋盘棋子，让棋自己下，叫作"棋自相触击"。皇帝一看果然有神功，再加上之前栾大运用心理效果讲到"河决可塞"，所以汉武帝就决定把栾大拜为五利将军，接下来又增加很多头衔，赐给天士将军、地士将军、大通将军印。这就是依照栾大所说的，让他去找神仙时地位很高，有各种各样的依据。此外，汉武帝还下了一份诏书，封地士将军栾大为乐通侯，专门治水。封了侯，地士将军就可以在两千户的封地上发挥作用，像大禹治水一样"疏九江，决四渎"，防堵河患。

武帝不只是赐给栾大宫室珠宝，甚至把卫长公主都嫁给他了——卫长公主的称号改为当利公主，意为嫁给了五利将军。武帝还经常亲自跑到栾大的家里。栾大的地位越来越高，高到皇帝刻了个玉制的将军印，叫作"天道将军"。在授予时，使者穿着羽毛做的衣服，晚上持印站在白茅上，栾大同样穿着羽衣站在白茅上接受。这个特别的仪式表示，这不是皇帝授给臣下，他们彼此之间的关系是平等的。天道将军是要"为天子道天神也"，道者，导也，也就是帮天子导引天神。到这个时候，栾大在几个月内配了六个印，有六个封号，一下变成了长安城里面最有名、最有权力的人，大家都去巴结他。

其实看到这里，我们已经知道，司马迁写这一段真的不完全是在讲封禅，而是一路讲这些方术之士，以及他们与汉武帝之间的关系。司马迁点明了政治上的一个通则，即作为统治者，比如像皇帝这样拥有绝对权威的人，他的偏爱会导致政治灾难。这个偏爱包括两个方面：一是偏爱什么事，二是因此而来的偏爱什么人。这纯粹是来自个人的喜爱或者执迷，不能用政治运作的道理来规范。一旦有权力者进入执迷的状况，他就把权力交给了不是在正常政治运作下应该握有大权的人，实质上就是在打乱整个权力架构的运作，届时所有人都会受到影响与冲击。因此我们会看到，一旦有权力者执迷于某件事或某个人，整个政治运作就会开始分裂、倾斜。每个人都希望巴结皇帝喜爱的人，迎合皇帝喜好的事，分到一点权力和利益。他们再也不管原来的体制中什么是正确的程序、什么是应该有的守则。而且，一旦皇帝破格对待某些事、破格宠幸某个人，这个"格"显然就不可能再约束所有的人。每个人都希望自己能够被皇帝破格任用，得到破格赏赐，于是，原来那一整套规律规范就被弄得一塌糊涂。

除此之外，这种局势必然产生另外一个团体。如果不愿意依附有这样偏爱的皇帝，不管是出于原则，还是出于个人恩怨，他们都变成了这个政治体制的边缘，心里必然会产生强烈的挫折感。社会分裂开来，大部分人在那里孜孜矻矻地求取利益，而另外有一群人随时抱持着深深的埋怨与不满。一旦政治进入这种状况，如何能好好地发挥作用，为社会和一般人民造福呢？

我们读《封禅书》，看司马迁刻画汉武帝与这些方术之士，乃至于朝臣对这件事情的反应，就能体会到这绝对是司马迁"一家之言"的观察、评断，到今天仍然能够对我们的认知、观察有所启发。他用来彰显这个道理的故事，两千年之后读来仍然如此鲜活。

项羽本纪、高祖本纪：英雄与无赖的对决

碰撞时代的"楚汉双雄"

一个史家"成一家之言"的重要面向是如何解释自己所处的时代。司马迁用《封禅书》来写他所认识的汉武帝，呈现出不一样的一面。这种对于自我时代的思考，扩大之后也就是对于汉代的思考。对于当前的朝代，即便只是书写也是极难的事情，更别提解释了。发表对当代的看法，在没有改朝换代以及时间沉淀的情况下，要冒着与当朝意识形态、政治权力发生冲突的风险。在这一点上，我们不能不佩服司马迁，因为他的的确确做到作为历史记录者进行独立思考的责任。虽然他也会因为当时的压力，不得不写下一些称作"标准答案"的记录，但他用尽了各种技法，让你知道他并不同意这些。

从汉代的开国过程，司马迁就清楚地展现出"成一家之言"的精神。

之前说过，司马迁在篇章设计上有特别的顺序。对于汉代如何开国，他不只写了开国的汉高祖，还把相关事迹写进了《项羽本纪》。除此之外，他还把灭秦及刘项相争中重要事件的不同侧

面、看法分散在其他的篇章，例如《萧相国世家》《曹相国世家》《留侯世家》《陈丞相世家》，以及黥布、淮阴侯韩信、樊哙、郦商、夏侯婴、灌婴等人的传记里，其中包括一些不方便写在本纪里，但又关系到高祖的个性与作为的重要内容。

将《项羽本纪》与《高祖本纪》放在一起，彰显了司马迁的史识。按照他安排的次序，不可能感受不到这两人在个性上面鲜明的对比。另外，我们也会留下一个深刻的印象，即在秦末大乱中，一度是项羽占领了整个天下。在当时的时局中，几乎是独大的一个英雄，为什么没有保持住那样的地位与权力，最后输给了汉高祖呢？这两人的成败，甚至整个局势的胜负，最后的关键在于性格，以及源自性格的种种行为，这是司马迁对于秦亡汉兴这个过程的重要看法。

前面也讲到，太史公写《史记》的第一条信念就是要"究天人之际"。在《项羽本纪》《高祖本纪》中，秦末大乱的时机就是"天"，这不是项羽、刘邦或任何人能掌控的。在此之下，无数人前仆后继参与在灭秦的战斗中，其中不只有开头的陈胜、吴广，甚至包括为秦带兵的章邯这些人，他们都在秦末大乱的时机中，也就是天所塑造出来的环境下得到不同的机会。所以，他们之所以兴起、衰亡，有很大一部分与他们是谁、做了什么事情没有关系。我们必须要将天的部分清楚厘分出来，才能去彰显一个人在那样的时机中基于个人性格和能力做对了什么、做错了什么。这才是历史真正要探讨的。

面对这样的时机，项羽与刘邦基于性格所做的决策，又牵涉到司马迁的第二个重要信念，即"通古今之变"。在这里，我们看到了一些古今之变的通则。秦建立了一个以郡县制为主的新帝国，与原来的封建割裂，但这个制度中带有许多不稳定的因素，最终经过短短十五年就灭亡了。可是，汉代基本上承袭秦的制度，没有恢复原来周代的封建制，竟然开创出一个稳定的局面。历史学家必须要有这样的基本责任与野心，去解释为什么历史会从秦的不安定过渡到西汉两百年的稳定。《项羽本纪》与《高祖本纪》告诉我们，为什么项羽能够在群雄并起的情况下灭了强秦，完成别人做不到的事情，但接下来却兵败如山倒，完全守不住打下来的江山。这里面的智慧，即"通古今之变"，浓缩成一句话就是，"可以马上得天下，不能马上治天下"。换句话说，打天下与治理天下是两回事。

　　这个古今之变的通则，解释了刘邦为什么能够从项羽手上夺下大权，还可以继续保有大权。刘邦的个性中有项羽没有的特质，他能快速察觉到局势已经完全变化。在争夺江山的过程中，需要考虑的是要有什么方向、做什么事情，但是真正打下天下后，原来的长处立刻变成了最大的问题。面对这个挑战，如果意识不到这中间的转折，无法做出关键且快速的调整，就会变成另一个项羽。在项羽的对照下，刘邦知道在马上得了天下之后，必须换另外一副态度与做法，才能够稳定当前人心不安的状况。

　　回来刘邦身上，他的性格里有一种弹性和宽广的特征。这种宽广在其他时候或许是严重的缺点，例如对于人生应该过什么日子、应该追求什么，他基本上是没有原则的。对于要达到什么目的，应该或可以动用什么手段，他也没有限度。更进一步，甚至很多时候究竟要追求什么，他都没有必然的执着。一般看来，这是他个性上的严重缺点，但在当时的时局下，这样的人才有潜力从打天下的状态快速调整到后来治天下的状态。

　　连读《项羽本纪》与《高祖本纪》可以发现，里面讲的不是公元前206年秦灭亡这一件事情，而是一些更普遍的东西。第一，政权不稳定时是什么状况，什么人在这种局势底下最有机会趁乱而起；第二，这个竞争的本质是什么，需要什么能力，决定胜负的条件又是什么；第三，政治权力有独特的两面性，它很大程度上必须要在动荡当中获取，可是动荡也会使权力瓦解。如果你真的是权力的追求者或研究者，司马迁这个"通古今之变"的智慧就再重要不过了。

事实上也可以认为，这就是《项羽本纪》与《高祖本纪》所彰显的历史前例。后来中国一遍一遍地改朝换代，其影响力大到无法一一指实，但我们可以看出，在每一个获得权力的转折点上，许多帝王心里都有项羽与刘邦。

时局的变化不是纯粹混乱或者偶然的。无数人用不一样的方式应对身处的环境，但是不同的阶段需要不同的知识和能力。要成为终局的胜利者，关键是看在什么阶段参与乱局、与自身能力是不是刚好应合。

还有一点也很重要，即在混乱到一统的过程中成为赢家的人，不完全凭借偶然、运气，最需要的是弹性。如果你具备的是很明确的单一能力，很可能没办法快速应对下一个阶段的需要，持续领先。也就是说，这种能力在这个阶段给你带来好处，在下个阶段很可能就会成为阻碍。

用这种方式，我们懂得了历史和政治权力，甚至可以进一步运用到现实环境中，随时提醒自己，能力很多时候可能没有弹性重要。

成王败寇之外

司马迁用本纪的体例，使我们掌握了几千年历史的梗概。本纪的原则是"详今略古"，即时代远的，我们知道的就没有那么详细，也就只能用较长的时间为单位——跨度最长的当然就是《五帝本纪》。

自第二篇开始，司马迁基本上都是以每一个朝代为一篇本纪，包括夏、商、周三代。然而到了第五篇，司马迁很有意思地展现出他的特殊史识。灭亡周的是秦始皇，但是秦的历史却不是从秦始皇开始。本纪第五篇写的是秦昭襄王与秦庄襄王，这意味着，他认定这时候周实质上已经不存在了，主要的权力转移到了秦。

本纪第六卷写的则是秦始皇帝与二世皇帝，也就是周正式灭亡、秦统一六国之后发生的事情。到了第七卷以下，按照详今略古的原则，每一篇基本上就是一个人在位的时间：第七卷是项羽，第八卷是汉高祖，第九卷是吕太后，第十卷是文帝，第十一卷是景帝，第十二卷是武帝。前面的商、周、秦都是一个朝代，后面汉高祖所在的汉也是一个朝代，从这个角度看就会发现一个特例——项羽没有朝代。

项羽出生于楚，曾自封为西楚霸王，但也仍是"王"而已，没有真正当天子建立一个王朝，不过司马迁却认为，如果认识不到项羽的功绩，就无从解释秦的灭亡。

汉代在五行的轮替上直接接续秦代。按照五行相生相克的说法，秦汉之间是没有其他力量的直接承继。司马迁不接受这样的看法。汉高祖在群雄崛起中并不是最强大的力量。更进一步，在"成一家之言"的历史看法上面，司马迁凸现的是，秦末大乱中，以汉高祖的能力与个性不足以让秦灭亡。如果没有项羽，或者项羽代表的这些历史因素与变化，不可能有汉高祖打下来的天下，所以《项羽本纪》绝对值得好好认知。而且，司马迁在写《项羽本纪》时，从行文、形式上都明白地提示后世读者，要把它与

《高祖本纪》对照着读。

《项羽本纪》开篇，太史公用三言两语就清楚地写出项羽的身份来历，以及他的特殊个性。

> 项籍者，下相人也，字羽。初起时，年二十四。其季父项梁，梁父即楚将项燕，为秦将王翦所戮者也。项氏世世为楚将，封于项，故姓项式。

短短几句话交代了项羽的来历，他是楚国军事贵族之后。作为这样的贵族之后，又有军事的传统，那么项羽的个性是什么样的呢？

他小的时候学写字，没有学成，去学剑，又不成。项羽父亲早逝，他跟着叔叔长大。项梁看到他那么没有耐心，非常生气，但项羽并没有因此就乖乖学了，他理直气壮地辩解说：写字顶多会写名字就好了，学剑顶多能与一人对斗，这不是他想要的，他想要"学万人敌"，即面对众人还能够打赢他们。项梁被这样的野心打动，就改教他兵法。听到学兵法，项羽非常高兴。但是司马迁在这里埋下一个伏笔——项羽仍然是一个没有耐心的人，"略知其意，又不肯竟学"，即使自己说要学"万人敌"，但仍然是学一学皮毛就觉得够了。

后来，项梁杀了人，就带着项羽避仇，到了南方的吴。项氏世世为楚将，很有名气，吴地有很多人来与他们结交。项梁便借此开始组织自己的势力，在吴中偷偷地"以兵法部勒宾客及子弟"，项羽在这个过程中也体现了出色的组织能力。

之后有一件非常精彩的事情。叔侄二人在吴中，刚好遇到秦始皇巡行天下。秦始皇最远到了东南方的会稽，由会稽渡长江之后，项梁带着项羽一起去看秦始皇的阵仗。看的时候，项羽忍不住自言自语地说："彼可取而代也。"叔叔一听这个话，急忙把他的嘴给掩住，告诫他不要乱说，会害得全族被杀的。项羽身材很魁梧，"长八尺余，力能扛鼎"，他光是在那里一站，气势就让吴中的子弟佩服。可以看到，到了秦末大乱，也就是陈胜吴广揭竿而起造成秦系统性崩坏的这个时机，项梁、项羽有自己原来传承的资源，再加上在吴中的努力，已经准备好参与进乱局当中了。

那太史公用什么方式写高祖呢？《高祖本纪》开头是这样说的：

> 高祖，沛丰邑中阳里人，姓刘氏，字季。父曰太公，母曰刘媪。

这几句话其实意义深远，因为它彰显了刘邦的出身是如何平凡。即便到后来当上皇帝，他的父母仍然没有留下名字，用今天的大白话来说就是，"父亲是刘先生，母亲是刘太太"，仅此而已。与他相比，项羽是楚国名将之后，祖父、叔叔全部是有名有姓的大人物。

接下来太史公说：

> 其先刘媪尝息大泽之陂，梦与神遇。是时雷电晦冥，太公往视，则见蛟龙于其上。已而有身，遂产高祖。

这是一段神话，意思是说这个刘太太曾经在湖边遇到了神秘的力量。那个时候，打雷天阴，她的丈夫太公去看她，发现她身上盘着一条龙，紧接着刘太太就有了身孕，生下刘邦。所以，高祖刘邦的受孕是从神龙那里来的，而且他身上也显现出这种特殊性："隆准而龙颜"，胡须非常漂亮，左腿上有七十二个黑子，其个性"仁而爱人，喜施，意豁如也"（凡事不太计较）。

因为要写当朝的事情，司马迁前面不得不写一些固定的说法，来表现开国皇帝多么了不起：他不是一般人，与龙有关系，是神特别派下来的。司马迁并不吃这一套，接下来的内容就显现出刘邦非常世俗的一面："常有大度，不事家人生产作业"——其实就是一个混混。

刘邦后来当上亭长，与所有人都混得很熟。此外，他还"好酒及色"，到很多地方去喝酒，特别去两家酒店，但都是赊账，到年底欠了一大笔酒债。但是，用比较美化的方式来看，他虽然爱喝酒，经常欠酒账，但是人家仍然很看重他。两家酒店的老板娘发现，刘邦醉酒时身上常常有龙的影像，觉得他不是平常人，所以酒债到了年底付不出来，也就算了。

接下来是一个很重要的对比。依照秦代的力役制度，亭长要经常到咸阳出差，所以刘邦也看到过秦始皇的行列。他感叹道："嗟乎，大丈夫当如此也！"做人做到最过瘾的时候，就应该是这样。这绝对是司马迁的刻意安排，让读者知道这两人有一个共同之处，即他们都敢于梦想别人所不敢想的。看到秦始皇的行列时，绝大部分人是战栗、颤抖、恐惧、不知所措，感觉到自己如此渺小，但不管是项羽还是刘邦，看到秦始皇的时候并不觉得自己与这个人有绝然不可弥缝的差距。

不过，两个人表现的方式不一样。刘邦是一种羡慕的方式：如果做人可以做到这样，那该有多好。这是他性格的一部分。项羽当然就是更霸道的方式：你做得到，凭什么我做不到，所以他的说法是"彼可取而代也"。

至此，项羽、刘邦的出生、个性已经清楚地对照出来。这不光是一个开头，同时也是一个伏笔，我们会发现，两个人的出身与个性决定了他们一路上所做的很多的事情，及其结果。

项羽刘邦发家史

秦二世元年七月，陈胜、吴广揭竿而起。九月，会稽的太守殷通跑去找项梁说："江西皆反，此亦天亡秦之时也。"——这里又出现了"天"，司马迁是想说，这种局势不是任何人所能控制的。短短两个月，各地都有反秦的势力，而且迅速形成气候，所有人都是趁着天时而起。不过，在这样的环境中，每个人都会有自己的选择和作为。

殷通和项梁说："吾闻先即制人，后则为人所制。"殷通本来是秦郡县制中的地方官，现在也要反秦了。他想发兵，想找另一个楚国名将桓楚帮他带兵，不过那个时候桓楚在楚一带逃亡，不知道去向，所以殷通特别去找项梁，希望项梁把桓楚找出来。项梁就告诉殷通说："哎呀，桓楚到处乱跑，没有人知道他在哪里，只有一个人知道，就是项羽。"这是项梁的布局，他来到屋外，偷偷找到了项羽。司马迁在这里用了一个悬疑的笔法，他没有写项梁和项羽讲了什么，只说项梁叫项羽"持剑居外待"，站在外面等着。

项梁进去后与殷通说："我的侄子项羽已经来了，你现在叫他进来，让他去找桓楚。"殷通就说："好，进来吧。"项梁把项羽招进来，没多久就用眼色示意，项羽拔剑杀了殷通。项梁拎着殷通的头，佩上殷通的印绶出来。殷通帐下的人当然很害怕，也有人要反抗，但是项羽一下"击杀数十百人，一府中皆慑伏，莫敢起"。

局面一下子稳定下来。

这件事情非常重要，因为它展示了项梁与项羽如何参与到秦末大乱中。另外，我们也看到了项梁与项羽的默契。这对叔侄至少在刚刚开始起来时，叔叔有谋而侄子有勇。可以想见，项梁遇到这件事情时，在那么短的时间中就有了很多算计。他一定立刻明白这是一个了不得的机会，这个机会不是去帮助殷通，而是要借此把他手上的资源与人马抢夺过来自己起兵。他凭借的是什么？凭借的就是他有一个能够当场杀了殷通，还能够镇压住局面的武勇侄子项羽。

所以，项梁起兵参与秦末大乱，一来利用了秦末大时局所给予的优势，二来叔侄两人配合，组成了一个有勇有谋的特别团队，从而快速崛起。接下来，太史公用另外一个视角，写出他们的独特优势。项梁这时已经有了八千人马，他带着他们往北渡过了长江。听说西边重要的大城东阳已经被陈婴占领，他就带着八千人往西，去与陈婴联合。陈婴与殷通是同样来历，本来是东阳令史，在地方政府当中，他个性特别谨慎稳重，大家把他当作长者。

秦末大乱，东阳也受到了波及。"东阳少年"把县令杀了，聚集起了几千人。这些人需要有领袖，但一时找不出合适的人，于是就去找陈婴。陈婴本来不愿意，但是这群反抗势力硬要陈婴来带他们。接下来一呼百诺，"县中从者得二万人"，越来越多的人加入。

这充分反映出了秦末的时局。秦统治方式最严重的问题就是过度役使人民，力役之征非常沉重，秦令、秦律又极为严格，使人动不动就变成了罪犯。整个政府机构上上下下都有一种强烈的动机——"入人于罪"。因为人一旦变成罪犯，实质上就成了国家的免费劳动力。当国内有这么多免费劳动力，政府就会觉得应该兴建各种大型工程；大型工程越多，需要的劳动力也就越多，于是就更加利用严苛律令创造罪犯。这是一个恶性循环。到后来，整个社会已经无法承担这种压力，所以到了秦二世元年七月，陈胜吴广揭竿而起，到年底之前，整个秦的政治局势基本上就已经完全崩坏了。东阳不过是一个例子，让我们看到从九月项梁起事到这个时候，局势更加恶化了。

东阳这样一个小地方，不过就是县令被杀，一群人聚集起来，但短时间内势力就膨胀到两万人。到了这个时候，另外一个迫切的要求产生，即统领这两万人就不能是一个单纯的首领——他们希望陈婴称王。但这时有一个人强烈反对，那就是陈婴的母亲。陈母和陈婴说："我嫁到你们家来，从来没有听说过你们家哪位祖先是有地位的。你今天'暴得大名'，这绝对不是好事。你不要自己当王，要去找一个更适合的人当王。你带着这些人去归属另外一个势力。如果将来反抗势力事成了，你也有功劳，就可以封侯。万一事败了，秦的势力要来整肃你们，如果是你带头，别人一定追捕你到底。如果你不是带头人，事败之后毕竟不是重要目标，还有机会逃亡。"

陈婴听了妈妈的话，不敢为王。他和下面的人说："在我们旁边有另外一股势力，是项梁带的。项家是楚国军事世族，所有楚国人都知道他们。如果今天真的想成事，那我们要去找他，依靠他就有机会亡秦。"大家听了也觉得很有道理，于是陈婴的军队就自动归顺了项梁。

这就叫作"天"。项梁没有做什么事情，本来只是要去联合陈婴而已，但没有想到还没到东阳，这几万人的势力就归他了。于是，他继续往北，渡过淮河，在那里碰到了黥布。黥布也把军队交给项梁。项梁的势力短时间内就膨胀到六七万人，然后他把军队带到了下邳。

项梁就是这样带着侄子项羽崛起的。同一时间，高祖刘邦又以什么样的条件介入整个事件呢？项羽、项梁有世家所握的先天优势，但刘邦其实没有条件可以在秦末大乱中占一席之地。前面介绍过，刘邦出身卑微，父母在历史上面根本没有留下名字。但是，刘邦有他的长处——他胆子大，而且无赖。《史记》讲了这样一件事，来自单父的吕公为避仇逃到了沛，也就是刘邦所住的地方。吕公与沛的县令交情好，很多人去庆贺他来到沛。于是，吕公大请宾客。请客有个规矩，就是按照宾客带的礼金决定坐在哪里，而负责这件事的是萧何。本来这应该是非常明确的规矩，可是有个人就是不守规矩，这个人是刘邦。

刘邦当时是亭长，跟周遭这些人都混得很熟。他也知道这场宴会交多少钱就可以坐什么样的地方，但他就要骗。他到了那里，大叫："一万钱，一万钱，我送一万钱！"按规定，一千钱以上坐到里面，否则只能坐外面。刘邦实际上一毛钱都没带，但他咋咋呼呼地大喊给一万钱。因为他和当地这些人都很熟，也就没有人阻挡或者拆穿他。凭借着这个高呼的无赖谎言，他坐到了主位上，因此有了一个特殊的机会。吕公对自己的相人之术很自豪，他一看到刘邦，就觉得这人相貌堂堂，不太一般。萧何在旁边告诫吕公——他讲的这句话很有趣——"刘季固多大言，少成事。"提醒吕公，刘邦夸张说谎是有名的，千万不要被他骗了。就会说大话，这是周遭人对刘邦的评语。可是吕公认为刘邦的面相很贵重，等到宴席快要结束时，吕公就用眼神暗示刘邦留下来，告诉他说："我认为你将来会有大出息，我愿意把女儿嫁给你。"

吕公许诺之后，吕公的太太吕媪非常生气，回头就骂丈夫："你在干什么，你不是说我们家的这个女儿很了不起，要嫁给贵人吗？沛县县令要娶，你都不给，怎么把女儿嫁给了一个无赖呢？！"吕媪的反应进一步显现出，以当时的世俗评价标准来看，刘邦确实是一个不值得把女儿嫁给他的人。但是吕公很自信，他说："这种事情我知道，这不是你能够了解的。"坚持把女儿嫁给了刘邦。

刘邦的出身其实非常低微，那些神奇的事情不过是后来创造出来的神话。在现实中，他首先靠的是"固多大言，少成事"的个性，吸引别人的注意。接下来不能忽略的是，他得到了妻子家的协助——吕公的地位与资源要比刘邦高且多。

刘邦之所以参与秦末大乱，与项羽项梁完全不一样。他做的是亭长，县里有了罪犯，就由他押去骊山。但有一次队伍还没到，罪犯就几乎逃光了，这也反映出来刘邦的个性，他根本没有细致的执行能力。这时刘邦就做了一个以他的个性会做的决定。夜里，他干脆把剩下的罪犯都找来，在那里喝酒，然后和大家说："算了，算了，反正逃了这么多人，我把你们带去了也难逃一死。我扛不起这个罪，我们就各奔东西吧。"因为这个特殊做法，原本要被解送到骊山的这些人当然非常感动，就选择和刘邦一起。这是刘邦势力的开头。他是一个逃亡的亭长，因为没有尽到职责，追随他的不过就是十几个罪犯。

对比来看，项羽与刘邦的起点明显是天壤之别。如果单纯依靠人的努力，刘邦没有任何机会。如果把这比作一个人生赛道的话，他的起跑点比项羽不知落后几百米，可是天站在他这一边。因此，当我们再看刘邦的故事时，就不能将其夸大为刘邦的成就。这时再看司马迁的行文，便能读出他语气上时不时的反讽。但他为什么要去写那些神话呢？意思是说，到最后你们都觉得刘邦的成功一定因为他身上有一些特殊之处，但是从历史的根本智慧，从"究天人之际"来看，最简单的解释是，这与刘邦是什么人、拥有什么出身、有什么背景无关，这是上天（或者说大的历史时机、环境）给予他的。

刘邦的崛起

在罪犯逃走很多的情况下，刘邦就和剩下的人一起跑了。《史记》写了一个很重要的细节——"高祖被酒"，即喝到了一定程度，所以带领这十几个人"夜径泽中"。夜里本来是非常不适合在沼泽中走的，但因为喝了酒，他不愿意停。

因为路途可能有危险，就派一个人先走在前面。这人很快回来报告说，不能再走了，有一条大蛇把路挡住了。但这个时候刘邦因为喝醉了，就说："怕什么？连蛇你都怕，那我们将来能走到哪里去呢？"于是拔剑往前，把蛇给斩成了两节，路就开了。他们再往前走了几里路，刘邦就醉倒了。

有些人走在后面，没有看到刘邦斩蛇，等他们晚上到了蛇被斩杀的地方，却看到一个老太太在那里哭。这些人当然觉得很奇怪，问道："你在哭什么，老太太？"老太太说："有人把我儿子杀了，我在哭我的儿子。"这些人当然就问她说："老太太，三更半夜的，你儿子怎么被杀了？"老太太就说："吾子，白帝子也，化为蛇，当道，今为赤帝子斩之。"其中有个人听到老太太的话，觉得太荒唐了，什么白帝子、赤帝子，于是要打她。但就在这时，老太太突然不见了。他吓了一大跳，跑来和高祖说了这件事情。有趣的是，高祖沾沾自喜地觉得，原来自己是赤帝之子。于是，"诸从者日益畏之"。换句话说，这一段已经无从追究真假，司马迁要记录的是这个说法所产生的效果——跟在刘邦身边的这些人觉得他好像不太一样，因此越来越服从他。

接下来又有一个有趣的记载：

秦始皇帝常曰"东南有天子气"，于是因东游以厌之。

这是始皇帝的一种迷信。他身边围绕着许多方士帮他看气，其中一个就说东南有会威胁他的人。这是汉代解释秦始皇帝去那么远的地方巡行的最重要原因，认为秦始皇帝不是到各地视察民风民情，而是为了用自己身上的气去压过可能在东南方崛起、威胁他的天子之气。这个说法被人知道后，刘邦就开始自疑："东南方有天子气，我在东南方，会不会就是我呢？"他经常跑到山里面躲起来，因为他本来就不事生产，可是有趣的是，不管在山里面怎么藏，他妻子吕氏都能找到他。高祖觉得很奇怪，就问："我这么会藏，你为什么还是找到我？"吕后回答说："因为你头上随时都有奇怪的云气。我只要看了这个云气，就能找到你。"高祖更高兴了。当然，我们不知道这里记录的究竟是事实，还是后来流传的说法，但是有一件事情是确定的："沛中子弟或闻之，多欲附者矣。"

司马迁这样写，清楚地留有让读者自行判断的地方。你可以相信到汉武帝时已经构建起来的汉代开国神话，相信刘邦真的并非常人。因为他是赤帝之子，因为他头上会经常有云气，所以后来成为天子。但是，另外一个可能性也盘绕不去，即从一开始刘邦就是个无赖，靠满口胡言去骗人，让别人以为他不一样，这些东西可能都是他自己编造出来的。醉酒后杀了蛇或许是事实，可是白帝子、赤帝子的故事说不定就是这个无赖汉捏造出来的。跑到山里面去躲，告诉别人自己太太总是能找到他，听着也像是一个无赖会编出来的故事。因为这样装神弄鬼，所以沛中才有许多子弟愿意跟着他。

　　陈胜吴广起义之后，沛县县令看到天下局势大乱，觉得应该拿自己的官职以及所管理的沛县投降陈胜，于是与旁边年轻的助手们商量。在此，两个重要的历史人物登场了，即萧何与曹参。他们建议道："你是秦任命的官，今天要背叛秦，沛中子弟可能不会听你的。你应该去把得罪了秦而流亡在外的人找回来，他们回来之后威吓沛县的群众，这样他们不敢不听，你反而能够成功。"樊哙在刘邦逃亡之后还与他有联系，这时就被派去把刘邦叫回来。

　　这时，"刘季之众已数十百人矣"。从当时逃亡的十几个人，也不过就成长到几十个人而已。较之项羽起兵，短时间内聚众两万，我们自然能清楚地意识到两人的起点有多大差距。

　　樊哙带着刘邦回来了。但是，沛令后悔了，反而关上城门，而且打算杀了萧何与曹参。这两个都是非常精明的人，感觉到情况不对，就从城里爬出去投奔刘邦。于是刘邦写了一封信，用箭射到城里面，告诉沛县的父老：

　　　　天下苦秦久矣。今父老虽为沛令守，诸侯并起，今屠沛。沛今共诛令，择子弟可立者立之，以应诸侯，则家室完。不然，父子俱屠，无为也。

在今天的局势下，沛一定会被打下来，到时你们怎么办？你们应该把沛令给杀了，然后去投降，或者响应这些反秦的势力。这个心理宣传战显然起了作用，那些父老真的"率子弟共杀沛令"，开门把犯罪逃亡、要和秦作对的刘邦迎回来，让他当沛令。

　　这时刘邦就说："现在一切混乱，选对人太重要了，没有选对人就会一败涂地。我不是爱惜自己的生命，只是觉得自己的能力不够，不能达成你们的愿望。这个事情太大了，你们要不要再考虑一下，找到更适合的人？"但是，萧何、曹参都是文吏，他们不能打仗，而且爱惜生命，担心万一事情不成功，秦的政治势力回来会把他们的家族全部都灭了，于是纷纷把这个位置让给刘邦，说刘邦最厉害。沛县父老应该都听过刘邦身上有许多奇怪的事情，觉得显然上天注定他应该要大富大贵。刘邦谦让了半天让不成，就当了沛令。这是刘邦兴起的过程，它不只是刘邦生平最早的记录，更重要的是，这是一个王朝的起点。

这个王朝的起点经过了百年，到汉武帝时已经被用各种神话编造得天花乱坠，而司马迁却还原了这个王朝真正开始时那个卑微的起点。王朝起于微如果是一个事实，就应该被接受，不能因为这个王朝后来壮大了就更改。对司马迁来说，这在历史上是无法接受的，他要回到起点，把这个王朝刚开始的事实呈现给我们。一个王朝起于微不是什么丢脸的事，但非要把自己讲得那么了不起，才是像刘邦一般的无赖行径。而且，如果不把这个事情弄清楚，尤其是不凸显刘邦与项羽在崛起的时候一低一高的巨大差距，后面所有牵涉到汉代如何建立的经过，也就无法解释了。

历史关键在于解释，它没有那么容易捏造。你捏造一件事情，就会使得历史前后要铺陈起来的因果断裂开来，就有了破绽。我们在意历史解释，也就有智慧去判断历史有没有被动过手脚，史书中的历史叙述与历史事实是不是值得信赖。

命运的分岔口

刘邦被立为沛公之后，建了一个旗帜，他特意选择红色，呼应自己作为赤帝之子斩杀白蛇的传奇故事，即从一开始就建立起自己的神话。但是，更有用的可能是他聚拢的一群"少年豪吏"，即萧何、曹参、樊哙等人。这群人热心地帮他召集沛地子弟两三千人，成为他势力的基础。

陈胜吴广起义之后，各地都有不同的势力。沛公刘邦在整个混乱局势中其实捞不到太多的好处，常常是在这里碰到了阻力，在那里又做事不顺。这个时候，他做了一个很重要的决定，去投靠东阳宁君、秦嘉。刘邦原来要建立自己的势力，但这个红色的旗帜很快就收起来了，因为他还没有真正的实力。

依附宁君、秦嘉后，刘邦有了更多的军队去攻打丰。这时秦派出的大将章邯一路打到了楚地，东阳宁君就命令刘邦率兵与秦军在萧的西边决战。刘邦打了败仗，撤兵到留，再从这里攻打砀，三天后把砀攻下，收了五六千人，再攻下下邑，之后又回到了丰。

在这个过程中，他与项梁有了往来。回到丰之后，听说项梁在薛，刘邦带着百余骑去见项梁，项梁给了他五千人的军队，另外给他"五大夫将十人"。于是，靠着项梁给的兵力，他再回来攻打丰。这等于把自己依附在项梁势力当中，也就是说，刘邦在崛起的过程中一度臣属于项羽的叔叔项梁。

一个多月之后，项羽攻打下襄城。项梁把各地领军的人都召到薛。听说陈胜已经死了，就特别立了楚怀王的孙子心为楚王。他们的基地就此奠定下来。

到这里我们就必须对照《项羽本纪》，因为关于项梁立楚怀王这件事情是写在《项羽本纪》中。《项羽本纪》里特别讲到老者范增。这个时候范增已经七十岁了，但他有一个非常有趣的爱好，喜欢出别人想不到的计谋。当时大家已经知道陈胜失败了。范增就去和项梁说："你知道陈胜为什么会败吗？陈胜注定会失败。秦统一六国时楚最无罪。楚在东南边，离秦那么远，到底与秦有什么恩仇呢？而且楚怀王当时到了秦，等于楚的国王都变成了秦的人质，结果秦非但没有放过楚，还杀了楚怀王。这样一个国王，为了国家社稷的福祉愿意牺牲自己到秦去当人质，竟然被秦给杀了，楚人到今天仍然在怀念他，所以才会说楚虽三户，亡秦必楚。秦统一六国时楚人受的委屈最深，对于楚怀王的认同与记忆非常强烈，因而他们与秦之间会有坚决的敌对态度。然而，陈胜竟然不立楚后而自立。如果你真的想号召天下来反对秦，要采取的策略就是与楚挂在一起。你们项家原来就是世代在楚为将，你一起兵，各处势力来依附你，就是凭借着这样的来历。所以你现在最关键的事情是要立楚王的后代，这样就会有更大的号召力。"

项梁听了范增的话，就去寻找，发现楚怀王的一个孙子流落在民间，而且过得非常悲惨，在替人家牧羊。项梁就把他找来，刻意用他祖父的谥号，立为楚怀王，好像楚怀王没死一样。这应该也是范增奇计中的一部分，希望以此"从民所望也"。项梁把自己立为武信君。在秦末诸国的混乱中，因为范增的建议，项梁确实有了更多的合法性，也因此大有所获。他一路从东阿到了定陶，再度在这里打败了秦军。

进程中功劳最大的人当然是项羽，他甚至斩了李由。因为一路带着军队打胜仗，项梁心里开始有所变化，"有骄色"，轻视秦的势力。宋义就去劝谏项梁说："战胜而将骄卒惰者败，今卒少惰矣，秦兵日益，臣为君畏之。"这是一个颠扑不破的真理。如果一直打胜仗，以至领军的人非常自信，而士卒也不再注意细节与戒备，这样的军队就会失败。如今士卒已经有了轻忽之心，后面没有讲的一句话是，卒惰必然源自将骄。宋义其实是认为项梁现在的自信已经超过了自身的实力，劝项梁不要忘了，这个时候秦派来的军队越来越强大——"我都替你感觉到害怕"。

项梁听不进去，觉得很刺耳，干脆把宋义赶离身边，叫他去与齐地反秦势力联合。宋义在路上遇到了齐的使者高陵君显，就和他说："你是要去见项梁吗？"使者说："是。"宋义就特别说："项梁的军队一定会打败仗，我劝你慢慢走。如果你走得太快，刚好遇到项梁兵败，就难免一死，慢慢走或许可以免祸。"结果，秦让章邯带着大军进攻项梁，在定陶大破楚军，项梁战死阵中。项梁的死是一个很重要的转折。原来通过范增的建议，诸侯之间，尤其是在南方，慢慢好像要形成统一的势力，但是项梁死后，整个局势就改变了。

项梁死后的局势变化，我们又要对照来读《高祖本纪》。项梁死的时候，项羽与刘邦正在进攻陈留，听说消息后赶紧带着军队与吕臣的军队一起往东边走。刘邦把军队驻扎在砀。章邯那时已经打败项梁，认为楚地局势已经安定，没有继续留在这里，而是带着大军往北去打赵，并且打败了赵的军队，把赵的势力围困在钜鹿城。秦军看起来随时可能把钜鹿打下来，如果秦军消灭了赵，整个秦的势力很可能气焰高涨，而原来反秦的诸国会每况愈下，甚至可能被彻底消灭。

楚地这时一团混乱，本来只是项梁傀儡的楚怀王开始自己做决策。有了项梁的前车之鉴，楚怀王觉得宋义很厉害（能够预见项梁会败）。所以当他不断听到赵请求支援，就决定以宋义为上将军，项羽为次将，范增为末将，领着这个巨大的联合部队往北救赵。这个时候刘邦在干什么呢？楚怀王另外决定，令刘邦带着军队往西，朝关中——秦首都咸阳的方向走。换句话说，在项梁死后，楚怀王自己把军队分成了两部，大部由宋义和项羽带领，往北去和秦在钜鹿决战，小部由刘邦带着离开主要战场，绕道往西进攻关中。

再回到《项羽本纪》。宋义带着庞大的楚军，到了安阳后停下，一留就留了四十六天。这让项羽极为不满，他说："秦军围赵王在钜鹿，碰到这样危急的情况，应该赶快渡河。到时我们在外边，赵军再从钜鹿的里边打出来，就可以破秦军了。"但是宋义却用讽刺的口气说："不不不，你这种方法只能够去打那种愚蠢的仗，我们打仗要聪明。我们就在这里等着，如果秦战胜，那么秦兵这时已经疲惫了，我趁机再去打败他们。所以，真正对我们有利的是观望秦与赵会斗出什么结果。在战场上杀敌，我不如你。可是，要在军帐里边坐而运策，你绝对不如我。"不过，他显然也察觉到项羽的威胁，接下来下了一道命令，非常有趣。他说：

> 猛如虎，很如羊，贪如狼，强不可使者，皆斩之！

这是明白地告诉项羽，我不认同你的策略，而且预计你想自行其是，但我现在是上将军，如果你敢不听我的，即使你是次将，我都敢杀你。

这是项梁死后项羽面临的一个巨大挑战。在他上面有楚怀王和宋义，和他的关系都不像叔叔项梁那么亲密。这个时候项羽如果接受了楚怀王与宋义的领导，他就不会是项羽，也就不会有后来与刘邦争天下的事了。这时项羽做了一个关键的决定，很快就变成了楚军的领袖。

时也，势也，命也，运也

宋义把军队停在安阳之后，把自己的儿子宋襄派去与齐联络。在儿子要走的时候，他大张旗鼓地办了一个欢送会，一路送到无盐这个地方,在那里"饮酒高会"。这个"饮酒高会"非常不恰当。当时天气很寒冷,还下着大雨,士兵又饥又冻。项羽非常不满,说:"我们来这里是为了攻秦,但是军队在这里停留不动。旁边的居民都很穷,士卒没有谷子吃,只能够吃芋头、野菜。而这个时候带兵的人在做什么呢?他竟然在饮酒高会。如果他真的体恤战士,现在应该引兵渡河。到了那里,我们就可以与赵联合在一起,利用赵地的军粮吃饱,然后合兵攻击秦军。但宋义不这样打算,反而想在秦与赵争斗之后,等到秦军疲惫了再来攻打。这是多么愚蠢的想法。以秦现在的实力,要攻打刚刚聚合起来的没有基础的赵军,胜算太大了。只要秦发动攻击,赵一定没有办法抵挡。等到秦把赵打败,士气更高,势力就更大,怎么会有宋义以为的那种疲惫让我们有机可乘呢?何况,这个时候'国兵新破',我们楚的情况会好吗?楚怀王在后方坐得安稳吗?我们把楚能够聚拢的大部分军事资源通通交给宋义,国家安危在此一举,但是他完全没有把这件事情放在心上,心里只有儿子。为了给儿子送别,他可以做出夸张的仪式来,这样的人不是为人民、为国设想的社稷之臣。"

第二天早上,项羽去求见上将军宋义,一进到营帐里面就直接把宋义杀了,拎着宋义的头出来。因为宋义已经把儿子派到齐去,项羽对军中说:"宋义要与齐联合谋反,楚王秘密命令我杀了他。"大家一看项羽的气势,没有人敢质疑,都说:"楚军就是你们项家创立的,今天项家的将军要诛乱,我们没有别的意见。"于是,这些人共立项羽为"假上将军"——因为是将卒共同拥立的,并没有得到楚怀王的同意,所以叫假上将军。接下来,项羽彻底歼灭宋义的势力,叫人追上宋义的儿子并杀了他。

这时,项羽才叫桓楚向楚怀王通知此事。军队都在项羽的手里，楚怀王无可奈何，只能承认这个假上将军是真上将军，同时把当阳君与蒲将军带领的军队都归在项羽麾下。项羽已经杀了宋义，威震楚国，名闻诸侯。当阳君与蒲将军当初也反对宋义把军队停留在安阳，因此项羽就让他们带领军队渡河去救钜鹿。这两人刚开始与秦军接触时，并没有马上得胜，而是希望有更多的军队，于是项羽就做了他在军事上面最大胆的决定——本来有两万军队已经渡河了，项羽把还在河南岸所有的军队全部带过河，不留后备。渡过之后还把船给沉了，把锅也打碎，所有士兵身上只留三天干粮。这是告诉所有士兵：第一，我们不回头，因为没有船；第二，如果打不赢就是死，如果不努力打，想要拖着，与秦兵相持超过三天也是死。"以示士卒必死，无一还心。""破釜沉舟"这个成语就来自这里。

楚军必须要在三天之内解决这场战役，可以想见他们肯定不断地求战，所以在短时间内与秦军"九战，绝其甬道，大破之"，苏角被杀，大将王离被俘。楚军一下子就解了钜鹿之危，情势为之逆转。本来，各地都派了军队来救钜鹿，有十几支军队，但其中一部分可能像宋义一样，觉得等他们打完后再行动，另一部分军队可能认为自己实力不够，这个时候参战是自找灭亡。所以，大部分军队都作壁上观，没有愿意出兵的。而楚在项羽的领导下把秦军打败，把大家都看傻了。《史记》记载：

> 楚战士无不一以当十。楚兵呼声动天，诸侯军无不人人惴恐。

虽然他们共同的敌人是秦，可是看到楚军这么勇敢，旁边这些诸侯的军队都非常恐惧，害怕楚军展现出来的斗志和打法。击败秦军后，项羽气势很盛，把诸侯派来将兵之人都招来。这些将军进到项羽帐里，"无不膝行而前，莫敢仰视"。一战之后，项羽迅速从原来楚的上将军变成诸侯上将军。换句话说，他从统领楚军角色，变成了所有诸侯军队的统领人。

这几乎是项羽在军事上的最高峰。

这时，刘邦正默默地带着他的军队入关。这里还有一段背景要交代。当时，大家认为秦还是有一定力量的，它的军队可以从西边出来，在定陶大破项梁的军队，还可以往北围攻赵的钜鹿，没有人会认为秦已经快要亡了，也不觉得这时带军队往西攻打秦的根据地是件好事。但是有两个人愿意去：一个是刘邦，这恐怕是因为他对这个状况不太明了；另一个人是项羽，他要替项梁复仇。

对此，楚怀王旁边的老将开始发表意见。他们认为项羽为人"慓悍猾贼"——这是对项羽最重要的看法——在此之前，项羽打下了襄城，但是他把襄城里面的士兵百姓全部坑杀了，这可以说是很可怕的残忍。这些老将认为项羽经过的地方无不残破，楚军之前有陈胜、项梁往西走，但到了都被打败了。所以，不要再派这种强悍、残暴的将领了，换不一样的人吧。

这个故事的背后重点是，刘邦之所以能崛起，正因为他在别人的心目中是项羽的反面。大家在项羽身上看到可怕的东西，但在刘邦身上看到的是完全相反的素质，都说"不如更遣长者扶义而西"。"长者"指的就是刘邦，"扶义而西"意为不用纯粹强悍的力量去压服别人。用什么样的方式呢？用一种号召的方式。"告谕秦父兄。秦父兄苦其主久矣，今诚得长者往，毋侵暴，宜可下。"跟秦人说，你们被统治和压榨也很久了，如果愿意投降，我们可以让你们得到温厚的待遇。

原来是项羽、刘邦都要去，但楚怀王决定让刘邦去"西略地"。一路往西的过程中，东边的项羽率军立了大功，变成了诸侯上将军。而刘邦作为一个宽厚长者，在这个过程当中也做了他应该做的事情。他把陈胜、项梁被打败的残部收拾起来之后，才继续往前走。

对比这两个主角，项羽借着军事上的长才，把生涯推到了顶峰，但刘邦与他的差距也正在慢慢缩小，找到了可以发挥自己能力的一条路，借着被视为宽厚长者，在这个乱局下"不擅杀"的将领形象，慢慢地发挥可能的影响力。在这个转捩点上，历史开始有了戏剧性变化。使项羽能够变成诸侯上将军的这股力量，后来也就注定了他不可能再继续向上——他都是用残暴的方法，用"猾贼"的方式刺激军队，而这只是一时的。相对来说，因为他树立了这种形象，反而让别人看出刘邦的长处。刘邦慢慢地上升，项羽则逐渐下降。

霸王和长者

项羽到了最高点的时候，《史记》里描述了一件重要的事情显现出他的个性，同时铺陈了他开始一步步走下坡路最关键的元素。

拯救钜鹿之后，项羽带领的诸侯军队与章邯的秦军相持了相当一段时间。秦军没有明确攻击的意思，二世皇帝就派人指责章邯。章邯看后当然很恐惧，于是派长史欣回咸阳，和皇帝身边最重要的权臣赵高解释，为何与诸侯军队相持而未有战功。可是，长史欣到了咸阳，在必须经过通报才能进宫的司马门被留了三天。这三天中，赵高不愿意见长史欣，也就意味着长史欣更不可能见到二世皇帝并有所陈述了。显然，赵高对于章邯已经有了不信之心。长史欣觉察到情况不对，知道必须要回到军中与章邯报告。他很精明，回去时特别选了另外一条路。这个决定是对的，赵高果然派人追他。至于追他究竟要干什么，我们不知道，但肯定不可能有好意。

长史欣安全回到章邯的部队里，报告说："朝廷里面赵高用事，其他人什么事情也做不了。今天我们就算打了胜仗，赵高一定会忌妒我们的功劳。如果我们打败仗，他更会趁机治我们死罪。我希望将军你好好地盘算。"换句话说，这是建议他思考，是否要继续为秦帝国效命。

恰好此时，诸侯那边与章邯有私交的陈馀给他写了一封信。陈馀也很聪明，信中详细指证秦历来是如何对待名将的，举了白起和蒙恬的例子。白起当时相继攻下了楚、赵，"攻城略地，不可胜计"，结果竟被赐死。蒙恬在北边帮秦驱逐戎人，"开榆中地数千里"，结果也在阳周被斩。为什么会这样？因为一旦你的战功多到一定程度，朝廷找不到适当的方式来酬报时，就会想办法用法令把你除掉。陈馀在信里面问章邯："你作为秦的最高将领已有三年，带领军队东征西伐，失去的士卒恐怕超过十万了吧。现在诸侯并起，势力只会越来越大。赵高平常在朝廷里面，阿谀二世皇帝，看到诸侯的势力越来越大，也怕二世皇帝怪罪于他，所以到时候一定会拿你当代罪羔羊来塞责。今天你在外面，赵高在里面，你有再多的功劳也难逃一死。何况现在这个情势，再笨的人都知道局势不在秦的一边了。你不能在朝廷里告诉二世皇帝这个真实状况，在外边也只能变成亡国之将。你如此孤立，到时想要保有自己的生命和地位，岂不难哉！你干脆与我们联合一起攻秦，等攻下秦之后，你有王位可以坐，有封地可以享受。比起现在自己可能被杀、妻儿可能变成奴婢的处境，哪一个比较好呢？"

　　章邯动摇了，派侯始成去联系项羽，想要投降。可是，项羽从军事角度上看认为自己有优势，就没有接受章邯的提议。这是项羽的个性。他不断逼迫秦军，打了几次胜仗，章邯越看情况越不对，更加积极地约项羽，项羽终于动摇了。虽然他在战场上一直获胜，可是这时后勤上碰到了问题，所以找来军吏们说："我们的军粮看起来越来越缺乏了，我打算接受章邯的投降。你们觉得如何呢？"这些军吏也没那么喜欢打仗，都说好。于是项羽就与章邯在洹水南的殷墟上见了面，然后达成了协议。

　　见面时，章邯看到项羽后，"为之流涕"，在项羽的面前讲赵高的事情。项羽被这一番陈述感动，承诺封他为雍王。这段描述也非常重要，虽然这个时候项羽的头衔是诸侯上将军，但实质上拥有最高权力，只要他愿意，马上就可以承诺封章邯为雍王，而不用去管楚怀王有什么意见。

　　于是，项羽接收了章邯的军队。可是接下来，章邯带领的秦军与诸侯军队之间发生了摩擦。两边本来是战场上的死敌，彼此相处当然不那么容易，诸侯的兵卒显然会讽刺、虐待、责骂投降的秦军。

　　秦军心里当然也非常不满，有很多波动和情绪，互相抱怨被章邯骗了："章邯让我们投降诸侯，但投降对我们有什么好处呢？如果随着诸侯的军队打败了秦，好是很好，但是功劳能分到我们身上吗？万一到时候没有打胜，那诸侯军队一定会带着我们向西，拿我们当人质，而我们还在关中的父母妻子岂不就成了秦报复的对象吗？"

　　这种抱怨和情绪不可能一直是秘密，有人听到后就告诉了项羽。项羽找黥布、蒲将军商量说："投降的吏卒那么多，而且心里不服，要是他们到了故乡关中后不听话怎么办？到时候对我们会造成很大的危险，不如把他们通通都杀了，只留章邯、长史欣、都尉翳这几个大将一起入秦好了。"

于是楚军夜击坑秦卒二十馀万人新安城南。

这是很可怕的一段话。章邯带领的二十余万降军在毫无防备的情况下，由项羽做决定，在一夜当中被坑杀了。

这件事必然影响很深远，也显现出项羽在处理这些事件时与刘邦在基本态度上的差别。读到这里，我们又要换到《高祖本纪》。当项羽与属下密谋坑杀二十余万降卒时，刘邦又在做什么呢？

本来项羽与刘邦都自愿要西入关中，可是怀王周围的老将认为"项羽为人剽悍猾贼"——这个意见在章邯率军投降后再度得到验证——在项羽的眼中，没有人命，没有仁慈，没有笼络人心，只有军事、力量才是他所依持的。当他觉得应该杀人的时候，完全不会手软，这是他的特性。而刘邦刚好与他相反。在《高祖本纪》这段之后，司马迁多次运用了一个词，即"长者"。

较之项羽，刘邦有长者的个性。可是长者的个性到底是什么，在这个历史关键点上又为什么那么重要呢？在项羽与秦军那样互动的时候，《高祖本纪》里记录了这样一件小小的事情，彰显什么叫作长者。

刘邦带领军队西进并非那么顺利。他打昌邑打不下来，于是往西走到高阳，遇到了郦食其。郦食其听说沛公带领军队经过这里，就说："我在这边见过好多带军队的人，感觉刘邦是一个大人长者。"显然，当时刘邦的名声已经在外传开了。

郦食其去求见刘邦，刘邦让他进来。当时的场景真是吓人一跳：刘邦不仅没有站起来，还坐在床上，旁边有两个女人帮他洗脚。这当然是非常不礼貌、非常邋遢的一种表现。这就是刘邦，从一开始他就是沛县的无赖，虽然这时有了小小的功绩，但个性没有那么容易改变。不过，他的确有他的长处。郦食其看到刘邦这样对待自己，也不客气，只是拱拱手，然后就直接指责刘邦："足下必欲诛无道秦，不宜踞见长者。"如果你想要打败秦，用这种态度对待我这个比你年长的人，能够胜利吗？短短这一句话刘邦就听进去了。他马上知道错了，赶快跳起来把衣服整理好，而且向郦食其道歉，让郦食其上座。于是，刘邦就争取到了郦食其，也立即得到利益。郦食其告诉他，现在不应该打昌邑，而应该去打陈留。陈留有秦的积粟，获得了军粮，再做其他事情就容易多了。

　　项羽与他的部将之间是怎么沟通的呢？他觉得粮少的时候，是把部将们找来说：我们没有粮食了，所以我觉得应该接受章邯的投降。后来，当他发现军中不稳，又找了这些人来说，我觉得干脆把他们都杀了算了。他们也听他的，真的就坑杀了二十余万秦军。没有人给项羽真正的劝诫，他在当时也就无从得到最重要的资源——情报。在那种历史的混乱中，诸侯并起，谁也不知道谁在哪里，地方上真正了解状况的人提供的信息非常有价值，而情报靠的是信任。刘邦之所以被称为大人长者，是因为他有宽广的胸怀。当郦食其骂他的时候，他的第一反应不是发怒——郦食其如果用同样的方式骂项羽，可能脑袋都没有了——而是会立刻反省，知道郦食其说的是对的。他有基本的是非判断，借此能够收服郦食其替他出谋划策。换个角度来看，这真是再好不过的投资了。郦食其给了他最宝贵的情报，从此之后，他的条件和路线就改变了。

　　刘邦成功的关键就在于他带领军队往西打入关中，而司马迁对这段过程的描述显然意有所指。我们看的时候会留下一个很清楚的印象，即刘邦带军入关中时，一而再再而三地接受旁边人的各种劝诫。刘邦有这种长者的个性，愿意听别人的意见，因此一路上并非自己一个人带这支军队。因为郦食其的情报，他放弃了昌邑，转而攻打陈留，得到大量粮草，得以让军队继续西进。

　　到了宛（南阳），在这座从战国到秦都很重要的大城市，又有另外一个有趣的故事。刘邦的重要策士张良说："你现在急着入关，可是这个时候秦兵仍然很多，而且在地形上，这一路有利于他们防守。我建议你先把宛城打下来。"刘邦原来想绕过宛继续西进，因为他心里想着楚怀王的许诺：谁先进入关中谁就可以在那里为王。关中是秦起家的地方，能够在那里为王自然是了不起的功绩。刘邦担心别的军队更早打到关中，一看宛城不容易打，他想的是继续往西边走，但张良认为，现在不把宛城打下来，以后被宛城的军队从后面攻击，面对前面的强秦，就没办法回头对付了。这是很危险的处境。

　　刘邦马上就听从张良的劝诫，做了战略上非常有利的决定，当下"夜引兵从他道还"，黎明时就把宛城团团围住。他本来已经过了宛城，宛城的守军恐怕也以为他已经绕过去了。逃到宛城的南阳太守一看刘邦的军队又回来了，万念俱灰，想着干脆自杀算了。但是，舍人陈恢劝主人不要急着死，然后自己偷偷出城去见刘邦。陈恢与刘邦说："听说你们这些诸侯军队约好，谁先入咸阳就能当关中王。宛并非一座孤城，连城数十，是郡里的网络中心，有很多人口和积蓄，而且城里的官吏以为城破必死，一定坚守成城，绝不会轻易放弃。如果你现在要打宛，会耗费很长时间，就算好不容易把它打下来，你的军队也一定会有很多死伤。接下来你继续往西去，宛地居民会跟在后面袭击你。如此一来，你浪费了时间，很可能其他军队就先进到咸阳，也是给自己找了一个麻烦，与后面宛城的居民为敌。我真的是为了你好，你去劝城里面的人来投降吧。你告诉太守，投降的话可以保留位置，非但不会被杀，而且可以让他帮你守城。如果你怕他背叛，把城里所有部队都带往咸阳就可以了。这样做首先不需要花太多时间，一旦宛投降了，你的军队也多了许多人马；更重要的是，那些仍然效忠秦的其他城邦，一听到原来只要投降就可以得到太平，一定会闻声争开门而待，足下通行无所累。"司马迁在这里用了很有趣的笔法：陈恢讲了这一长串话，刘邦的反应就短短一个字，"善"，没有迟疑，没有多想。当他知道这是一个好建议，而且符合他的个性，马上就接受了。

前有郦食其教他应该怎样得到粮草，现在又有陈恢教他用约降的方式，消除秦的这些官吏的阻碍。于是靠着宛降服的前例，一路经过的很多地方都不战而取。刘邦本来担心不能先入咸阳，但因为中途没有受到太多阻碍，他不只是先到了，而且速度非常快。进入关中后，把军队安置在霸上。秦帝国短短十几年中的最后一个皇帝子婴，乘着白色的车，配白色的马，把绳子绑在脖子上，拿着皇帝玉玺、符节这些最重要的帝国印信，在路边投降。

刘邦就这样进入了咸阳。下一个重要的考验是如何对待秦的末代皇帝子婴。当然，有部将建议杀了他，但刘邦经过反复的历练，有了清楚的自觉。他知道，楚怀王派他西进，是因为他是一个长者，不随便杀人，"且人已服降，又杀之，不祥"。于是决定把子婴交给相关人士看守。这短短几句话，对照《项羽本纪》的内容，简直就是对项羽绝大的批判。光是杀一个子婴，刘邦都觉得会带来灾恶，但是项羽一夜之间就坑杀了二十万秦军，两人在这一点上的对比如此强烈。

　　刘邦原来想的是大丈夫就应该像那样，年轻时就已经很羡慕秦始皇的气派与豪华，今天竟然真的有机会进入秦始皇的宫殿，可想他会如何地心旌摇动。他想进入皇宫，但是又被樊哙和张良劝阻了。他们劝刘邦把秦的重宝、财务府库全部封藏起来，然后回到霸上。接下来，显然也是在樊哙、张良或者周围人劝诫下，刘邦做了一个重要决定。他把关中的父老豪杰都叫来，和他们说了一段非常重要的话："虽然这里是秦的发源之地，但是秦对你们并不好。为什么会有这么严苛的秦法，让每一个人活得都如此不自由，如此饱受威胁呢？为什么毁谤者一族都会被杀，甚至连偶语者（不小心讲错话）都会被杀？诸侯的军队约好，谁先进入这里谁就当关中王，所以我将来可能就是关中王了。我统治的方式非常简单，不管过去秦有多少法令，一旦我当关中王，你们再也不要担心了。与秦刚好相反，我与你们约法三章。"三条法令其实还可以浓缩成为两条，就叫作"杀人者死，伤人及盗抵罪"。就这么简单。除此之外，其他的通通都不要了。

　　刘邦这样的宣告明确表达出，他来这里不是为了统治他们，而是为他们除害。接下来他又做出让这些父老觉得更加不可思议的举动。"我也不在这里享受荣华富贵，我要回到霸上。我要等到所有诸侯的军队——主要就是项羽带领的庞大势力——来了之后，再与你们有明确的约束。这是我的承诺。"这样一说，秦人都高兴得不得了，原来刘邦不是来征服他们，是真正在为他们解除祸害，所以"争持牛羊酒食献飨军士"，表现出对刘邦军队的拥护与爱戴。

　　但刘邦连这都不接受，他说："仓粟多，非乏，不欲费人。"这让秦地的人们更加高兴了，"唯恐沛公不为秦王。"关中人心里已经希望刘邦做关中王，而这也就是诸侯原来约定的。然而，这里只是一个伏笔。因为等到项羽进到关中后，并没有封刘邦为关中王，这是楚汉相争中项羽犯下的一个严重错误。这个错误有两项后果，一是违背了当初在楚怀王面前共立的协议，失信在前；二是让关中父老失望。表面上，项羽把威胁自己的刘邦势力赶出了关中，但是从历史的角度上看，这个伏笔让我们知道，项羽为这个错误付出了很大的代价。

接下来，司马迁又写了一段很有趣的话。这次是刘邦犯的严重错误，虽然它与刘邦一路进到咸阳是同样的模式。《高祖本纪》说："或说沛公"——至于是谁劝他，我们并不清楚——"关中这个地方地形很好，物产丰饶。现在章邯已经投降了项羽，项羽把他封为雍王，而雍就在关中，项羽是要让章邯当关中王。如果项羽的军队来了，我担心你就没办法当关中王了。你已经进入关中，干脆就派军队守住函谷关，不让诸侯的军队进来。这样你替自己争取了时间，可以动员关中的军队，大幅增强自己的实力，能对抗项羽，也就可以保住关中王的地位了。"刘邦也这样做了，但是也由此引发了巨大的危机。

"十一月中，项羽果率诸侯兵西，欲入关。"项羽带着诸侯的军队要进函谷关，发现关门不开，又听说沛公已定关中，大怒。项羽从来没有别的方式，他太会战斗了，刘邦的军队根本守不住，函谷关一下就被攻破。到了十二月中，项羽也已经入关，而且心里自然还保持着对刘邦的愤怒。这个时候，项羽与刘邦在实力和打仗能力上都是不对等的。刘邦犯的这个错误，让自己深陷到目前为止最深的危机里面，而解开的方式，就是精彩的鸿门宴。

鸿门宴前的暗流涌动

用纪传体来写历史时必然要面对重要的选择。很多事情牵涉到不一样的人，这些人都各有自己的传记，那同一个事件究竟应该怎么写，写在谁的传记里面？一种选择是把它拆开平均分配，例如说有两个人，就分配在两个人的传记里，但是这就意味着，每一个传记只能分到半个故事，读起来不好看也不过瘾。还有一种选择是写在某一个人的传记里，但这样又会遇到一个问题：另一个人的传记如果重写一次，就显得很啰唆，而如果不写或比较简略地写，那应该把重点放在哪个人的传记中呢？

司马迁对这个问题的思考，在鸿门宴的故事上可以看得特别清楚。他做了一个明确的选择，就是把故事的细节写在《项羽本纪》里。我们认真思考一下鸿门宴的写作方式，就会知道个中原因。这并不是因为两人在这件事情上的分量不同，因为对项羽、刘邦来说，鸿门宴都是关键性、历史性的，他们都要面对接下来如何总结军事、政治上的成就，以何种方式应对未来的问题。可是，有一个因素决定了这段故事要放在《项羽本纪》里，即项羽是主动的，而刘邦是被动的。此外，我们还可以看到项羽面对这种情况做了什么决定，从而更清楚他的个性。项羽面对大事件时很难形成自己的意见，经常犹豫应该采取什么态度，而这就变成了他从崛起到没落、失败的过程中，值得重点思考的个性。

鸿门宴开端于项羽在函谷关被刘邦的军队阻挡。在还没与刘邦见面时，偏偏刘邦身边的左司马曹无伤派人跟项羽告密，称刘邦想要当关中王，并打算用子婴来当他的相国，从而收纳秦的所有资源。项羽听后当然非常生气，他的决定也很简单，就是叫所有士兵吃饱饭，第二天天亮就出击。这时项羽有四十万大军在鸿门，刘邦在霸上只有十万军队，双方兵力差距悬殊。

项羽身边最重要的策士，也几乎是唯一能够劝项羽的人是范增。项羽很尊敬他，给他一个特别头衔，叫作"亚父"，也就是义父的意思。范增特别提醒项羽，刘邦在楚国的时候"贪于财货，好美姬"，这些是刘邦的无赖个性，但范增了不起的地方在于，他还看到了一件可怕的事——刘邦入关之后，"财物无所取，妇女无所幸，此其志不在小"。按曹无伤的判断，刘邦想要自己一个人垄断关中所有的财宝，但是范增告诉项羽不要为此生气，背后有更值得担心的事。如果刘邦真的想当关中王，统纳关中所有的财宝与女人，反而应该安心。但现在这个人不一样了，他以前那么贪财无赖，为什么今天将咸阳的财货、美女看得没那么重要了，意味着他心里一定有更大的志愿。还有什么志愿比当关中王更大的呢？至少范增心里已经猜到了刘邦更大的野心是什么。他告诉项羽，"急击勿失"，这个时候不能小看刘邦，一定要赶快攻打他。不管是曹无伤传递的信息，还是范增提醒考虑的因素，项羽都没有理由不倾全力消灭刘邦势力。

　　纯粹意外的是，时局给刘邦留了一条后路。项羽身边有一个人叫项伯，是项羽的叔伯辈，他与张良非常要好，项伯曾经杀人，在逃亡中被张良所救。张良对他有救命之恩，这时又在刘邦身边，项伯看状况不对，于是夜里偷偷从鸿门到霸上，告诉张良："你得逃。明天天一亮，项羽的大军很可能就来打你们。四十万打十万，你们军队逃脱不了的，你难免一死，赶快连夜逃吧。"张良是韩国人，听到这件事情之后，对项伯说："我之前效忠韩王，但是现在韩王把我交托给沛公，我现在应该要帮助他。看起来沛公是身处可能覆灭的极端危机中，我怎么可以逃走呢？"

　　张良告诉刘邦这件事情，刘邦吓一跳。他说："怎么办？怎么办？"张良先问："你为什么要派兵去守函谷关呢？谁和你建议的？"有趣的是，《高祖本纪》只说有人劝诫他，《项羽本纪》揭露了这个谜底。张良的问话也意味着，首先这件事情张良绝对不可能同意，其次这件事情连张良都不知道。而这也表明，刘邦身边有非常多的人在给他出谋划策，刘邦靠着这么多人的意见才成就大业。当然，如果判断稍微有闪失，也必须付出代价。

看到情况如此，刘邦不得不乖乖地告诉张良："是鲰生劝我的。他说不让诸侯的军队进来，我就可以在关中称王了。"这里有个很有意思的对照。范增其实高估了刘邦，他认为刘邦一定不只想当关中王，但刘邦之所以接受鲰生的建议，表明他真的只想当关中王。换句话说，刘邦后来能够成就霸业，最后变成帝王，有一部分原因是身边这些人不断地帮他，让他能够看得更长远。鲰生这样的人在历史上不足为重，就是因为他的视野远远不如范增，他以为把函谷关守起来，就可以在关中称霸了。但是怎么守住关中呢？连项羽的军队、诸侯的形势与自己的现有状态之间孰大孰小、孰强孰弱都无法用高远一点的眼光评估，刘邦所犯下的错误确实非常严重。

张良当然要借此教训刘邦了。他问刘邦："你现在的军队足以抵挡项羽吗？"刘邦这个时候沉默了一阵子才说："固不如也。"他这个时候醒过来了，是啊，我怎么可能挡得住项羽呢！于是又说："为之奈何？"司马迁的行文很生动。刘邦听到项羽要来打他的时候，他第一个反应是"为之奈何"，当他明白抵挡不了项羽时又说"为之奈何"。张良当然胸有成竹，他说："我帮你想好了，你现在去和项伯说，我刘邦怎么敢用这种方式背叛项羽呢？"刘邦问："项伯和你有特别的交情吗？"张良就解释说："项伯曾经杀人，我救过他，他与我是好朋友。今天因为情况危急，所以项伯赶来告诉我。"接下来我们可以看到刘邦的长处。张良叫他去请项伯替自己向项羽解说，刘邦就问张良："项伯和你谁年纪大？"这是非常细腻的反应。张良回答说："项伯年纪大。"刘邦马上就说："来，我用哥哥的礼节对待他。"张良邀项伯进来，这个时候刘邦都准备好了非常隆重的礼仪，先是备了酒，然后祝项伯长寿。而且，在张良出去邀请项伯的这段时间，刘邦显然又有了新的准备，为拉拢项伯，要与他结成亲家。

之后他开始请项伯去替他解释：

> 吾入关，秋毫不敢有所近，籍吏民，封府库，而待将军。所以遣将守关者，备他盗之出入与非常也。日夜望将军至，岂敢反乎！愿伯具言臣之不敢倍德也。

刘邦说这一切都是为项羽做的，就是把这些都做好了等项羽来。为什么要关闭函谷关？因为担心有盗匪或者其他势力进出，才不得不去守。接下来简直就像是要哭出来一样，让项伯去向项羽求情。项伯答应替刘邦求情，同时也提醒他第二天一早一定要到鸿门来和项羽道歉。

项伯趁夜回到鸿门，把刘邦说的一番话讲给项羽听。他说："如果不是刘邦先打进了关中，我们现在有那么容易进入吗？他立下了大功，如果我们去打他，不符合正义的原则。我劝您还是好好对待他。"这样解释后，项羽耳朵软，也就听了，答应好好对待刘邦。

第二天，刘邦果然一早就带了很少的人到鸿门，把姿态摆得再低不过，和项羽道歉。他说："我与将军一起攻击秦，您占河北，我占河南。我从来没有想过竟然会比您先入关。今天竟然有小人之言要挑拨我与您的关系，您绝对不能相信。"项羽也就很明白地告诉刘邦："你不能怪我，是你身边的曹无伤来和我讲的。"这又是项羽的个性，丝毫没有计谋之心。曹无伤本来想去投靠项羽，但在不经意之间就被背叛了。于是，项羽就留刘邦吃饭、饮酒。

这就是有名的鸿门宴。鸿门宴上一段段的故事都在显示，虽然刘邦来道歉，项羽也接受了道歉，但是对于真正应该怎么处置刘邦，项羽迟迟无法决定。亚父范增有自己的想法，多次在席上暗示项羽除掉刘邦。可是即使范增有如此强烈的态度，项羽仍然没有当场做任何决定。他在战场上很武勇，个性暴烈，可是下了战场，尤其是与权力、地位、计谋有关时，反而犹豫不决。这是项羽最大的悲剧所在。

如果不是在战场上的武勇，项羽不可能得到这么大的权力，可是他的个性、思想、所作所为又不能帮他守住这样的权力，一次次地错失巩固权力的机会。司马迁不只在讲刘邦怎样兴起，更重要的是"通古今之变"，讲权力的得失都不是纯粹的偶然。偶然的因素、天的因素当然存在，可至少在项羽的身上，有太多是源自他自己的个性与决定。

一场事先张扬的谋杀

在《史记》许多篇章的写作上，司马迁的细腻超乎想象。在项羽与刘邦两人的互动中，最关键的戏剧性场景就是鸿门宴。那司马迁如何写鸿门宴呢？

鸿门宴上发生的事情惊心动魄，中间有很多紧张情节。项羽是主动一方，但是细看之下，项羽的主动性又有玄机。鸿门宴开头这样写的：

项王即日因留沛公与饮。项王、项伯东向坐，亚父南向坐。

鸿门宴图（洛阳古墓博物馆藏） 楚汉相争，项羽率军进驻鸿门，谋士范增计划在刘邦前来赴宴时杀之

亚父者，范增也。沛公北向坐，张良西向侍。

鸿门宴一开头先写的竟是座位。项羽与项伯坐在西边，刘邦坐在南边，范增坐在北边，张良坐在东边。很多人可能感觉不到这个座次有什么特殊的地方，但是如果是汉代的读者，他们看到这样写座位，就会非常清楚这里面不太对劲。

现代史学家余英时写过一篇短小的文章，很精确地点出写座位这段的重要之处。余先生在文章里清楚地告诉我们，汉代的宴饮有两种不同的座位安排原则。第一种是宾主位，东西面。如果是请客，向东，也就是坐在西边是大位，客人应该要坐在那里，主人则坐在东边。这是请客的礼貌，如果从这个角度来看，鸿门宴的座位就颇为蹊跷。这场宴会在项羽的营帐里，当然项羽是主人，刘邦是客人。依照宾主位，刘邦应该坐在西边，而项羽应该坐在东边。但《史记》告诉我们，项羽坐的是比较尊贵的西边的位置，这意味着他没把刘邦当客人。另一种原则是君臣位，南北面。这里的君臣是广义的，不局限于君王与大臣，也包括上司与部属。只要地位有差别，就用这个规则，上司坐在北边，下属坐在南边。鸿门宴上刘邦坐在南边，所以就是个部属，而如果项羽坐在北边，那他们无疑就是上司与部属的关系。可奇怪的是，项羽并非坐在北边。

余先生借此点出了司马迁细腻文字下的隐情，即这个座次是破格的安排，破格之处在于项羽的地位。项羽坐在宾客原则上最贵的位置，地位最高，而刘邦在所有安排中处于最卑微的位置，所以从一开始，就摆明了项羽与刘邦地位的不相称。余先生还进一步探讨是谁安排了这个座次，让我们又可以看到这段文字另一个令人惊讶的细腻之处。

在讲座次时，司马迁写道："亚父南向坐。亚父者，范增也。"为什么这样写？难道不能写"范增南向坐"，或者直接写"亚父南向坐"吗？范增在前面已经出现，不过到了鸿门宴时，项羽对范增越来越尊崇，才给了他"亚父"这个称号。但是，这不只是单纯从时间顺序上面说明范增变成了亚父那么简单，司马迁要突出的是项羽越来越信任范增。对照《高祖本纪》，我们的印象中，刘邦最大的特色是信任别人，而且会听取意见，而项羽身边能够说话的必然就是亚父范增。

从这个角度上看，有两个问题需要讨论。第一个问题是，这时亚父范增是项羽最信任的谋士，那这个奇怪的座次是范增安排的吗？要知道答案，就必须看下一个问题，即鸿门宴接下来发生了什么。众人坐定之后——

> 范增数目项王，举所佩玉玦以示之者三，项王默然不应。
> 范增起，出召项庄，谓曰："君王为人不忍……"

这么简约的文句，补充完整之后就会发现，在宴会之前，范增已经与项羽约好在宴会中伺机杀掉刘邦。前文说到，范增极为忌惮刘邦，认为他是项羽的最大敌手，应该尽快除掉。这个宴会就是最好的机会。他一直举玉玦，因为那是与项羽约定好的暗号。当然，我们不知道他们原来约好的是如何动手，可是看之前项羽的个性，最有可能的就是由项羽自己动手。但这个时候范增举了一次，再举一次、再举一次，项羽就是不理。按照项羽的个性，比如杀宋义，他不就是直接闯进营帐里干净利索地把人给杀了吗？为什么这个时候反而没有反应了呢？

余英时先生将前文的两个问题与项羽不回应范增放在一起看，

发现了一件绝妙的事情。余先生的基本推断是，范增应该不是安排座次的人。众人按照这个座次坐下之后，刘邦变成了最卑屈的客人，而这就是它的作用。这个安排中，东边是张良，可是他并没有座位，而是"西向侍"，侍候在那里，这就意味着东边的位置没有意义。刘邦想尽一切办法，借由坐在最卑屈的位置，达到了让范增跳脚的结果。因为他用这种方式告诉项羽，我对你没有任何威胁，我如此崇拜你，把自己贬低到这样的地位。项羽一看，就不忍心下手。范增的暗号是与项羽事先约定的，但是他万万没有料到，这个杀人计划竟然被如此不落痕迹地化解了。既然这是化解范增计划的方式，当然不会是范增安排的。那么，还有谁可能安排这样的座次呢？刘邦和张良是客人，无法决定座次，也不太可能是项羽自己。用排除法，就只剩下项伯了。

所以，这个座次非常有可能是项伯安排的。他与张良事先经过周密考量，知道这场宴会是生死之宴，清楚范增可能会怎么做，于是用这种方式把范增的计谋消解了。接下来发生的事情可以佐证我们的这个判断。范增一看，说好的暗号已经发出三次，但项羽竟然不为所动。他知道 A 计划显然失败了，只能选择 B 计划，于是把项羽旁边的力士项庄叫出去说："项羽在这个节骨眼上下不了决心，你去舞剑助兴，逮到机会就杀了刘邦。"他要换一个方式，让项庄去动手。

更细腻地想，范增也有他的考量。项羽不忍，是因为觉得刘邦不是客人，不是威胁。他叫项庄去"为沛公寿"，就是提醒项羽，刘邦终究还是客人，对我们有威胁，而项庄在舞剑的过程中就可以把刘邦杀了。这就留下了后世经常用的成语，叫作"项庄舞剑，意在沛公"。

接下来，项庄进来对项羽说：

"君王与沛公饮，军中无以为乐，请以剑舞。"项王曰"诺。"
项庄拔剑起舞，项伯亦拔剑起舞，常以身翼蔽沛公，庄不得击。

看项庄在那里舞剑，谁都知道范增在打什么主意，项伯也站了起来，两个人各怀鬼胎，项庄想要刺杀刘邦，项伯假装与他配合，但实际是保护刘邦。于是，范增的 B 计划又失败了。回头倒推，几乎可以历历在目地看到，这是范增最大的挫折，他想了计划 A、计划 B，可是这些显然都在项伯，很可能还有背后的张良的盘算中，用细腻的方式给化解掉了。

再回来看，我们就知道司马迁写"亚父者，范增也"其实也是一个感慨，或者是不落痕迹的评论。范增这时在项羽身边的地位无人可及，最能够和项羽说话，但连他的安排项羽也没有听。《项羽本纪》与《高祖本纪》一直试图凸现这一点——项羽一人敌万人，一个人打造自己的天下，但他最大的问题是身边没有人。并不是项羽不能够拉拢人，他能够让将士愿意为他卖命，但是缺乏听取别人建议的智慧和气量。相比之下，我们在《高祖本纪》从头到尾都能看到，刘邦是以一个团队打天下。一边是雄霸四方的个人，一边是没那么英勇、没有什么节操与内在修养的无赖，可是关键的差别是后者有团队，这个无赖知道怎么运用团队，知道如何集合团队的所有好处。

竖子不足与谋

司马迁在许多关键历史场景的写作上，不只是一个史家，而是有与莎士比亚相类的文学之笔。这个文学之笔把那些戏剧性场景一一铺陈，让我们不只是知道发生了什么事，还能看到不同的人性，受到感动与冲击。穿过两千余年，我们仍然可以在当下感应、反省与检讨周围人际互动的种种道理。

鸿门宴这场戏剧性的关键变化在历史上面非说不可。司马迁铺陈了大量细节，读者如果足够用心就能读到，在鸿门宴当中，这是双方的一场角力，但这场角力在项羽这边几乎只有项羽自己一个人。在宴会上，他身边本来有亚父范增，可是范增做了各种安排，项羽根本不听。他的身边本来还有项伯，可是显而易见，项伯这个时候其实心是向着刘邦的，根本没有从项羽阵营的利益与立场上思考。他并不是要背叛项羽，而是刘邦阵内有张良，他要报答张良的救命之恩。这些巧妙的连接使鸿门宴变得格外有趣。

项庄舞剑都没有伤到刘邦，张良还有一些什么安排呢？

> 于是张良至军门，见樊哙。樊哙曰："今日之事何如？"良曰："甚急！今者项庄拔剑舞，其意常在沛公也。"哙曰："此迫矣，臣请入，与之同命。"

光从这样的描述中，我们无法确认这是不是张良布置好的，但至少樊哙等在营门口这件事情不可能完全偶然。樊哙知道事情非常危急，于是要求现在就进去。另外，这也显现刘邦阵营的另外一个优势——"臣请入，与之同命"，项羽、项庄要伤害我的主公，我就与他们拼命，用英文来讲就是：over my dead body。

接下来又是非常精彩的描述。樊哙"带剑拥盾入军门"。随便进去当然不可以，这是别人家的军门，怎么能带着剑拿着盾牌就闯进去呢？卫士当然要阻挡樊哙，"欲止不内，樊哙侧其盾以撞"。樊哙拿着盾牌把阻挡他的卫士通通推倒，一路强行闯进去。营门口刚好是东边，他一进去就面对项羽。司马迁写得非常细腻，樊哙"头发上指，目眦尽裂"。肾上腺素发动，头发都竖了起来，眼睛瞪得那么大，像是眼眶都要裂开了。

看到一个人这样闯进来，"项王按剑而跽"。这是很精彩的细节。秦末的时候，人不是坐在椅子上，而是坐在席上。一般是两种坐法，一种是盘腿而坐，一种是低跪，就是屁股放在脚踝上（现在日本人坐榻榻米基本上还是这样的坐法）。显然，项羽原来是低跪着的，这时宴会在喝酒，他用比较轻松的姿态坐着，可是看到以这种戏剧性方式闯进来的樊哙，项羽马上高跪起来，按着自己的剑，表明他在防卫。他问："这是谁，干什么？"张良显然有备而来，说这是沛公的马夫，叫作樊哙。项羽瞪着樊哙，接下来测试他说："壮士！赐之卮酒。"樊哙放下威胁状态，显现出另外一面，非常干脆豪爽地把酒喝了。项羽说："那吃东西吧。"就给他一块生的猪肩。樊哙就又很豪迈地把它放在盾牌上，拿剑切着吃。这也是一个打动项羽的举动。

我们不知道这是原来安排好的，还是樊哙的脱节演出。但樊哙的个性如此冲动、毫无所惧，刚好打动了项羽。项羽欣赏、佩服这样的人，看到樊哙就觉得刘邦身边有人。项羽接下来问樊哙说："壮士，能复饮乎？"樊哙的回答又很有趣，他说："臣死且不避，卮酒安足辞！"这话说出来就非常重：喝酒就喝酒，干吗说"我死都不怕，难道还怕喝酒"呢？接下来樊哙又说了一段话：

夫秦王有虎狼之心，杀人如不能举，刑人如恐不胜，天下皆叛之。怀王与诸将约曰："先破秦入咸阳者王之。"今沛公先破秦入咸阳，毫毛不敢有所近，封闭宫室，还军霸上，以待大王来。故遣将守关者，备他盗出入与非常也。劳苦而

功高如此，未有封侯之赏，而听细说，欲诛有功之人。此亡
秦之续耳，窃为大王不取也。

这一段话放这里又很有趣，它和樊哙前面给人留下的印象形
成鲜明对比。樊哙如此冲动，让人以为他要骂项羽，可是他说的
话又很有条理。他先说大家都知道秦始皇是一个什么样的人，他
爱杀人、爱刑人，稍微一冲动就把人砍手砍脚，因为这么残暴才
有今天的这个局面。此外，后面这段话我们在前面已经看过了，
是刘邦、张良商量出来给项羽的说辞。这样与显然只有一个用意，
即樊哙前面的行为有可能是冲动，但说这番话时绝对是非常冷静
的，说不定是张良让他把这段话背下来。因为他说的不是事实，
却说得非常流利，每一个细节都符合张良、刘邦告诉项伯的话。
樊哙甚至还记得函谷关这个项羽在意的事情，也用同样的说辞解
释，"遣将守关者，备他盗出入与非常也"，说这根本不是为了挡
住项羽。接下来，他就反问项羽：这个人帮你打进关中，应该立
刻被封为关中王，可你非但没有要封他，还听了别人乱七八糟的
话，想要杀他？

接下来樊哙最重的指责是：有劳苦功高的人在你面前，你却
想要杀他，那与秦始皇有什么差别？这一句是一箭双雕。一是揭
穿了项羽藏在心上的与范增密谋杀刘邦的计划。这件事情原来只
在他心里，但被樊哙点破了。他是有阴谋的，不是光明正大地请
人家吃饭饮酒，而是想要趁机杀人。对项羽这样的人来说，这是
一个很耻辱的事情，所以气势马上就没了。另一个就是现在所有
人都厌恶秦始皇帝的作为，樊哙进一步指出他竟然用同样的风格
来对待别人，如此一来项羽必然更加气馁。项羽既没有办法辩护
反抗秦始皇不是因为他残暴，也没办法去辩护自己没有杀刘邦的

残暴之心。因此，项羽的反应很简单——他说不出话，沉默了。最后勉强只说了一个字："坐！"在整个鸿门宴紧张的局势中，这是项羽在气势上的投降。

樊哙随后在张良的旁边坐了一会儿，鸿门宴的局势也大概定了，换句话说，项羽在宴会上已经不可能有任何行动了。接下来，刘邦说要上厕所，一出门马上把樊哙叫出来，等到随行的陈平也过来后，他们就商量该走了。刘邦还有一点犹豫，觉得不辞而别很没礼貌，樊哙就明白地说："这个时候你还管什么礼节，人方为刀俎，我为鱼肉，何辞为。"于是，他们叫张良留在那里，其他人护卫着刘邦赶快回到自己的军队里。

张良有胆识，个性沉稳，所以就留他断后。刘邦带了一双白璧准备送给项羽，另外一双玉斗准备送给范增，表示二人对他们来说都是上司、都是主人。张良真正做的事情是回到宴会上拖延时间，让刘邦等人可以"间道"回到军中。小路非常艰险，只有刘邦骑在马上，其他人连马都不要了，都是步行——我们可以感觉到那种狂奔的压力。张良算好时间，觉得刘邦大概已经回到了军中，于是站起来说："一点点小礼物送给项王、亚父范增。"

项羽当然问，那你的主公刘邦在哪儿呢？张良说："我的主公个性懦弱，知道项王可能要指责他，所以把我丢下，已经回到军中了。"司马迁自然没有忽略整件事情的尾声，写道："项王则受璧，置之坐上。"项羽不知道怎么办，也没有什么别的想法，收了玉璧就放在了座位上。可是亚父不一样。

> 亚父受玉斗，置之地，拔剑撞而破之，曰："唉！竖子不足与谋。夺项王天下者，必沛公也。"

范增非常生气，因为他们整个计谋全部被破坏了，张良还要虚情假意地送他礼物。他无法忍受，当场把玉斗丢在地上，还拔剑把它砍破。这是范增的发泄。可是他很大程度上不是针对刘邦，而是针对项羽。对他来说，项羽不杀刘邦已经证明这是一个"不足与谋"的人。到了这里，我们大概也就知道，范增在项羽身边不可能发挥任何作用了。这是亚父最深刻，当然也是完全无可奈何的挫折。

鸿门宴虽然篇幅不大，但字字珠玑，清楚地把这件历史事件呈现出来。经过了两千多年，我们再三地研读，仍然对宴会上这些人的安排与表现感到惊讶，不可思议。

暗度陈仓

根据《高祖本纪》记载，当初刘邦看到豪华的宫室后，本来想要住在里面过过瘾，但是被张良、黥布等人劝阻，所以他把秦始皇留下来的这些财宝、宫室全部封起来，自己回到霸上继续过艰苦的军中生活。

鸿门宴之后，又发生了一件大事。

> 居数日，项羽引兵西屠咸阳，杀秦降王子婴，烧秦宫室，火三月不灭，收其货宝妇女而东。

"西屠咸阳"四个字，意味着项羽是带着军队一路烧杀进入咸阳。对照《高祖本纪》，我们就更明白它的意义。刘邦在咸阳仍然有守军的情况下进入后，迅速放弃敌对的概念与姿态，与咸阳父老快速和解。反过来，项羽进咸阳时，城里已经没有抵抗了，但他竟然还是一路西屠咸阳。子婴已经投降刘邦，这回等于是第二次投降，但却被项羽杀了。

而"烧秦宫室"这件事还在中国的文化上造成非常严重的后果。因为这件事情，汉代不得不面对一个知识上的危机。稍微想一下，秦始皇统一六国之后也做过一件非常重要的事情，就是"焚书"，但是"焚书"烧的是民间藏书，不准一般人私藏这些图书，而他在宫室里收集的众多图书还保留在咸阳。在正常的状况下，秦灭亡了，不再有秦的禁令，这些书就可以回到民间自由地流传。从东周到汉，在书籍与知识的流传上面就不会有那样可怕的断层。于是，我们在《儒林列传》里可以看到司马迁对项羽的重要指责。换句话说，到了汉代，这些古典之所以要费很大力气、想尽办法去恢复，有一半的责任在于秦始皇。同样，如果没有项羽进到咸阳之后把秦所藏的这些书全部烧掉，汉代也不会那么辛苦。

在咸阳烧杀完，项羽把"货宝妇女"带回了东方。在此之前，另外有一个小插曲。有个没有在历史上留下名字的人跑去劝项羽说："关中阻山河四塞，地肥饶，可都以霸。"这个地方是好地方，有地理优势和经济优势。但接下来的记载很有趣："项王见秦宫室皆以烧残破，又心怀思欲东归。"项羽不是真的不想留在关中，用心理学的基本概念来说，一个人行动的动机有推力和拉力。想回到东方是项羽心里本来就存在的拉力，这一点后面还有解说，但除此之外，还有一个推力把他推离关中，那就是他犯的错误。他本来还在思考着能不能留，但这些宫室已经全部被烧毁，无地可留，因此才决定离开关中。离开时，他又说了一段话给这个劝诫他的人听，他非得回到东方去，因为"富贵不归故乡，如衣绣夜行，谁知之者"。他如今立下了这么大的功劳，一定要回去接受父老们的掌声。这清楚显现出来他的个性。他需要别人的肯定，享受或者追求各种掌声，尤其是故乡父老的肯定。也许他心里面想的是，当时我从楚出来的时候，你们没有人看得起我，我现在回去，就是要让你们知道我多么了不起。

讲完这段话，司马迁补了一件事，其中也有他的价值判断。劝诚项羽的人看他不听劝，背后感叹道，听说楚人虚荣，就像"沐猴而冠"——他们外表像模像样，但是虚有其表，就像把猴子洗干净了给它穿戴，让它看起来像人而已，没有内在的实质内容。这是非常严厉的指责。在决定关键事件时，不管在知识还是性格上，一个重大的考验就是如何判断轻重缓急。很明显，项羽的重要选择是回到故乡，对他而言，接受欢呼与掌声比什么都重要。这种虚荣就叫作"沐猴而冠"。怎么能那么看重虚荣，而不去考虑更深刻、更实际的事呢？如果要统治天下的话，什么地方最有利这些都不考虑，而只想要一时的虚荣，这个人是没有机会的。

之后，司马迁又补录了另一件事情，更加表现项羽个性中无药可救的部分——项羽辗转听到这个人骂他沐猴而冠，就把这人煮了。鸿门宴结束时，樊哙骂项羽两件事，其二就是说他和秦始皇一样残暴，后来发生的这些事情坐实了樊哙的话，并不是敌对双方之间没有根据的诋毁。现在的天下局势中，大家最关切的就是，你项羽到底与秦始皇有什么区别，要用什么方式把自己与过去错误的政权划清界限，让大家知道你不一样？"烹说者"显然是最不应该犯的错误。

对照《高祖本纪》，项羽入关之后犯了三大错误。第一大错误是"烧秦宫室""西屠咸阳"。刘邦则恰恰相反，因为他知道，在天下大乱的情况下，人们最看重的是你和秦的不同。于是，刘邦用极端的方式明确表明自己不是秦始皇，完全不认同秦的那套做法，并与关中父老约法三章。秦最大的问题是有许多苛法，这些刘邦全部舍弃，只要两章半就可以了。项羽不懂这些，他在咸阳以及后来所做的事，会不断让人想到秦始皇。用今天的语言说，刘邦阵营的宣传策略就是想办法凸显"与秦王异"。而项羽的所作所为显然就是另外一个秦王，人们还会支持他吗？

项羽的第二项错误就是杀了前文的"说者"。那个人的意见本来是有道理、有智慧的。当时就应该认真思考到底要以哪里为中心，实行统治，可是项羽见不及此。并不是说一定要选关中作为统治中心才对，但项羽只想回家，看不到统治的更多安排，甚至好像从来没想过这些事情。

第三个错误就是他的分封。他得到了巨大的权力，所以到了关中之后就开始运用。《史记》里用的是很细腻的写法："项王欲自王，先王诸将相。谓曰：'天下初发难时，假立诸侯后以伐秦。'"在分封天下的时候，他先把跟随他的将相找来，然后说：过去大家因为要对抗强秦，所以只是临时分封，有人从赵过来就让他当赵王，有人起义投靠，就给一个诸侯名号。到了现在，过去的这些不算数了，现在把秦灭了，应该重新来过。分封的新原则就是以他为中心，依照与他的关系，功劳多的就给好一点的位置，如果没那么多功劳，即便过去临时给了位子，现在也可以收回来了。讲完之后，"诸将皆曰善"。这里又有司马迁的伏笔。项羽在分封问题上其实犯了两个严重错误。第一个错误是他从来没有改过的，即自己先做决定，然后找本就会答应的人去"商量"，根本没打算听不一样的想法。

第二个错误就是他昭告天下，我项羽要来分封诸王了。这是他享受权力的做法。可是从政治上来思考，这是没有智慧的做法。分封诸王时，怎么分都不可能让所有人都服气，肯定会惹得一些

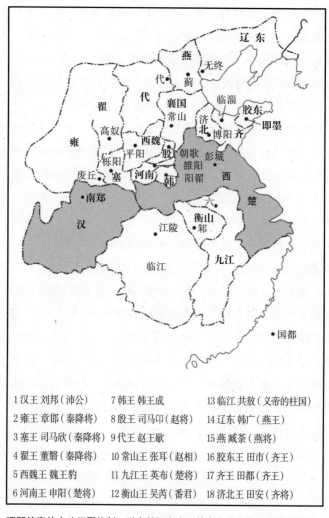

辽东

燕

无终

代

蓟

代

襄国

临淄

胶东

翟

常山

济
北

即墨

雍

高奴

西魏

博阳

齐

平阳

殷

朝歌
雒阳

彭城

栎阳

朝歌

阳翟

西

废丘

塞

河南

韩

楚

南郑

六

汉

衡山

郑

江陵

临江

九江

•国都

1 汉王 刘邦(沛公)	7 韩王 韩王成	13 临江 共敖(义帝的柱国)
2 雍王 章邯(秦降将)	8 殷王 司马卬(赵将)	14 辽东 韩广(燕王)
3 塞王 司马欣(秦降将)	9 代王 赵王歇	15 燕 臧荼(燕将)
4 翟王 董翳(秦降将)	10 常山王 张耳(赵相)	16 胶东王 田市(齐王)
5 西魏王 魏王豹	11 九江王 英布(楚将)	17 齐王 田都(齐王)
6 河南王 申阳(楚将)	12 衡山王 吴芮(番君)	18 济北王 田安(齐将)

项羽统率的十八王国体制　引自鹤间和幸《始皇帝的遗产：秦汉帝国》

人不满，甚至引起反对。稍有政治权谋的人，绝对不会说这些是自己定的，而必须有一段距离，有一个缓冲地带。项羽见不及此，和"衣绣夜行"一样，他就是享受这种权力，如此而已。吊诡的是，一个人越在意权力，就越不可能有智慧、有效率地运用权力。

到这个时候，这一连串的错误基本上已经让项羽进入一个死地，没有任何杠杆可以让他来操作天下了。

这次分封对后来的历史影响最大的一点是，项羽本应遵照大家当时在义帝楚怀王面前的约束，封刘邦为关中王，但是他却巧立名目，说巴蜀也属于关中，硬是把刘邦封到偏僻的巴蜀为汉王——事实上，汉代的"汉"也就是源自这里。不过，项羽所犯的更严重的错误是刻意不承认既有势力，不尊重已有的诸侯。

错误最清楚地体现在陈馀身上。陈馀原来是赵的相，在项羽分封时，他一下就看到分封的方式大有问题，没有接受分封。他知道，这里面最大的问题在于齐，就跑去找田荣。两人的对话中有这么一段：

> 项羽为天下宰，不平。今尽王故王于丑地，而王其群臣诸将善地，逐其故主赵王。

这句话很关键，它表明项羽硬是把已有的旧王赶走，分封给他身边有功劳的人。这必然产生相对的被剥夺感。

最严重的状况就在齐。项羽把原来的齐王硬是改成了胶东王，让田都这个本来没有王位的人去当齐王。另外，他还封田安为济北王。最严重的是田荣。田荣本来是齐宗室中的重要人物，在陈胜吴广起兵之后也有自己的势力。可是，项羽讨厌田荣，刻意只给他一个城安君的头衔，这其实是一种羞辱。田荣不愿意接受这样的羞辱，因此一开始就明确地反项羽。所以，项羽等于是给自己找了一个非常大的麻烦。

陈馀看到田荣反项羽，就刻意去接近他，也就是认为他这种起兵的方式是有道理的。一时间，项羽分封的诸王就以齐为核心，开始反叛。

《高祖本纪》中也写到这段过程，在项羽分封之后，四月，"兵罢戏下"。灭秦这件事已经完成，大家从咸阳离开，去到各自封国。刘邦很尴尬，但仍然乖乖地接受去巴蜀。明明知道项羽实际上违背了原来的约定，而且把他分封到西南就是为了让他再也无法在新的天下局势中拥有一席之地，但在身边策士的建议下，刘邦没有发作。这里有一个隐微但是重要的地方：

> 汉王之国，项王使卒三万人从，楚与诸侯之慕从者数万人，从杜南入蚀中。去辄烧绝栈道，以备诸侯盗兵袭之，亦示项羽无东意。

项羽明明是在欺负刘邦，刘邦竟然乖乖接受，就像在鸿门宴上把自己身份拉得那么低一样，于是项羽产生了同情之心，多给了他三万人。而且，大家都感觉到刘邦受到委屈，自愿跟着刘邦到巴蜀去。就这样，刘邦要去巴蜀时，势力反而比进入关中时还要大，其中有一部分甚至是项羽自己送他的。去巴蜀的路艰险难走，很多地方都必须搭栈道才能走过去。张良与韩信建议刘邦走过去后，就把这个栈道给烧了。一方面，如果项羽反悔，还想加害刘邦，他过不来，军队没有路可以走。更重要的一方面是，刘邦可以借此告诉项羽，我连退路都没有了，根本不会再回关中与你为敌。

不过，等真正进入巴蜀之后，这就变成了另外一回事。

　　进入巴蜀，刘邦必须面对一个问题，即士卒思乡。谁想到这么偏僻的地方去呢？一路走来人越走越少，跟着他的人看到这种荒僻的地方，也都在想什么时候才能回家，因此"士卒皆歌思东归"。

　　看到这种状况，与兵士关系密切的韩信就来游说刘邦。他说：

> 项羽王诸将之有功者，而王独居南郑，是迁也。军吏士卒皆山东之人也，日夜跂而望归，及其锋而用之，可以有大功。天下已定，人皆自宁，不可复用。不如决策东乡，争权天下。

韩信看到的局势是项羽把那些其他有功劳的人封到很好的地方，却叫我们来这里，分明是贬抑我们。我们带的这些人全都是山东之人，现在要到偏僻的巴蜀去，大家都想回家。如果好好利用这些人想回家的心理，可以有大功。

　　经过战国时期就开始的纷争，好不容易秦统一了六国，大家以为统一之后就可以休息，但是秦始皇好大喜功，反而延续了战国那种纷乱状况，统一之后也没有办法休息。现在，秦灭亡了，西楚霸王变成新的共主，天下想打仗的人更少了。大家都想休息，还有谁想打仗？还想有所作为的就只剩下刘邦带的这群人了。这群人想回家，所以不如就好好利用这一点，把军队带出去，争夺天下。

　　不过，是否出蜀其实还有一个关键的背景，《高祖本纪》写得清清楚楚。听了韩信的建议之后，刘邦观望山东的局势，到了八月，就听了韩信的劝说，"从故道返"。这显然需要刘邦和巴蜀到关中一带的父老们接触，得到当地的信息，才可能在烧掉栈道之后沿着故道出来。也因为如此，汉军达到了奇袭的效果。当时，项羽任命了三个王防守关中，雍王章邯在毫无防备的情况下，在陈仓败于汉军，剩余的塞王、翟王很快也战败。

短短四个月内，项羽奠定的新的天下秩序已经无从维持，而且立刻就陷入腹背受敌的不利情况。东方有齐，西方有汉。不过，东西方势力的动机不太相同。田荣最重要的是感到不平，他被项羽侮辱，所以首先要报复，其次是夺回自己原来的势力与资源，因此他的反叛其实比较容易处理。项羽看到田荣反，就带着军队去对付他。西方刘邦这群人的野心则完全不一样。对于他们来说，不只是要报复项羽对他们的不公平，而且要回到关中，以这里为基地得到更大的势力。他们是有备而来，有各种策略，一旦出了巴蜀，就再也没办法被关在偏远的角落了。

田荣完全没有理会刘邦这个时候在西方做什么，可是刘邦的势力，像张良这些人，一直在观察、思考，如何善用东方的乱局达成对自己最有利的局势。从蜀地出来之后，张良因为原来就是韩国人，所以回到原来的韩地，一方面去探看东方的局势，另一方面在那里策划合纵连横，离间诸侯势力。

张良到了韩之后，刻意写了一封信给项羽。这封信最重要的目的是让项羽以为，刘邦与东方的田荣一样，不过就是来要回当时大家承诺给他的东西，只是想回到关中，无心向东。而项羽收到这封信之后，竟然也就相信了。在这样一个节骨眼上，张良让项羽认为自己可以，而且应该先对付东方齐的乱局，回过头来再对付刘邦也来得及。这是张良为刘邦赢得的时间。当项羽以为自己还来得及的时候，刘邦当然已经利用项羽的大意快速东进了。

天下之争

刘邦集团从巴蜀进入关中时，已经有了不一样的心态和准备，并实施了一系列措施。他不只是打败原来项羽所封的这几个王，

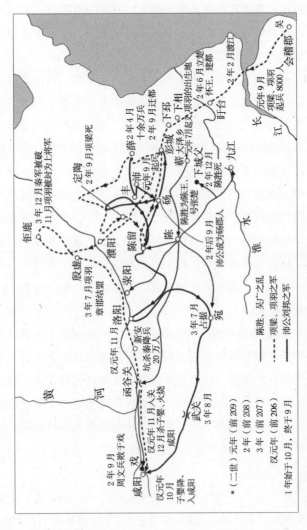

楚汉战争略图 引自鹤间和幸《始皇帝的遗产：秦汉帝国》

还非常明确地开始自己的分封，例如立韩太尉信为韩王。之后，刘邦明确号召周围其他势力来投靠他，"若以一郡降者，封万户"，明明白白地承诺好处。这也是刘邦集团的长处，他们不吝惜和别人分享权力，不吝惜把权力与利益拿来诱引其他人。

接下来，他又延续了刚进到关中的基本策略，做出让百姓得利的事。一是救灾，积极处理黄河堤防的各种问题，另外是把秦始皇的苑囿园池全部废掉，让农民种田。接下来，刘邦又"大赦罪人"。他用这种方法再次显现与刚刚灭亡的秦的差距，并且到任何一个地方都让人民有所感受。再下来，刘邦不只让关中的人感觉他与项羽所封的三个关中王不同，甚至远到关外去探望当地的人民。回来的时候，他碰到了张耳，"厚遇之"。到这个时候，凭借他的个性与策略，刘邦身边已经形成了一个庞大的集团，而且产生了一种正向循环：集团越大，就有越多的人想来加入，而他一直保持着宽容、来者不拒的态度，谁愿意来他都会厚遇之，从而使得集团更大。

接下来，"除秦社稷，更立汉社稷"。依然迥异于项羽，刘邦明确表示自己现在不是地方诸侯，而是取秦而代之。这时又发生了一件戏剧性的事情，让刘邦有好机会发挥自己的优势。他们到洛阳新城时，三老董公拦住刘邦，告诉他义帝楚怀王先是被项羽贬谪，接下来被人暗杀了。刘邦这时才知道这件事，但马上意识到这是在争取天下人心的宣传上的好机会。

> 汉王闻之，袒而大哭。遂为义帝发丧，临三日。发使者告诸侯曰："天下共立义帝，北面事之。今项羽放杀义帝于江南，大逆无道。寡人亲为发丧，诸侯皆缟素。悉发关内兵，收三河士，南浮江汉以下，愿从诸侯王击楚之杀义帝者。"

"祖而大哭"，也就是不顾一切礼节地大哭。刘邦隆重地为义帝举行了丧礼，开始了正面宣传上的攻击——之所以要对抗项羽，不是为了自己，而是为原来诸侯所共奉的义帝报仇。事实上，这样是一口咬定义帝为项羽所杀。

对照《项羽本纪》《高祖本纪》可以发现，其实项羽杀义帝真的没有什么特别的道理。项羽不愿意明确地作为天下的共主，就奉义帝为共主，但他又有韩信批评的个性缺点，即不愿意与别人分享权力。如果不愿意与别人分享，自己直接做天下共主就好了，可是他又要假装只是西楚霸王，是所有王中的一个。这种矛盾的态度决定了他表面上遵奉义帝，但在私底下又忌惮义帝有可能真正分掉他的权力。所以，他诉诸政治上很不明智的方式，派人偷偷杀了义帝。刘邦借此机会昭告天下，称项羽背叛了大家的情感。从此以后，这两个阵营各自树立风格，并决定了其他势力在楚汉当中的选择。

当刘邦集团这样悉心经营他们的宣传战，运用刚刚取得的势力与权力时，项羽又在干什么呢？《高祖本纪》中说："是时项王北击齐，田荣与战城阳。田荣败，走平原，平原民杀之。"项羽作为一个带兵的将领，在军事上仍然很有能力。从战国后期到秦，田荣在齐一直有势力，也有一定的战争经验与长处，但即使如此，还是无法比配项羽。项羽在军事上仍然天下无敌，当他集中力量攻打田荣时，田荣一败涂地。

田荣败走到了平原，齐地人民看到田荣不是项羽的对手，杀了田荣降楚，也就是投降项羽。但是项羽仍然按自己的风格做事，明明人家投降了，他还要"焚烧其城郭""系虏其子女"。结果，齐人再度背叛。田荣的弟弟田横接收了哥哥的势力，把田荣的儿子田广立为齐王，继续对抗项羽。

从项羽分封诸王之后，不到一年的时间，局势急剧变化。四月，项羽高高在上，一人控有天下。他按照自己的意愿分封诸王，根本不理会地方上的既有势力。他任性地筹划了一张新的秦末地图，但这张地图没有合理的基础。按今天的政治学原理来说，项羽运用的是绝对主观的权力，他以为打败秦、重新统一天下后，天下就是他私人的，他爱怎么样就怎么样。用司马迁的语言来说，项羽不清楚什么是"天"，什么是"人"，感受不到作为人的基本约束和限制。他以为这个时候他的权力可以超越现实，或者更庞大的时代、地理和历史的因素，也就是可以凌驾于"天"，甚至以为自己就是"天"。新地图一定有人不愿意承认。只要有人开始不承认，它就会快速地被天的力量重新拉回另外的局势中。

短短数月，原本项羽独霸的局面就变成了楚汉相争。四月的时候，刘邦还根本没有决定当王的权力，被项羽分到汉水上游的巴蜀，叫汉王。刘邦乖乖接受了这个名称。然而一年不到，因为他做对了事情，诸如带一郡来降就封万户、把秦的园林开放成农田、大赦罪人，以及为义帝发丧，获得政治上再合理不过的出兵理由，从而势力大盛。而项羽不清楚天人之际，要用自己主观力量去违逆天。刘邦看清楚局势，每一步都在利用对自己最有利的现实局势。令人遗憾甚至同情的是，客观现实上局势已经变成了楚汉相争，但项羽仍然没有察觉，继续滞留在东方，处理齐地的事务。楚汉相争能够形成，基本上也就注定了未来一定是在刘邦一方。

斗勇，更要斗智

如果单纯以军事来看，楚汉相争中项羽仍然持续占上风。看那几年的事件，我们会再三看到在战场上项羽取胜，这也就意味着刘邦打了败仗，不断地把自己的军队与势力用各种方式调整。可是，这也是我们在看历史的时候，司马迁给予的一个提醒。如果从现实的眼光来看，甚至在楚汉相争的描述中，我们都容易误以为项羽更强，因为现实上的对阵都是项羽占上风。然而，历史更广大的眼光要我们意识到，既然项羽一而再再而三打胜仗，那为什么刘邦没有被打垮呢？刘邦能够不断卷土重来，正是他与周围集团一路建立的基础在发挥作用。

《项羽本纪》刻意描述了一个场景，显示刘邦在军事上狼狈到什么程度，即彭城之战。刘邦聚集了大部队与项羽决战，但是项羽带着军队一来，汉军便快速瓦解。楚军在彭城先"杀汉卒十余万人"，追到睢水边又"多杀，汉卒十余万人皆入睢水，睢水为之不流"。汉军还不只是损伤兵卒二十余万，更惨的是刘邦的遭遇。楚军密密麻麻"围汉王三匝"，刘邦已经没有机会脱身，这时候——

　　　　大风从西北而起，折木发屋，扬沙石，窈冥昼晦，逢迎楚军。楚军大乱，坏散，而汉王乃得与数十骑遁去。

这个时候起了大风，大白天让楚军睁不开眼睛。依靠这一偶然因素，刘邦才保住了生命，与楚继续争斗。这一段又是司马迁的"究天人之际"，这种情况完全是项羽、刘邦控制不了的。而一旦有了这样一个偶然的机会，刘邦就算被迫落到谷底，还是能够回来。

刘邦如此狼狈，司马迁也没有替这位开国君主留面子。这一段不能写在《高祖本纪》，那就写在《项羽本纪》。靠着天象的帮忙，刘邦好不容易逃出来，一路逃到家乡沛。他本要去收拾家室，但因为楚军一路追过来，只在路上碰到儿子与女儿（就是后来的孝惠帝和鲁元公主），他的父亲、妻子不见踪影，后来都被项羽抓走。刘邦就把儿子、女儿拉上车一起逃，后面楚军骑着马快要追到了。刘邦这个人如何不堪呢？他担心被追到，把儿子与女儿推下车，以减轻重量让自己逃脱。他身边的人将他的儿女一次次捡起来，如是者三，儿女才没被抓。甚至要身边的人告诉他，再怎么急也不能放弃小孩，刘邦才没继续这么做。所以，刘邦的个性中有无情的部分，而这也是他后来成就功业时不可或缺的一项条件。但是反过来，我们真的需要把成就功业的人奉为伟大的神明吗？至少司马迁绝对不会这样看。

在逃跑过程中甚至没有机会救自己的儿女——狼狈到这种程度，但刘邦还是回来了。在《项羽本纪》里，司马迁借由下面两个故事，象征性地解释了为什么刘邦经过这样深刻的挫折，还能够回来。

首先，刘邦身边的人有办法，有头脑，并不是在战场拼输赢。双方相争到一定程度，刘邦的压力非常大，希望能够同项羽讲和，双方划定一个界限，东边属于你，西边属于我，暂时停战。项羽几乎要答应了，但亚父范增不答应。范增此时已经被封为历阳侯，他告诉项羽，这个时候如果再放过刘邦，将来刘邦永远都会是心腹大患。项羽听到范增的建议，便继续毫不松懈地进攻刘邦。

刘邦困扰得不得了，这时候陈平出了一个计谋。双方为了停战，经常有使者来往。项羽的使者来的时候，汉军就先准备最好的东西，用最高规格的待遇。但是一看这个使者，就故意说弄错了，还以为是亚父派来的人，随后换成不那么好的饮食，招待的规格也不那么高。使者当然会觉得非常奇怪，回到阵营后就去告诉项羽："他们以为我是亚父派去的，就对我非常好，但知道了我真实身份后就没有那么好了。"

　　陈平用此计让项羽怀疑范增与刘邦偷偷摸摸地来往，而刘邦阵营如此礼遇范增派去的人，就表示他们一定是勾结要背叛项羽。于是，项羽"乃疑范增与汉有私，稍夺之权"。知道此事之后，范增大怒，和项羽说："天下已经基本平定了，请让我回家吧。"项羽自然就高高兴兴地答应了。于是，在无形当中，项羽身边的资源就被刘邦阵营给废掉了。

　　那么，刘邦自己的资源又是什么呢？接下来的事情可以展示这一点。项羽围攻刘邦，形势非常紧急。刘邦完全没办法，所以先用计把范增除掉，但是仍脱不了身。于是汉将纪信建议说："事情太紧急了，我们不能再用光明正大的方式来对待楚了，我有一个办法，可以让你偷偷出去。"于是，过了一段时间，荥阳城里突然传出讯息，城里没有东西吃了，汉王刘邦决定投降。项羽的军队也打累了，听到这个讯息当然就信以为真，"皆呼万岁"，高兴得不得了。于是，汉王坐着车子，摆出投降的阵势从东门出来，但是项羽一看，来人并非刘邦，而是纪信。项羽问纪信刘邦在哪里，纪信也坦然告诉他刘邦已经走了。他们从东门出来投降，就是为了不让楚军注意西门，刘邦好借此机会偷偷逃走。知道这件事情之后，项羽的反应是短短四个字："烧杀纪信"。这也意味着，从一开始，纪信的整个计谋就是牺牲自己而救刘邦。

　　在项羽的阵营里面，跟着他这么多年，被重用也蒙受很多挫折的范增都不愿意继续留下。而刘邦在"不得脱"的糟糕情况下，身边还有纪信这样的人愿意为他献出生命。刘邦就是凭着身边人对他的效忠，一次又一次地在军事战斗的谷底挨过去，不会就此在这个相争局面中消失。

　　楚汉相争中，刘邦常常输得极其狼狈，上面短短一小段文字中，就遇到两次身边只剩下几个人的状况。鸿门宴时他也是拼命地逃。这样一个人怎么能对抗项羽，后来还赢过项羽呢？因为他每次输到谷底，身边一定有人会帮他，而他的阵营里面一定还有军队可以用。例如，刘邦有一次兵败，逃出来之后就去吕后弟弟的阵营，收了他的军队。另外，他有能人萧何，持续帮他动员关中的势力出关协助。项羽认为已经把他的势力全部瓦解了，但没想到很短时间之内，汉王又起来了，又有一支新的军队。被打败后，他直接逃到韩信的阵营里，夺过韩信的军令与印玺，带韩信的军队再重新来过。这个基本模式从来没有变过。项羽在哪里，他所有的势力就在哪里，楚是个单一中心的势力。但是汉从一开始就是一个集团，是一个多中心的势力。刘邦能做到这一点，是因为他敢于信任人，愿意拉拢人，并和别人分享权力。因此，不同的地方有部将带领不一样的军队。把刘邦所在的中心打垮了，汉王的势力不会因此垮掉，它分布得非常广泛。因此，只要刘邦没有被杀掉，他的势力就不可能彻底被瓦解。

司马迁在行文中给了我们这样的历史解释和历史智慧：单一中心的、高度集中的权威，与能够信任不一样的人所产生的多中心的组织网络，哪一个更耀眼呢？当然是单一的权力中心，它看起来那么崇高。但是在实力，尤其在韧性上面，哪一个更强大呢？从刘邦最后打败项羽建立汉朝，答案已经很清楚地摆在我们面前。

虽然在和项羽的征战中，汉军往往无法打赢，但是因为汉军有不同的将领领着大大小小的军队散布在不同地区，因而就给了刘邦一个优势——只要自己能够亲身得脱，他就能够到另外的军队中，比如借由萧何组织的关中势力重振军力。

所以，从大的局势上来说，项羽在这里打了胜仗，在那里打了胜仗，但是相应的是疲于奔命。他一下子在这里，一下子在那里，并没有因为哪场战役真正让局势对刘邦不利。楚汉相争以这种方式维持了很长一段时间。对于当前局势下究竟要争夺什么，刘邦在意识与价值判断上，明显比项羽清楚太多。

楚汉借着天然的地理条件僵持了一段时间之后，项羽非常不耐烦，想起他的军营里面有刘邦的父亲，就做了一个很戏剧性的场景——建了一座高台，把刘邦的父亲绑在上面，做出要杀他的样子，然后告诉刘邦：如果你今天不投降，我现在就把你父亲煮了。

刘邦如何反应呢？他毫不慌张，一点都没有被项羽威胁，甚至有自己的戏剧性表演。刘邦用极度夸张的方式告诉项羽，当年我们在楚怀王面前结拜为兄弟，既然是兄弟，我父亲就是你父亲。你要煮你父亲，记得煮完了之后分我一杯羹。

从残酷一点的角度来看，刘邦在争天下时，心里显然是没有老父死活的。但是单纯从策略角度来看，这段回应清楚地达到了两个目的：一是让项羽知道，这样的威胁没有用；二是他又利用项羽摆出来的这个戏剧性事件，昭告全天下自己在道德上的优势，这也是楚汉相争中他再三强调的。项羽今天这样做，就是违背了所有的信诺，他不但没有把关中给刘邦，还杀了君主楚怀王。两人当初约为兄弟，"我的父亲就等于你的父亲"，刘邦就这样逆转了整件事情。

项羽听到刘邦这番话后非常生气，几乎当场就要杀了刘邦的父亲。项伯在旁边劝阻："天下事未可知，且为天下者不顾家，虽杀之无益，只益祸耳。"因为这样，项羽才放过刘邦的父亲。

接下来，项羽又有一个想法。他对刘邦说："天下匈匈数岁者，徒以吾两人耳，愿与汉王挑战，决雌雄，毋徒苦天下之民父子为也。"这么多年两人打来打去，就是为了决定谁拥有天下，为什么要劳烦这么多人无法安居乐业呢？索性单挑，一对一把这个事情解决吧。这又是项羽在这个位置上很幼稚天真的想法。

刘邦听到他的话就笑了："吾宁斗智，不能斗力。"一对一我当然会输你，可是争天下是这样斗力吗？你到底知不知道我们两个人究竟在争什么啊？项羽的确有神力，在可以听到彼此说话的这个距离下，发起怒来，拉弓射箭，射向了刘邦。刘邦被射伤，急忙躲入军阵。正如刘邦所说的，这不是他们两个人之间的事情，项羽能够用箭伤到刘邦，但刘邦的地位以及军事上的消长不会因此而受到影响。

接下来有一段时间，项羽试图在局势不利的情况下向刘邦的风格转变。外黄被围攻几天后投降，项羽非常生气，又照着原来的做法，要求十五岁以上的男子通通集中在城东，"欲坑之"。这时发生了一件特别的事。外黄一个十三岁的少年来劝项羽。他说："彭越强劫外黄，外黄恐，故且降，待大王。大王至，又皆坑之，百姓岂有归心？"外黄人多么可怜，你们争来争去，两方都是可怕的军事势力，我们真的能够自主决定到底要归刘邦，还是归项羽吗？我们不得已归了刘邦，你来把刘邦的军队打跑了，结果又要把我们通通都坑杀。如果这样，那谁愿意归顺你呢？"从此以东，梁地十余城皆恐，莫肯下矣。"大家吓得要死，如果投降都要全部被杀，那自然没人愿意投降。司马迁数次告诉我们，项羽在战争上虽然有长处，但有些事情连基本的常识都没有，不但范增、项伯知道的事情他不懂，十三岁的少年都明白的道理他也不懂。

项羽这次终于听了这个少年的话，"乃赦外黄当坑者"。果然，就如少年说的，周围其他的城都愿意投降了。项羽在与汉军的相持当中总算得到一点缓解，看起来又有机会东山再起了。

　　然而这时他碰到了另一个致命问题，即必须要打出一条路，让后勤补给进来。他必须自己带兵去打，于是就告诉守军守着成皋，汉军来挑战也不要出兵。换句话说，不管是军队实力，还是将领素质，他都没有把握防守成皋的这些兵将能够抵挡汉军的名将淮阴侯韩信。在这件事情上，项羽是有自知之明的，如果自己带兵，他不怕韩信，可是他现在必须带领另外一支军队去寻找粮草。

　　这个道理汉军也明白。因此，当项羽带着军队离开之后，汉军就开始频频挑衅。楚军按照项羽的吩咐不出来，汉军就用激将法，"辱之，五六日"，反反复复骂他们。大司马曹咎实在按捺不住，把军队带出来，到河对岸去与汉军打仗。如果是项羽，就不见得会犯这样的错误。汉军不可能放过这样的错误，趁楚军大部分军队还在渡河时，大破楚军，瓦解了楚军好不容易在成皋建立的基地，让项羽失去了自己拥有的最大优势。他的军队基本是一支攻击式的军队，他自己带领时可以得胜，然而他毕竟只有一个人，当自己不在时就守不住了。

　　于是，双方的相持线实际上又往东方退了。汉军也进军到了有把握维持的最大区域，两方各有弱点，又开始进行停战的协约。这次协约以鸿沟为分界，鸿沟以西是刘邦的领域，以东则属于项羽。协约形成后，项羽就把刘邦的父亲、妻子等家人放回，"军皆呼万岁"。

　　停战之后，汉军应该是从鸿沟这条线往西撤回休息了，可是张良和陈平的看法不一样，二人联名告诉刘邦："你看一下地图，现在我们拥有的土地已经超过一半了。你再看一下，除了楚汉以外，其他稍微有势力的诸侯是站在哪一边呢？他们绝大部分都在我们这一边。这个时候为什么要签订这个停战协约呢？项羽的军队已经打不下去了。"

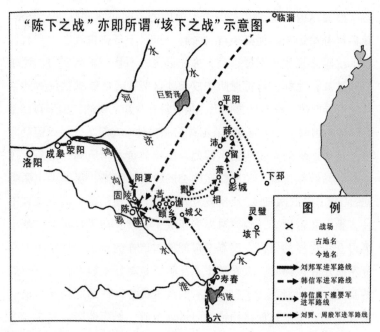

陈下之战亦即所谓"垓下之战"示意图　引自辛德勇《历史的空间与空间的历史》

　　两人关键的结论是："此天亡楚之时也。""天"意味着这不是人创造出来的局势，是一个经过长时间的历史变化所产生的状况，不由个人控制。天对楚如此不利，如果这个时候放掉他，就是"养虎自遗患"，让他恢复实力来伤害我们。

　　张良、陈平联手劝诫，刘邦没有道理不听。接下来，"汉五年，汉王乃追项王至阳夏南。"单纯从上下文就可以清楚知道，司马迁刻意省略了一句，即这个时候是刘邦明确地背约了。双方刚刚签订好停战协定，各自回去，但是当项羽把军队掉转头之后，刘邦立刻又动员军队从后面追了过去。这件事情在历史书写上有特殊意义，刘邦再三指责项羽不守承诺，但是他并没有因为这样就将其变成自己的道德约束。

在刘邦心中，包括刘邦周围的这些人，他们最大的长处或者最可怕的地方是他们的目标意识。他们太清楚自己要什么了。在争天下、压过项羽这件事情上，他们什么事都做得出来。当需要时，他们可以去指责项羽不守信用，可是当有机会一鼓作气击灭项羽时，汉军也可以不守约定。但是这个话不能明白讲，因为这样就是告诉所有人，汉代兴起的关键是因为背约，所以，司马迁只是说"汉五年，汉王乃追项王至阳夏南"。

借由这次背约，项羽来不及准备，真正进入了溃散的阶段。鸿沟之后，项羽一路往东南，也就是家乡的位置撤退。他再也没有机会站稳脚跟来抵挡势力越来越庞大，而且不断追击削弱他的汉军。到这个时候，楚汉相争也就进入了最后的阶段。

项羽之死

项羽一路犯错，造成楚军的势力与范围不断缩小。不过在描述垓下结局之前，司马迁回头清楚表达了对楚汉相争最根本的观察。在项羽剩下最后的实力还能够与汉军相持时，发生了一件事情，让刘邦很不高兴，但一时也不知如何处理。

单纯从汉军与楚军的军事实力来看，这时双方的势头已经彻底逆转了，但问题是刘邦并不能百分之百地控制汉军。这时候如果韩信和彭越两个人的军队能积极出兵，项羽就抵挡不住。可是叫了半天，韩信、彭越的军队却没有依照刘邦的指示来到应该到的地方。刘邦非常困扰，问张良怎么办。张良就说："你自己想想看，这个时候这些人会想什么？项羽的楚军已经支持不住，天下即将底定，可是握有最强大军队的韩信与彭越得到了什么呢？作为一个君主，如果你够慷慨，愿意共分天下与韩信与彭越，让他们知道可以分享目前所得的军事与政治上面的利益，他们就会出兵，打败项羽。”

这是刘邦听得懂的话。他立刻封韩信、彭越为王，而韩信与彭越也就充分拜服刘邦。到了这个时候，项羽已经是穷途末路，在垓下不只是军队数量越来越少，而且已经没有粮食可以吃了，因而被团团围住。

但是，即使项羽衰微到只剩这一个据点，而且被团团围住，汉军仍然不敢大意。他们发动了心理战，背景就是项羽强烈的故乡意识。当初项羽不愿意留在关中，就是因为他觉得在外面立了功名而不回故乡在父老面前炫耀，就好像穿着华美漂亮的衣服却走在黑夜里一样。他有那样的虚荣心，而这种虚荣根植在他的故乡意识里。汉军就利用这一点，在夜晚的时候纷纷唱起楚歌。项羽听到“四面皆楚歌”，大吃一惊：难道我的家乡都已经被汉军攻陷，连汉军中都有这么多楚人了吗？

因此，项羽仅存的斗志被瓦解了。他起身在兵营里面喝酒，找来身边的美人虞姬，然后抚着他的爱马，一边饮酒一边即兴地唱，歌词说：

> 力拔山兮气盖世，
> 时不利兮骓不逝，
> 虞兮虞兮奈若何！

我是不世出的英雄，个人能力如此强大，但是时局对我不利，这不是我个人的能力差，而是因为这个局势是我没办法突破，以致陷到当下的状况，连让我的马奔走都没有办法。他回头看着身边仍然跟随他的美女虞姬说："美人啊美人，陷入这样的情形下，你怎么办，你怎么办！"这就是韩信批评的妇人之仁。他没法完全不顾身边的美女，想到一旦兵败之后，虞姬究竟该怎么办。连续唱了好几次，然后虞姬跟着和。项羽这个时候泪下，左右的人与他哭成一团，即使到了这个时候，左右仍然慑于他的气势，"莫能仰视"。

这就是英雄末路。在这样的心情下，项羽做了一个在过去军事生涯上面几乎不可想象的决定：从重重包围中逃出去。以前项羽都是正面打仗，破釜沉舟，用的是心理上绝对强烈的意志压服敌人。这个时候他意气消沉，所以只带了八百人连夜偷偷逃走。这是他人生的第一次，如果他愿意趁这个机会修正自己的个性，说不定真的可以逃回到江东的核心区域，还有机会保有势力，甚至卷土重来。

他成功地逃了出去，一直到天亮汉军才发现项王走了。灌婴带了五千人马去追。项羽渡过了淮河，因为人马有的走散有的损伤，八百骑只剩下一百多人了。到了阴陵，项羽迷路了，于是随便抓了路边的农夫问路，但是这个农夫故意骗他走左边。这些人沿左走，发现前面是一片大泽，而再回头已经来不及了。当然我们无法明确解释为什么这个农夫要欺骗项羽，不过从上下文，我们至少可以推论出两件事：首先，项羽很不得人心，这个时候他连一个农夫都不能信任；其次，项羽一路经常犯错误，到了任何地方都不能得到当地的情报，把身边的环境弄清楚，这是他致命的弱点。

于是项羽只好换一个方向，往东走到东城，这时只剩下二十八人跟在身旁，而紧追在后面的汉军有数千人马。项羽大概认为逃不掉了，但是他仍然有作为英雄的戏剧性表现。他把这二十八个人聚集过来，和他们说："我起兵到现在八年，身经七十余战，没有输过。挡我的都被我攻破，在我面前的都被我打败。我没有打过败仗，所以能够拥有天下。现在竟然到这个局势，被困在这里，是天之亡我，非战之罪也。"这是他对自己处境的解释，是他坚持的信念。他接下来说："我要证明给你们看，不是我打不赢，而是天要亡我。我来替你们突围，进入汉军的阵中。即使到这样的情况，汉军仍然阻挡不了我。"

项羽真的就带着这区区二十八人，在汉军当中反复冲杀。他和所有人讲："你看，东边有一个小山头，在小山头与现在这个地方之间全部都是汉军，但是我们冲过去，到那个小山头会合。"他真的就这样冲了下去，斩了一个汉军将领。会合之后，他再冲一次。如是者三。项羽杀了汉军数十百人，只丧失了两骑。这时他回过头，仍然意气风发地说："怎么样？"剩下的人拜服说："正如您说的。"

冲杀之后，他的心情稍稍有一点转折，所以继续往东，带着仅存的人到了乌江边。这个时候，乌江的亭长准备小船，对项羽说："来吧，渡江之后就到江东。那是你的家乡，虽然地方很小，但是就算只有千里，也有几十万人众，仍然可以做一时一地的势力。来，您现在赶快上船。乌江岸边只有我这一艘船，你上了船，汉军没有船过不了河，您就安全了。"

项羽也许的确有这样的一个机会可以东山再起。可是听完亭长的话，项羽反而笑了，亭长说服他赶快逃回家乡的话，反而引动他决定无论如何也不回去。他说："既然是天要亡我，我渡江又能干什么呢？"这已经变成了他的执念了。接下来的话更关键，他说："当时我带了江东子弟八千人与我一起渡江，现在我一个人回去，就算江东父兄他们可怜我、同情我，让我可以卷土重来，我有这个脸吗？就算他们不批评我，不问为何我一人回来，难道我就有脸不问这件事情，不去悲怜死者而感觉到愧疚吗？我知道亭长是位长者，这匹马已经跟着我五年了，到了人生的最后，我不忍心杀它，送给你吧。"

他不渡江了，而且身边所有人都下马徒步。即使是徒步，他还杀伤了汉军数十百人，"身被十余创"，然后才走上生命的终点。最后在看到汉骑司马吕马童时，他还要耍一下："听说我的头值千金，这里有一个我原来认识的人，我把我的头送给你吧。"

这是项羽的终结，同时也是楚汉相争的结局。刘邦得了全胜，而项羽不只身死，还被分尸。为了领赏，每个人都想抢到他身体的一部分。真是非常悲惨的结局。

司马迁在《项羽本纪》最后写了一段"太史公曰"。他首先肯定项羽非一般人：听说圣君舜的瞳仁有两层，而项羽的瞳仁也有两层，难道项羽与舜有血缘关系？司马迁用问句来写，其实是要表明项羽并非常人，不然怎么解释他的兴起这样快速，如此带有戏剧性呢？他快速从陇亩之中崛起，三年之内带领着五国诸侯的军队灭了秦，得到了分裂天下而封王的机会，实质上就是天下之主。

按照司马迁的评估，这种功业在短短三年中就成就的情况，"近古以来未尝有也"。但是接下来，他罗列了项羽犯的错误：

> 及羽背关怀楚，放逐义帝而自立，怨王侯叛己，难矣。自矜功伐，奋其私智而不师古，谓霸王之业，欲以力征经营天下，五年卒亡其国，身死东城，尚不觉寤而不自责，过矣。乃引"天亡我，非用兵之罪也"，岂不谬哉！

作为一个史学家，这或许是司马迁最严厉的批评。"不师古"意味着他脑袋只有霸王之业，而没有帝王之志。他只相信军事的力量，"五年卒亡其国"。而一直到人生最后一刻，项羽都没有看清楚他之所以三年兴起，五年灭亡，是自己要负起责任，而不是反复强调是"天亡我，非用兵之罪也"。这是司马迁在意的事。作为一个人，如果不清楚什么是自己招来的，什么是自己真正无法控制、是环境施加在我们身上的，就跟项羽没什么两样。所以他最后说"岂不谬哉！"。

司马迁用他的叙述彰显了项羽辉煌又令人感慨的英雄事业，也借由项羽的事例，表达在应对人生、世界时必要的智慧，其中最核心的一点就是永远不要抛掉自己的责任。不要把自己的责任、过错随便推给天，推给外在环境，如果你那么容易迁怒，那只会不断犯下重复的错误，根本无法真的成功。就连项羽这样的背景，得到时局提供的大好机会，也因为没有进行反复的深刻检讨，五年之后也就身死东城了。

秦始皇本纪：暴落的帝国

秦的幽灵在汉朝上空游荡

在《史记》里，司马迁借由主要记录军事、政治大事的本纪，让我们回看他所知道的中国究竟发生过什么事情。有一件在中国历史上划时代的大事是司马迁必须要记录的，那就是周秦之间的变化。

西周建立的封建制度，到了东周有了绝大的改变，原本详尽严密的封建制度不断地崩溃瓦解，导致天下大乱，到了秦王政二十六年（公元前221年）才得以统一。可是统一天下之后，秦没有变回周代那样的封建制度。从这时候起，中国开始出现了和之前历史上完全不一样的局面——皇帝制度和郡县制诞生了，一个帝国的框架出现了。如何记录、铺陈、把握这件大事的关键点，考验着一个史家的眼光。我们在读《秦始皇本纪》的时候应该特别留意，在这个划时代的大事上，司马迁给我们留下了哪些值得思考的东西。

司马迁记录秦的兴起到灭亡，尤其是秦始皇本人的生平，有一个背景需要解释。

在《秦始皇本纪》最后的"太史公曰"中，司马迁没有自己总结、评论，而是引用了贾谊的《过秦论》。《过秦论》本身是一篇非常重要而且精彩的文字，但我们在理解贾谊之前，应该知道在汉代，尤其从文帝、景帝一直到武帝，汉代的基本心态里面有一个巨大的疑问——秦到底是怎么灭亡的？

这个问题对于汉朝再重要不过。仔细看汉初种种记载就会知道，创建汉朝的人的经验、视野、知识乃至态度，其实无力重新打造一个帝国的制度。在这样的情形下，汉高祖时的首要考量是生存，基本上是要摸索出一种方法，把朝廷延续下去。

那个时候，汉朝尝试了郡国并行制，也就是用秦的帝国制度混合部分周代的封建制度，让自己站稳脚跟。到了文景的时候，治理原则叫作"无为而治"，过去传统的解释大都是从纯粹正面角度看，秦因为过度役使民力而迅速灭亡，文帝和景帝的基本态度是尽量什么事都不要做，"与民休息"，让人民能够好好地务农，也让生产的组织、经济及社会的纽带有复原的机会。

可是，我们也不能忽略这个治理原则的负面影响，在这一方面，传统史书的记载确实比较少。所谓"无为"，同时也意味着不改变，部分地、原封不动地保留从秦帝国承袭下来的东西。

《扁鹊仓公列传》里有一个大家熟知的感人故事，缇萦救父。缇萦的父亲犯的虽是小罪，却要接受最残酷的肉刑。它部分反映出，文帝时期虽然整个政治风格看起来是宽容的，可是正式的结构仍然承袭着秦，严刑峻法并没有废除。文帝之所以被缇萦感动，是因为他自己马上意识到，这个刑罚跟所犯的罪之间极其不对等。

不过缇萦救父只是个案，整体来说，从文帝到景帝，秦代的这一套系统并没有彻底变成"汉家天下"的新制度。尽管汉高祖创立了汉朝，可是要摆脱秦的影响，真正拥有自己独特的个性，有经过思考和设计的制度，还要等到汉武帝时期。换句话说，有六七十年的时间，"汉承秦弊"，没有能力对政治社会制度进行大幅改变。正因如此，汉代人心里必然徘徊着这个问题：我们在沿用秦代的制度，可是秦灭亡了，且灭亡得如此之快，那我们该怎么办？所以，厘清秦灭亡的原因，不只关系到朝代政治的合法性，更关系到整个朝代如何摆脱灭亡危机、如何长治久安。

司马迁也把秦灭亡当作《史记》里历史叙述和解释所必须面对的课题。在历史理论部分，他借贾谊的《过秦论》做了整理，可是他自己做的是更细密的两个方向。他知道，要真正解释秦为什么灭亡，离不开秦始皇这个人所做的决定，他的世界观、个性和秦的历史是绝对分不开的。司马迁在《秦始皇本纪》中不仅仅是铺陈史料，而是有效地描述了这个人，使秦始皇的形象深刻地留在《史记》的读者心上。在此，司马迁取得了后世看来非常惊人的成就，此后历朝历代讲到秦始皇，几乎都是依赖司马迁的记载。

贾谊《过秦论》提出的答案当时能够说服最多的人，司马迁也基本认同文中对秦的种种解说和指责。不过有意思的是，当时绝大部分人，包括贾谊在内，都认为秦是暴起暴落，认为秦地处西陲，突然成为了不起的大帝国。但司马迁的解答体现了史家的专业，他没有掉进这样的陷阱里面。秦确实是暴落，但绝不是暴起。

关于秦的本纪有两篇，一篇是卷五《秦本纪》，一篇是卷六《秦始皇本纪》。秦作为一个朝代，接续在周之后，依照一般惯例，只要有《秦本纪》就可以了。而如果按照后面的标准，则有《项羽本纪》《高祖本纪》等，那就应该只有《秦始皇本纪》。司马迁把秦的历史分成两篇，并用这种方式先后并列，就是要凸显一起一落，要追索秦究竟是如何兴起的。

在《秦本纪》当中，尤其重要的是卫鞅（商鞅）。卫鞅对秦孝公、对秦国产生的种种影响，使其从僻处西陲的边缘封建小国，昂然走到历史舞台的中央。另外，司马迁还特别仔细地罗列了秦在昭襄王、庄襄王两朝所产生的种种变化。换句话说，秦是有来历的，秦始皇不是靠自己一个人的力量，在这么短的时间之内打造出统一六国的巨大帝国。我们在读《史记》、看待这段历史的时候，不能忽略司马迁的这个重要看法。

权力巅峰的傲慢

在《秦始皇本纪》当中，司马迁用最简单的编年方式，完成了非常难的写作成果。编年就是一年一年地罗列所发生的事情，最容易变得琐碎，不过司马迁虽然是完全按照时间先后把这些事件排进去，可是绝对有非常细腻的安排和明确的脉络，我们稍加整理就可以明白，他要表达的是秦始皇做了哪些事情，是一个什么样的人。

我们首先来读《秦始皇本纪》中秦王政在位的第二十六年，这一年最重要的事情是六国当中仅存的齐国也投降了。依照司马迁的写法，这个时候叫作"秦初并天下"，之后的描写就开始充分显示秦始皇的个性和观念。

秦王初并天下后有一篇重要的文书，里面以秦始皇的口气一一细数各国之罪：

> 异日韩王纳地效玺，请为藩臣，已而倍约，与赵、魏合从畔秦，故兴兵诛之，虏其王。寡人以为善，庶几息兵革。

战国时期至秦朝的文物（陕西历史博物馆藏）

赵王使其相李牧来约盟，故归其质子。已而倍盟，反我太原，
故兴兵诛之，得其王。赵公子嘉乃自立为代王，故举兵击灭之。
魏王始约服入秦，已而与韩、赵谋袭秦，秦兵吏诛，遂破之。
荆王献青阳以西，已而畔约，击我南郡，故发兵诛，得其王，
遂定其荆地。燕王昏乱，其太子丹乃阴令荆轲为贼，兵吏诛，
灭其国。齐王用后胜计，绝秦使，欲为乱，兵吏诛，虏其王，
平齐地。

这段话很有意思，它反映了秦始皇的一个心态，即所有事情
都不是他要做的，而是因为六国通通都对不起他。我们应该留
意这个心态，因为很多事情的线索，包括秦始皇如何统治天下，
以及巨大功业为何会在短时间内瓦解，都跟这个心态有莫大的
关系。

接下来，既然天下已定，有一件重要的事情要先做——"今
名号不更，无以称成功，传后世。其议帝号"。这是一件大事，也
反映了秦始皇另一个重要的心态，那就是他明确意识到自己创造
了一个新天新地，因而从自己的称号开始，所有东西要有全新的
名字。

丞相王绾、御史大夫冯劫、廷尉李斯讨论之后，代表大臣呈
交了一份报告。报告上说，过去有一个头衔是五帝，然而五帝虽
然贵为天子，地方千里，却没有彻底掌握境内所有势力，和今天
陛下"兴义兵、诛残贼"建立的功业大不相同——这里就反映了
秦王的那种心态，即正义站在我这边，六国不仅被打败了，而且
是应该被打败的。

吞并六国后，秦国离开了原来的封建制度，由中央政府直接
派官员去统治各个地域，"海内为郡县"。封建制度是层层节制，

天子把地封给诸侯，诸侯把地封给大夫，彼此是上下级的羁縻关系，也就是权利与义务的关系。可是秦在统一六国的过程当中，一直在改变原来的封建体制。接下来"法令由一统"，各地不再因为是哪一个国、是谁封的就依照该地的风俗法令，每个地方都是同样的法令。

　　这种局面是破天荒、划时代的，"自上古以来未尝有"，甚至是"五帝所不及"。如此一来，过去的这些封号都不够了，那怎么办？大臣们经过多方讨论，建议从过去比"帝"还要高的三个头衔天皇、帝皇、泰皇当中，选用地位最高的泰皇。但是秦始皇并没有接受，他不要叫作"帝"，因为之前有帝，也不要叫"泰皇"，因为以前有过泰皇。他要的是空前未有的，于是——

　　　　去"泰"，著"皇"，采上古"帝"位号，号曰"皇帝"。

从此以后，"皇帝"这两个字在中国存留了两千多年的时间。对秦始皇来说，这就是最高权力的傲慢——他是历史上空前的一个人。

　　接下来，我们进一步看他这种绝对权威的心态。他说，太古时人活着有"号"，可是死了没有"谥"，到了中古，才有人活着的时候有一个号，死了之后另外依照生前的行为得到一个谥。他针对的正是我们今天所说的谥号。的确，中国在帝王的传统上面是这样，像周文王，他活着的时候绝对不会知道自己叫作"文王"，是他死后别人根据他的成就、行为用一个"文"字来统纳，作为谥号。周武王因为翦商成功，最核心的是军事功绩，所以谥号是"武"。接下来像周幽王、周厉王，谥号分别是"幽""厉"，一看就知道后世认为他们不是好天子。

　　这件事让秦始皇非常不自在，认为这是地位低的人在议论地位高的人，也就是"子议父，臣议君也，甚无谓"，他不接受。

> 朕为始皇帝。后世以计数，二世三世至于万世，传之无穷。

他不要谥号，要叫始皇帝，更重要的是继承他的人就叫作二世皇帝，再下来就叫作三世皇帝，就这样五、六、七、八、九……两百、三百，一路下去，传之无穷。口气大得不得了。统一六国之后，巨大的绝对权力感，让秦始皇相信自己建立的这个朝代是不会灭亡的。

把自己的名号定了之后，"始皇推终始五德之传"，即依照当时流行的阴阳五行，决定秦这个朝代的象征。五行包含相生与相克两种道理，秦始皇采取的是后者。前面被取代的朝代是周，因此"以为周得火德，秦代周德，从所不胜。方今水德之始"，周在五行当中是火，所以秦就以水德作为象征，而水德相应的颜色是黑色，相应的数字是六。更进一步，本来黄河就叫作"河"，这时因为具有水的重大象征，也改名为"德水"。

其实阴阳五行并不那么重要，关键是秦始皇因此制定了国家价值上的意识形态："刚毅戾深，事皆决于法，刻削毋仁恩和义，然后合五德之数。"因为是水德，因为是黑，所以一切都要依照法令，不要讲什么仁、恩、和、义，法令和朝廷两方面互相加强。因为秦建立了一个新的朝代，就一定跟周代不一样，周代讲究"亲亲"，秦要的则是法令的严苛。从商鞅开始，秦就是靠着严格的法治崛起的，这个时候进一步强化了法治在统治区域内、在意识形态上的领导地位。

皇帝制度不是一个中性的制度，它背后必然含藏着许多强烈的价值意识。司马迁在《秦始皇本纪》中一样样把它讲得清清楚

秦铜权　（秦始皇帝陵博物院藏）秦代青铜器，铜权呈十七棱面，空心，权身刻有两诏铭文。铸于秦二世时代。权即秤砣、砝码。度量衡的统一把秦的标准作为天下统一的规格予以实施。

楚，他的史识及史笔之精简、准确，让我们可以把两千多年来中国皇帝制度的成就，及其产生的种种问题，做一次干净、简单、方便的整理。

再下来又出现了一件必须要推翻周代的事情。王绾这些人说，我们统一了六国，管理了这么巨大的地方，应该把皇子们分封到各地去当王。秦始皇没有马上接受这个建议，而是"下其议于群臣"。这时，李斯给了一个非常不一样的建议，他说：

周文武所封子弟同姓甚众，然后属疏远，相攻击如仇雠，诸侯更相诛伐，周天子弗能禁止。今海内赖陛下神灵一统，皆为郡县，诸子功臣以公赋税重赏赐之，甚足易制。天下无异意，则安宁之术也。置诸侯不便。

当年周王把兄弟封到各个地方，结果搞成这样，我们难道还要回头走老路，犯同样的错误吗？言外之意其实就是不要诸侯，也不要分封。始皇帝自然欣然采纳，因为这就是他自己的想法。

在这种思路下，秦把整个天下原来的封建拆开，平均划分为三十六个郡，跟中央的关系完全一样。郡底下有县，每个县跟郡的关系、跟中央的关系也都一样。这是帝国制的成立，也是中国皇帝制度真正的起点。这个措施是中国在政治制度上的关键转折，封建彻底被瓦解，后来就再也没有完全恢复。不仅如此，皇帝也建立了绝对权威的地位。以前周天子下面有诸侯，诸侯下面有世卿，世卿接下来有大夫、士、庶民，每层之间的距离不是那么大，也没有那么绝对。现在没有了诸侯，没有了大夫，没有了士，只有庶民和皇帝，庶民在底下，皇帝高高在上。这是巨大的改变。

秦始皇认为要彻底解决天下分裂的问题，就要统一、集中，任何能够不分裂的做法都是对的，所以他还做了这样一些事情：把所有的民众统称为"黔首"；把全天下的武器收拢在咸阳销毁，铸成十二具巨大的金人，天下没有武器，也就很难打仗了；统一过去各国有分歧的事物，包括度量衡、文字等，用篆书取代各国不同写法的文书。

除此之外，还有一件很有趣的事情，就是历史书上都会提到的"车同轨"。那时候的马路不是经过夯实的硬度很高的路，所以会留下车轮的痕迹。如果车轨不一样，时间久了，马路上会有各式各样的痕迹，在上面行进其实非常困难。与其如此，不如规定每一辆车都要有同样的轴距，基本上是同样宽度的轨迹，大大提升了交通的效率。再接下来，秦始皇要做的就是修驰道，让他自己以及秦的军事力量可以在很短时间内到达原来六国所在的广大地域。

就这样，秦始皇用最极端的方法把过去各自为政的六国进行了中央统一，建立了跟周代封建制度彻底相反的一套帝国制度，秦始皇也就理所当然地认定，他会建立一个长久的帝国。

在讲完秦始皇统一六国的措施之后，司马迁把他巡行到何处，留了什么样的石刻铭文一一记录下来。读者都已经知道秦后来的结果，读的时候无可避免会察觉到司马迁的反讽用意。例如，其中一块刻石上的文字是：

> 古之帝者，地不过千里，诸侯各守其封域，或朝或否，相侵暴乱，残伐不止，犹刻金石，以自为纪。

这段话是说，过去的这些帝王其实没有占领很大的地方，也没有统治很多人，但却自以为是地刻石歌功颂德，抬举自己。接下来是：

> 古之五帝三王，知教不同，法度不明，假威鬼神，以欺远方，实不称名，故不久长。其身未殁，诸侯倍叛，法令不行。今皇帝并一海内，以为郡县，天下和平。昭明宗庙，体道行德，尊号大成。

过去的五帝三皇也没什么了不起，他们其实根本没有真正统一，也没有延续很久，都配不上那些名号。那谁配呢？只有秦始皇。所以秦始皇刻石就是要告诉大家，从现在开始到久久远远，有人看到这块石头，都会怀想这是一个非常厉害的人，他解决了朝代纷争灭亡的问题，奠定了一套近乎永恒的秩序。当我们看到这样的刻石，看到秦始皇嘲弄五帝三皇的时间有多短，不可能感觉不到其中的反讽意味。

秦始皇就这样天真地相信，他所创立的帝国会一直延续下去，然而事实是，他刚刚去世不久，帝国就土崩瓦解了。

王朝崩溃的酝酿

我们必须佩服司马迁精确且鲜明的刻画，不只让人看到了秦始皇的个性，更重要的是可以体会到他的思想和价值观。

秦始皇第三十四年，发生了一个非常有名的历史事件。事件之起源是"置酒咸阳宫"，在朝廷的庆典上，有博士七十人到始皇帝面前庆贺。仆射周青臣趁机讨好，说秦不久之前不过是一个地方千里的小国，跟东方的大国相比一点都不强，但是最终平定了海内，又把侵入境内的蛮夷赶出去，以至"日月所照，莫不宾服，以诸侯为郡县"，人民安乐，再也不用担心打仗。周青臣显然知道，要讨好秦始皇就不能不讲这几句，因为这是他最在意的。秦始皇创造的是空前的功业，在我们了解的经验和历史上，没有比这更厉害的，何况这个功业还会一直绵延下去，"传之万世。自上古不及陛下威德"。秦始皇听了当然非常高兴。

但是在场的博士官里面，淳于越有不一样的意见。他说：

> 臣闻殷周之王千馀岁，封子弟功臣，自为枝辅。今陛下有海内，而子弟为匹夫，卒有田常、六卿之臣，无辅拂，何以相救哉？事不师古而能长久者，非所闻也。今青臣又面谀以重陛下之过，非忠臣。

殷周的历史都非常长，是因为他们封子弟功臣，用封建制度来辅佐天子。如今我们如果不走封建这条路，子弟没有自己的势力，万一发生了什么事情，那可怎么办呢？所以他明确说："事不师古而能长久者，非所闻也。"淳于越还指责周青臣是"面谀"，当着面拍马屁，而不提醒皇帝在这件事情上做错了，不是忠臣。

秦始皇做出了一个姿态，"下其议"，让他们去讨论。这种时候通常有一个人的意见是最重要的，那就是原来的太尉，现在的丞相李斯。李斯的看法是：

> 五帝不相复，三代不相袭，各以治，非其相反，时变异也。
> 今陛下创大业，建万世之功，固非愚儒所知。

历史没什么了不起的，五帝是五帝，三代是三代，他们有不一样的时代和环境，有不一样的变局，就做不一样的事。李斯支持秦始皇本来就相信的观念：现在是一个历史上从来没有过的时代，如果只知道从历史里面挖掘智慧，怎么可能了解今天的局面呢？而且淳于越说的三代已经过去了，跟今天有什么关系？

淳于越为什么会采取这种方法来批评皇帝呢，李斯解释道："异时诸侯并争，厚招游学。"在天下分裂的时候，为了竞争，每个国君都到处招徕这些游士。游士有很多想法，但如今天下已定，六国都统一了，而且有固定的法律，在这个新的制度下，每个人都有自己应该做的事，是农工就去生产，不生产的士就去学习法令。

李斯接下来给出了一个非常凶狠的评断："今诸生不师今而学古"，这些人不看当下的环境，拿以前的事情批评现在，让活在新时代的人抱持旧的观念，就会产生种种混淆。如今天下统一，要治理这个国家，基本的做法就是不要让它再分裂，思想上也不能离散——在李斯眼里，诸生自然就是重要的离散力量。过去在战国时代，各国对过去有不同看法，整个思想都是混乱的，他建议——

> 今皇帝并有天下，别黑白而定一尊。私学而相与非法教，人闻令下，则各以其学议之，入则心非，出则巷议，夸主以为名，异取以为高，率群下以造谤。如此弗禁，则主势降乎上，党与成乎下。禁之便。

今天其他的都统一了，可是在思想上面还没有统一。诸生最喜欢说古代如何如何，拿这些来批评时政，抬高自己，好像比皇帝还厉害。他们还用这种方法来争取民心，等于在教大家用什么样的方式批评皇帝和政府。如果不禁止，那么在上面君主威势就会下降，在下面朋党的势力就会形成。这个建议后来就带来了历史上的大浩劫：

> 臣请史官非秦记皆烧之。非博士官所职，天下敢有藏诗、书、百家语者，悉诣守、尉杂烧之。有敢偶语诗书者弃市。以古非今者族。吏见知不举者与同罪。令下三十日不烧，黥为城旦。

这意味着要把过去各国的历史，包括周封建的记录全部舍弃，只有一种历史值得被保留，那就是记录秦历史的《秦记》。正因为周代留下来的王官学传统对历史如此重视，才会有淳于越这种人拿历史来批评当下，所以要通通毁掉。这个做法相当于把学问的根本，也就是过去所留下的书，彻底地中央集权化。

接下来，天下的学问必须要彻底掌握在朝廷当中。《诗》《书》，这些过去百家语的记录民间不许私藏，只能够官方收藏。更重要的是，"偶语诗书者弃市"——从这时开始，拿过去的知识学问来讨论、批评变成了特权，只有少数人在皇帝和朝廷的同意下才拥有这种特权，没有资格的人如果还敢私下讨论《诗》《书》，就要接受严厉的惩罚。"以古非今者族"——如果拿过去的事例批评现实，那你的整个家族都要接受最严厉的惩罚。如果你知道有人偷偷地议论时政、以古非今，或者知道有人私藏《诗》《书》，但不报告，那就是同罪，要受到牵连。令下三十天之后，如果还有人匿藏这些东西，就一定要受处罚。

不过在这条后来被称为"焚书令"的条例后，还留了一个重要的"但书"："所不去者，医药卜筮种树之书。"用今天的语言来说的话，就是实用的书可以留着。当然，还有一种文书非但不可能烧掉，还要大力提倡，那就是法令。焚书令不只是要烧书，更重要的是要以这种极端夸张的手法来统一思想和知识。

焚书令之后，思想和知识只剩下两种，一种是实用的知识，因为实用，所以可以学，不会牵涉到是非或者价值的判断。在李斯的禁书令定下来之后，这种事情在历史上一而再再而三地出现，让我们不得不整理出这样一个历史定则：如果希望人民不要思考、判断，一种做法就是只管学有用的东西，没用的不要学；倒过来，如果一个社会、一个时代人们只追求有用的知识，必然欠缺基本的人文素养，也就缺乏基本是非的判断能力。

除了实用知识，普通人只能学法令。法令实际上也是一种有用的知识，只不过在这里被特别区分开来。它跟朝廷的帝国体制直接牵连在一起，让人知道什么事情可以做，什么事情不能做。这种方式带来了更可怕的破坏。如何评断是非对错本来有一个更根本的基础，就是道德人伦，可是秦用禁书令表示，道德不重要，只有法律可以作为标准。

禁书令在历史上产生了长远的影响，西周王官学传留下来庞大的典籍、东周快速膨胀的"百家语"差一点都在浩劫中彻底消失。到了汉代，人们为了恢复这些知识学问，耗费了巨大的功夫和精力。不过也有幸运的，例如说《周易》，本来也属于王官学当中很重要的一支，但因为它是"卜筮之书"，不在被烧的范围内，反而留了下来。

可是司马迁着意强调的是，焚书令不只是把书烧掉，其背后同时反映了李斯和秦始皇的基本心态，比烧书的影响更加可怕，那就是——人被取消了作为个体去自主吸收知识、得到学问、进一步思考、判断是非对错的权力。如果国家要把每个人都变成法令底下的机器，那必定是一个非常可怕的国家。

讲完焚书令之后，司马迁接下来记录的事情，表面上好像就是在编年的体例下前后相继发生的事情，彼此之间不见得有什么关联，可是稍微仔细看一下，又并非如此。例如三十五年发生的重要事情，就是秦始皇开始在咸阳兴筑宫室和陵苑，在这批大型公共建设中，最重要的是阿房宫。

依照司马迁的描述，阿房宫的规模相当吓人：

> 东西五百步，南北五十丈，上可以坐万人，下可以建五丈旗，周驰为阁道，自殿下直抵南山。

这座宫殿不但庞大，还修了华丽壮观的车道。阿房宫大家都非常熟悉，司马迁细腻的地方还在于，人们在转述的过程中经常忽略：阿房宫并不是这座宫殿的正式名称。阿房宫在秦灭亡的时候还没有盖完，所以没有正式的名字。"阿房"其实是一个俗语，用英文翻译倒更加贴切，那就是 The Palace。当时的人们都知道这座宫殿，只要提到"那栋房子"或"那座宫殿"，没有人不知道你在讲什么，所以它后来就被叫作阿房宫了。从这个角度来看，阿房宫的历史角色其实会更加鲜明——它可能是中国历史上最豪华也最有野心的一座宫殿，可是正因如此，它反倒连一个正式的名称都没有，就被项羽一把火烧掉了。在阿房宫之外，另一件重大工程是骊山陵，也就是今天已经进行考古挖掘的秦始皇陵。

　　这里有一个重点是，兴建阿房宫和骊山陵的主要劳动力是"徒刑者七十余万人"。这句话表面上是说，要修建阿房宫、骊山陵这么巨大的工程，加在一起要动员七十余万的庞大人力。可是我们如果追问一句，这七十余万人是从哪里来的，为什么会有这么多的刑徒，就会发现历史是彼此相连的。

　　秦已经成为全面的法令国家，每个人的行为都在统一法令的控制下，所以才有能力修建阿房宫、骊山陵。《秦本纪》中讲秦孝公和商鞅让秦从一个西陲小国发展壮大，最关键的就是严刑峻法。它有太多可以惩罚人民的地方，巨细无靡地对人进行管控，从人民的角度来看，就是动辄得咎。此外，这套法令系统旨在让人下次绝对不敢再犯——犯很小的错就得到很严重的惩罚，哪怕是看到别人受到这样的惩罚，也就不敢犯了。在这种情形下，真正的效果是刑徒满地，几年下来，全国人口有相当高的比例成了刑徒。

　　我们在史书可以看到一种处罚是"黥为城旦"，换句话说，严格的法令产生了许多几乎是无偿的廉价劳动力。朝廷要让他们劳动，从而达到惩罚的效果，于是就让他们建设这些工程。大型工程一旦开始，就需要更多的人，朝廷当然不会出钱去雇。那怎么办？叫各地郡县送更多的刑徒来。

这整个背景甚至牵涉到后来陈胜、吴广或者刘邦的崛起。刘邦本来是一个亭长，要押解沛县的许多刑徒一路去咸阳，参加兴建骊山陵。想到要走这么远，又要做无偿的强迫劳动，刑徒当然宁可逃跑。后来大部分人都逃光了，刘邦没办法，干脆自己也逃了。这种现象很普遍地发生在那个时代，刘邦绝对不会是独一无二的特例。

可以说，这套系统把国家彻底法令化了，或者说整个中国都被刑徒化了。吹毛求疵的严刑峻法创造出大量的刑徒，刑徒刺激了大型的公共工程，大型的公共工程又要求更多的刑徒。这么大比例的人口都变成刑徒，是导致秦灭亡的一个关键的结构性因素。

千古一帝的求仙之路

秦始皇在修建阿房宫、骊山陵的时候，有个方士卢生来到秦始皇面前，说他们是专业求仙的人，可以求得芝草和灵药，但总是苦于一些负面力量干扰。卢生对秦始皇说，如果真的想要求仙，想要得到这些神秘力量的协助，首先要能够"辟恶鬼"，免去这些负面力量的阻碍。要辟恶鬼，就要微行，不让其他人知道你的位置。鬼比人还要精明，如果人都知道你在哪里，鬼当然更会知道。更关键的是，左右臣下都知道你的行踪，你就变不成"入水不濡，入火不爇，陵云气，与天地长久"的真人——我相信打动秦始皇的一定是"与天地长久"这句话。卢生又说，你现在治理天下的方式使得自己太劳累了，而且一直暴露在所有人眼前，我建议你不要让别人知道你的位置，这样我们才有机会帮你找到不死之药。

始皇当然被说服了。他本来自称"朕"，从此之后开始自称"真人"，还在咸阳的宫室里全部修筑了甬道（cover bridge），连通宫与宫之间，而且全部覆盖起来。他还明确下令，如果有人泄露他的位置，等同死罪。

有次秦始皇到梁山宫，刚好看到山下丞相和随护车骑一路过去。始皇帝小气，看着丞相的车队非常不高兴——怎么这么多人，这么豪华干什么？你以为你跟我一样吗？旁边的中人（太监）察觉到这种不满，就偷偷跑去告诉丞相，丞相赶快就把车队缩减了。秦始皇再次看到丞相的仪仗，马上就知道一定是有人偷偷跑去告诉丞相，暴露了他的行踪，更重要的是暴露了他的感受。秦始皇非常生气，追查到底是谁泄露的，这时候自然没有人敢承认，于是他就把看到丞相车骑那天所有在场的人全部坑杀。

我们稍微回顾一下，就会知道这一段故事的重大意义。

依照先后顺序，从三十四年焚书令开始，意味着秦跟过去的西周王官学传统彻底隔绝，而西周王官学传统最重要的特色，首先就是秦始皇最讨厌的尊重历史，即认为历史保留着人如何应对这个世界的最重要的智慧；其次是一个很重要的精神，我们可以称之为"人伦的合理化精神"。在周人基本的世界观里面，人与人之间就应该用人的方法来处理。孔子作为西周王官学重要的代表，"不语怪力乱神"，他展现出来的生命的基本态度就是，人应该负责任地选择自己的行为，同时承担后果，扯鬼神都是逃避作为人的责任。

司马迁不可能不了解西周王官学所代表的这个根本精神，所以在焚书令之后，他彰显了这样一个循环的因果关系：首先，李斯、秦始皇焚书，断绝跟西周王官学之间的传统，是因为他们不懂得尊重人伦的合理化精神，于是后果就开始显现，而且在短短两年内，秦始皇彻底失去了作为人去评断自己的身份、地位以及和他人关系的根基。他开始想要求仙，要当真人，接下来所有的方士都跑来了，告诉他可以如何如何，他便再也弄不清楚为人和成仙的差别了。

这些方士一而再再而三地承诺让他超脱生死，最后必然要面临检验，但是，怪力乱神究竟有多少是经得起检验的呢？这些事情又埋下了另一个事件的伏笔，那就是后来的"坑儒"。

听到"坑儒"，大都以为被坑的是儒生，这是后世对这件事情的一个重要误解。司马迁写得明明白白，秦始皇坑杀的是四百六十个咸阳方士——"诸生"最重要的身份是方士。

因为秦始皇当时特别的价值观，咸阳聚集了很多"候星气"的东方方术之士，是秦始皇招来探求非人世间的超越力量如何运作的一群人。这些人自我感觉良好，专门以欺骗皇帝作为晋升之阶和追求荣华富贵的手段。他们没有在历史上留下明确的姓名，也不是真的那么重要，但有意思的是，他们对秦始皇的评价切中了他身上最严重的缺点。

侯生和卢生两个方士在一起，批评秦始皇天性"刚戾自用"。这是非常重要的四个字，我们可以分开来说："刚"意味着他非常独断，对于自己的看法和想法极度自信；"戾"即残暴，他不会用怀柔的方法去对待别人；"自用"当然源自他的自信，基本上以自我为中心来看待这个世界，判断所有的一切，无法感受别人因他的作为受到的影响，更不会听取别人的意见。

兼并天下的秦始皇自信满满，以为有史以来没有出现过像自己这么伟大的人物。他治国的基本方法是"专任狱吏"。虽然也有七十位博士官，但是绝对不会重用他们，也不会听他们的意见。就连丞相和其他大臣也只是执行者，所有的思考和判断都来自秦始皇自己。他认为统治天下最重要的就是让人民害怕，"乐以刑杀为威"。用这种方法让每个人都害怕犯罪，大家就会多一事不如少一事。换句话说，你越有作为，就越有可能会坠入法网而被惩罚。也因为这样，上面的人充满了自信，从来不会反省、检讨，也就看不到真相；底下的人每天吓得不得了，只是想尽办法去讨好上面的人。

侯生、卢生说，现在有三百人在这里帮他，但是也没办法尽到真正的能力。为什么呢？因为有各式各样的忌讳，这个不能讲，那个也不能讲，"天下之事无小大皆决于上"——这是一个彻底的中央集权政治的决策，没有任何事情是秦始皇以外的人可以决定的。所有的政务文书都要由秦始皇来批阅，因此，他每天给自己一个定量，用竹简的重量来计算，一定要看完大量竹简文书，没有看完的话就不休息。

然而在侯生和卢生的眼中，看到的却是这个人贪于权势竟至如此。这是对秦始皇很重要的一个评断，他对于权力有一种近乎无法满足的渴望和贪婪。这种人怎么可能成为神仙呢？

这是另外一个非常重要的内在矛盾，贯穿中国历史的始终，秦始皇只不过是中间的第一个，讲汉武帝的时候也提过。当皇帝对于权力有这么大的渴求时，最后横亘在他眼前的权力极限就是生死。他之所以求仙，其实就是因为贪恋权势，希望权势永远不要消失。而且，他觉得自己应该拥有更大的权力，可以超越生死。这种人和一般方士说的"仙人之道"，悠游方外，不为物累，完全是两回事。秦始皇求的不是那样的仙，他要的其实只是长生不老，能够永远当皇帝。

于是，侯生、卢生这一批人就只好逃走了。秦始皇知道后当然非常生气。他已经做了一件重要的大事，就是前文提到的"焚书"，他不相信过去西周王官学所留下来的知识和智慧，而是选择了"文学方术之士"，要借由方术打造一个新的知识系统，作为法令的补充。他认为用这种方法可以求得太平，结果这些方士没有一个能够真正帮他求得仙药。侯生、卢生拿了这么多好处，不只没有给任何结果，还在背后放出传言毁谤他，最后竟然都跑掉了。他下令让人审问当时还在咸阳的诸生，如果他们是真的方士，就要拿出有效的证据，拿不出来就是妖言惑众。其次，问他们知不知道还有谁是同行。诸生为了脱罪或者报复，"传相告引"，一下子牵连了四百六十个人。这些人的命运我们现在已经很清楚了，就是史书上短短的三个字："皆坑之"。这就是后世称为"焚书坑儒"当中的"坑儒"。"坑儒"不只是一个发生在咸阳的事件，秦始皇让天下都知道在咸阳发生了这件事，以震慑其他人。

记录完"坑儒"的事情之后，司马迁接下来补了一段始皇长子扶苏的记载。

扶苏是秦始皇的长子，虽然还没有明确立为太子，不过照周代的封建习惯，他应该就是继位的二世皇帝。扶苏依照这样的身份去劝谏秦始皇：天下才刚刚安定下来，远方很多人民还没有安居落户，主要的诸生"皆诵法孔子"；我们承继了周代的传统，强调王官学，讲究人伦之政，但是您现在倚仗的都是只管法律而不顾人情的人，用这种方法，天下恐怕还要再乱。

扶苏劝谏的结果就是——"始皇怒"，连儿子所说的话也听不下去，把他派到最北方去监督蒙恬，实质上等于流放。

因此，后世如果单纯从"焚书坑儒"来认知这段历史，是不够周严的。司马迁要告诉我们，坑杀那些方术之士，是因为秦始皇原来相信的这一套没有得到结果。后面，他用扶苏的话来提醒我们，秦始皇真正的长远影响是因为不信古，在统一六国之后，彻底毁坏了周代文明的基础，而被破坏得最严重的，是一种合理精神。

周人从商人手中取得政治统治权之后，他们的忧患意识让他们离开了对鬼神的信仰，不再相信人伦之外的超越力量，而是把眼光放到现实上，认真经营人与人之间的关系。我们常常说到"周礼"，"礼"就是规范人与人之间的相处方式，是人们彼此互相合作、共同生活的基本规范。它集中在现实里的人伦之事，因此必然带有合理的精神，而离开了人伦的怪力乱神在周人和儒家的传统里也就不再受重视。

对于一个统治者而言，一旦没有了这种合理精神会相当可怕。但秦始皇就要打破推翻这样的传统，他再也不知道自己的统治有什么限制，以为可以离开现实去追求超自然的现象。用这种方式统治的社会，也就意味着人与人之间失去了周代合理主义能够提供的保障，包括你知道共处的人会做什么——更重要的是不会做什么——以及人与人可以产生什么样的信任。秦始皇推翻了这样的传统，其实也就埋下了他和这个帝国最深刻的危机。

所以接下来很快，在三十五年坑儒和放逐扶苏的事件之后，到三十六年，《史记》上记录的一切都是合理精神被破坏的后遗症。这一年，有一块陨石从天上掉了下来。因为整个时代气氛的改变，旁边的老百姓就把他们的愿望投射在这个神秘的石头上，在陨石上刻字："始皇帝死而地分。"

秦始皇知道以后，派酷吏去追问，当然不会有人承认，因此他依照一贯的做法，把陨石周围的居民全部杀掉，然后把陨石销毁。遇到这种事情，秦始皇的心情非常不好，叫他的博士——他只用这种方式来用他们——写真人之诗传到天下，要天下人念诵，来帮助他求仙。把这些仙诗送到天下的过程中，有一个使者经过华阴平舒道时，遇到一个手持玉璧的人，请他把这块玉送给秦始皇，并说"今年祖龙死"。使者还没弄清什么意思，这个人突然就消失了。使者只好把璧拿回去给秦始皇。秦始皇一看，那块璧竟然是二十八年自己在渡江的时候沉到江水里的那块。

为什么这块玉璧会以这种方式回到他身边？在合理精神被破坏，所有人都相信怪力乱神的情况下，也就有人反过来用这些来对付秦始皇，威吓他，这块璧好像就证明了一个预言：始皇帝三十七年，这个世界上最大的权威会丧命。在那样的气氛底下，人倾向于相信这样的预言。

的的确确，第二年，秦始皇就在巡行的路上死了，而且死法非常悲惨。他死后，周边的人担心一旦天下人知道始皇帝死在路上，局面将无法收拾，所以回咸阳的路上不敢发丧。为防止其他人知道，他们就把他的尸体放在车里面，尸体臭了、烂了，发出腐臭的味道，还要刻意放上"鲍鱼"（咸鱼）来扰乱味道。这样不可一世的英豪，尸体就这样一日又一日在车里面臭烂着。

当然更悲哀的是，秦始皇开创的这个新时代，在短短的时间内就随着他盛极而终了。他有再大的权力，也无法超脱生死，不可能操控未来。这是作为人的最基本限制。司马迁就是在告诉我们，如果连这个限制都不能够了解、体会，那握有愈大的权力，反而会给自己和周围的人带来愈大的困扰和灾难。

这就是司马迁用他特殊的方法帮我们留下的关于秦始皇帝的种种记录，在两千年之后，仍然引发我们的忧思和反省。

吕太后本纪：一个女人的史诗

名列"本纪"的女人

司马迁对历史独特的看法和解释，有一部分显现在他对本纪篇章的安排上。

依照皇帝的世袭表，在《高祖本纪》之后应该是《孝惠本纪》，但是《史记》里没有《孝惠本纪》，而是《吕太后本纪》。司马迁用这种方式凸显了一个政治现实：高祖死后，真正握有政治权力的既不是孝惠帝，也不是后来的少帝，而是吕后。另外，他要告诉我们历史真正的变化的重心：高祖死后，汉朝一度是岌岌可危的。

我们在讲秦汉帝国的时候，常常会意识到这样一个时间上的对比：秦始皇建立的朝代只存在了十五年，其后汉高祖刘邦经历楚汉相争新建的朝代，西汉延续了两百年，中间经过王莽之乱，到了东汉又延续了两百年。前、后汉加起来有四百年的时间，是秦代的二十多倍。但是显然司马迁有更幽微的观察，汉代建立之初，其实没有任何条件可以保障这个朝代能一直延续下去。

汉承秦弊。汉代刚成立的时候，接收的并不是一个多好的环境。更重要的是，汉高祖有一个致命的决策安排，那就是部分消除秦代的郡县制，跟封建的做法混合在一起，因而产生了汉初的"郡国并行制"。这意味着皇帝有一块直接控制的区域，是以郡县制的方式统领的，同时又把部分领土封给自己的子弟，以及当时跟他一起打天下的功臣。

"郡国并行制"的政治体制其实是相对不稳定的状态，而《吕太后本纪》就是要告诉我们，如果回到那样的历史状态，在高祖死后惠帝接任，乃至于后来惠帝也去世之后，这个朝代很可能就从刘家天下变成吕家天下。如果是那样，刘家天下全部加在一起也不过是二十多年，比秦代长不了多少。所以，在历史中，我们需要知道的关键转折或需要明白的问题是：第一，高祖死后，为什么吕后可以取得大权？第二，用什么方法，或者依赖什么样的势力和历史情境，让吕家天下这件事没有成真？这就是司马迁写作《吕太后本纪》的关键用意。

讲人物的传记，比如吕后，一般都会从这个人物的出身开始讲起，接下来可能会讲她与汉高祖之间的种种关系。但是司马迁在这一篇的笔法上选择了不一样的方式来吸引我们注意。

吕太后者，高祖微时妃也。

《吕太后本纪》的开头很有意思，就是说，吕后在刘邦还是一个乡间无赖的时候就嫁给了他，这是她最重要的资历。接下来，司马迁也只告诉我们，她帮刘邦生了一个儿子，也就是后来的孝惠帝，还生了一个女儿，即鲁元公主。短短地讲完了这几句话后，司马迁转而开始讲戚姬跟赵王的故事。

戚姬是汉高祖的宠妃。高祖被封为汉王的时候，得到了定陶。

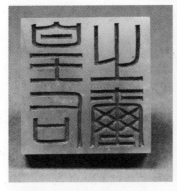

皇后之玺（陕西历史博物馆藏）　国宝级文物，是迄今发现唯一的汉代皇后玉玺。此玉玺出土地点距汉高祖和皇后吕雉合葬墓东侧有一千米，由此推测它很可能是吕后生前所用的印章。

定陶在战国时期就是高度发展的商业城市，戚姬是定陶的美女。戚姬生了一个儿子，即赵王如意，深受高祖宠爱。

高祖认为太子（吕后之子）"为人仁弱"，没有决断能力，关键是"不类我"。这是很多人在看待下一代时经常会有的一种心情——有时候恐怕也是很大的问题——倾向于喜欢像自己的小孩。其实，不管是从人的发展上，还是为后代的幸福着想，要孩子像父亲并不是一个很好的期待。孩子应该有自己可以去发展的人格，如果硬是要让他变得跟自己一样，或者只喜欢跟自己一样的孩子，一方面会压抑小孩种种天分上的可能性，另一方面也是在加强我们自己所走的道路。

刘邦是非常刚强的一个人，因为孝惠帝"仁弱"，所以他喜欢跟他个性比较像的赵王如意，常常想改立其为太子。戚姬感知到刘邦的心意，于是——"日夜啼泣，欲立其子代太子"。

这个时候吕后处于一个非常不利的地位。她年纪大了，刘邦出行经常带着戚姬，把她留在宫中，她和刘邦之间的关系也越来越疏远。这样的情形下，好多次刘邦几乎都决定要改立赵王如意来当太子了，这个时候靠什么？"赖大臣争之"。

大臣们为什么要去争呢？我认为有两个理由：一是因为过去共同打天下，大臣们跟吕后会有一些私交和感情；二是大臣都看得到，如果用这种方法在继承权上产生变化和争议，对刚刚建立的帝国绝对不是一件好事。除了大臣们据理力争，司马迁又提了一句，"及留侯策"。留侯张良的办法是请出"商山四皓"。"商山四皓"是当时社会里非常有名的耆老，年纪大，地位高，自尊心非常强，刘邦多次去招"商山四皓"来辅助他都招不来。刘邦对这件事有很深刻的印象。最后，张良让"商山四皓"出现在太子身边（详见《留侯世家》）。以刘邦对权力的敏感，一看就知道，太子背后有一股明确的势力，已经大到可以把自己想要的"商山四皓"都动员到太子身边。这就意味着，如果这个时候换太子，必然要面对这个势力可能对他的杯葛或反抗。

司马迁又写道：

> 吕后为人刚毅，佐高祖定天下，所诛大臣多吕后力。

吕后跟高祖一样，都不是善与之人。我们知道，高祖在死前办的最重要的一件事情，就是收拾自己分封的功臣诸王，而这件事情吕后也有份。换句话说，在可能的情况底下，她显然赞成用残暴的武力手段来收拾功臣。

这样一个人，在跟高祖相处的时候，却为了儿子一直受到威胁和惊吓，不知道儿子能不能保有太子的地位。她费了这么大的力气，才保住儿子当皇帝的资格。可以想见，这个过程当中，吕后积累了多少怨恨。最重要的是，她在高祖死后，抱着这样的怨恨变成了一个太后。

吕后当国

高祖死后，吕太后派使者叫赵王如意到长安。赵王如意身边有个建平侯周昌，吕后的使者去了三次，都被他挡了回去。

周昌曾经跟随高祖一起打天下，非常了解太后的个性和行事风格，知道她肯定要加害赵王如意，于是明确告诉使者说："唉，赵王是先帝寄托给我，叫我要负责照顾的，他现在年纪还轻，我听说太后非常怨恨戚夫人，现在她要把赵王如意叫去，是要加害于他，所以我不敢奉命，我要保护他，不能让他去长安。"因此赵王如意每次被召，都称病不去。

吕后当然大怒，但她必须要解决这个问题，于是先把周昌叫来，再宣召赵王如意，他就没办法抗拒了。当时吕后要对赵王如意不利这件事，已经是人人皆知，包括当时的孝惠皇帝。在赵王进入长安前，孝惠皇帝特地跑到霸上迎接，一直把赵王如意放在身边，防范母亲加害。

不幸的是，到了十二月的时候，有一天一大早，孝惠皇帝出去打猎了，而赵王如意因为年纪较小，起不了床，没有跟着去。这真是非常悲哀的、巨大的错误——这件事情被太后知道了。这么短短的时间，太后就找人拿着毒酒，把赵王如意毒死了。可以想见，仁弱的惠帝在这件事上一定受到了很大的打击。而且吕后的做法还不止于此，她还要对付当时让她受了那么多的屈辱的戚夫人。

我们所知道的历史上最残酷的一种刑罚，就是吕后对戚夫人做的——打断她的手足，挖掉她的眼睛，弄聋她的耳朵，也不能说话。吕太后把她命名叫"人彘"，意味着就是像猪或像动物一样的人。更残酷的是，吕太后有一天还找到了孝惠皇帝，让他去看这个奇观。孝惠帝看了当然非常震惊，一问之下才知道，原来那是戚夫人。从无法保护赵王，到看到戚夫人被母亲用这种方式对待，孝惠皇帝受了非常大的打击，《史记》表面的说法是，"乃大哭，因病，岁余不能起"，但在这段故事的字里行间，我们可以更进一步理解、探究吕后的心态。

吕后对于赵王如意、戚太后有那么深的怨恨，想要报复的时候却被自己的儿子孝惠皇帝给阻挠了。吕后连这样都无法原谅，所以她要用最残酷的方式虐待戚夫人，还要让自己的儿子去看，这也意味着另外一种惩罚——你竟然敢违背我的意志想保护赵王如意，我现在就让你知道，你是不可能阻挡我的。用这种方法，她同时在对自己的儿子示威，权力究竟在谁的手里。所以，我们可以直接忽略掉《史记》表面上的说法：孝惠皇帝从此就生病，应该说孝惠皇帝从此之后被他的母亲剥夺了实职，也就是行使政治权力的机会。

《吕太后本纪》这样开头，其实是在告诉我们，吕后是如何把自己的儿子排除在皇帝的权力之外，让自己变成了这个朝廷真正的统治者。从这里开始，汉代实质上就变成了吕后的时代，不是孝惠帝的时代，跟后来被拿来当傀儡的少帝更是一点关系都没有。司马迁用这种方式告诉我们，为什么要有《吕太后本纪》，因为必须要通过吕后这个人，我们才能从根本上理解这段历史。

有一次孝惠皇帝和异母哥哥齐王一起喝酒，孝惠皇帝非常敬重齐王，把他安排在上位，当家人一样看待。这件事情竟然又惹恼了太后。对太后来说，作为皇帝，竟然把尊位让给别人，这是她无法容忍的。更让我们惊讶的是，就为了这件事情，太后拿了两杯毒酒放在自己的面前，叫齐王来敬酒。她事实上当时就要毒杀齐王。

但齐王要来对太后祝贺的时候，孝惠皇帝也一起来了，两人每人拿了一杯毒酒。在那样的情形下，如果吕后不做任何事情的话，自己的儿子也会被毒死。于是她故意起身把惠帝手上的酒给打掉了。齐王当然就不敢喝这杯酒了，从此也就知道原来太后对他如此仇视。

虽然逃过一劫，齐王还是非常担心，怎样才能活着回到齐呢？这时候还好有人给他提建议。这人说，你今天被忌惮，是因为拥有齐，齐一直是所有封国中最大的一块，有七十余城，可是太后的亲生女儿鲁元公主只有几座城而已。你把齐国境内的一个郡送给太后，让公主可以领取这一郡的收入，太后高兴了，你就可以活着回到齐国。齐王接受了这个建议，的确讨好了吕后，才得以安全脱身。

这件事进一步彰显了吕后的权力欲望，但是从另一个角度来看，她对权力的认知和理解，很多都是情绪性的，反应都是透明的——很容易被得罪，也很容易被讨好。接下来的一件事情，又显现出吕后的透明。

孝惠帝在位七年后，因病去世。在丧礼当中，太后"哭泣不下"。这时候有一个世代相承的重要名士、留侯张良的儿子张辟疆出现了。因为张良的关系，张辟疆很早就入宫了，也有一定的地位和见识。十五岁的张辟疆看到这个情景，就跑去跟丞相说："丞相啊，你看看孝惠皇帝是太后的独子，今天孝惠皇帝死了，太后竟然悲而不哭。你知道为什么吗？"

丞相："我不懂。"

张辟疆："因为孝惠皇帝并没有留下长大的儿子，太后看目前这个局势，她已经没有皇帝可以倚仗了，在位的这个太子年纪又那么小，也无从依赖。你们过去是高祖身边跟他一起打天下的大臣，她怕你们对付她。"

丞相："那该怎么办呢？"

张辟疆："我教你，你就去建议太后把她的哥哥和他们的家人，吕台、吕产、吕禄，让他们去带领南北军，然后让他们这些姓吕的都进到宫里面来，都有位置，这样太后就可以心安了。这个时候如果你们不让太后心安，她会怕你们，你们会有祸害。"

于是，丞相就照着张辟疆的建议去跟太后说。果然太后有了反应，"其哭乃哀"，这才放心去哭她死去的儿子。然后，"吕氏权由此起"。靠着孝惠皇帝死后的转折变化，这些吕家的男人纷纷进入朝廷，获得了重要的位置和权力，吕后也继续握有大权。

吕后要把姓吕的人分封到各个重要的地方去，但刚开始怕做得太明显，还是想先取得功臣、大臣的支持。她先去问右丞相王陵："我想要让我的兄弟们都能够有王侯之位，你觉得怎么样？"王陵非常耿直，就说："高帝刑白马盟曰：'非刘氏而王，天下共击之。'今王吕氏，非约也。"太后听到他的答案，当然很不高兴，于是就问左丞相陈平和绛侯周勃。陈平跟周勃给她的答案不一样，说高祖当时定了天下，封的是刘家子弟；现在权力、天下在您手里，您要封姓吕的人，当然没什么不可以啊。

吕后高兴了，但王陵受不了，就去骂陈平跟绛侯说："当初我们立这个盟约的时候，你们不在吗？如今高祖去世了，太后一个人掌握权力，她想要让诸吕为王，明明白白就是违背了我们的盟约，你们用这种方法去阿谀她、讨好她，我请问，你们将来死了之后怎么有脸去见高帝？"陈平和周勃这时就说："如果今天比的是谁能更正直、诚实地在朝廷上去顶撞太后，那自然是你比较厉害。如果比的是在这种情势底下如何安刘家的天下，你不如我们。"

这其实是一个重要的伏笔。当时陈平和周勃评估情势，不能去得罪、阻挡吕后，所以他们宁可用这种方法先安抚她。不过，这也意味着他们知道了吕后有这样的野心，必须开始有所布局，让她的野心不至于最后葬送了刘家的天下。

他们建议吕后："如果你要封诸吕为王，你还是要照顾到姓刘的，不然天下会不服。"这个是吕后能听进去的，所以一边封诸吕，一边封了很多刘姓子弟。接下来整个历史的主题，是吕后一直封自己的兄弟亲族来取得权力，但另一方面，她封得越多，就越显示出来吕家"不足恃"，她这些兄弟亲族对于政局、统治、权力实际上没有那么敏感，也没有什么能力。

后来陈平和周勃发动了一件非常关键的事情，证明他们当初跟王陵所说的话是真的。他们想尽办法去威胁利诱，对当时握有最大军权的吕禄说："哎呀，现在的局势，你明明已经得到了一个封国，可是如果你不去，所有的好处你无法享受。另外，你留在长安，又握有兵权，万一碰到了什么事情，首先就要牵连到你，你为什么要舍弃那个可以好好享受的地位不要，却留在长安，陷在可能的危险当中呢？"

他们用这种方式再三劝吕禄，最后，吕禄竟然真的就交出了兵权。兵权落到了周勃手里之后，也就不用担心诸吕的势力了。用这种方法，在吕太后死后，这几个功臣才终于把刘家天下给夺了回来。

政不出房户

我们知道，在每一篇文章传记之后，太史公司马迁会有一段自己的评语。《吕太后本纪》另一个非常精彩和奇特的地方就是"太史公曰"，司马迁会用什么方式来评论吕后和这个时代呢？他会凸显什么？

> 孝惠皇帝、高后之时，黎民得离战国之苦，君臣俱欲休息乎无为。

从孝惠皇帝到吕后掌权这段时间，人民终于离开了从战国到秦末这一连串的长期战乱。在那么久的战乱之后，大家都想要休息，不要去干扰这个社会。因此——

> 惠帝垂拱，高后女主称制，政不出房户，天下晏然。刑罚罕用，罪人是希。民务稼穑，衣食滋殖。

每一句话都是正面的。他说这个时候惠帝没有任何的作为，吕后虽然有很多的作为，但是她所做的这些事情都是在宫中，因此没有干扰到天下，民众在这段时间仍然可以休息，平安地生产、生活。过去秦所定下来的严苛刑法，这个时候没有什么祸害，也没有许多罪人，大家可以安居乐业。

用这种方式，太史公在彰显一个非常重要的历史判断，这是今天我们经常会失去的一种智慧。单纯看宫廷斗争，你会觉得有这么多的戏剧、权力、权谋，里面充满了冲突、紧张，但放在一个大的历史眼光下，我们进一步要问的是——它有多大的影响？

　　如果从刘家或吕家的角度来看，吕后掌权的时候真是多事之秋，但是尽管这么多的嘈扰，从另一个角度来看，吕后并不算是一个历史上的坏人，因为她"无能为恶"。她只能在那个小的范围搅和刘氏和吕氏。对大的天下，她没有这个眼光，也没有这种野心去干扰。实质上，整个吕后一朝没有在统治天下，而是忙于处理刘氏和吕氏之间的纠纷。她管不到天下，这正是社会最需要的。社会已经太忙太累了，战斗这么久之后，需要休息。所以这样一个宫廷内斗，因祸得福的是社会，大家反而可以不被政治干扰。

　　这是何等的智慧，何等奇特的一个历史解释。

　　司马迁提醒了我们两件事情：第一，一个社会在不同的时代对政治有不同的需求，有为的政治并不都是对的、好的，有时候反而让这个社会不得休息，没办法让民间有自主的变化和发展；第二，现在我们喜欢看的宫廷剧，里面钩心斗角，这些故事从历史的眼光、人类智慧的眼光来看，坦白说真是不重要，不过是我们茶余饭后说起来，觉得很兴奋、很有趣而已。一个大的时代如何让更多的人活得更好，一个社会如何建立起一套更美好的机制，往往都跟这些充满阴谋、钩心斗角的宫廷戏剧一点关系都没有。

超前与缺憾

《史记》的表和书：多重维度的史观

在史学上，纪传体是中国正史的基本形式，这种体裁一般认为是源于《史记》。但当我们用"纪传体"三个字来形容《史记》的时候，很容易遗漏一些东西。从某种角度看，《史记》最重要的创意——表和书，在正史传统中并没有完全被继承下来。

20 世纪时，法国史学中出现了非常重要的"年鉴学派"，它提醒我们，用不一样的时间尺度来看历史，会看到不一样的东西，我们应该能够分别出，历史上的时间有短有长，有变动比较快的时期，也有变动比较慢的时期……听起来好像是废话，但实际上里面有非常复杂的洞见。

我们在理解历史的时候，很容易掉进一个盲点：因为人寿有限，我们很自然地会用自己基本的年寿来看待历史，把它当作历史最主要的单位。但是，跟社会集体乃至于更广大的历史变化相比，七十年、一百年是如此短暂，反映出来的变化相对有限。我们必须拉长时间尺度，才能看到许多"古今之变"的规律。例如说一个村庄或者一个城镇，可以从一个人一辈子（大概一个世纪）的时间看到一种历史，但当把时间拉长后才会发现，村庄很难在一百年内产生真正的变化，可能要以三五百年为尺度，而像社会、经济乃至于政治结构方面的变化，很可能五百年、八百年都不够。

年鉴学派还提出了一种观点：有一些变化更慢，以至未被历史学家当作应该处理的题材，但是从人类过日子的根本逻辑上来看，却再重要不过。例如说农业的变化、农业背后地理的变化、气候的变化，这些东西都在在决定了人类存在的基本物质条件，以及什么人在什么地方会发展出什么样的生活来。

最近史学上有一种新的概念，就是如何从很长的时间尺度去理解我们现在的时代。过去，我们通常用地质的时代来理解，例如寒武纪、白垩纪等等，但是如今有了不一样的观念——人类世，即人类开始在地球上繁衍后，地球的面貌被彻底改变、改造的历史。我们原来以为地球上应该属于自然科学的部分，包括地质、地理，都因为人的存在而改变了。像《人类简史》(*A Brief History of Humankind*)这样的书，就是用一个非常广泛的尺度记录人类几万年的变化和发展。当我们用这种尺度来看人类，或进一步来看中国一路繁衍、变化到现在几千年的历史，思考的东西会非常不一样。

这个现代思路意味着，我们面对历史应该有不同的时间尺度，不同的尺度堆叠在一起，才能展现出一个更丰富、更完整的历史面貌。

神奇的是，司马迁在两千年前实践他的"通古今之变"的史学理想时，就隐隐约约有了类似的观念。《史记》里面的"表"的体例，就是要把时间的尺度稍微拉伸开来。比如记录春秋到战国时期，《史记》是以两三百年作为尺度，把重要的世系和国家的变化把用"表"的方式一览无余地呈现出来。这样一来，我们就不会受限于某个人做了什么事，他的儿子、他的同代人做了什么事，而会用一个更长远的贯时性概念来看待历史。

　　另外，同等重要甚至更加重要的是《史记》的"书"，可惜这个体例在后来许多的正史里面都消失了。《史记》一共有八篇书，要理解这部分内容，就必须联系到什么叫史官，也就是司马迁从父亲司马谈那里承接下来的任务。

　　司马谈临终前把这样一种志业交付给司马迁，在他心目中，史官的职责有一部分是我们今天理解的历史，即记录重要的大事件。但那个时代，从周代一路传承下来的王官学里的史官，不只是掌管人事上的记录，还要将其放在更庞大的背景下，让它有更长远的意义。反映在《史记》的"书"里，也就包括了历法，也就是我们应该用什么方式来计算日子，可以让农人在掌握季节规律的情况下，更好地从事生产。历法必然关系到天文，在那个时代，要观察天象，感受各种天体运行可能产生的规律，一点点地累积经验，才能慢慢让历法更符合农业上的需要。

　　我们现在已经非常清楚，在观察天象的时候必然会遇到一些重要的挑战。例如月亮圆缺的变化最容易观察，但是这和太阳运行一年的周转有很大的差距，而太阳的周转又不完全合乎我们对于天数的计算，一年实际的长度要比三百六十五天再多一点点。这一点点怎么处理，就成了过去每一个文明的历法都要面临的问题。

　　在中国，史官长期以来必须观察天象，借此去整理规律、奠定历法，所以《史记》里面有《历书》《天官书》，在时间上来看，这是一种很神奇的尺度和层次。换句话说，在"书"的这个层次，司马迁把"通古今之变"的"古今"定义得非常宽泛，他讲的是我们从天体运行上能够察觉的时间的规律，可以说是一切人事在这个宇宙里最根本的时间背景，有了这个背景，我们才能一分一分、一寸一寸，去追索地球上大自然的变化，乃至于人事方面的各种迁移、消长，以及我们所看到的时代，人跟人之间各种互动和变化。

另外，"书"还有一部分，是司马迁依照他对朝廷统治的了解所记录的、让一个政权能够运行必然要具备的一些最根本的东西。从现代政治的体制来说，这个东西可能就是宪法。宪法是很重要也很特别的一种法律。跟其他法律一样，宪法一定要联系特定的时空环境，在这样的条件下，人们相信这样的价值和规范。宪法一旦被奠定之后，就被赋予一个特殊的性质，我们至少尊重或假定它是不会改变的，从而作为一切政治运作的依归，如此，人们才能在彼此的权利关系上有一个互信的基础，知道在产生最根本的冲突和争执的时候，可以用什么方式来确定是非。

在古代中国，也有这样一种从周代就建立下来的政治传统，被视为永远不会改变的基础——礼和乐。礼和乐有不同的功能。"礼"是借由仪式和规范，从内在教会人究竟什么行为是对的，应该养成哪些最基本的价值判断。"乐"则是在这个仪式的外围，借由一种相对有品位、高贵的环境，培养人和人之间更自然的和谐关系。

这是从周代一路到汉代（当然跳过了秦代）传留下来的一种基本信念，所以《史记》有《礼书》和《乐书》，仅次于《天官书》和《历书》，是贯串一个朝代甚至跨越朝代的时间尺度。在《礼书》中，司马迁追溯了"礼"的起源，它如何在尽量不变的情况下从周代跨越到汉代，其中有哪些细微的差异和变化。在《乐书》里，司马迁长篇引用了过去的文献，探索音乐的起源和作用。从某种角度来看，《乐书》讲的不是音乐的变化，而是音乐不变的原理。从今天来看，我们也许会奇怪《乐书》怎么会放在一部史书里面，但是对司马迁来说，这同样是一种时间尺度，要想"通古今之变"，就不能不进行处理。

　　《史记》还有一篇是《律书》，这个律是指音律，介于《礼书》、《乐书》和《天官书》、《历书》中间，是非常长远、广泛的时间尺度下的产物。

　　除了这种长远的制度之外，《史记》八书还有另外的创意。在《封禅书》中，司马迁借由"封禅"的这个表面上号称长远的制度，表达他对汉武帝的看法。更为特别的是《河渠书》和《平准书》，通过记述这两种特殊的汉代制度，司马迁让我们看到了不可能单纯由人物传记（本纪、世家、列传）来展现的时代特色。尤其值得仔细探讨的是《平准书》，它可以说是中国历史上最清楚、最有意识的一段经济史的起源，司马迁空前地用经济的概念，用经济史的眼光来整理时代的变化，展现他所看到的汉代，奠定了又一种"通古今之变"的眼光。

平准书：最早的经济史专著

最早的经济史专著

《平准书》对我们认知和理解中国历史上经济变化与国家财政之间的关系有着极为重大的突破性价值。在《史记》之前，我们很难用这样的角度来整理、理解历史的变化，但是因为司马迁在"通古今之变"上的自我期许和突破，他找到了这样一个切入点，写出了一篇千古奇文。

在这篇文章中，司马迁有意识地从商业、贸易、经济的行为来看历史变化，展现出一种经济史概念和角度上的思考，这在中国的历史上是空前的。如果把《平准书》与《货殖列传》一起看，基本上可以视作汉代前期在时代发展及变化上的一套清楚的商业贸易史。

《平准书》一开头，就出现了那句司马迁独特的观点——

> 汉兴，接秦之弊，丈夫从军旅，老弱转粮饷，作业剧而财匮，自天子不能具钧驷，而将相或乘牛车，齐民无藏盖。

汉兴，接秦之弊，而其中最大的问题一个是秦过度动员人民，主要的男性劳动力要么去打仗，要么去参加巨大的公共工程，连老弱都要被用来做运粮饷这样的工作。在这样的情形底下，必然的后果就是国家越来越穷。穷到什么程度？给天子拉车的马都找不到颜色、个头一样的，至于大将军或宰相，有时只能够乘牛车，一般平民则根本连车都没有。

司马迁在《平准书》一开始，就清楚地说明秦究竟是如何灭亡的，既有政治上的因素，也有经济上的因素。因为动用苛法，许多人变成了罪犯，国家就大量运用这些免费的劳动力去打仗，去做公共工程，而国家所付出的代价，必然就是生产消退，人民没有办法活下去，社会的动乱也就在所难免。但是司马迁的洞见是这种做法在经济上产生的效果：生产不足的情况下，贸易一定会被扭曲。

到了汉代，因为生产匮乏，越来越多的人开始囤积物资，哪怕有再多的钱，可能都买不到米、马这种生产生活的必需品，因为这些都控制在少数人手里。这在经济上就是今天所说的"经济紧缩"。

怎么解决这个问题呢？第一步，必须要回到"重农轻商"的基本政策。司马迁告诉我们，在高祖刘邦的时候，对商人是"以困辱之"，一方面给予商人非常重的租税，另一方面，商人不能够穿好的，不能够炫耀自己的财富，得不到社会上的地位。到了孝惠和高后的时候，市场慢慢平稳了，这种对商人"困辱"的法律稍稍松弛了些，但是仍然守着这个基本的底线——如果你是商人，不只你个人不可能有任何政治前途，你的子孙也不能够当官做吏。换句话说，朝廷用这种方式，尽量地压抑商人的利益，将重点回归到农业上面。

到了孝文帝的时候，经济开始有一点点活络，因此在货币政策上面又有了新的做法。这个时候需要找到一种新的货币，因应当时的经济活动所需，于是朝廷开始铸四铢钱，再在上面写上"半两"，也就是一种新的半两钱出现了。可是新钱一方面因应当时开始活络的经济的需求，另一方面又产生了很严重的后遗症——七国之乱（见《孝景帝本纪》《吴王世家》）。

七国之乱最重要的核心是吴王刘濞，而刘濞当时为什么会带领七国来对抗朝廷呢？最根本的解释竟然就在《平准书》中。当时，孝文帝开始铸新钱，需要铜矿，而吴国因为拥有庞大的铜矿，就控制了铜山，大量铸钱。铸到什么程度？用司马迁的话说，叫作"富埒天子"，跟天子一样有钱，掌握同样多的资源。有了这样的财富和资源，吴王有恃无恐，所以产生了后来在孝景帝时的七国之乱。

七国之乱结束后，就必须要处理铸钱产生的问题了。接下来司马迁告诉我们，孝景帝的时候朝廷又用另外一种方式开始扩张财政——卖爵。这里要提到一个背景。从秦到汉，有一种叫"二十爵制"的重要制度被承接下来了。"二十爵制"，意味着每个人在二十等级当中都有一个爵别——如果你要当官，这个爵别当然必须很高。到了孝景帝的时候，他找了"卖爵"这种方法，帮朝廷在租税以外敛财。如果你愿意提高你的身份，尤其是想追求社会政治上面的地位的话，就把你生产所得剩余的、累积的价值捐献给朝廷。孝景帝时，朝廷的用度乃至于我们今天所说的政府预算都开始有了大幅的扩张，其中一部分来自租税，另一部分就来自卖爵所得。

接下来到汉武帝的时候，经过将近七十年的休息，经济终于复苏了。普通百姓可以吃得饱，每家都能够安居，除了满足现实所需的耗费之外，政府已经开始存储余粮了。余粮越存越多，以至府库里面有的粮食因为来不及拿去用，都已经腐坏了，甚至存下来的绑钱币的绳子也断掉了。相较于汉朝开国的时候连天子都找不齐四匹同样漂漂亮亮的马，这个时候街头巷尾大家都骑马，而且都讲究骑马或拉马车要用好的马。

所以，《史记》要清楚地告诉我们的是，从经济、历史的眼光来看，汉武帝承接的是一个新时代的开端，只有一个新时代才能让汉武帝的雄才大略得以施展，这两件事情是彼此结合在一起的，因为不管你多么雄才大略，很多事情没有经济基础都是无法做到的。但另一方面，司马迁要非常公平客观地接着说，汉武帝承接的那么富庶的环境，在他的雄才大略下有了激烈的变化。

昙花一现的黄金时代

在经济上，汉武帝继承的基本上是一个黄金时代。

> 人人自爱而重犯法，先行义而后绌耻辱焉。

换句话说，每个人有自己生活上面的基础，不需要去抢夺别人的东西，不会随便犯法。人跟人之间，有一种礼仪的自信，因此也就会知廉耻。甚至更进一步，反映在政治的秩序上，朝廷不需要有苛法，每个人都会自律，有自己的规范。不过，等到财富累积到了一定程度之后，有几个因素使得这个黄金时代开始变质了。

第一个大的问题是，当财富累积到一定程度，有些"宗室有土，公卿大夫"，这些高高在上的人开始流于奢侈，炫耀自己的身份和地位。一旦有人开始炫耀，必然会产生竞争，另外的人就要用更夸张的方式来压过他。因此，社会上面就开始有了竞相攀比的现象。

第二个因素涉及汉武帝对外的政策，即不断开疆拓土。往东南、西南、东北（燕齐之间）方向的扩张，乃至于与匈奴发生多次冲突。这就产生了两个效果：首先，为了开拓这些地方，一定会有越来越高的用度；其次，扩张后，从这些地方得来的远方的物质，又进一步促进了奢侈的行为，作为自己身份和地位的象征。朝廷本来拥有这么庞大的剩余，但是在开疆拓土后，朝廷的用度越来越大，这些财政上的剩余开始被消耗了。

这时候，司马迁回到了《封禅书》已经处理过的一个主题——秦皇汉武的连接。换句话说，汉武帝的雄才大略与开疆拓土的野心，导致他在政治和社会的运作上必然会回到秦始皇的老路：

> 兵连而不解，天下苦其劳，而干戈日滋。行者赍，居者送，中外骚扰而相奉，百姓抏弊以巧法。

秦就是因为过度动员人民而灭亡的，但是到了汉武帝一朝，又走上了秦始皇的老路。所以司马迁说，因为拓边，国家的军事行为增多，天下人都被卷入这个动员的系统当中：一部分人必须离开家乡去远方打仗，留在家乡的人还必须去筹备打仗所需的各种资源。因此，整个国度进入一种骚扰不安的情况。如果法令动员不得民心，它必然产生另外一面的效果，那就是如果遵守法律会使人民承受他负担不起的代价，他自然会想尽办法不要遵守，因此一连串的现象就产生了。

首先是贿赂官僚让家中的男丁可以不去打仗，接下来，连带的社会风气也被败坏了。司马迁在这里有一句非常重的话："兴利之臣自此始也。"这句话的一个面向是，在朝廷用度这么高的时候，皇帝的价值观念必然倾向于谁能够找来更多的钱就用谁。在这样的情况下，必然会刺激、引诱一些大臣投皇帝所好，想尽一切办法压榨民间的利益，给朝廷和皇帝运用。还有一个面向是，在朝廷压榨民间的过程当中，民间也感染了政治上的风气，价值观念发生了部分的扭曲。

这是一个可怕的循环：皇帝通过这些兴利之臣聚拢了越来越多的民间财富，更加肆无忌惮地继续去拓边。

《平准书》接下来又出现了一段，从国家财政的角度来看，为什么汉武帝会跟匈奴有这样连年的征战。一方面，从《匈奴列传》中可以看到，匈奴不断地犯边；另一方面，搭配卫青、霍去病的传记来看，这也不完全是匈奴的问题，或者说不能归咎于匈奴。最关键的因素是汉武帝的野心，背后又有原本的经济基础，以及兴利之臣帮他聚敛的民间利益。这种情况下，汉武帝觉得自己可以为所欲为，于是每一年都不恤人力和物力，心里只有一个念头——打败匈奴。但怎样才叫作"打败"呢？随着军事行动的顺利进展，汉武帝的野心越来越大。他本来只是希望能够不让匈奴犯边，接下来则希望在大漠和匈奴决战，并能够取得辉煌的胜利。再进一步，要把匈奴赶到大漠以北。

这是汉武帝一朝跟匈奴之间关系的变化。但是这中间要付出多高的代价呢？《匈奴列传》和卫青、霍去病的传记没有告诉我们，但《平准书》告诉了我们。

第一层，我们可以立刻想到的花费就是庞大的后勤补给，以及要大量饲养军马、战马的资源。但代价还不只如此。如果打了胜仗回来，必须要从上到下进行升爵和赏赐，而匈奴方面投降的人，有一部分会被带回汉的疆域，朝廷又要养这些人。刚开始的时候要求郡县去养，但人数太多了，地方上根本养不起，这时候只好由天子自己的府库里面出钱。但天子的府库从何而来？在过去，皇帝的府库主要来自皇帝控有的直辖领域中的生产所得和生产剩余。可这些是有限的，最终还是要靠从民间征收的资源来进行。

联系到前文所讲，需要从民间征收的资源越来越多的时候，汉景帝的做法是"卖爵"。汉武帝时期更进一步扩张，用租税和征收力役，当资源还不够的时候，也开始卖爵。景帝时普遍卖爵没有出现严重的问题，因为当时的官员没有那么多，这些爵位不见得叫以换来官职。可是到了汉武帝时，由于整个朝廷都在扩张，从中央到地方，各种不同的官越设越多，所以卖爵就等于卖官。

虽然卖官所得可以拿去支应军事上的需要，但是接下来代价则是官僚系统里出现越来越多花钱进来的人。这些人把官职当作一种交易，换句话说，这个时候朝廷无从去计较这些人的能力，更不可能去计较他们的动机，官僚体系也随之败坏。

官僚体系败坏的双重效果是，一些人只要有钱就可以买官，还有一些人，有钱就可以赎罪。比如一个人犯了罪，但是不想接受惩罚，"兴利之臣"就会说，那就花钱赎罪，可以把原来的爵还给朝廷。爵位还给朝廷以后，反正还可以用钱再买回来，所以朝廷实质上是鼓励人们用钱去买罪。用钱买罪的人越来越多，大家对于法律的尊重和守法的精神也必然败坏。

在这样的状况下，朝廷为了继续用法令规范人民，又产生了相应的一个恶果——酷吏。酷吏的态度和做法是，既然你有钱，为了防范买罪，不管犯的是什么罪，都用最重的刑罚来处理，让人没有办法逃躲。

这些不只是历史的描述，还是一段非常精彩的论辩。在这里，司马迁其实要给我们一个非常清楚的"系统"的概念。直到现在，我们有时候还会以为，政治、经济、社会要分开来看，可是司马迁在《平准书》里已经清楚地告诉我们，这些不同的面向都是环环相扣的。他从经济开始讲起，因为有了这样的经济基础，就会刺激政治、政策上出现像汉武帝那种不恤民力、雄才大略的政治路线。而这种路线反过来又会在国家财政上产生连环效应，出现兴利之臣，一心一意从民间榨取更多的资源。朝廷用这种方式榨取民间资源，就是在破坏生产的制度和秩序。

这是非常惊人且值得我们学习的一种整体的眼光，即我们可以用什么样的方式掌握历史的整体。如果我们不愿意用这种复杂、连环的方式来看待历史，就不可能理解司马迁所说的"通古今之变"的伟大使命。

汉武帝的生财之道

司马迁很早就意识到的，总体经济最核心的变化来自货币，所以，他对于货币从秦一路进入汉、再到汉武帝的变化做了非常详细的整理。同时，他一直带着"通古今之变"的思考模式，不只是要告诉我们发生了什么事，而且在这样的变化中，整理出基本的跌宕起伏。

国家一下子有钱，一下子变穷，变穷的时候就想办法去找不一样的钱，有钱了就找另外的方式把这些钱花掉，国家财政每一次一松一紧的过程，都造成了对社会不同层面的冲击、影响和改变。

汉武帝一朝，因为开边的大幅开销和各种公共建设，产生了一种"县官大空"的情况。"县官大空"有两层意思：第一，在财政上，首先会出问题的是地方，在郡县制底下，这些郡县原来的税收被中央用各种方式拿走，而中央又没有足够的财力支持地方政府；第二，这时候，国家整体的财用都出了问题，而几乎必然会相应出现的情况，就是民间各种争逐利益的活动越来越多，当国家机构没有钱的时候，民间却有越来越多的富商大贾，借这样的机会累积钱财。

怎么累积呢？主要就是靠掌握或是垄断民间的必需品，比如盐。盐对于人的生存来说是不可或缺的。在汉朝那么庞大的疆域中，只有沿海地带才能用方便、便宜的方式生产盐，而内陆市场又有很多人口需要盐的供应，这就使得盐成了整个经济体系中最关键的商品之一。这个时候，这些富商大贾靠着生产、囤积或交易盐，"财或累万金"。他们累积了这么大的财富，可是国家财政紧缩的时候，他们绝对不会主动来帮助国家朝廷的急需。

在这样的情形下，一个特殊的富人阶层在汉武帝一朝快速地膨胀。环绕着这些富商的前后两端，却是困乏的。往下当然造成了贫富不均，因而一般的黎民百姓是穷困的。不只如此，因为财富集中在富人阶级身上，朝廷也没有足够的财富可以运用。那怎么办呢？于是这个时候就有了钟摆的效应，天平就开始朝另外一个方向倾斜，而使得天平倾斜的最重要的力量就是钱币。

朝廷不够用，财务出了问题的时候，天子跟公卿一起商量，就来造新的货币。用今天的话来说，造新的货币也就是印钞票，在短时间之内，可以让朝廷有足够的钱去买自己所需要的各种用度和用具。但是就像今天总体经济学非常清楚地告诉我们，增加货币的发行，时间稍长就会出现通货膨胀的问题。钱越来越多，大家也就越来越不愿意用原来的价格交换货币。所以必然产生的是，公家铸钱，民间也在盗铸钱，大家争着铸钱，结果"钱益多而轻，物益少而贵"。这就是通货膨胀的现象。

　　到了这个状况下，朝廷又生出一种新的做法，再兴造更贵重的货币。据说古代有三等贵重货币，最上等是黄金，其次是白金，然后是赤金（红金）。于是，朝廷就决定要去铸造这三种不是民间流传的货币。最高等的黄金上有龙的纹饰，第二等的白金是马的纹饰，第三等的红金则以龟作为纹饰。另外还有一种更高等的"皮币"，也是来自历史的前例——诸侯在朝觐天子的时候，要献上皮币。这个皮币的价值非常高，最高可值四十万。

　　为什么铸这些货币呢？其实是为了剥削诸侯。朝廷铸钱太多，造成通货膨胀，钱不够用，于是就规定，诸侯朝觐皇帝的时候一定要用朝廷的货币。换句话说，黄金、白金或者赤金，更不要说皮币，它们本身并没有那么高的价值，纯粹是用政治力的运作，使得诸侯不得不把手中的财货换成这些其实没那么有价值的象征性货币。借由这种方式，朝廷可以增加财政上的来源。

　　除此之外，朝廷必须要想更多的方法来增加收入，这就直接影响到会任用一些什么样的人。《平准书》告诉了我们几个重要的名字：

　　　　以东郭咸阳、孔仅为大农丞，领盐铁事；桑弘羊以计算用事，侍中。

东郭咸阳是"齐之大煮盐"，孔仅是"南阳大冶"，本身就是煮盐和铸铁的世家，借助他们原来的经验，帮朝廷负责管理盐和铁。大农丞就是管皇帝财货的，在这个时候最重要的事情就是掌管盐和铁。换句话说，朝廷也意识到了盐和铁是最有利可图的物品。另一个重要的人物桑弘羊，是"洛阳贾人子"，出身汉朝商业贸易最发达的城市洛阳的商人世家，在非常年轻的时候，就因为很会计算被召入宫中。

短短几句话，司马迁就让我们清楚地感知到，汉武帝重用的这三个人的背景。这些人确实也发动了各种改革，为朝廷取得更多的财货，维持朝廷频繁的对外征战所需的用度。

孔仅和东郭咸阳采取了一些特别的措施，把原来属于大农的财物——也就是属于皇帝的部分财物的来源——改归为少府，在皇帝的私人财物和朝廷的公家财物之间进行了调整。调整之后，他们就利用少府大规模发展盐铁，由朝廷的少府来垄断盐铁的所有利益，建立了遍布天下的盐铁制度。

具体怎么做呢？就是颁布规定，煮盐只能够用官府给的器物，否则生产出来的盐就被视为私盐。私铸铁器煮盐是非常严重的罪，不仅会把私铸的器物没收，还会砍掉违法者的左脚脚趾。

不管是各式各样的货币上的改变，还是盐铁逐渐走向垄断，虽然的确增加了朝廷的收入，但也留下了法令上的漏洞。事实上，这时候快速膨胀的富人阶级的财货被朝廷给挤榨出来，相应地也鼓励了民间许多人钻法令的漏洞，去谋求自己的利益。这个影响所及，进一步使得国家的法令在尊严和执行上大为退步，这也就是后来酷吏风气变得难以收拾的一个重要动因。

富人的"牺牲精神"可以被倡导吗？

从历史的角度来看，《平准书》不仅仅是对汉武帝一朝国家财政各种不同变化的完整呈现，更重要的是，我们借由司马迁的行文，了解到两千多年前中华帝国在起源的时候，如何面对、思考以及处理国家财政的问题。这是历史上极为关键的、应该思考的大问题。

公元前221年，秦始皇统一六国，把封建制度中层层分封的政治社会结构改为一个大帝国，全天下分成三十六个郡，直接由中央集权统治。想想看，一个中央集权的统治，要管理这么庞大的一个帝国，中间需要多少密切的环节环环相扣，才能够有效地统治。其中很重要的，就是有一套能够贯彻国家意志的财政系统，管理、适应地方到中央的财政的各种状态。

从某个意义上来看，公元前221年，秦始皇手里形成的这个帝国的统治机制其实是不完整的，所以到秦灭亡后，汉代也没有办法这么快去重建、补充。司马迁让我们知道，汉代前七十年的基本做法就是"缝缝补补"，留着秦原来的制度，只在里面做各种调整。直到汉武帝，才让这个帝国重新进入一种高度动员的状态。一旦国家开始高度动员，就会发现，帝国的运作过程中有那么多地方是有缺漏的。换句话说，这个帝国被汉武帝重新高度动员之后，他不得不一边动员，一边做各种改革。

接下来《平准书》中出现了一个很关键的故事，司马迁借由一个叫卜式的人，来讲这段历史。

司马迁的写法非常有趣，他先告诉我们，卜式是河南人，来自一个农牧家庭，双亲很早过世，只剩下他和一个弟弟。待弟弟稍微长大了之后，卜式就主动跟弟弟分家，怎么分呢？他把家里面最有价值的田宅、财物等，通通留给了弟弟，自己只留了百余头羊，然后进山以牧羊为生。过了十几年，卜式的羊群长得非常好，百余头羊变成千余头，他也买了田宅，他弟弟却已经把家财都败光了。卜式非常慷慨，弟弟败光原来的家产后，他又把财产分了一部分给弟弟。

卜式不只对弟弟慷慨，他对朝廷也很慷慨。汉武帝的时候，最重要的军事行动就是要攻打匈奴，所以卜式主动上书，愿意捐出家产的一半，并特别指定用途是要助边。这个捐献家财的奇特愿望当然让汉武帝很好奇，就派人去问卜式说："你献出家财是要当官吗？"

卜式说："我从来就只会牧羊，没学过怎么样当官，我不要当官。"

"那你家里有冤屈吗？是要通过献出财产上报你的冤屈吗？"

卜式说："没有。我毕生跟人没有任何纷争。我的邻居如果有人穷，我就借钱给他；有不好的人，我就想尽办法教他怎么样变好。我周围的人跟我都很好，跟随着我，我怎么可能跟别人有那么复杂的恩怨，还需要请天子或公家帮忙处理呢？这也不是我要的。"

使者又问："那你到底要干什么呢？"

卜式很直接地回答说：

> 天子诛匈奴，愚以为贤者宜死节于边，有财者宜输委，如此而匈奴可灭也。

使者把这些话带回朝廷，大家都开始讨论，丞相公孙弘一听就说："此非人情，不轨之臣，不可以为化而乱法。"他的意思是，哪有人单纯天真到真的只是为了帮助朝廷打匈奴，就把家产分一半？里面一定有诡诈，绝对不能鼓励这种行为，即使卜式没有承认，"愿陛下勿许"。所以，汉武帝就没理卜式。但卜式还是一而再再而三地上书，要把家产捐出来，汉武帝依然没理。过了好几年，卜式才放弃了。

可是经过了几年，又发生了"县官废重、仓府空"的情况。由于不断开边的耗费，以及水涝、旱灾造成的歉收，出现了大量吃不饱饭的贫民和流民。卜式知道了，就拿了二十万钱给了河南太守，让他用来赈济这些贫民和流民。

后来，河南太守将捐钱的富人名单送到朝廷，汉武帝就看到了熟悉的名字：卜式。他说："这不就是上次要捐一半家产来助边的那个人吗？看来，我不答应他助边，他还是用这种方式慷慨地捐输。"这个时候，他觉得一定要鼓励卜式，让卜式赈济四百个人，这四百个人可以免除田赋和徭役。

在《平准书》里面，这段历史被司马迁分成前后两件事来写。在前面，主要讲经过国家财政的各种变化，由于朝廷没有足够的用度，就把脑筋动到了这些富人的财产身上。朝廷恢复了一条古老的法令，开始征收财产税，且特别针对那些有钱的富人家。

这就回到了刚刚所提到的，这个帝国有很多统治机制其实是不完整的。在现代，政府用什么样的方式征税、知道你有多少的财产、该怎么征，这是一套非常复杂的机制。更重要的是，它必须掌握一套非常庞大的数据，让这些数据彼此之间互相考稽，要不然政府怎么会知道一个人究竟有多少财产，又怎么以他的财产作为基数，来征财产税呢？

那时候当然不可能有这种庞大的资料库，在如此早熟、粗糙的国家统治机制条件下，朝廷只能用最简单的方法——自告，你自己说有多少财产。如果你说自己有四百钱，政府就按一定的比例征收你的赋税。我们或许觉得这个办法很可笑，因为每个人私心里，一定是想尽办法少报，最好是说自己完全没有财产，怎么可能自告出真实的状态呢？没错。所以和这个自告相应，就有了另外一种方法，就是同时征集"能告者"，每个人都被用各种方式监视着，鼓励知道你家里状况的人来告密。

举个简单的例子，比如说一个有钱人，说家里的全部财产是四千钱，可是他的邻居去告诉朝廷："不是不是，我们算过了，他应该有一万钱。"于是朝廷就可以去调查这个人。如果调查后发现他的确有一万钱，就把其中的一半，也就是五千钱，送给告密的人，另外五千钱没收充公。用这种方式，其实是对每个人的威吓，同时也就鼓励了各式各样的告密者，一时之间告密者满天下。基本上所有有钱的人都被告了，而且大概有九成的有钱人都被发现没有忠实地报告自己的财产。

为什么讲完这一段之后，就特别讲卜式的故事呢？这是司马迁用曲笔在告诉我们，为了让国家有更多的收入，汉武帝的做法在社会上产生的扭曲效果。

汉武帝后来表扬卜式：

> 是时富豪皆争匿财，唯式尤欲输之助费。天子于是以式终长者，故尊显以风百姓。

这么多有钱人，每个人都想尽办法来隐匿，以至必须要用告密的方式让他们把钱财拿出来。而卜式，没有人去跟他要，他却主动要把一半家产送给朝廷，当时从天子到丞相都不相信他的诚意，即使如此，他都没有改变对国家的耿耿效忠，在国家有难的时候继续大批捐输。皇帝就想，如果有钱人都像卜式一样，那我们国家的财用不就没有问题了吗？

按照汉武帝表扬卜式的用心，他希望豪富之家都学卜式，国家财政问题自然就解决了，社会问题、社会风气也维持住了。但事实当然不可能如此，所以司马迁在后面用了很简短的一句话：

> 天子既下缗钱令而尊卜式，百姓终莫分财佐县官。

天子再怎样表扬卜式，还是没有人愿意把钱捐出来给朝廷用，这就意味着朝廷不可能不采取强迫的手段了。于是，环绕着国家财政的政策，汉武帝实质上在鼓励酷吏们用最残酷的方式来欺压这个社会，让社会不得不把钱财拿出来。司马迁用他那么敏锐的观察告诉我们，整个汉武帝朝的酷吏风气的起源，不完全是因为治安不好，还来自经济、财政。用这种方法将这些历史现象牵连起来之后，对于我们如何思考政府统治、法令，以及社会之间的关系，都有非常多的启发。

看待历史的角度不止一种

前面说到，汉武帝表扬主动贡献财产的卜式，接下来，他还要对卜式进行奖赏。他把卜式招到宫廷里来，要拜卜式为郎。卜式一开始说不想当官，也不会当官，于是汉武帝就对他说："我没有让你当官，你不是会养羊吗？你来帮我养羊吧。我的上林苑里也有羊，我把这些羊交给你，你作为一个郎，唯一需要做的事情就是帮我养羊。你不用穿官服，也不用参加所有的仪式。"

所以，表面上卜式做了官，但是真正的工作是在上林苑帮皇帝养羊。过了一年多，他养的羊非常好，汉武帝特别高兴，就问："你怎么那么会养羊？"卜式说："不只是羊，我养羊的道理可以拿来跟治民的方法相通。你看这群羊，如果里面有恶劣的羊，你把它排斥在外，不让它影响到羊群，就能够把羊养得很好。"

如此，汉武帝就发觉，卜式的见识和能力显然不仅是养羊而已，于是开始在政治体系上重用他。他先把卜式派为缑氏令，作为试验，接下来把他迁为成皋令，然后拜为齐王太傅。

《平准书》里卜式和汉武帝最后一次互动，是有一年朝廷因为旱灾严重而发动了求雨的仪式。这时候卜式特别上书，说汉武帝如果真心想要求雨，"烹弘羊，天乃雨"。他针对的是当时帮汉武帝主持国家财政政策的重要人物桑弘羊。他认为必须要杀了桑弘羊，才能够求得老天爷愿意下雨。换句话说，他觉得老天不下雨是桑弘羊的做法带来的惩罚。

为什么和汉武帝关系这么密切的卜式，对桑弘羊有这么强烈的反感呢？卜式在上书中说："县官当食租衣税而已，今弘羊令吏坐市列肆。"在他的观念中，政府收人民的租税，然后应该提供人民所需要的服务，如此而已。但是桑弘羊的方式很不一样，他让政府做生意，跟人民争夺利益。"弘羊令吏坐市列肆"，指的是桑弘羊继东郭咸阳和孔仅之后，进一步地把盐铁政策普遍化，让天下的盐、铁基本上都变成了专卖。

盐铁专卖的好处是朝廷增加了很多收入，但是也有麻烦的地方：第一，要让人不盗煮盐，其实非常困难；第二，当铁器都由公家来铸造的时候，因为没有竞争，必然造成品质下降，而且铁器没有合理的市场价格，当朝廷需要用钱，就任意提高售价。人们有时不只是付了很高的价钱来买铁器，而且经常还买到无法使用的次品。

除此之外，"桑弘羊以诸官各自市，相与争，物故腾跃，而天下赋输或不偿其僦费。"他看到了什么问题呢？第一，各个政府部门之间彼此争夺利益；第二，各地出产的货物，运输到京城的成本经常高于货物本身的价值。

在这样的情形下，桑弘羊设计了一个新的制度，他从中央派了几十个大农部丞，到各地去做贸易中心，主要观察当地的生产和市场：当这个地方生产的货物盛产、价钱低廉的时候，就进行大量收购；等到货物缺乏、价钱腾高的时候，再把收购的货卖出去，或者运到比较缺乏这个货物的地方。这样，朝廷又能获得一笔相当可观的收入。

桑弘羊建立了一个非常绵密的朝廷买卖系统，这个系统的主要工作有两个方面：一个是"平"，在当时的意思就是看时机，贱买贵卖；另外一个叫作"准"，借由各个地方之间的互通有无，把一个地方盛产因而价值比较低的东西，运到不产或少产这个东西的地方，换来比较高的价值。这套制度就叫作"平准"。

到了这里，我们也就知道，在《史记》八书中的《平准书》里，司马迁要特别凸显的"平准"两个字，以此彰示汉武帝时期国家财政最重要的一套制度。显然，司马迁特别在文章的最后引用卜式上书的六个字"烹弘羊，天乃雨"，来隐晦地透露他对这项制度的价值判断。

"平准"是一项非常聪明的设计和制度，然而对它的评价牵扯到我们在历史上的立场问题。如果站在朝廷的角度，那应该说桑弘羊是一个了不起的、能干的大臣。他用这种方式解决了国家财政的问题，让汉武帝满足他在统治上、开边上的所有欲望。但是历史的角度，不应该只有皇帝和朝廷的角度，卜式就代表了另一个角度。司马迁特别凸显卜式，就是要告诉我们，卜式不是一个自私的人，用今天的话说，他是一个爱国主义者，他对于公家的事务非常积极、无私。但很显然，他爱国的方式跟桑弘羊是不一样的。

桑弘羊的方式是，皇帝想要什么，就尽一切方法提供给皇帝。但卜式不是，他有一个比皇帝的私欲、朝廷的需求更高的价值判断——人民的基本福祉。他要捐一半的家产给朝廷去助边，是因为他认为，如果朝廷打败了匈奴，就可以让这些地区的人民安居乐业；他捐二十万钱给河南太守，是因为他看不得这些流民贫民生存艰难。所以，从卜式的观点看，桑弘羊就不再是了不起的大臣，而是一个罪人。第一宗罪，他让朝廷离开了服务人民的职责，把它变成了一个买卖中心，与民争利。如果一个社会，连政府眼中都只有利益的时候，那谁来保障人民的幸福和福祉呢？第二宗罪，他败坏了汉代社会中人和人的基本信任。一开始，汉代继秦之后所做的最大改变，就是回归到淳朴的农业生产上。这种状况下，也许不会有人累积庞大的财富，但是最有机会让所有人能吃得饱、穿得暖。换句话说，卜式的基本立场，包括他对待弟弟、对待朝廷的态度，不是追求个人财富的累积，而是关切每一个人能否得到一定的保障。

《平准书》是司马迁对于"通古今之变"在经济方面的一个积极思考。从生产力到生产所得的各种累积和分配中，政府介入的最好方式是什么？是要创造一个有着高度贫富差距的社会，还是宁可牺牲部分的生产和财富，让社会尽可能分配公平呢？这个选择或许没有必然的答案，但每个人都处在一定的经济和财政制度当中，这些事情与我们息息相关。

从国家财政的角度来看，汉武帝一朝的各种变化，不见得适用于今天更复杂的状态。但是，司马迁在这背后所关怀的问题，借由桑弘羊和卜式的对照，却恐怕是不管时代怎么改变、财政问题如何越变越复杂，都不能回避的。

老子韩非列传：史记的局限

《史记》的缺点

在讲解《史记》的一些篇目时，我一直不断强调，司马迁运用的观念和笔法有哪些优点值得我们一而再、再而三地反复推究，然后从中挖掘出众多知识和观念的宝藏。那么，《史记》就没有缺点吗？当然有。

从现代史学的角度来看，《史记》最大的问题，首先是关系到三皇五帝的上古史。随着考古学的发展，以及对许多史料的重新解读、配合考古和文献出现的新的历史研究方法论，我们反而可以比司马迁更贴近那段离我们有三四千年以上的古史。用现代的方法来检验《史记》中三皇五帝的历史就会明白：第一，在那部分内容里，司马迁的话大多数是不可信的；第二，司马迁之所以在古史上累积了这么多的传说（在今天看起来很多是站不住脚的），主要因为他是汉朝人——即使是这样一部伟大的历史作品，还是会受到时代的限制。

司马迁所受的最大限制，是汉代在知识传统上的继承——远一点继承了春秋战国的诸子学，近一点又承受了秦始皇焚书所带来的巨大伤害。所以，司马迁看待古史不可能很准确，没有办法让我们完全信任。

司马迁对古史的认知，很大一部分来自战国时期的种种传说。但是，战国时期是一个热闹得近乎荒唐的"大造史时代"。当时，在周文化的基本价值中，已经明确建立了"越古老的越好"这种基本价值观念，人们相信历史，而且认为人类最美好的、充满理想和真理的黄金年代是在过去。对于历史的重视、对过去时代的崇拜在那个时候已经建立起来了。周文化对历史如此看重，后来当然就彻底地影响了中国人如何看待世界。例如说，战国诸子彼此的论辩，如果只是陈述自己的观点，要想压过别人，难度极高。大家更习惯争取听众和信徒的方式是：宣称这些话是很古远的圣人就说过的，这个圣人拥有了不起的身份和地位，而且依照其时代而有了高下之分。以至到后来，每个人要说话的时候，都要先搬出一个圣人来，而且一般来说，如果要压倒论敌，最好就是让这个圣人比论敌所依据的圣人时代更古。

于是，这样就产生了 20 世纪初期顾颉刚在"古史辨"运动中提出的一个非常精彩的概念：古史层累构成说。"层累"，意味着古史是用相反的顺序堆叠上去的，在历史的陈述上，越是号称古老的传说，它的起源往往越晚。当然，我们不能把"古史层累构成说"里所有的细节都用这样纯粹的规矩——"越早的越晚，越晚的越早"——来看，但是这个思路对于我们了解战国时期有极大的帮助。

司马迁继承了战国时期所创造出来的种种古史传说，所以他很难辨别这些传说哪些是真的，哪些是假的。从这里，我们可以更进一步地了解，这种风气到了战国后期已经近乎疯狂，也就引发了秦始皇在概念上绝对的大反动，他不再听信任何人告诉他，历史上曾经如何如何，所以应该模仿历史、遵照历史。秦始皇认为历史与己无关，甚至为了不让别人用历史干扰他，而有了焚书这种激烈的举动。从战国到秦，这种激烈动荡的思想潮流变化，我们已经可以看得非常清楚。

到了汉代，因为这种时代变化所带来的限制，司马迁只能够拣选战国时期的种种故事和传说。然而，不管他如何仔细、用心地进行拼贴和排比，由于来源本身就是有问题的，甚至是虚假的，所以《史记》里对于古史（尤其是商之前）的绝大部分说法，今天的我们不可能再全部信赖。

不过，司马迁仍然值得佩服。他写《史记》时距离商代已经有一千多年，但是他必然掌握了特别的史料和来源。今天我们比对那些百分之百可以信任的甲骨文资料，《史记》世系表中从商代先公先王一路下来的商王名号和世系，绝大部分都是正确的。换句话说，司马迁已经基本掌握了商代及以后的统治。当然，在今天更丰富的考古和知识衬托下，《史记》中商代或西周的说法还有很多需要纠正或补充的。

从这里延展开来就可以看到《史记》另一个严重的大问题：《史记》里整理的春秋战国的学术思想史，跟今天的理解也有相当大的距离。在这个问题上，司马迁所受的局限主要来自两方面。一方面是秦始皇焚书，尤其是焚毁古代的王官学及春秋战国时期诸子学留下来的文献。这些文献在短时间内被用如此激烈的手段一扫而空，民间基本上无法存留。所以，虽然秦作为帝国延续的时间很短，但在这件事情上造成的破坏和影响却非常深远；另一方面，一直到文帝、景帝时期，汉人才慢慢在知识的学习与累积上恢复了一点点元气。换句话说，不只是秦代，春秋战国的学术思想文献和书籍在汉初几十年的时间里也是无法流通的。在这样的状况下，到司马迁要写《史记》的时候，汉人对春秋战国的学术思想已经有一些隔阂和陌生。而且，汉代这时已经建立了自己的官方意识形态，严重地影响了司马迁如何看待诸子百家，例如老子或孔子的生平问题。

文景二帝时，汉代先是建立了道家黄老无为的政治领导原则，到了汉武帝，也就是司马迁所在的这一朝，原来重视的黄老之学又被儒家思想取代。所有的官方意识形态必然产生思想传统的扭曲，从历史的角度来看，这几乎是一个颠扑不破的规律。一种思想一旦被确立为官方意识形态，在政治权力的扶持和宣扬下，只会强调它的绝对真理性，其内在的复杂性自然都会被抹杀。

然而，没有任何思想是真正绝对正确的真理。一旦用政治权力将其建立成不能讨论、不能挑战的真理，它也就失去了原来复杂而精彩的面貌。从这个角度来看，司马迁在面对春秋战国的学术思想史时，经常落入汉代"先道后儒"的官方意识形态所产生的某种扭曲当中。

官方意识形态之外，我们也不能忽略另一个因素，即司马谈对司马迁的重要影响。司马谈留下来的唯一著作，就是《太史公自序》里的《论六家要旨》。司马迁刻意把这篇文章留下来，就是希望大家知道司马谈在知识和学术传承上最大的贡献，就是对六家学术做了如此精要且准确的描述。但是，如果我们认真看《论六家要旨》就会发现，司马谈并不是客观平等地对待这六家。

在《论六家要旨》中，司马谈说道家：

使人精神专一，动合无形，赡足万物。其为术也，因阴阳之大顺，采儒墨之善，撮名法之要，与时迁移，应物变化。

可以看出司马谈是推崇道家的，并且是从道家的立场来整理、评断六家要旨。换句话说，司马谈看道家最重要的八个字是"与时迁移，应物变化"，道家不是一套固定的观念和说法，它教人要有弹性，可以变化。这个弹性大到什么程度呢？道家集合了其他五家的精华，可以包纳其他五家。

司马谈这样的立场不可能不影响到司马迁，虽然因为时代和个性上的选择，司马迁自己的思想观念更接近儒家，但不管是司马谈的道家立场还是司马迁的儒家立场，都使得司马迁在处理春秋战国时期的学术思想时，是有着鲜明的偏见和偏好，特别是对道家和儒家的态度上。

很不幸的是，后世对于老子生平的看法，基本来自《老子韩非列传》，而这篇文章其实很糟糕，其糟糕程度几乎在整部《史记》中可能排名最前。

以司马迁在史学上的敏锐和严谨来看，《老子韩非列传》中写老子的部分真是一笔糊涂账，从老子的时代、生平，到老子其人及其与留下来的著作之间的关系，几乎每个环节都有说不通的地方。我们今天讲到老子是一个什么样的人、《道德经》是一本什么样的书、产生于什么样的时代、反映了什么样的时代价值思想……如果仍然坚持依赖《史记》的话，那从一开始就站错了地方。

从清代开始的几百年来，考据学通过一步一步"考经"（验明经书中字句的真正意思），到后来扩张范围到考史、考子、考集，让我们知道了许多更精确的历史内容，得以重新认识老子，还原老子思想的本意。司马迁在史学态度上非常重视是非对错，是就是是，非就是非，我们看待他的著作也应该承袭这样的精神，不能因为这是司马迁，这是《史记》，就把里面的每句话都奉为事实。

孔子见老子画像石　嘉祥县出土　纵 48 厘米，横 112 厘米，厚 21 厘米，凸面线刻。该石描绘了鲁昭公与孔子同车适周，向老子问礼的历史故事，现藏山东济宁博物馆汉碑室。

老子比孔子老吗？

《史记》里写老子，"姓李氏，名耳，字聃，周守藏室之史也。"在这个简单的介绍之后，接下来就开始讲孔子问礼于老子的故事。

孔子问礼于老子，这件事在战国文献中出现过好几次，比如《礼记》《庄子》都记录过。依照这些记录，老子的年纪很明显比孔子大，是孔子那个时代有名的智者。可是依照战国文献的说法，讲完这段故事后，司马迁突然笔锋一转：

> 或曰：老莱子亦楚人也，著书十五篇，言道家之用，与孔子同时云。

也有人说（或是有资料记录），老子就是老莱子，是楚人，写的书并不是我们今天留下来的《道德经》，而是另外的十五篇著作，阐述道家的作用。而且依照这种说法，老子并不比孔子年长，而是约莫同时代。如此突然地插入这句话，表现了司马迁的诚实态度。他看到过"老子是老莱子"这种说法的史料，更重要的是，他表

示自己对于老子的年代早于孔子、孔子曾经问礼于老子这件事情
没有充分的把握。

司马迁的存疑态度应该有一部分来自他对《论语》和孔子的
了解。关于孔子的事迹，最可信的材料是他的弟子在他死后不久
编撰而成的《论语》，但《论语》中完全没有提到孔子到周去向老
子问礼的事。

此外，依照战国的文献，孔子见到老子这件事情发生在孔子
五十岁的时候，但是《论语·为政篇》明明白白记录了孔子的自
述："吾十有五而志于学，三十而立，四十而不惑，五十而知天
命，六十而耳顺，七十而从心所欲，不逾矩。"孔子五十岁都到知
天命的岁数了，怎么会因为对"道"的基本原则感到困惑，而去
求教于老子呢？

对应《史记》提到的老莱子，在《论语·微子篇》里面有一
段故事。子路跟着老师走，但是后来跟丢了，遇到一个"以杖荷
莜"的老人，正用木杖耕田，然后用拐杖挑着锄草的工具。子路
就跑去问这个老人家："你看到我的老师走过去吗？"这个老人家
回答说："你这个人看起来很少劳动，你的四肢不发达，八成也不
认得五谷长什么样子，就这样冒冒失失地跑来问我。谁知道你的
老师是谁呀？"然后就挂着拐杖继续锄草了。子路被骂，自知理
亏，恭恭敬敬地拱手立在旁边，老翁看他很有礼貌，就留他在家
住了一晚，还杀鸡做饭给他吃，让自己的两个儿子和子路相见。

第二天，子路赶上了孔子，就把前一夜的经历告诉了老师。
孔子说，这不是一个普通的农人，应该是一个隐士，让子路回去
找。子路回去的时候，老翁已经出门了。子路（应该是对着老人
家的儿子）就说："不贡献自己的能力做官是不对的，长幼父子的
关系不能废，难道君臣上下的关系就可以废吗？洁身自好，却违

背了君臣上下的重要关系。君子早就知道不可能实现正确的主张了，为国君所用，不过是为了尽到臣子该有的义务。"

这是孔子和这个隐士在进行一种潜在的论辩，他要告诉隐士，你不服侍君王，而且认为在这样一个乱世当中服侍君王是没有意义的，我理解并尊重这种态度，但我的立场是看重君臣上下的关系，不管发生什么事情，不管这个时代如何，我仍然要尽到一个臣子的责任，在尽这样的责任时，我知道不见得真正能够达到目的，但这是我对自己人生职责的坚持。

这段故事的关键在于"以杖荷莜"四个字，而老莱子的"莱"字，用作动词的时候就是"锄草"的意思。显然，司马迁认为这位挑着锄草工具的老翁很有可能就是老莱子，后世把孔子跟这位隐士或老莱子的相遇、对话，敷衍为孔子向老子问礼的故事。换句话说，司马迁明白《论语》里记录了许多孔子周游列国途中遭遇隐士，被质疑、被嘲讽的事迹，认为孔子问礼于老子的说法可能是从这些事迹当中脱化出来的，孔子不见得会刻意跑到周去找这位守藏室之史，然后挨他训诫。

说完了老子也可能是老莱子之后，司马迁接着说，在秦献公的时候，有一位周的太史，叫作儋，他到秦国之后，预言秦国五百年后会脱离周而独立，再过七十年，会出现统治天下的霸主。这个"儋"字和老聃的"聃"，古音可能是同一个音，又都是周太史，所以史料上可能把这两个名字混成了一个人。

很显然，司马迁一边写一边在告诉我们，他不知道要不要接受"孔子问礼于老子"这个说法。为什么他那么犹豫呢？其实很好理解。秦献公时，周太史到秦国，这件事情发生在孔子死后一百二十九年，比孔子年长或跟孔子差不多同时代的老子，会在孔子死后一百二十九年去见秦献公吗？司马迁不太相信，所以用补注的口气加了一段奇怪的话：老子大概活了一百六十多岁，也有人说他因为修道所以特别长寿，活了两百多岁。为什么加了这句话呢？因为没办法，老子就算活了一百六十多岁都不够既当孔子的老师、又去见秦献公，除非活到两百多岁。

依照《老子韩非列传》的上下文，老子去到秦，是因为他"居周久之，见周之衰，乃遂去"。照之前的说法，他当周太史一百多年，不想再干了，于是，他要出中原入秦过关的时候，遇到了守关的关令尹，那人看他打算出关一去不回，又知道他是一个有大智慧的人，就央求他留下宝贵的想法，这才有了后世看到的《道德经》五千言。

这段故事仍然是一笔糊涂账。后来注解《史记》的人以讹传讹，说老子过的是函谷关，但秦献公的时候还没有函谷关的存在。另外，"关尹"在许多战国的文献上出现过，比如《庄子》就将关尹称作一位思想人物，但没有人照字面理解，把"关尹"叫作守关的人。依照出现比较早的战国史料看，关尹或关尹子活跃在战国时期，跟老子大约同时在发展道的观念。

《老子韩非列传》中讲老子的最后一段，是说老子李耳的后代世系。李耳的儿子李宗是魏国的将军，孙子李注、曾孙李宫，李宫的玄孙李假曾经在汉文帝的时候当官，李假的儿子李解则当了胶西王刘印的太傅，所以住在齐地——李假、李解的时代就和司马迁很接近了。

这是一个非常明确的世系记录，但我们如果认真思考，也会发现不对劲的地方。首先，魏独立成为封国是在三家分晋时（公元前403年），距离孔子去世已经七十多年了；其次，老子的儿子要在魏为将，得是老子一百多岁之后才生的，要不然就是李宗也跟他父亲一样长寿，活到一百多岁；再次，哪怕老子和孔子同年，依照《史记》的世系表，从老子出生到汉文帝的时代，他们家只传了八代，却经过了六百年的时间，一般情况是三十年左右传一代，可是他们家平均七十多年才传一代，这可信吗？

那这笔糊涂账到底应该怎么算呢？传统的态度是，《史记》写得对，老子跟孔子大约同时代，老子的《道德经》是春秋时代的古文献，和《论语》同样久远。另外一种态度则是历史研究的实事求是的态度。首先是研判司马迁提供的史料的可信度。大概可以认为，一个史家所掌握的史料，距离他的时代越近、和他自己越有可能有关系的就越可信。根据这个标准来判断，最接近司马迁时代的是《史记》记录的担任过胶西王太傅的李解。如果李解是李耳的八世孙，倒推回去，用一代三十年正常的时间来算，李耳的年代应该是在公元前 3 世纪左右，也就是战国的中后期。这个推算刚好可以配合上《老子》（《道德经》）文本中所展示的证据。

了不起的大史学家钱宾四先生（钱穆）写了四篇关于老子年代考据的文章，清楚地列举了老子行文所出现的战国名物和词语，具体否定了老子生于春秋时代的可能性。而且，老子的行文风格是直白地陈述道理，不只跟《论语》有巨大的差距，甚至也不像《孟子》《庄子》那样带着雄辩的意味，反而更接近《荀子》或《韩非子》。结合外部证据与内部证据配合来看，我们今天或许要接受钱穆先生给我们的结论：第一，《老子》的作者应该是战国人；第二，《老子》的成书很可能晚于《庄子·内篇》。

从战国的后期一直到汉初司马迁的年代，这位叫作李耳的人的生平和另外一个历史人物"老聃"混杂在一起了。而担任周太史、时代跟孔子接近的老聃，比写《老子》的李耳早了将近三百年。不知道究竟经过了什么样的过程，或许就是源自《老子》这个书名，李耳被当成了老聃，《老子》这本书的年代也相应地被往前错置了三百年。老聃跟李耳相差三百年，一前一后，真正连接的是中国古代南方的隐者文化。

早在孔子的时代，南方就有强烈不认同周朝主流价值的传统。孔子是彻彻底底的封建宗法文化的产物，他出生、成长在封建宗法的核心区域，面对封建秩序败坏瓦解的时代，他的态度是"知其不可为而为之"，要尽力去恢复、维持旧有的封建礼法。

《老子韩非列传》里说，老子是楚国苦县厉乡曲仁里人，但春秋时期楚国没有苦县，这个地方原来属于陈国，战国时期的公元前479年，陈国被楚国并吞，苦县才为楚所有。这又是《老子》的作者不可能跟孔子同时期的一条旁证。不管是陈是楚，相对于黄河流域的中原各国而言，都是南方，没有那么深远的封建根基。楚在地理上位于边陲，早在西周建立之前就有了很不一样的文化传统，当然不会有鲁人孔子那种对于封建宗法的情感，更不会有一定要维护它的热情。

对孔子来说，他不忍心看到自己信奉的宗庙倾颓，宁可用肉身去扮演最后一根支柱。但对许多处在封建宗法边缘地带的人来说，他们关心的往往只是这座大庙倒下来的时候会不会压到自己。

我们用这种方式批判地来读《史记》，尤其是检验《老子韩非列传》中这笔糊涂账时，才能够还原老子创作《道德经》真正成书的时代。还原到战国中后期的时代，我们再来看老子《道德经》的内容，一方面，他跟庄子的关系绝对不可能是"老在庄前"，而是"庄在老前"；另一方面，用这种方法，还原了庄子和老子对于封建宗法思想的那种嘲弄，从中吸取完全不一样的智慧。此外，又因为这种态度跟孔子有着绝然的差异，我们也可以进一步了解孔子是一个什么样的人，有什么样的信仰。

司马迁的英雄们

世家导读：通古今之变

　　《史记》开创了纪传体史书的先河，但"纪传"二字却不足以涵盖《史记》的所有体裁。其中，"世家"就是《史记》在纪传体之外非常重要的构成部分，其中的篇目安排也凸显了司马迁对"通古今之变"的理解。

　　世家区分了两段很不一样的政治、社会结构方式。前面一段是在周代产生的封建制度。封建制度中有各种层级，慢慢整合成"公侯伯子男"这五层结构，接下来有世卿、大夫、士，这样就组合成了一个结构井然、秩序严明的封建社会。那如何追溯这段制度的起源呢？司马迁选择了吴太伯。

　　《吴太伯世家》是《史记》"世家"部分的第一卷。吴太伯最重要的事迹是让位。他知道弟弟季历比自己更适合担任领导者，所以远离宗周（西北周人崛起的地方），到了与故乡方向彻底相反的地方，东南地区的吴。从这里开始，周开始建立稳定的基础。所以，如果我们要说周是怎样兴起的，最关键的就是发生在吴太伯这一代的事迹——吴太伯让位之后，才有季历当王，再一步步将王位传到文王（季历之子）、再到武王而建立了西周。

　　另一件值得注意的事情是，如果我们对应《史记》"列传"的结构，会发现在列传第一篇《伯夷列传》中，伯夷、叔齐最重要的事迹也是让位。

在这样的安排下，司马迁要彰显的人生价值就非常清楚了：即使在某一种传统或道理下应该属于你的东西，如果违背了某种更高的原则，都应该予以放弃。作为人，在人与人之间的互动中，"放弃"是一种非常高贵的价值，吴太伯和伯夷叔齐的"让"在后世都有非常长远的影响。

从西周到东周，《史记》的世家部分一路把封建制度底下重要的列国（陈、卫、宋），以及其中的重要人物（周公、召公、管蔡）一一彰显出来。再下来就是进入春秋战国后，新的霸主崛起，我们又看到了晋、楚、越、郑、赵、魏、韩，一直到世家第十六篇——《田敬仲完世家》。

《田敬仲完世家》中最重要的事件是"田氏代齐"，这个事件代表了从武王伐纣成功之后，在周公的设计下运作了八百年的一套封建制度，在这个时候彻底完结了。世家记载到这一篇，完成了第一个阶段的记述。

另一个特殊阶段是从汉代建立到汉武帝一朝的"郡国并行制"时期。这是《史记》世家中第二个大板块，从世家第二十篇的楚元王开始，到荆燕、齐悼惠王，以及跟高祖一起打天下的萧何、曹参、张良、陈平和周勃，一直到世家第三十篇。它清楚地让我们看到，汉代的郡国并行制究竟在以什么样的方式改变并决定着历史。

我们必须要佩服司马迁的史识，他在《史记》中建立的"世家"结构，非常清晰、利落，前十六篇中彰显出西周特别的政治、社会制度与变迁，而从第二十到第三十篇，又明白地展现了汉代郡国并行制的起落。不过，在世家的两大部分之间，还有三篇不太一样的文章难以归类，借由这三篇"例外"的文章，司马迁展现了他"通古今之变"的独到史观。

第一篇是接在《田敬仲完世家》后的《孔子世家》。按道理说，无论把孔子放前面还是放后面，都不应该有世家（封国之君）的贵族地位。在《孔子世家》之后，特别值得注意的是《陈涉世家》。陈涉就是陈胜，他和吴广最早在秦末揭竿而起，引发了秦末大乱，后来导向了楚汉相争、乃至于汉朝建立。陈胜、吴广的出身非常卑微，最多也就到自己称王的地步，既不属于前面西周的封建贵族结构，更与后来汉朝建立的郡国制一点关系都没有。但是，司马迁在"古今之变"的眼光下，就是要凸显陈胜、吴广揭竿而起这件事在改变历史上的惊人能量。从这个角度来看，孔子和陈胜放在"世家"，而且放在一起，又有另外一层意义——司马迁要彰显这些少数非常难得的个人。他们不靠身份和背景，纯粹依凭个人，竟然能够发挥这样大的作用，几乎可以说是只手改变了历史。

孔子和陈胜、吴广又有反向对照的地方，同样是在历史上发挥巨大作用，他们的方式却完全不同。陈胜、吴广是刚好站在历史的时机点上，迎合了时代和社会的需要。这个时候，整个秦王朝像是坐在一堆炸药上，社会已经进入一种高度动荡不安的状况。换句话说，炸弹不是陈胜、吴广提供的，而是他们点燃的。借由凸显陈胜、吴广，我们更能够了解秦末整个变局究竟是从哪里开始转折的。

而孔子在这件事上刚好相反，他之所以能够发挥这么大的影响力，是在于他不愿意接受他的时代。他借由个人巨大的人格力量，抵抗封建制度必然要倾颓、败坏的历史潮流。从目的和结果来看，他当然失败了，这个潮流踩过他，继续走向春秋末年，更进一步恶化，变成战国的状态。

但是，司马迁在意的是更长的时间维度。当你把时间拉远、拉长，就会看到孔子的做法非但没有失败，而且达到了相当惊人的成就。他靠着他的意志、他的人格，靠着他感染的这些数量庞大的学生，再加上这些学生后来流转在社会各个角落所产生的效果，把封建制度中最内在、最核心的价值和精神一一保留了下来。因此，虽然封建制度瓦解了，起码再也不是原来的面貌，但是儒家却在这样的废墟中升了起来。如果没有孔子，不会有这样一个惊人的儒家传统。

儒家的前身是西周封建宗法制度赖以传承的王官学，经过了孔子，儒家才从王官学这种封闭、狭窄的范围当中解放了出来。王官学原是贵族参与封建制度必须接受的教育训练，而孔子在王官学中找到了所有人都能够依赖的资源和信念，便每个人都有机会成为一个堂堂正正、像模像样的人。这意味着，本来只是为贵族准备的教育内容，被孔子彻底地普遍化了。"有教无类"不只是一句简单的口号，它彰显了孔子真正的历史贡献，孔子把原属于王官学的贵族教育内容，尤其是那些关于人如何建立自己、修养自己的想法教给了他的学生。

孔子在这中间的角色，非常类似于希腊神话里的普罗米修斯。希腊神话中，火原是神的专利，普罗米修斯因不忍看到人的苦难和世界的黑暗，把火从神那里偷给了人。即使他知道做这件事情会被宙斯惩罚，但还是不顾一切把火盗给了人。孔子也是如此，对他而言，王官学里面对于人的信念和修养的讲究，就像是最重要的火与光，能够把人从黑暗当中带出来，从动物性里面解放出来成为人性。

《陈涉世家》之后是《外戚世家》。在朝廷的政治结构里，外戚并不是有正式地位的角色，但他们才不管历史应该给予他们什么位置，反而在政治、朝廷的运作上发挥了很大的作用。从理解历史的角度来看，如果不看外戚，很多事情我们是难以看清并理解的，例如《史记》本纪中显得尤为特别的《吕太后本纪》，背后就是由一群外戚支撑的。

其实汉代从建立以来直到汉武帝一朝，除了吕后在位的时期，外戚问题并不严重，但司马迁也许有一种历史累积的智慧，竟然用世家的体例刻意把外戚凸显出来，好像这是一个暗淡的预言——在汉武帝去世之后（也是司马迁之后），整个西汉的历史就开始走向外戚掌权、外戚治国，而且每况愈下，后来基本上凌驾了原来政治结构上的所有正式角色。不得不说，司马迁似乎有一种让人惊异的历史直觉，当我们现在再读《史记·外戚世家》，内心真的会有一种颤动——对于司马迁的这种历史远见，哪怕我们无法解释，也必须认可。

孔子世家、仲尼弟子列传：盗火者，孔仲尼

谁是孔仲尼？

在中国的传统上，说到孔子是一个什么样的人，《孔子世家》是大部分人最重要的信息来源。这一篇是如此重要，以至从公元前 1 世纪司马迁完成这篇"世家"后，孔子的基本形象就被固定了下来。后世（一直到 20 世纪）许多文人，不管是要称赞或批判孔子，很自然地都会诉诸《史记》的这些记载。但正因为《史记·孔子世家》的影响力如此之大，使得两千年来大家都疏漏了两件非常重要的事情——《史记》所呈现的孔子跟历史上的孔子是同一个人吗，这里面有什么地方是值得我们注意或提防的？

我在《老子韩非列传》的导读中提过，虽然《史记》是司马迁用心创作的一部伟大而重要的作品，但他再怎么了不起，也不可能写出一部完美的著作。除了关于三皇五帝、老子的记载，《史记》另一项严重的缺憾就出现在《孔子世家》里。

司马迁写《孔子世家》主要以《论语》为本，把由孔子的弟子记录下来的片段言辞，以及对孔子行事的描述和形容，根据时间进行排比，进而列出孔子一生的经历。他让《论语》里面的绝

大部分字句都有了来历，记述了孔子是在什么时间、什么生命阶段，什么环境中遭遇什么样的事情，才说出《论语》中的那些话。从这个角度来看，《孔子世家》的重要的贡献之一，就是提供了《论语》内容的脉络，让我们知道孔子说的很多话并不是空谈。

我们看《论语》，常会误把孔子当作一个真理发言机，不断地讲一些放诸四海皆准、超越时空的真理。我们往往会忘记孔子是一个真实的人，他之所以说这些话，是因为他有自己生命上的遭遇，会遇到种种困难和问题。举个例子，《论语》中有一段"叶公问政"，叶公是一个世卿，他问的是在大夫这个阶层如何好好地统治自己的领域。孔子在《论语》当中留下了非常重要的四个字，叫"近悦远来"，意思是如果靠近你的人喜欢被你统治，远方的人也会因为你正确的统治而受到感召，从远方来投靠你、依附你。

当然，我们可以从政治的角度来看，把"近悦远来"当作一般的原则，意味着统治者需要一直思考，怎样让统治范围内的人越来越快乐，并让统治范围之外的人愿意投靠。但是，光用这种方式来抽象、空洞地理解这四个字，远不如从《史记》提供的重要脉络和背景下去理解。

当时，孔子之所以会让叶公有这样的机会问政，是因为他正被卡在陈蔡之间，也就是《论语》中说的"绝粮于陈蔡之间"。依照《史记》的说法，孔子本来要到楚去，但因为楚国的大夫极为忌惮孔子的名气，认为如果孔子到了楚国被重用，则会对自己产生极大的不利。因此，他们故意用计，让当地人把孔子和他的弟子卡在陈蔡之间。最后是叶公伸出了援手，接济了孔子和他的弟子。知道了这样的前因后果，我们就可以进一步了解，当叶公问政于孔子的时候，孔子所说的这个话里还有感激之情。他对叶公

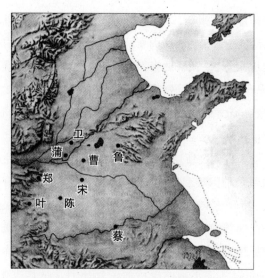

孔子离开鲁国后游历的各国 引自平势隆郎《从城市国家到中华：殷周春秋战国》

说，一个好的领导者就像你一样，让我们这些来自远方的人，看到你像是看到亲人，愿意依附于你。用这种方式理解，就比《论语》中记录的那个孔子有了更多的层次。

不过，我们必须诚实地说，司马迁受到时代和个人信念的影响，在铺陈孔子生平的时候，仍然倾向于把他神化。《孔子世家》最后一段"太史公曰"是这样说的：

> 诗有之，"高山仰止，景行行止。"虽不能至，然心向往之。余读孔氏书，想见其为人。

这是引用《诗经》里面的句子，意思是，就像我们抬头看高山，或者看到别人高贵的行为，知道自己去不到、模仿不了，但是无法阻止我们对高山、高贵的行为有所向往。司马迁读了孔子的书，进而想要知道他是一个什么样的人。

这是一种非常重要的刺激和动机。在今天，很多时候我们读书读不下去，或者无法读得深入，就是因为缺乏"读其书想见其人"的精神。当你读到一本自己喜欢的书，一定会想去了解这本书后面的那个人。倒过来，当你进一步了解了这个人，也就更能够体会他是如何写这本书的，以及这本书试图说什么。我讲《史记》，其实也就是追随着太史公读孔子的这种方法，读其书想见司马迁其为人。

司马迁是怎样去贴近、去认识孔子这个人的呢？他到了鲁国，去看孔子留下来的遗迹，包括庙堂、车服、礼器，等等。他离孔子的时代已经有四百余年百年了，可是看到孔子的影响仍然留在那个地方，"诸生以时习礼其家"，还有很多人在孔子的影响下，继续保留着那种以礼为中心的生活方式。看到这样的情况，司马迁说："余祇回留之不能去云。"那是个多么巨大的吸引力，让他在那里徘徊不去，于是更加刺激他想写出这个人是谁，把他的事迹留下来。

读到这段话，让人忍不住想起西洋史学名著中一部了不起的作品。爱德华·吉本写《罗马帝国衰亡史》（The Decline and Fall of Roman Empire）这部书，是因为有一次他去造访罗马，在罗马留下来的废墟中，突然听到了远方教堂传来的钟声，还有旁边修道院里诵经的声音。在那个情境下，多重时间被叠合、凝聚在一起，从古罗马帝国时代传流至罗马的废墟已经有两千年左右，传来钟声的那个教堂可能也有几百年的时间了，而修道士们诵经所依循的基督教传统也产生于罗马帝国时期。在那个黑暗即将来临的黄昏，在非常奇特的气氛情境下，爱德华·吉本有了探索罗马历史的强烈冲动，这些废墟和声音也提示了他要写的罗马帝国历史是一部什么样的历史——不是罗马帝国兴亡史，而是罗马帝国"衰亡史"。他要探索的是，为什么曾经那样伟大的一个文明帝国会灭亡？它的"衰"是从何处开始，以致引发它的"亡"？

这和他在那片废墟中听到修道院诵经的声音有关系吗？当然有。在《罗马帝国衰亡史》中，爱德华·吉本最重要的一个论证是——罗马帝国之所以衰亡，就是因为基督教的兴起。这在当时（18世纪中后期）是一个非常大胆甚至激烈的观点。

当时的罗马帝国之所以能够不断扩充疆域，一个重要的做法就是，它会把征服之地的神，纳入罗马原来的万神殿，于是那些被征服的人很容易就被罗马人感化，进入罗马帝国，成为它的子民。这本来是罗马帝国从创建到扩张最重要的长处。那罗马帝国为什么要迫害基督教和基督徒呢？因为，基督教最核心的信仰是一神信仰，除耶和华外，基督教不承认任何其他的神，而这对于罗马帝国的统治是非常不利的。作为一个史家，爱德华·吉本提出了一个看待罗马帝国的新鲜角度：基督教坚持一神教，挑战了罗马帝国原来政治统治的基础，于是帝国开始迫害基督教，但是那些勇于为信仰牺牲的基督徒反而让基督教更加兴盛了，兴盛到几乎让罗马帝国变成了一个相信一神教的社会，原来的罗马帝国再也无法维系了。

有时，历史的改变就是这样幽微而巨大。一个人活在现实中，却受到历史和过去的蛊惑，变成了一个历史的思考者。爱德华·吉本如此，司马迁也是如此。

在"太史公曰"中，司马迁接下来说：

> 天下君王至于贤人众矣，当时则荣，没则已焉。孔子布衣，
> 传十余世，学者宗之。自天子王侯，中国言六艺者折中于夫子，
> 可谓至圣矣！

对于历史人物的评价，从西周留下来一个传统的重要标准，就是时间，也就是一个人可以被记得多久。《左传》中说，人能够在这个世界上留下三类成就——立德、立功、立言。这三件事情，都牵扯到我们活着的时候所创建的东西，却只有等到死后才会得到真正公平的评价。

在司马迁的标准下，有那么多在先天的地位、条件上远胜孔子的君王、贤人，但是他们之中的绝大部分都是享有活着的时候的气派，死了之后很快就被世人遗忘。反之，孔子出身并不高，却靠着自己一生的努力，"传十余世，学者宗之"。到司马迁这个时代，离孔子已经四百多年了，将近二十代。但大家仍然记得孔子，把他当作知识学问和信仰的根源。这就是太史公在鲁地的仲尼庙堂看到诸生还在"以时习礼其家"所得到的感动。

一直到那么多年之后，天子和王侯要诉诸六艺（人活在这个世界上最根本的才能和技艺）的时候，必须要回归孔子。因为这样，司马迁才说孔子"可谓至圣矣"。我们现在一直习惯说孔子是至圣先师，主要就是来自《史记·孔子世家》。"至圣"在这里并不是一个空洞、随便、简单的赞叹之词，而是经过了长久的时间考验，有着实实在在的背景和含义。

制度的卫道士和破坏者

传统上，我们习惯把孔子尊称为"至圣先师"，如果按司马迁

在《孔子世家》最后的赞语来理解"至圣"的话，那"先师"又是什么呢？先师，通俗的意思就是"第一个老师"。乍一听，这样的称号颇为夸张，但其实相对于"至圣"，恐怕还是"先师"更符合孔子在历史上的真正地位。

例如，孔子留下来最重要的，最能反映其思想和事迹的著作是《论语》，由孔子的弟子和门人记录。我们现在对此毫无异议，但如果回到历史的情境当中，我们不得不问一个很有趣的问题：什么是"弟子"？什么是"门人"？

在中国的历史上，弟子或门人竟然是孔子开创出来的一种人间角色。在孔子之前，我们找不到任何可靠的证据证明，有老师—学生这样的相对关系存在。

那以前的人怎么受教育呢？事实上，一直到孔子生活的春秋年代，都只有在贵族系谱中进行的贵族教育——前一代贵族把自己受过的训练，比如六艺（礼、乐、射、御、书、数），传给同样属于贵族身份的下一代。这种教育是封闭的、垄断的，教与学的资格都是以血缘身份来决定的。而孔子和门人弟子之间完全没有血缘关系，更重要的是，孔子的一些学生在原本的封建秩序当中根本不具备接受贵族教育的身份。因此我们可以说，孔子和他的学生事实上破坏了当时的封建秩序。或者从另一个角度来看，正是在封建秩序动摇的春秋时期，才给了孔子这样的空间，可以违背旧的体制规范，把原来封闭的、垄断的贵族教育内容有教无类地提供给更多的人。

从《左传》里，我们可以看到很多春秋时期的具体情况。当时，各国内部几乎都面临"礼"遭到忽略、破坏的状况。于是相应地，国与国之间的固定关系也动摇了，无法持续在原来的"礼"上和平往来的关系，出现了越来越多诉诸权谋乃至于武力压迫的事件。那是一个前所未有的、新兴竞争的局面，内部是公子与公子竞争、大夫与大夫竞争，外部则是国与国的角力。竞争的胜负，很大一部分取决于人才。

回到春秋的历史情境，孔子给予弟子的教育，就是教他们如何去当官，或者更准确一点，是教他们如何在变动、混乱的环境当中让自己"有用"。新的变化所创造出来新的需求，无法在原有社会架构下得到满足。比如说，打仗的人才要应付的不再是过去单纯的贵族之间有礼有节的射御，而是要指挥成百上千的士兵如何布阵对垒；外交人才应付的也不再是和平的宴饮盟会，而常常是强弱有别的紧张谈判，轻则增损几座城，严重时甚至会引来灭国的危机。

孔子是"圣之时者"，他比谁都清楚时代的需求，并在教育的内容和对象上进行了革命性的扩张，训练可以在政治、外交、军事场合发挥作用的人才。虽然孔子一再告诉我们，他把周公作为偶像，梦想恢复周公建立的礼乐秩序，然而吊诡的是，如果孔子的梦想真的达成了，回到周初那个封建体系，是没有他这种人的位置的。历史上的孔子是一个大矛盾，他所做的事情实质上是破坏周代的封建文化，但他向往的却是回归旧的封建体制，一个会取消他自己这种老师角色的环境。

孔子在世的时候就成其大名，一部分原因在于，他将贵族教育教给广大弟子的革命性行为，更重要的原因在于他教出来的弟子真正有用，真正符合春秋时局的需要。从某种角度上来看，孔子是最早的人力资源专家，他看出了当时人力资源所需，勇于突破窠臼，找到切实的办法。

从《论语》来看，孔子最特殊的地方在于，有一段时间他是那个社会、那个时代独一无二的老师。相应地，孔子一生最重要的事迹也都跟老师这个身份有关，跟他的弟子们有关。

《论语·先进》的第一章里，孔子说："先进于礼乐，野人也，后进于礼乐，君子也，如用之，则吾从先进。"君子和野人指的是身份上的差别，大夫以上身份的人叫作君子，出身低于大夫的就是野人或者小人。不过，孔子在《论语》里明确赋予君子不一样却又相关的一层意义：君子既指有贵族身份的人，同时也指拥有这种身份应有的修养与智慧的人。

大夫以上的贵族会接受完整的贵族教育给予他们的特殊的知识与能力，并且形成理解并遵守封建礼仪的习惯。而到了孔子的时代，他将这套贵族教育普及给原本不具贵族身份的人，于是君子的身份与人格品德就分开来了，相应地，孔子也就将拥有那种人格、品德的人称为君子。身份与人格品德的分离就会产生另一种现象，有的人虽然具备贵族的身份，却没有贵族应有的人格、人品，这种人从身份上看是君子，从思想、行为看却是小人。孔子在《论语》当中有很多的话都是针对这种失格的人有感而发的。

从这个角度来看，孔子在他那个时代最重要的身份就是老师，这个身份特别呈现在《仲尼弟子列传》中。《仲尼弟子列传》的存在，是为了跟《孔子世家》里的内容形成一个互补的连带关系。这篇特殊列传的存在，也让我们知道，仲尼弟子本身就构成了一个特别的历史现象。

在这篇的开头，司马迁就告诉我们，完成核心的"孔门教育"的人前后一共有七十七个，司马迁一一罗列了这七十七个人大致是什么样的，有什么样的经历。用这种方式，司马迁让我们看到，在那个时代，在孔子身边聚集了这样一群人才，并且在历史上有名有姓。

今天，我们不仅能够认识这些人是谁，还能了解孔子在人格上面最伟大的地方——从来不给标准答案。孔子会依照每个学生的人格、处境，以及迈向一个完整的人所需要的反省，来提出不一样的训诲。尊重每个学生的个性，支持且强调每个学生都是一个个人。两千年来，有多少老师做得到呢？如果没有孔子这种精神，司马迁不可能写出《仲尼弟子列传》。在《仲尼弟子列传》里，司马迁也一一凸显了孔子的弟子在那个时代曾经发挥过的作用、取得的成就。

《仲尼弟子列传》最先写的是颜渊。颜渊是孔子最喜爱的学生，他没有任何外在具体的事功，也没做过官，但在孔子的眼中，他是一个认真的、不断让自己变得完美的人。这是最难得的精神。所以，在《仲尼弟子列传》中，司马迁引用了《论语》里孔子对颜渊几句最重要的赞美之词。

其中一句赞颜渊好学。他没有任何外在利益的考虑，纯粹是为了要让自己变得更好而去学习，去磨砺自己。孔子称赞他："人不堪其忧，回也不改其乐。"颜渊过的日子是"一箪食，一瓢饮"的生活，甚至没有办法满足最基本的生活需求。如果是别人，会一直担心明天该怎么办，下一顿饭在哪里，但颜渊不在意。他只要能够不断学到更多的知识学问，有机会让自己变得更好，就永远都那么快乐。这样的一个人，在中国历史上留下了非常惊人的人格典范和形象。

孔子还赞美颜渊"不迁怒，不贰过"。这短短六个字，其实是非常严格的一种自我道德要求。什么叫作"不贰过"？简单地说，就是当我自己知道这是错的，就再也不做这样的事情了。就是这么简单的一个定义，但是如果认真地回到自己的内心想想看，真的做得到吗？为什么这是最基本的自我道德要求呢？因为要"不贰过"，首先要承认自己是错的，不是靠法律或其他人告诉你，而是自己发自内心有一个标准，甚至不是对别人承认自己做错了，而是面对自己、对自己负责。人是一种脆弱的动物，我们经常连对自己承认不能做、不该做的事，都没有办法不再犯。如果颜渊真的做到了，当然非常值得我们学习和感佩了。"不迁怒"又跟"不贰过"紧密地结合在一起。"迁怒"是把本来属于自己的错误推给别人，如果一个人有迁怒的习惯，就永远不可能做到"不贰过"，因为不贰过的起点就是自己承认错误。所以，光是这六个字就可以看出，孔子用颜渊来树立了一个多么高的人格标准。

从颜渊以下，《仲尼弟子列传》中罗列了孔子所有重要的弟子。我们看到，这些人在那个时代当中做了那么多的事，留下那么多鲜明的身影，我们不能不问，不能不感动——怎么会有这样的一个老师，能够在身边聚集这么多人才？这绝对不可能是偶然的，必然说明了孔子作为一个人、一个老师，具有特别的吸引力。用这种方式，《仲尼弟子列传》彰显了孔子作为老师的基本价值和地位。

《仲尼弟子列传》是跟《孔子世家》放在一起对照的，因为司马迁已经把孔子作为老师的角色写在这篇列传当中，所以《孔子世家》对这一部分便没有太多着墨。受到汉代崇拜孔子的气氛太过于强烈的影响，他在《孔子世家》中把孔子抬高到了近乎于人跟神之间的一种特殊地位，这是对孔子的真诚崇拜。但是从历史学的角度来说，这是一个灾难。这意味着司马迁不能如实地去面对孔子作为一个人的事实面貌。我们在读《孔子世家》的时候，必须用一种批判的方式，尽可能拨开这些神话的云雾，才能够看到一个真实的孔子。

面目不清的孔子

依照传记的惯例，司马迁在《孔子世家》的一开头就交代了孔子的世系，但出现了一些奇怪的字句。

> 孔子生鲁昌平乡陬邑。其先宋人也，曰孔防叔。防叔生伯夏，伯夏生叔梁纥。纥与颜氏女野合而生孔子，祷于尼丘得孔子。鲁襄公二十二年而孔子生。生而首上圩顶，故因名曰丘云。字仲尼，姓孔氏。

《孔子世家》说孔子出生于鲁，但先世是来自宋。这个说法后来被历史证明基本是可靠的。宋是一个很重要的古国，背景来源非常古老。周人翦商成功后，成为天下共主，就把商人的后裔封在宋，这也就解释了为什么《礼记》中记录孔子快要去世的时候说自己"梦奠于两楹间"，因为他是商人之后。

在讲完孔子是宋人的这个背景后，司马迁又继续追索。孔子的先人叫作孔防叔，父亲叫叔梁纥。但为什么要特别讲"纥与颜氏女野合而生孔子"，还要"祷于尼丘"才得孔子？从这里开始，孔子的故事已经有点儿神话色彩了，这也是我们今天读《孔子世家》碰到的一个最严重的问题。

司马迁生活在汉武帝的时代，在"独尊儒术"的官方意识形态影响下，孔子和儒术已经取代了原来的黄老道家变成政治上的思想原则。受政治上的影响，孔子的地位不断上升，对于孔子的种种描述也就在原来更古老、可信的史料上添加了许多神话色彩。

在汉武帝的年代，孔子已经得到了一个特殊的尊称——素王，意味着孔子是上天派下来当天子的，只不过在现实条件限制下，没有实现这个命运的安排。但孔子留下了他的努力，最重要的是，留下了他的思想。在原来的王官学的传统中，留下了"六经"，这个观念也是经过孔子之手改造的，作用是"为后王立法"。孔子本应是一个天子，但是不能为当时的现实立法，所以就留下了这些如何致天下太平、创建一个理想社会的种种典籍，等待后人在此基础上去创建一个理想的乌托邦。

到了汉武帝的时代，孔子这种身份和汉武帝寻求的新的政治合法性密切结合在了一起。换句话说，汉武帝毫不客气地承担了"后王"的角色，意思是孔子就是为了他而准备了儒术，留下了六经。有了这样一套联结，孔子的地位显得更神秘了，好像有一种预言：未来会有合适的人实现他的理想。

在《孔子世家》里，受这种时代气氛的影响，司马迁记录了很多可能直到战国后期，甚至秦汉时期才流传的关于孔子的传说，这些传说的共性是让孔子显得好像在冥冥当中就应该受到重视。他们喜欢强调的是，孔子是上天派下来的，注定要有这种历史地位和成就，但这样的说法反而贬损了孔子的巨大成就。我们现在之所以肯定孔子，就是因为他没有先天的身份条件，单纯靠着自己意志和努力打造出新的社会角色，做出了影响深远的社会贡献。

在写完孔子的世系后，《孔子世家》接下来记录了这样一段传说。孔子在十七岁的时候，还很少人认识他，但是鲁大夫孟釐子在重病快死的时候，把儿子叫到病榻前，说到了孔子。孟釐子说，孔子是圣人之后，他们这个世系原来在宋，但是祖先在宋灭败了，孔子的先祖把地位让给了宋厉公，另一个先祖正考父则连续辅佐了宋戴公、宋武公、宋宣公。正考父也是一个圣人，他留下了一个圣训，教人用什么样的方法可以做到谦卑。这个圣训刻在鼎上，

叫"一命而偻，二命而伛，三命而俯"。意味着，当你接到第一个
任务的时候要弯着腰，接到第二个更重的任务的时候，要把腰弯
得更深，简直要跪下来，到了接最重的任务的时候，要整个人趴
在地上。然后随时扶着墙走，不炫耀自己的地位和事功，就没有
人能够欺负你。

讲了孔子的来历后，孟釐子又跟儿子说："吾闻圣人之后，虽
不当世，必有达者。"圣人之后一定有能人，孔子年少好礼，应该
就是这个圣人世系当中将来会了不起的人。孟釐子就告诉他的儿
子说，等我死了之后，你一定要去找孔子来作为你的老师。果然，
孟釐子死后，他的儿子孟懿子就跟另外一个鲁人南宫敬叔一起去
追随孔子学礼。

在这个传言的影响下，当时鲁国掌权的季氏重用了孔子，所
以孔子很年轻的时候就被季氏重用，先是作为季氏史，接下来被
提拔为司空。依照《史记》这种说法，孔子根本就是少年得志，
但这种说法和我们所看到的《论语》《礼记》中孔子自己说的话或
《礼记》中对他的记录是不相符合的。

在《孔子世家》里，很多地方刻意夸大了孔子在世时的政治
影响力。依照《史记》的记录，齐鲁两国有很多纷争，于是有了
一次"夹谷之会"，本来是一个对鲁国君极为不利的盟会，但孔子
借着坚强的意志，用非常强硬的手段倒过来挟持了齐君，迫使齐
国对鲁国让步。"夹谷之会"或许在历史上确有其事，但我们如果
去看孔子的生平，在夹谷之会中，他作为一个知礼者，最多也只
是一个"相"的位置。

当时，从西周一路传留下来的封建制度，其根本就是一套礼，
但这套礼随着时间越变越复杂，各个世系、世代间的差别也越来
越大，以致到了春秋时期，贵族们都没有办法充分掌握礼，因此

需要有人来辅佐和帮助，这个角色就叫作"相"——后来的"相国""宰相"，就来自这个角色，只是在权力、功能上发生了很大的变化。

在春秋时期，因为封建秩序已经败坏瓦解，两国盟会是非常紧张的。大国小国之间，如果盟会顺利也许可以免除一场战争，如果盟会不成，很可能就要兵戈相向。所以，盟会怎样顺利进行，如何伸张对自己的国、国君最有利的礼仪位置，就是相礼者重要的职责。孔子有知礼的背景，所以在"夹谷之会"中很可能是以相礼者的身份参与其中，依照他对于周代封建礼仪的知识压倒了齐国的相礼者，指责齐国和齐国国君在夹谷之会所做的事、说的话是不符合礼的，进而逼着齐国退让。这很可能是比较接近历史的实际情况，但《史记》以及后来《孔子家语》这些文献所描述的孔子角色、夹谷之会的状况，都刻意夸大了孔子的神力，好像只要孔子一出面，其他人就为之披靡，全部节节败退。

另外，司马迁延续了父亲司马谈所受到的道家影响，在《孔子世家》中特别凸显了孔子跟老子之间的关系。我们之前提过，这也是一笔历史上的糊涂账。《孔子世家》中记述，最早去跟孔子学习的贵族南宫敬叔特别去劝说鲁国君，应该带着孔子一起去觐见周天子。于是鲁国君就和孔子坐同一辆车去了周。孔子在周见到老子，分别的时候，老子特别送孔子出来，然后说了一番话："我听说有钱的人送行要送有价值的礼物，可是一个有学问、有德行的人要送人家离开的时候，却是要送有智慧的话。我不是有钱人，勉强有人认为我有智慧、有仁德，所以我送你一句话吧！"于是他说：

> 聪明深察而近于死者，好议人者也。博辩广大危其身者，

　　发人之恶者也。为人子者毋以有己，为人臣者毋以有己。

　　不要太聪明（耳聪目明，对这个世界上面的事情看得清楚），不要太雄辩（对是非善恶的了解和坚持），这些都会因为议论到别人，而给自己招致不利。然后他又劝孔子说，要放掉自己，不能以自我为中心。

　　用这种方式记录老子给孔子的劝诫，充分反映了道家对儒家的一种意见，也就是说，从道家立场上看，儒家其实是一个过度强调是非对错、固执、以自我为中心的一套想法。

　　齐景公一度非常赏识孔子，问政于他，孔子的回答就是那个非常有名的答案："君君，臣臣，父父，子子。"做国君的要像国君，做人臣的要像人臣，做父亲的要像父亲，做儿子的要像儿子。景公听了非常感动，认为孔子讲得太好了，如果君不君，臣不臣，父不父，子不子，就算国家再有钱，国君可能都要饿死。齐景公当时是想重用孔子的，但是齐国的名臣晏婴阻止了他。晏婴说，像孔子这样的儒者，最大的问题就是自以为是，"倨傲自顺，不可以为下"（高高在上，只相信自己的理论和道理）。另外他们那么讲究礼仪，我们会为此耗费大量的资源和财富。因此，"孔子盛容饰，繁登降之礼，趋详之节，累世不能殚其学。"

　　这其实又反映了道家对儒家的批评。儒家有太多繁文缛节，要讲究、保留所有的封建礼仪，谁也学不完，如果一直把精神耗费在这些外在的礼仪上面，人就没有办法回到自己的本源上去过日子，去理解这个世界。

　　在《孔子世家》的整体中，上面这两段其实有点怪，跟其他地方把孔子视为素王是有冲突的，其中暗含着司马迁还是遗留了文景时期影响司马谈的那种以道家为核心和真理的态度。我们需要特别注意,《孔子世家》光是在文本上就存在一些自相矛盾的地方,如果完全接受《史记》讲述孔子的方式,我们所认识的孔子一定是面目不清的。这是《孔子世家》无法掩饰的缺点。

不容,然后见君子

《孔子世家》尽可能地把有关孔子分散在各处的史料按照时间排列下来,让我们大概知道孔子在《论语》所说那些话时的背景。但因为这些史料来自不同的地方,所以司马迁笔下呈现的孔子的个性也是有差异的。

今天想要回到对孔子最原始的认知和理解,应该如何做呢?我想,有一个最基本的原则可以依循——在《孔子世家》中,只要是对孔子过度褒扬的(包括政治上的作为,尤其是他回到鲁国如何被重用),在原始史料上绝大部分是站不住脚的;强调他是一个无所不知的先知者,也是过分夸大的。不过《孔子世家》中也有一些真实感人的段落,比如讲到孔子如何应对生命当中的挫折。孔子一生致力于恢复封建的秩序,他希望找到一个君主,愿意采用他的方式来创建那个黄金时代的封建秩序,这个追求一直没有真正实现过,然而孔子在种种挫折中仍然褒有他的志气,还教导学生要不断追求理想。

《史记》里有一段极为精彩的记录,讲孔子和他的弟子"绝粮于陈蔡"的故事。那时候,孔子和弟子们被暴徒包围着,"从者病,莫能兴",跟着他一起的这些弟子,要么在精神上、要么在身体上都已经没有办法正常运作了。但是,孔子依然继续讲他的课,继续沉浸在音乐带来的愉悦中(孔子是一个音乐爱好者),并以这种方式展现了他特别的精神。

　　孔子的大弟子子路只比孔子小九岁，他们的关系大概介于师友之间。子路在绝粮于陈蔡时非常难过、生气，他气的不是孔子，气的是他们怎么会有这样的遭遇。所以，子路冲动地去见孔子，一见到就冲口而问："君子亦有穷乎？"意思就是好人（或者是像我们这样努力修养自己的人）为什么也会落到这么可怕的境地？孔子很自然地回答说："君子固穷，小人穷斯滥矣。"所有的人都会遇到挫折，但君子和小人的差别就在于，君子即使在最糟糕的情境下都会坚持自己一贯的做人原则，不会为了摆脱挫折而违背原则。相应的，小人是为了解决自己的困难，什么事情都可能做。在如此极端的处境下，孔子知道弟子们心里都有郁结之处，于是一一找这些弟子来谈话。第一个招进来的仍然是子路。孔子引用《诗经》说：

　　"匪兕匪虎，率彼旷野"。吾道非邪？吾何为于此？

　　孔子把子路的感慨借由《诗经》的字句，倒过来变成一个问题，来反问子路——你怎么解释我们为何会到这个境地呢？

　　子路曰："意者吾未仁邪？人之不我信也。意者吾未知邪？人之不我行也。"孔子曰："有是乎！由，譬使仁者而必信，安有伯夷、叔齐？使知者而必行，安有王子比干？"

孔子在告诉子路，当你遇到了困窘和挫折，不见得都是你的责任，有可能是外界的因素，而有些外界的因素是我们无法控制的。同时，这段话也就呼应了我们之前一再跟大家说的司马迁自己的内在信仰——"究天人之际"。为什么会有伯夷叔齐和比干？为什么他们明明是仁者智者，却遭到那样的苦难？因为他们的君王不听从他们？不是的，是因为有天。这是子路所不了解的。

　　子路出去后，下一个来的是子贡。孔子同样用这段话问他：我们有今天这样的遭遇，是我们的错吗？

　　　　子贡曰："夫子之道至大也，故天下莫能容夫子。夫子盖少贬焉？"孔子曰："赐，良农能稼而不能为穑，良工能巧而不能为顺。君子能修其道，纲而纪之，统而理之，而不能为容。今尔不修尔道而求为容。赐，而志不远矣！"

子贡的解释是，我们今天碰到这个困境，是因为老师您太理想化了，您追求的东西是这个世俗社会没有办法理解、容纳的。子贡从现实的角度来劝孔子，我们可不可以不要那么高，可不可以不要那样坚持？如果我们能妥协一下，也许就不会遭遇这种状况了。

　　孔子回应子贡，每个人都有每个人的专业，你坚持自己的专业，要知道这个专业的尊严在哪里，这比其他的一切都重要。你要做一个农夫，就把你的农夫技艺发展到极致，你要做一个工人，就把你的工匠技巧发展到极致，这才是做人的基本原则。同样的类比，什么叫作君子？君子就是想尽办法把世界上所有混乱的东西、不合理的东西予以收拾，让大家都知道这背后的秩序和礼的道理。这是一个君子应该要做，也是唯一能做的。在自己的专业上面，君子不能去妥协、去讨好。作为一个君子，他不能违背、委屈自己的原则和专业的尊严去讨好君王，也不能去讨好一般人。孔子进一步训诲子贡：你想的竟然不是更坚定自己的专业，却想让我来讨好一下？那子贡我告诉你，你的志气不够远大啊。

　　子路和子贡的回应形成了一个清楚的对比。子路是一个非常严格的、反求诸己的人，他认为可能是我们做得不够。但子贡不一样，他想的是让别人更容易接受我们，在跟社会的沟通、相处上，或许可以稍微降低自己的标准。这是子贡的习惯和聪明，但有时候也是他的缺点。这两种答案都不是孔子要的，但借由回应他们的答案，孔子教给他们自己认真相信的原则。

　　子贡出去之后，进来的是颜回，孔子最喜欢的弟子。孔子也拿同样的句子问他：我们错了吗？为什么会落到今天大家没有东西吃，以致所有人几乎都生病了的状况呢？

　　颜回说："夫子之道至大，故天下莫能容。"他开头一句话跟子贡所说的几乎是完全一样的，最重要的一个原因是老师追求的东西跟现实社会实在相差太多了。不过，接下来他的回答和子贡的截然不同："虽然，夫子推而行之，不容何病，不容然后见君子！"

　　他完全从相反的方向来说：您追求的这个志愿跟社会有这么大的差别，因此当你在推动、追求你的理想的时候，当然会被社会抗拒啊！但正是这样，您才值得去追求这个理想。如果您想的跟大家都一样，这个社会很容易就可以接受，那为什么还需要孔子，为什么需要您拥有这样的理想来改变它？所谓"不容，然后见君子"是说正是因为这个社会对我们有意见，才说明我们做的事情是对的。如果在我们追求理想的过程中，社会给我们的都是正面的反应，这哪能叫作理想？不过就是在社会的现实上面去迎合这个社会罢了。所以，颜回更进一步说："夫道之不修也，是吾丑也。夫道既已大修而不用，是有国者之丑也。不容何病？不容，然后见君子！"

　　颜回的回答是对自我责任的一种认知，每个人有自己责任上应该担负的部分。作为一个君子、一个求道者、一个试图要实践理想的人，你的责任是什么？你的责任是把自己修养好，让自己能够达到那样的高度、拥有那样的知识和德行。如果在这个自我追求的过程中，有任何不够的地方，有任何缺漏，那是你的问题，是你应该要觉得羞耻的。可是，如果在这样的标准衡量下，你该做的都做了，但国君听不进你要说的话，不能认识你、重用你，社会也对你产生了强烈的敌意，这是你的问题吗？是你的羞耻吗？不，这是国君的问题，是社会的羞耻。这些不符合我们标准还以此来轻蔑我们的人，反而证明了我们的价值。

这段话真的非常重要。经过了这么长时间，今天我们活在这个世界上，面对集体，面对社会，面对别人给予我们的种种看法和标准，还是可以听听颜回和孔子的这段对话，思考什么叫作自我的责任。作为一个人，一定要这个社会接纳我们才是我们的光荣吗？很多时候，如果这个社会的运作模式和方法是你不能认同的，是你知道在一个更高的理想和标准下有问题、有缺憾的，那你为什么要让这个社会一开始就认同你呢？你应该努力去改变这个社会。在这个阶段，你抱持的态度和价值跟这个社会必然是有差距的。在你追求理想的过程中，社会不那么容易接受你，这是荣耀而不是耻辱。

所以，听了颜回的回答后——

> 孔子欣然而笑曰："有是哉颜氏之子！使尔多财，吾为尔宰。"

这就是颜回了不起的地方，孔子很高兴地说，"有这种道理！"我们还看到了孔子经常被忽略的幽默感。他对颜渊说："姓颜的，以后如果你当了高官或是有钱了，这样吧，我去帮你服务，帮你工作。"这是一个老师对学生最高的赞美：我多么希望这个世界上有像你这样的有地位的人；倒过来说，我多么希望这个世界上有地位、有财富的人都像你这样，明白什么是理想，并且愿意追求理想，实践理想。

在《孔子世家》当中，还有一小段事迹也可以让我们更进一步体会孔子的个性和了不起之处。孔子找了一位音乐大师师襄子学音乐，但他学的方式跟老师不太一样。孔子花了十天的时间接受了一首乐曲，没有要学别的。师襄子说："来吧，可以学学别的东西。"孔子说自己已经学会了这个音乐，但是还没有体会它背后的道理，因此他继续学。

过了一阵子，师襄子又问："可以学新的了吧？"但是孔子说："我已经知道音乐的道理了，但我还不了解创作者背后的情感和意志。"又过了一阵子，孔子了解了这个音乐要呈现的情感和意志了，但他说还没有理解音乐背后的人，因此又继续学了一阵子。

最后，孔子已经可以通过这个音乐感受到这个人。他说："这个人非常专注，思想非常深邃，我好像可以看到他，他脸上有一种自在，眼光很高，志向非常远大。我从这个形象中左思右想，恐怕只有周文王会有这种形象吧？"师襄子非常惊讶，虽然他是老师，但他知道孔子在学习这件事情上已经超越了自己。他告诉孔子："你说对了，这就是《文王操》。"

当然，我们是在神化孔子的能力。但是孔子这样学音乐，背后的道理真的值得我们学习，那就是一层层地通过音乐、艺术、文学的文本，最后真正要认识的其实是文本背后的那个人。这种对人的关怀，是孔子和司马迁传递给我们最了不起的东西。

留侯世家：帝王师的一生

少年遇黄石

《留侯世家》是世家的第二十五篇，描绘了一个重要的历史人物——留侯张良。精彩得不得了。

依照史记世家的通例，一开始要先讲张良的来历。不过《史记》在讲张良来历的时候特别强调了几件事情，埋下了重要的伏笔，这些伏笔后来在张良的一生中，一直是他决定变成一个什么样的人，如何经历、决定自己走向何处的重要因素。

张良的出身背景最重要的是"大父、父五世相韩"，他是韩国大夫中非常高层的世卿之后，祖父、父亲在韩国国君身边扮演着重要的政治角色。然而，随着秦不断地壮大，从西往东侵扰，遭受最严重威胁的就是在地理上跟秦紧邻的韩、赵、魏。在历史上，是韩、赵、魏三家分晋开启了战国时期，但这三家在领土和军事实力上其实是不平等的，最小、最弱的就是韩。所以，在张良的成长过程中，因为自己的家世背景，他目睹而且亲身经历了秦的壮大带给他们的种种痛苦。

到了秦灭韩的时候，张良还很年少，来不及继承他的家世

（意味着他在韩的政治系统里实际是没有任何地位的），但因为他们家和韩国国君那样久远的渊源，在国破之后，虽然有家童三百人，但张良宁可不顾家，不把弟弟归葬也要为韩报仇。

怎么报仇呢？他选择的是当时在战国末年的流行办法——暗杀。在《留侯世家》中，张良的第一个故事就是"学礼淮阳"。在淮阳，张良遇到了一个大力士，让这个大力士做了一把重达一百二十斤的铁锤。等到秦始皇统一六国，东游到淮阳的时候，他就和这个大力士拿铁锤去刺杀秦始皇。不幸的是，铁锤投过去，"误中副车"。这显然是秦始皇出于安全的考虑——虽然一个车队有好几辆车，但看起来最豪华的那一辆，坐的却不一定是秦始皇本人。

暗杀的机会只有一次，张良没能够成功，但显然惹恼了秦始皇。"秦皇帝大怒，大索天下，求贼甚急"，相当于全国通缉张良。张良只好隐姓埋名，躲到了下邳。

然而，《留侯世家》用短短几句话就彰显出了张良与众不同的个性——"良尝闲从容步游下邳圯上"。明明全天下都在通缉他，他仍然能够"从容步游"。越是紧张，他越维持非常平静自在的态度，或者可以倒过来说，平静自在的态度这时反而是最好的自我保护。

张良从容地走在桥上，遇到了一位老先生。老翁穿着粗布衣，走到张良旁边，然后把自己的鞋子脱了下来，伸手一丢，丢到了桥下。然后他非常无礼地对张良说："小鬼，去帮我把鞋子捡起来。"

张良当时的心情是怎样呢？虽然他藏匿在下邳，看上去很平静，但是内心不可能不激荡着各种情绪——他刚刚刺杀了当时全天下最有权力的人，虽然失败了；他被全国追拿，仍然从容以对。可以想见这个少年自视多高，有多强大的自信。但是，他在桥上碰到了这个破老头儿，叫这个志气如此之高的韩国公子，去桥底下帮自己捡鞋子，而且鞋子也不是不小心掉的，是当着张良的面丢下去的。所以张良的第一反应是"愕然，欲殴之"，恨不得伸拳就要打人。但一看对面是个老人，"为其老"，勉强把气给忍下来，真的去桥下把鞋子捡了上来。

捡上来之后，老翁还不放过他，说："帮我穿上。"张良这时候脑袋里可能转过了千百个念头：我干吗要做这样的事情？但既然都已经屈辱到帮他捡鞋子了，那就再帮他穿上吧。因此张良跪下来，又帮那位老翁把鞋子给穿上了。老翁在张良帮他穿鞋的时候，还把脚举高，对张良极不礼貌。穿完了之后仍是无礼，大笑而走。这一路的无礼，让张良觉得非常惊讶，忍不住一直看着老翁离去的背影。

这个老翁走了很远，又回来了，看到张良还在那里，就对他说："孺子可教也。"我们今天把"孺子可教"当作是一个好的成语，但是回到原来的情境下，这几个字仍然暗含了一种狂傲的口气，意思是："小鬼，你还可以呀，我愿意教你。"怎么教呢？老翁告诉张良说，五天之后天亮时，到这里来找我。

张良觉得不对劲，但是仍然恭恭敬敬地跟老翁说："好，五天之后我会来。"这是他的个性特征。五天之后天亮的时候，张良到了桥头，老翁已经在那里了，非常生气地骂他："你这个小鬼，跟老人家约会，你竟然晚到？"发了一顿脾气之后，老翁又说："五天之后，同样时间来找我。"

张良学乖了，五天之后，鸡刚叫就出发了。但一到桥头，老翁又已经在那里了。事情重演了一次，老头再次骂了他一顿，然后约了五天后见面。

下一次张良干脆夜半就出发到那里，总算比老人家早到。这回老翁看到张良，高兴了，说"这样才对"——老翁根本就是故意的，跟张良约天亮，实际上自己午夜没过多久就去了。老翁从怀里拿出一册书来交给张良："你好好地读这本书，就可以做帝王师。十年之后，你辅佐的人就能够成为王者。十三年之后，小鬼，你到济北谷城山下来找我，山下有一块大黄石，那就是我。"这就是在中国的传统文献上非常有名、反复被引用的黄石老人的故事。

不过，我们在《留侯世家》的开头重新看这段故事，应该要体会到一些不同的东西。这个故事很显然是后来为大家所流传、相信的关于张良的神话，而这个神话必然来自留侯张良本人。我们想想看，当时没有任何目击者，只牵涉到一个人跟一个神，或者说一个人跟一块石头。如果不是张良自己讲出来，世界上怎么会有这个故事？所以，司马迁是要让我们知道，这是留侯张良的本事，他要让人家相信他是注定要成为帝王师的人，而且他那些犹如神助的意见和想法，不是一个凡人的智慧所能想出来的，而是在年少时有一段奇遇，得到了这本《太公兵法》的书所产生的。

《太公兵法》的"太公"，一般认为可以远溯到姜太公。如果真是姜太公留下来的兵法，那么这种由历史和时间所带来的权威，就使得深稔《太公兵法》的张良所提的意见有了特殊的分量。可以说，张良借着这段神话，给自己树建了独特的权威性。

这个故事还有一层用意同样值得我们注意，那就是张良怎样成为一个成年人。年少的时候，张良的心情是那样直接而冲动——刺杀秦始皇。在那时，他以为刺杀是最好的手段，以为只要杀死秦始皇，所有问题就迎刃而解了。在下邳的桥上，如同神话一般，黄石老人真正教他的是不能只在外表上从容步游，如果你的内心仍然充满了各种激动，就看不到更长远、更广大的一种角度，无法成为真正的智者。如果是这样，那你还远没有资格在这个乱世中追求自己的成就，甚至创造历史上的功业。当遇到"不意之间"，即完全无法防备的意外的时候，你能不能不用冲动和直觉来应对？能不能保持耐心，保持理性的思考？

这样一路看下去，我们会发现，这是司马迁心中留侯张良身上最重要的特色：当面对最严重、最可怕的大事和挫折的时候，没有任何东西可以撼动他。只是司马迁追根溯源，却追到了这个传奇和神话上——原来张良是如此幸运，曾经得到黄石老人的教诲。

运筹帷幄的"始祖"

《高祖本纪》中有这样一段话：

> 夫运筹策帷幄中，决胜千里外，吾不如子房。

这是汉高祖刘邦对张良的至高评价，也是"运筹帷幄"一词的来处。从历史的结果来看，刘邦从崛起一直到成为皇帝的过程中，许多关键时刻都是靠着张良的建议，要么解除了危难，要么开拓了新的机会。但是，世家公子张良是如何与刘邦结合在一起的呢？

《史记》中记载，秦末大乱伊始，张良靠着世家公子的地位，聚集了少年百余人，本来准备去投靠景驹，但是在"留"这个地方，也就是后来张良被封的这个地方，他遇到了刚从沛出来的刘邦。这是一个重要的伏笔，牵涉到后来刘邦为什么会把"留"封给张良，使张良正式变成"留侯"。这个称号是有感情上的意义的，意思就是，当刘邦回顾自己的人生经历时，认为在留遇到张良是一件非常重要的大事。

对张良而言，如果不是遇到刘邦，他很可能就随着景驹而去了。这个时候，张良内心最重要的想法是，如何建立自己的势力，以及如何延续被灭掉的韩。因此，他游移在对沛公刘邦的效忠和对韩的认同中。等到项梁的势力越来越大，张良去见项梁的时候，他仍然没有把自己当作刘邦的人。他念兹在兹的是韩，他劝项梁说，你已经立了楚怀王，也就是说楚已经有了继承者，但韩还没有，韩公子韩成是一个好人，你可不可以把他立为王，如此一来，你立的王所带领的势力一定会帮助你，这是对你非常有好处的。项梁听从了张良的意见，找到韩成并立其为韩王。韩成被立之后，张良就去做了韩的司徒，辅助韩王。

所以，看起来张良会投入韩的阵营，与刘邦越走越远。可是当刘邦带领军队从洛阳南出时，张良又去找了刘邦。因为这个时候韩王的军事行动不太顺利，张良借着老交情去找刘邦帮忙。刘邦也很够义气，一听张良需要，就带着军队帮韩成打下了十几座城。用这种方式，韩王成得到了落脚的基地阳翟。也因为这样的交情，张良愿意跟着刘邦一起往南，然后在接下来的军事行动上极大地发挥了他的作用。

这时候，沛公手底下大概有两万人。张良就劝他，秦的守军还很强，我们不可以轻敌，不过我听说带领军队的人是屠夫之子，这种人出身庶民，通常很容易被贿赂，所以你先按兵不动，夸大军队的实力。张良叫他把伙房扩张，大张旗鼓地煮饭，并且煮五万人的饭。这时敌人看到炊烟，算出刘邦的军队有五万人吃饭。当然，还要有各种旗帜布在山上容易看到的地方。同时，这时候已经在刘邦阵中的郦食其则拿各种重宝贿赂秦将。果然如张良预期的那样，秦将因为是做生意的人，衡量一阵之后，觉得应该投降刘邦，还愿意带着军队跟刘邦一起打到咸阳。

这时，刘邦理所当然地认为张良的计谋已经奏效了。不，张良还有下一步。他说，我们贿赂的只有这个将军，但那些兵卒会投降吗？如果他们不投降，我们就会受到危害。张良真正要达到的效果和利益是什么？他要借由秦将想投降而心情松懈的状态，让刘邦去攻打秦军，秦军果然一击即溃了。

打赢了这场仗后，刘邦接下来一路往西北走，到了蓝田，再度遭遇了秦兵。这场战役在《史记》里描述秦兵的只有两个字："竟败"，但这简单的两个字放回到楚汉相争、刘邦崛起的过程中，又是如此的重要。从第一次攻下宛、西入武关之后所遇到的秦兵秦将，从实力来看刘邦是没有把握打赢的。但正是靠着张良的计谋在上场战役中取得的胜利，刘邦的军队一步一步乘胜往西走，到了原本打不下来的蓝田，也打赢了。因为有了这两场重要战役的胜利，本来几乎不被任何人看好的刘邦最先进入了咸阳。

刘邦进入咸阳后的一段，在《高祖本纪》也写过，但《留侯世家》里还有一个有趣的细节。刘邦进咸阳后，秦王子婴投降，刘邦长驱直入地进到了秦的宫室里，看到"帷帐狗马重宝妇女以千数"。这是多大的享受和诱惑啊，他进了秦宫后根本不想出来。《高祖本纪》记载，这时有两个人给高祖出了意见，一个是樊哙，一个是张良。

樊哙和张良的出身非常不一样。樊哙是一个武士，一个粗人，本来就不习惯这种豪华的享受。他劝刘邦不要留在这里，但是刘邦不听。这时候，换张良去劝。张良怎么劝？他说："老大，你想想看，今天我们进到咸阳，凭的是什么？"张良知道，刘邦再怎么样都有一个非常重要的长处，就是有自知之明。刘邦知道自己是一个流氓混混，只是喜欢夸口而已。张良瞄准的正是他这一点，继续说："我们之所以今天到了咸阳，进入秦的宫室，是因为秦无道。正是靠着秦在统治上所犯的错误，我们才能进来"，"夫为天下除残贼，宜缟素为资。"你越是诉苦，越是认同、跟随着一般人，越能够得到好的帮助和资源。今天你一进来就安于此乐，这叫"助桀为虐"。张良担心刘邦听不进去，就再跟他说了一句我们今天还在用的俗语——"忠言逆耳利于行，毒药苦口利于病"。不要老是想要轻松的，老是听好听的，这件事应该听樊哙的建议。于是，刘邦就离开了秦的宫室，还军霸上。

接下来就是鸿门宴了。在这里，司马迁用了非常俭省的方式，说："语在《项羽》事中。"如果你对这个有兴趣，要去看《项羽本纪》。不过，在《留侯世家》里，他补充了一个细节。

鸿门宴后，项羽进入咸阳大封功臣，他违背了原来的承诺，不把关中给刘邦，而是让刘邦去非常偏僻的巴蜀做汉王。刘邦为了感谢张良在鸿门宴上的帮助，赏给张良"金百溢，珠二斗"。但张良不在意这些财货，转手就送了出去。送给谁呢？项伯。在鸿门宴上，真正在项羽旁边但心向张良而救了刘邦的是项伯。这时候项伯又发挥了作用，说服项羽，让刘邦同时拥有了汉中。

这个时候，项羽大封六国，包括韩。我们不要忘了张良是韩人，他要回到韩王的身边，所以刘邦带军队入汉中时，张良已经不在他的身边了。回到韩王身边之前，张良又送给了刘邦一个重要的礼物。

他告诉刘邦，去巴蜀的路上，要把经过的栈道全部烧掉，表示你不会再沿着这条路回来，以此让项羽安心。这一点是在《高祖本纪》和《项羽本纪》中都没有写的，原来也是张良的作用。

张良回到了韩王的身边。但是因为张良过去一直在刘邦身边，韩王对他没有那么信任，没有马上重用他。另外，项羽并不信任这些六国之后，怕他们回到故国会对他不利，所以基本上是把韩王扣押在自己身边。张良跟着韩王，得到了跟在项羽旁边的机会，他对项羽说："刘邦一路把栈道都烧了，您可以放心，他不会出来和您做对了。如果不考虑刘邦，那天下现在最严重的事情就是东边的齐王田荣的反叛，您现在应该全力来对付齐王。"

项羽也以为栈道被烧掉，刘邦就出不来了，于是安心地带领大军离开咸阳返回故乡，在途中决定先收拾六国之后，尤其是齐。刘邦和他阵营的长处就是，他们总是可以掌握充分的讯息。当项羽一心一意看着东方的时候，刘邦的机会来了。他找到故道突袭出来，轻而易举回到关中，拿下了这块项羽违背誓言没有给他的地方，这成为楚汉相争第一个关键转折，而这个转折背后真正的关键人物，就是这个如此聪明且一心一意要帮助刘邦的张良。

成就汉朝的两大决断

司马迁记录了张良在汉朝成立前后所做的种种筹谋和贡献，快要写到张良生命终点的时候，他突然插了一段话。很容易被忽视，但非常重要。

司马迁在这段话前写到，张良一度跟着高祖皇帝带兵去北边的代，在马邑城又贡献了妙计。这个妙计具体是什么，《留侯世家》里并没有详细说明。接下来，司马迁又提到，在立萧何为相国的时候，也是张良给了重要的意见。但接下来，司马迁转而写道：

> 所与上从容言天下事甚众，非天下所以存亡，故不著。

这段话为什么重要？司马迁是在总结，同时也在明白地告知后人，他在用怎样的标准和原则来选择《留侯世家》的内容。张良对这段历史时期太过重要，虽然司马迁掌握了这么多材料，却不会通通放进史书中。这种情况，也是史家在做史学研究时最大的功课和考验。很多时候，史家掌握的材料远超过可以运用的，这个时候考验他的就是"史识"。"史识"决定了史家在庞杂的内容材料中选择留下什么、舍弃什么。

《留侯世家》有一个非常特别也非常高的标准，那就是在张良各种不同的计策中，必须要确切关系到天下（这里指汉朝）存亡，才能被写入。司马迁用这种方式，标举了两件事：第一，张良在历史上的重要性。光是关系与天下存亡相关的事情（收入《留侯世家》的）就有那么多。同时，他做过很多别的事情，用这么高的标准放不进来；第二，我们可以借由《留侯世家》来对照汉朝如何成立，以及后来刘家天下如何维系的大主轴。所以，当我们知道了司马迁这个用意后，回过头再来读《留侯世家》，就知道每件事情背后都是一个天下存亡的关键点。

在《留侯世家》中的许多叙述，有一部分可以补充《项羽本纪》《高祖本纪》中所显现出来的楚汉相争的过程，还有一部分帮助解释了高祖成立汉朝后，刘家的天下是怎样一步步稳固下来的。从《留侯世家》里对读楚汉相争的历史，我们知道项羽无意中又犯了一个严重的错误，那就是一路把韩王韩成留在自己身边。项羽不信任韩成，不愿意让韩成真正去统治韩国故地，而且最后因为各种原因杀了韩王，等于是把张良直接送给了刘邦。

那时刘邦刚刚收回关中，接下来准备东征楚国。到了彭城，刘邦碰到了一次大溃败，退回到下邑。这个时候，刘邦延续着我们在《高祖本纪》里看到的个性，他不承认挫败，在那样的情形下，他第一个想法就是卷土重来。

《史记》的这一段记录非常鲜活——"汉王下马踞鞍而问"。即使是溃败如此，刘邦仍然有他的自信和雄才。他问，我现在要把出关之后打下来的关中以东这一块地方送给别人。应该送给谁呢？

这个话对谁问呢？张良。张良马上就明白刘邦在问什么，所以立刻给了他三个名字。第一个，九江王黥布。九江王的称号是项羽封的。在张良眼中，这个黥布是楚之枭将，和项羽来自同样的地方，而且都是真正会打仗的、有楚军事传统的人。但也正因为这样，他和项羽之间是有嫌隙、恩怨的。第二个，彭越。齐王田荣第一个站出来反项羽的时候，彭越是跟着一起反的，当然也不可能真心服从项羽。第三个是谁呢？这里我们不得不佩服张良的洞视——他说："你身边这么多将领，其实只有一个人真的可以独当一面，这个人就是韩信。"

张良知道刘邦要干什么，他说，把这块土地送给这三个人，就可以打败项羽。刘邦立刻就听从了他的意见，马上叫随从去说服九江王黥布，然后再去联合彭越。最后，刘邦果然主要就是靠着这三个人的兵力打败了项羽。而这三个人的兵力又是凭借什么得来的呢？刘邦的慷慨，或者说无赖。从刘邦的角度来看，反正所有占领的地方都是额外得到的，一旦碰到问题，他一点都不吝惜，通通都散出去。正因为他的慷慨，这三个人又有自己的野心，想要得到自己的势力范围，所以非常容易就上钩了，纷纷投奔或是更加效忠刘邦，尽全力攻打项羽。在彭城之战这样糟糕的情况下，刘邦竟然可以用这种方式反弹。

《留侯世家》所讲的下一桩事情也关系到天下存亡。到了汉王第三年，又出现了一个危急时刻。在荥阳，刘邦被项羽的大军团团围住，情况极其紧急。这个时候，他身边的策士郦食其跟他商量说："依照历史，商成立的时候，汤伐夏桀，把夏桀的后代封在杞。等到周建立的时候，也把商人的后裔封在宋。我们今天之所以面对这个状况，是因为秦的无道，秦无道最明显的一件事情，就是侵伐诸侯社稷，让六国之后竟然无立锥之地。依照这个历史教训，你现在就干脆说，通通帮六国之后复国，让他们都有一席之地，重新刻这些六国的封王、封国之印，那样的话，他们的君臣百姓都会感恩，愿意当你的子民。你就可以南向称霸，所有六国之后都服从你、支持你。楚一看你的实力比它大太多了，这时候只能乖乖地跟你协商，甚至投到你的麾下。"

刘邦一听，这太便宜了，刻几个印，把这些地方封给这些人就可以解围，甚至可以战胜楚，干吗不做呢？于是他就说："快、赶快去！"这就是刘邦的个性，要做就会马上就做。但刻印需要一点时间，在郦食其准备去执行这个计谋的时候，张良来了。张良从外地回到刘邦身边，刘邦留他吃饭，席间就说了这个计谋，问张良说："你觉得如何呢？"张良一开始没有评价，而是问："这是谁帮你想的？你如果用了他的想法，基本上你就大势已去，不必再玩了。"刘邦当然吓了一跳，问张良为什么这样说。

这里有一个非常形象的描述。张良拿起了一把筷子，说："这样，我借由这些筷子一条一条地帮你分析。第一条，汤封夏人的后裔在杞，那个时候已经明确可以致桀死命。换句话说，当商汤攻伐夏桀的时候，是等到他已经确定赢了之后，才把夏人的后裔封在杞。请问大王，你现在能确定你可以致项籍于死命了吗？"

刘邦当然诚实地说："不能。"

张良说："这是第一不可。第二，还是看历史的前例。武王伐纣也是一样，他之所以把商人的后裔封在宋，是因为这个时候他已经能够得到纣王的头颅了。今天你也能够得到项羽的头颅吗？"

刘邦说："我当然不能。"

接下来张良再问："武王伐纣成功之后，他把箕子释放出来，去拜比干之墓。请问，今天你有这样的权力和实力，可以封圣人之墓、表贤者之闾、式智者之门了吗？"

刘邦忙说："我不是，我不行。"

所以张良说："这是第三件有问题的事情。再者，你现在已经可以把这个粮仓里面所储藏的粮食、余钱来救济穷人了吗？"

刘邦说："没有啊，我做不到。"

然后张良："这是第四个有问题的地方。再来，武王伐纣成功之后，他马上就可以息武，把军队给解散，不打仗了。你现在已经到了可以不打仗的地步了吗？"

刘邦还是说不行。

"所以这是第五个有问题的地方。"张良又问，"休马华山之阳，示以无所为。我们现在已经到了太平年代，因此可以来处理应该怎样建立一个新制度的时候了吗？我们现在已经可以把军队解散了吗？"

刘邦说："不行。"

张良继续分析："再下来，你能够放牛桃林之阴，以示不复输积吗？"

刘邦当然说："我做不到。"这就是第七个有问题的地方了。

最后，张良指出，郦食其最严重的错误在于，他所使用的历史前例跟刘邦此时面对的情况完全是南辕北辙。郦食其所讲的，都是别人已经明确得到胜利后，对过去仇敌的处理办法，但刘邦的状况完全不是这样。

"那么多人去故旧、跟着你不就是希望在天下大乱的状况下，日夜望咫尺之地，期望也有一天有机会可以封侯封王吗？你今天把六国之后都给立了，不就是告诉这些天下的游士说，没你们的份了。能封的、能给的都给完了，那请问，这些人该怎么办？他们要做什么事？当他们不可能从你这里得到好处，就会回到故主身边，谁还来帮您打天下呢？这是第八个不可以啊！"张良接着说，"分析了这些事情，你还觉得立六国之后可以让楚有所忌惮，或是削弱楚的实力吗？刚好相反，原来你已经应付不了项羽，去立六国之后是给自己找了更大的麻烦。"

依照司马迁的写法，刘邦听完，一口饭还没吞下去，马上吐出来骂道："这个王八蛋，差点害死我。"当然，他骂的是郦食其。然后刘邦马上叫人去销毁了这些印。就这样，张良再次阻止了刘邦即将犯下的严重错误，挽救了他夺取天下的机会。

刘邦的救星

从楚汉相争到汉的成立，刘邦如何得天下、治天下，乃至于这个政权如何顺利地传到刘邦的儿子汉惠帝的手里，整个过程中，张良基本上无役不与。因此，司马迁明确告诉我们，他只记录张良的计谋中影响到天下存亡的部分。真的有这么多事情是靠着张良的计策才得以成功的吗？我们回过头看《留侯世家》中桩桩件件的记录，不得不承认司马迁所言非虚。

汉四年，楚汉之争正在胶着中，刘邦派韩信去攻打最东边的齐故地，韩信带兵成功地把这个地方平定了下来。平定下来之后，韩信的野心出现了。这件事情比较详细地记录在《淮阴侯列传》当中（韩信就是后来的淮阴侯）。司马迁告诉我们，读《留侯世家》到了这一段的时候，要插入来看《淮阴侯列传》。

《淮阴侯列传》记载，韩信平定齐之后，派使者去跟刘邦说：

"我到了齐，发现齐真是一个奇怪的地方，这里的人伪诈多变，都不老实，不会乖乖接受统治。这是一个反复之国。"他说的其实是有道理的，楚汉相争是怎么开始的，就是来自西边和东边同时发生的变化：西边是刘邦偷偷北上占领了关中，东边就是齐的田荣不满项羽封王的不平等，反了。这一东一西两股势力，造成楚汉相争后来的局势。所以，齐不是一个那么容易统治的地方，更麻烦的是，齐的南边紧邻着楚国的领土和势力。

因此，韩信就说："我看，我必须要当齐王。"但他还是客客气气地说，"这样吧，我在这里当一个假王，也就是暂时当个王。为什么呢？因为用这种方式，我才能够占领齐的地方，够免除齐的不安定状态。希望你同意让我当假王。"

这里有一个背景是，当时韩信的势力越来越大，而且他是一个真的会用兵的人。而刘邦被项羽的楚的军队牵制着，势力和军事行动空间实质上是不如韩信的。所以韩信在这件事上基本是有恃无恐。

刘邦这时正被项羽的军队围在荥阳，本来就已经在急难中，韩信又给他来这么一招，简直是火上浇油。于是，刘邦看完使者带来的信，马上就大骂："今天我被困在这里，时时刻刻都在想，你到东边去，如果成功了，你要带着你的军队来帮助我、来救我。你什么都不想，也没有顾念到我，只想自己当王！"

这个时候刘邦身边有张良和陈平，他们两个就偷偷地踢刘邦的脚，为什么呢？因为刘邦忘记了，韩信的使者还站在那儿，他还要回去汇报韩信刘邦是怎么反应的。张良偷偷地在刘邦耳边说："这时候我们的状况很不利，你觉得你可以阻止韩信称王吗？"意思是，如果你拒绝他，他就自己称王了，如果他自己称王，也就意味着你逼他跟你决裂了。然后张良又说："不如因而立，善遇

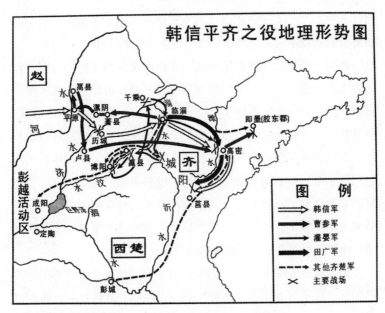

韩信平齐之役地理形势图　引自辛德勇《历史的空间与空间的历史》

之。"你反而要摆出这个姿态说，这是我的好意，我愿意让你当
王。用这种方法你把他稳定下来，不然后面可能产生的变化是我
们担不起的。

　　刘邦听了张良的意见，立刻就压抑了自己的情绪。这里我们
不得不感叹，刘邦真会演啊，刚刚使者已经看到他发了一顿脾气，
可他赌这个使者没听清楚他发脾气的具体内容，所以就补了一句
话——这些段落简直像是在写剧本一样，刘邦使出他演戏的本事，
他还是继续骂，因为要延续那个使者感觉他在生气的情绪，可是
这时候这句话就是骂给使者听的——"你韩信是个男子汉吗？扭
扭捏捏的干什么！大丈夫当王就当王，当什么假王啊？要当王就

当真王啊！”一下子就把这个局势给扭转了，好像他生气的是站在韩信的立场来说的，用这种方式化解了这个危机。

我们现在可以很清楚地看到，在当时楚汉相争的局势中，韩信是多么关键的一股力量。如果当时刘邦没有用这种方式压抑自己的愤怒，所导致的几种可能对于当时的他来说都是承担不起的。一种情形，韩信自立为齐王，跟刘邦决裂；另一种，刘邦勉强答应了，使者跟韩信说，其实刘邦原来是不愿意的，那韩信和刘邦之间的信任、他对刘邦的支持必然会受到影响，甚至消失。在刘邦遇到的这种危机状态下，如果韩信倒戈到项羽那边，那后来的刘家天下基本上就不会存在了。所以，虽然这个事件在《留侯世家》中只有短短一句话，但的确也关乎天下存亡。

到了汉王第六年正月，这时候，《留侯世家》中对刘邦的称呼已经从“汉王”变成了“高帝”——刘邦已经战胜项羽，当上皇帝，可以开始封功臣了。

《留侯世家》里先讲了刘邦对封功臣的态度，他碰到了最大的一个问题。这个时候封功臣基本的标准，是依照战功、军功。张良体弱多病，而且以他的角色，很多时候不可能真正去带兵。单纯从战功来看，张良很难被列在封功臣的行列当中。但刘邦知道，打仗不是只靠那些在战场上带兵的人，他明白张良有多大的功劳。因此，他故意用非常夸大的语言来称赞张良说：“运筹策帷帐中，决胜千里外，子房功也。”意思是，你们不要看他没出去打仗，光是在营帐里面，他就可以决胜于千里之外。他有这样的功劳，因此我要好好地奖励他。

于是，刘邦就叫张良“自择齐三万户”。三万户是个大封地，而且在齐这样人口密集的地方，不是封王却胜似封王。可是张良不要。更有意味的是，张良说：“我从下邳开始参与到秦末大乱当中，到了留，遇到皇上，这是天意啊。从留之后，我就从一个韩国的故臣，变成了你的左右。而且我非常感谢你，你经常愿意听我的劝告，为了纪念这件事情，我别的都不要，就请你把留这个小小的地方封给我就好了。"

刘邦一听，当然也非常感动。张良会这样做是因为他知道，虽然刘邦有流氓的个性，但是也有情感，所以他要利用留变成留侯。在张良和刘邦的关系中，这是不可言语但非常关键的一件事情。到后来，汉初这些功臣有那么多命运上的起起落落，甚至包括韩信、黥布最后都被迫跟高祖翻脸，但是一直到高祖刘邦去世，留侯的地位、声望都非常稳固。这是因为一来张良不贪，刘邦给他这么大的奖励他都不要；二来，他知道怎么在感情上拉住刘邦，选择"留侯"这样一个身份，让刘邦一直记得，当年幸好你在留遇到了我，这是天意。

张良被封为留侯之后，同时已经被封赏的大功臣有二十多人，其余的人日夜争功，还没有封赏结果。有一次，高祖刘邦从洛阳南宫走复道（复道是秦始皇设计的一种特殊的通道，皇帝从里面经过的时候，可以看到外面的情况），看到一个奇怪的景象，之前跟他一起打天下的一些将领席地而坐，围在一起讨论。他就问张良，知不知道他们在讲什么？张良就反问刘邦说："你会不知道吗？他们在谋反啊！"

这是多么可怕的一个答案，刘邦当然不愿意相信。当时跟项羽打仗的时候，有那么多的变数，他们没有反，怎么可能现在一切已经安定了，却想要谋反呢？

张良说："你想想看，你原来自己是一个平民，是靠着跟这些人一起，才得到天下。现在你得到了天下，得到好处的是谁呢？是萧何、曹参这些从沛就开始跟着你的故人，你喜欢的人。这个过程中，被你惩罚的、杀的都是跟你有仇怨的人。今天，基本上是靠战功来封赏，可是有这么多人有战功，他们担心的是，你有可能通通都封吗？他们担心自己这样出生入死跟着你打天下，搞了半天最后还不见得有好处。还有，在这个过程中，他们是什么时候来投奔你的，投奔你的时候来历又是什么，甚至在打天下的过程当中还产生了种种恩怨……这个时候天下太平了，你会不会来跟他们算账了？他们在想的是这个啊。"

听到这里，刘邦开始担心了，马上就问张良："这可怎么办呢？"因为他问的是张良，这个担心也就化为了一个很简单的问题。张良的确早就想好了方法。他问刘邦："你想想看，现在你身边，你最讨厌、最恨的人是谁？"

刘邦很诚实地回答："是雍齿，而且所有人都知道我讨厌他。因为他跟我太熟了，从小一起长大，所以他对我没有别人的这种敬意，常常羞辱我，还背叛过我，我想杀了他。但没办法，他立了很多的军功，每次我气得要死，气得咬牙切齿，但一想到他还是帮了很多忙，就下不了手。"张良说："那就容易了，现在你马上封雍齿，让其他人都看到。大家看到雍齿都从你这里得到了权力和好处，也就安心了。"

刘邦立刻照着这个想法办了一个仪式，把雍齿封为"什方侯"。接下来还有一系列的配套工作，催促还在那里慢条斯理地讨论的丞相、御史，赶紧把封赏群臣的方法给定下来。本来坐着讨论谋反的这些人都高兴了——太棒了，雍齿这么得罪皇帝，都还捞到一个"什方侯"，我们怎么可能没有希望。用这种方式，刘邦当然就稳定了当时跟他一起打天下的人。

这部分内容没有写在《高祖本纪》当中，但又如此关键。汉代初年，如果不是张良，依照刘邦的个性，这些部将、大臣很可能很快就起而谋反，那时还会不会有刘家天下呢？

西汉命运链上的身影

项羽陨灭后，表面上看起来刘邦独大，可以安稳地当皇帝了。事实上，到了汉成立之后，刘家天下依然不是那么稳固。

汉王朝成立后，有一个关键的问题出现了——定都。刘敬劝高祖刘邦，应该跟秦一样，定都关中，但刘邦不太同意这个观点。更重要的是，当时跟随的大臣都是东部的人，这些人一想到要去关中，就觉得离自己家乡好远，纷纷劝刘邦就留在洛阳。他们的分析也算有理有据："洛阳东有成皋，西有崤黾，倍河，向伊洛，其固亦足恃。"

这时，有个关键的人对此持不一样的意见，那就是留侯张良。虽然他自己也是山东之人，但他的意见显然和自己的出身没有关系。他说，洛阳最大的问题是腹地不够大，范围不过只有几百里，而且离开了这几百里之外，都是四面受敌，这叫作"非用武之国"。这几个字非常关键，这是张良的判断，或是他刺激刘邦一定要去思考的——我们现在建立的这个王朝已经可以不用打仗了吗？已经不用担心外来的军事威胁了吗？你如果真的觉得已经彻底太平，你能够镇压附近所有对你有敌意的军事行动，那或许洛阳是可以考虑的地方。相对应的，

> 夫关中左崤函，右陇蜀，沃野千里，南有巴蜀之饶，北有胡苑之利，阻三面而守，独以一面东制诸侯，诸侯安定，河渭漕挽天下，西给京师；诸侯有变，顺流而下，足以委输。此所谓金城千里，天府之国也。

　　关中的腹地非常大，它的生产潜能远大过洛阳的平原，而且南边是丰饶的巴蜀，北边靠近胡人的地方有牛马的利益，更重要的是，整个关中最重要的就是非常容易防守，别人要打你，只能从东边来。另一方面，面对东边，你也可以制住这些诸侯，当天下安定的时候，这条路就是最重要的资源之路，来自东边的各种资源可以顺着这条路，源源不断地送到关中来。万一这些诸侯有什么蠢动，你在最西边，有一个水运上顺流而下的优势，资源运输也不会有问题。这叫作"金城千里，天府之国"。

　　在这个节点上，几乎只有张良站在刘敬的这边，说关中才是现在更应该考虑的地方。刘邦怎么反应呢？"高祖即日驾西，都关中"。他马上就被张良说服了，不用再犹豫了，今天就走。这又是一件和张良有关、且关乎天下存亡的事情。

　　再下来，就到了刘邦的继承问题。

　　我们在读《吕太后本纪》的时候就看到，吕后和戚夫人的矛盾是高祖在位时就有的严重问题。戚夫人是刘邦身边最受宠的一个妾，而且生了赵王如意。刘邦爱屋及乌，也觉得赵王如意比当时的太子好太多了，而且这几乎是他公开的态度，吕后不可能不知道。

　　除了吕后之外，也有很多人反对高祖这个态度，纷纷劝皇帝不要更易太子。但很多大臣有可能是被吕后拜托的，或者看在跟吕后的老交情上去劝谏刘邦。越劝，刘邦的这种心态越坚决，吕后就越来越担心害怕。

　　这时候，有人跑去跟吕后说，张良是最擅长筹措和计划的，更重要的是皇帝非常相信他。吕后听后，就像一个溺水的人突然抓到了一根浮木，非去找张良不可。她的方法非常简单，直接让她的哥哥建成侯吕泽把张良给拦截了下来。

本来吕泽、吕后兄妹跟张良是没有这种交情的，吕泽硬是去拦截了张良，然后明白地告诉他："你经常帮皇帝出主意，现在皇帝要把太子换掉，你觉得安心吗，能够睡好觉吗？"张良说："的确，过去皇帝在困急当中幸好愿意听我的，所以到目前为止，许许多多的危机都度过了。但他为了自己的偏心，想要换太子，这个叫'骨肉之间'，恐怕就不是我能想到办法的。"骨肉之间是家务事，是人的家族、家庭内部的情感，张良是说，我们这些外人，哪怕上百个都使不上力。

吕泽听了这个话，知道张良的态度是有保留的，在这个问题上，他可以感知到张良的立场跟他是一样的——这个时候如果换太子，不单是高祖刘邦的私心问题，还会牵扯到国家和朝廷，这不是一件好事。所以，他就硬是和张良说："拜托了，请你一定要给出一个办法。"

张良是有办法的。张良说："现在口舌是没有用的，你回头想，汉家朝廷建立以来，在刘邦的心上，有什么样的遗憾？"刘邦曾经很想要四个老人家来汉朝为官，这四个老人都是有文化、有地位的人，但因为他们之前听说，可能也碰到过，知道皇帝最大的缺点就是出身，所以不懂礼貌，经常慢侮人，跟人说话不客气，做事情的举止也没把人放在眼里，不尊重人，所以故意逃到山中，"义不为汉臣"。

"义不为汉臣"这几个字让我们想到《史记》的《伯夷列传》，伯夷、叔齐也是因为看到武王伐纣、以暴易暴，所以不食周粟，饿死在首阳山中。这都是非常有原则的人，他们有一种潜在的巨大力量。正是他们发誓不当汉人，不服从刘邦的统治，刘邦反而非常尊敬他们。

张良继续说："所以你不要吝惜任何资源，不管是黄金、布帛，用太子的名义，非常谦虚、卑恭地写信，然后用安车，找到真正会说话的人，去请这些老先生。"真正会说话意味着知道这些老先生需要怎样的尊敬，"一定把他们找来。找来之后，把他们奉为上宾，经常跟在太子身边，入朝的时候就跟着去，迟早有一天会让皇帝看到他们。他一定会问，等他知道这四个人是谁了，就会很有帮助了。"吕后采取了张良的建议，真的让吕泽想尽办法去请，然后这四位老先生也真的来了，他们住在吕泽的地方，很快就立下了一件重要的功劳。

汉十一年，跟刘邦一起打天下的一员猛将黥布看到刘邦不断在收拾其他的功臣，心知肚明刘邦也不可能容他，于是就趁刘邦生病的时候反了。果然，刘邦因为生病无法出行，就让太子带兵去打黥布。

这个时候，太子身边的四个老人家觉得不对，他们讨论说："我们之所以被邀请来，是为了想办法保存太子，现在看起来，如果真的让太子带领军队去打黥布，这事就很危险了。"于是，他们主动和建成侯说："太子如果带军队，一种可能是真的立了军功，但那会怎样？他已经是太子了，没有更高的地位可以给他了，所以一点用都没有。但如果无功而还，那就是别人的把柄，有很多坏事可能会降临在他身上。再者，太子有可能带兵成功吗？他要带的这些将领，都是跟皇帝一起定天下的枭将，他们是何等的人物，怎么可能听太子的？这无异于叫一只绵羊去带领一群狼，狼又怎么可能乖乖听羊的呢？这些和刘邦一起打天下的将领如果不听太子的，怎么可能打败黥布呢？"

所以，四个老人请建成侯转告吕后，让她找机会在皇帝旁边哭诉，说黥布是天下猛将，那么会用兵，今天这些将领都是跟皇帝一起打天下的，让太子带这些人去打黥布，他们不可能听太子的。更重要的是，如果黥布听到了这个消息，他会如何反应呢？这是关键，要让吕后提醒刘邦，黥布是一个什么样的人，怕什么，在意什么。他一旦听到刘邦生病了，他那个软弱无能的儿子来带兵，他肯定马上就带着大军毫无忌惮打到长安来了。

接下来，他们又教吕后哭着建议高祖说："我知道你生病了，也不是不关心你，但是你可以不用很劳累，就躺在车子里，只要你去，这些将领，我保证他们不敢不尽力。我知道你这样会非常辛苦，可这是为了我，为了我们的儿子，为了我们的天下。"

吕泽听完后，"立夜"转告吕后，吕后照做了。最后，高祖果然听进去了，《史记》里又非常鲜活地记录了他的反应，他说："其实我早就知道了，这个不像样的儿子，根本没用。还是我自己去吧。"于是，虽然在病中，高祖还是亲自"将兵而东"，当然这个态势就完全不一样了，留守的群臣一直将出征的队伍送到了霸上。

这原本是一个巨大的危机。一来，太子很可能无功而返；二来，太子不在身边，戚夫人却日日夜夜陪在皇帝身边，可以说他的小话，或许等到太子无功而还的那一刻，就会被换掉了。所以，相当于是张良和这四位老人用他们的智慧暂时保住了太子。

张良在这件事情上的作用还不止于此。更关键的是，他要用什么方法让刘邦真正遇到这四个老人家，然后给刘邦带来怎样巨大的震撼和心理效果，用这种方式真正保住太子，让他可以变成后来的汉惠帝。

张良的最后一计

汉十二年，汉高祖刘邦打败了黥布，但他的病也越来越重。与此同时，他想要换太子的想法也越来越强烈了。

留侯张良也去劝诫，但是高祖不听。于是司马迁这样记录道：张良"因疾不视事"。他称病，不和高祖见面了。换句话说，张良没有要强求，但他让刘邦知道，我有我的立场，我劝你不要换太子，你不听，我不多说，但我也不服侍你了。

这个时候，高祖身边还有一个人对这件事情也非常坚持，就是叔孙通。叔孙通的职务是太傅，也就是辅佐太子最重要的人，他引用了古往今来种种例证和道理，不断跟刘邦说不应该换太子。他的耐心表面上看起来也得到了回馈，"上详（佯）许之"。刘邦受不了了，烦死了，假意敷衍叔孙通说，好了好了，不换了。但他内心"犹欲易之"。

那什么事情真正改变了刘邦的念头呢？在一场重要的宴会上，太子同时带来了四个人。

四人从太子，年皆八十有余，须眉皓白，衣冠甚伟。

这四个人在宴会上太突出无法被忽略了。在那个时代，人的平均寿命只有四五十岁，这四个人竟然都活到八十多岁，头发胡子都是白的，但是身形仍然很有样子，穿着也很正式。为什么？就是要让刘邦看到。

刘邦当然看到了，而且他很好奇，为什么太子身边会有这四个人呢？然后，这四个人就主动在皇帝的面前各言其名姓，分别是东园公、角里先生、绮里季、夏黄公。

等这四个人把名字讲完之后，刘邦吓了一大跳，说："我找你们找了好多年啊，你们不是都不理我吗？今天为什么会在这里，而且为什么会跟着我的儿子呢？"

这四个人异口同声地告诉他说：你啊，"轻士善骂"，对你要找的人，你一般都没有基本的礼貌和尊重，我们有我们的自信和自尊，不能想象被你这样不礼貌地对待，所以特意躲开你。但是，我们听说太子跟你不一样，他"为人仁孝，恭敬爱士"，因此，全天下的人"莫不延颈欲为太子死"，这种人才是我们应该效忠的对象，所以我们来了。

显然，他们为了帮助太子，早就想好了这套说辞。于是，刘邦也只能对这四个人说："太谢谢你们了，那就请你们好好来调教、保护太子吧。"

这一段写完后，四个人要离开了，司马迁没有放过一个细节，他告诉我们："上目送之。"刘邦这个时候还在刚才的震撼中。他是多么世故的一个人，目送这四个人离开的时候，心里已经有了明确的盘算。他把自己最爱的宠妾戚夫人叫过来，指着四个人的背影说：

> 我欲易之，彼四人辅之，羽翼已成，难动矣。吕后真而主矣。

他要告诉戚夫人，抱歉，虽然我那么疼你、爱你，也爱你所生的赵王如意，但这件事情已经不在我的控制范围以内了。虽然我贵为皇帝，但没有办法再动太子了，他已经有了自己的阵营和势力，这个势力并不完全是这四个老人家，更重要的是这四个老人是谁找来的，以及他们究竟在政治的权力运作上代表着什么。

当刘邦说"羽翼已成，难动矣"，我们从上下文也大概也可以察觉，他也在想，太子真的有那么厉害吗？是谁帮太子想出这个主意？还有，要动员怎样的资源、有什么样的关系，才能让这四个不愿意服务皇帝的人，竟然乖乖地陪伴在太子身边？这背后的人，有什么样的号召力能够去运作这一切——

一方面，让这四个人陪伴在太子的身边，是在柔性地告诉皇帝，你的儿子不是一个什么随便的人物；另一方面还带有一点恐吓，告诉刘邦，这个时候你的儿子已经不再单纯是你的儿子，他现在已经是一股重要的政治力量，你必须用更现实的、政治的角度和眼光去看他，要把他换掉，牵涉到的是整个王朝当中一股庞大的、已经集结的政治势力。

因此，刘邦这时候不得不告诉戚夫人，"吕后真而主矣"。这几个字也是充满感情的，他不只是告诉戚夫人现在不可能换太子了，而且吕后基本上也会一直在她之上了。戚夫人直接就哭了。

这是刘邦非常少有的真情流露的时刻，他对戚夫人说："为我楚舞，吾为若楚歌。"

来吧，替我跳家乡的舞蹈，我为你唱家乡的歌。而他唱的歌，歌词本身也是在讲换不了太子的事请：

> 鸿雁高飞，一举千里。羽翮已就，横绝四海，当可奈何！

哎呀，这已经不是一只雏鸟了，变成了一只庞大的鸿雁，鸿雁要飞到天上去，就算你手上有箭，你的箭上绑了绳子，都已经拿它没有办法了。唱了几次之后，戚夫人唏嘘流涕，哭得更严重了。"上起去，罢酒。"就这样，刘邦真的决定不换太子了。

这一段描述虽然写在《留侯世家》中，我们会不由自主地联想起《项羽本纪》，最后项羽四面楚歌，被围在汉军当中，听到了故乡的歌，那时候他也在感慨，身边也有他深爱的女人虞姬。同样的，当时的西楚霸王也是起而歌，起而剑舞，唱的也是一曲哀歌。用这种方式，我们看到了司马迁描述人性、人的命运的功力。

这两个枭雄相争了那么久，但没想到，在他们的生命快要终结的时候，面对的竟然是同一种悲剧性的情怀，而他们表达悲剧性情怀的方式——或许因为他们都是楚人，来自同样的文化和历史传承——也如此的相似。

行进至此，《留侯世家》中描述的留侯一次又一次参与、介入和天下存亡有关的事迹也差不多结束了。

接下来，在张良生命最后的这段时间，他回到了一个韩国公子的身份。在刘邦即位的最后时刻，张良就已经知道，所有他自愿的、该做的事情都已经做完了，他这一生已经够了。当初，他为了要替韩国报仇介入秦末大乱，最后竟然能够"以三寸舌为帝者师"，靠着智慧和说话的说服力多次影响皇帝，而且得到了如今这样的地位。这已经是一个普通人能够追求的极端了，如果到这个地步还不知道节制的话，只会给自己带来灾祸。所以，这个时候他不愿意再管任何事情，要去从事仙道，"学辟谷，道引轻身"，用这种方式跟现实的政治拉开距离。

高祖去世之后，吕后因为感念张良的帮助，当然也许担心他还会在政治上有什么作用，无论如何也要把他留在身边，劝他进食。张良不得已，勉强继续他在人世间的活动和存在。

最后，张良去世之前，与《留侯世家》行文前后呼应，回到他崛起的最重要的事件上，那就是在下邳桥上碰到的老翁。《留侯世家》写道，张良在遇到这个老翁十三年后，有一次陪汉高祖刘邦到了济北，果然在古城山下看到了那块黄石，于是带了回来，"葆祠之"。等到留侯死的时候，这块黄石也陪着他一起下葬，之后也一同接受节日祭祀。

太史公对张良有一段有趣的评论：

学者多言无鬼神，然言有物。至如留侯所见老父予书，
亦可怪矣。

意思是，虽然我内心不太相信这种鬼神，但是有一些传说，
像张良跟这个老翁之间的故事，说得那么真确，让你不得不相信。
汉高祖刘邦多次脱困，张良都有很大的功劳，光是这一点，也让
我们不得不相信有这种神怪的事情。能够在这些节骨眼上，在这
个时代发挥这么大的作用，好像不是单纯靠着人的智慧和努力所
能解释的。

在这里，其实司马迁再度说明了自己的观点，历史上有些人
物、事迹是介于"天人之际"的。正是这个"天人之际"引发了
他最后的思考和感慨：想到张良的功绩和发挥过的作用，我们会
自然认为张良是"魁梧奇伟"的，长得非常体面，但是没想到张
良留下来的图像竟然"貌如妇人好女"，是一个非常斯文、文弱的
人。所以，"以貌取人"在历史上是最不可信的，人长什么样子跟
能成为一个什么样的人没有必然的关系，留侯张良就是如此。

这是一个非常有余韵的收尾。作为一个历史学家，必须知道
得更多，才能对一个人有更准确的认知和评价。如果以为一个人
必须要长什么样子才能够做什么样的事情，那历史会向你展示无
数的反例。

萧相国世家、淮阴侯列传、曹相国世家：
皇权下的生存智慧

《史记》中一篇重要的名文是《萧相国世家》。萧相国就是萧何，他和留侯张良一样，都是在汉代成立的时候围绕在刘邦身边的重要人物。没有张良和萧何，就不会有刘邦的天下。司马迁反复在《史记》中凸显的史识是：楚汉相争中，项羽的特色在于个人如此杰出，但也正因为这样，在他的身边没有这么多辅佐的人，而刘邦最后能够打败项羽，靠的是一个集团。

司马迁为什么要花那么多的笔墨，用多篇世家和列传来写这些环绕在刘邦身边的人？因为这个功臣集团一个非常重要的特色，就是每个人都是"人物"，每个人有自己独特的个性和长处，他们和刘邦产生联系、辅佐刘邦的方式也各有不同。

用这种方式，司马迁展示的不只是关于刘邦集团的描述，还有更普遍的关于人、个性、事迹、成败的一个人物光谱，帮助我们认识到如何看人、如何理解人，以及如何用人。同时，借由描述刘邦身边的这些功臣，司马迁也让我们看到刘邦的特性。刘邦不是一个没有缺点的人，他常常轻侮人，对人不礼貌，但他身边竟然可以聚拢这么多个性完全不一样，而且都非常有棱角的、不平庸的人，靠这些人的知识和能力把天下打下来。为什么这些人会跟着他？在汉朝成立的过程中，这是谜一样的问题。司马迁借由写刘邦集团功臣的精彩篇章，部分解答了汉初历史上这个巨大的谜。

无赖和皇帝之间，差了几个萧何？

萧何萧相国是跟在刘邦身边的一种人的代表。他是刘邦年轻时的好朋友，而且"高祖为布衣时，何数以吏事护高祖"。刘邦是一个流氓无赖，经常闯祸，如果没有这些朋友护持的话，不要说当皇帝，他连称霸一方都不可能，而萧何就是最早护持在刘邦身边的人。

刘邦还在沛县的时候，要去咸阳出差。出发的时候，大家依照规矩和礼貌，都会送路钱给他。按照身份，他的同僚基本上每个人给他三钱，可是萧何会特别给他五钱。我们可以看出来，一方面萧何跟刘邦有特殊的情感关系，另一方面他应该在刘邦身上看到了一些独特性，包括很可能是刘邦所散发出来 charisma（领袖气质）。随着刘邦的崛起，萧何马上就知道自己在刘邦的阵营里应该扮演的角色。

当刘邦起军打到了咸阳之后，《萧相国世家》写道，大家眼里都是秦始皇累积下来的金帛财物，但萧何不一样。他特别收罗了过去秦主要的官署留下来的记录，还有秦的律令。当时，在"焚书令"之后，民间无法流传的这些图书，没有人认为它们有价值，更没有人想要把它占为己有。如果不是萧何，当时这些东西只可能有两种下场：一种是留在咸阳的宫里，很有可能就会被项羽一把火烧掉；另一种是被比刘邦更聪明或更有远见的人收走。

这些东西的价值在哪里呢？《史记》告诉我们，等到项羽进了关中、屠烧咸阳、把刘邦封在巴蜀之后——

> 汉王所以具知天下厄塞，户口多少，强弱之处，民所疾
> 苦者，以何具得秦图书也。

这时，这几样关键的讯息都掌握在刘邦的手里。第一，天下
厄塞。在当时天下的地理形势上，不管从经济还是军事的角度，
哪些地方可以攻、可以守，用什么样的方式资助军队。第二，户
口多少。到底每一座城市、每一个区域，它的生产能力和人口是
什么样的。第三，强弱之处。不管是统治上，还是军事条件上，
哪里强，哪里弱。还有第四，"民所疾苦者"。各个地方的人面临
的主要问题是什么。这些都充分反映在萧何收集的资料里。正因
为他得到了这些材料，才能够帮助刘邦，在楚汉相争过程中做出
不可思议的贡献。

司马迁说，这是萧何做的对刘邦产生过巨大帮助和贡献的第
一件事。那第二件事情是什么呢？就是推荐韩信。正因为他的推
荐，汉王刘邦才以韩信为大将军，进而在楚汉相争中得到优势，
不过这件事情主要写在《淮阴侯列传》中。

《淮阴侯列传》也是一篇名文。文章一开始就说韩信是淮阴
人。作为一个平民，韩信年轻的时候非常穷，而且"无行"，德行
很差。所谓的"无行"，意味着他不只穷，在地方上还是一个声名
狼藉的人，连最小的公家职位都没有资格被推举。他不可能去当
官，但又不会做生意，那怎么办呢？他就经常寄人篱下，靠着别
人的好意才活下去，让很多人讨厌。

有一度，韩信在南昌的亭长家寄食，赖着不走，连待了几个
月。亭长的夫人受不了，有一天故意特别早起来煮饭，然后让家

人在床上吃。等到韩信晚一点依照吃饭的时间去后，发现没有给他准备吃的。他当然知道这是什么意思，一气之下离开了。

没饭吃怎么办呢？他就跑到城下钓鱼。在城下，有许多的"漂母"，就是专门洗布的女性工作者。其中有一个漂母看韩信肚子饿，没东西吃，就分食给他。韩信多无赖啊，漂母给他吃的，他就接受，而且一吃就是几十天。韩信很高兴，就对这个漂母说："哎呀，我将来一定会好好地回报你！"但话一出口，这个漂母非但没有感动，还非常生气，她说："你是谁呀？你这样的一个大丈夫，没有工作，没有办法喂饱自己，还靠我喂你。我是可怜你，你连自己都喂不饱，竟然妄言要回报我。如果我期待你回报我，根本就不会帮你了。"《淮阴侯列传》一开始就告诉我们，连一个漂母都看不起韩信。

不单是这些人，甚至连淮阴这个地方的其他流氓也看不起韩信。因为韩信长得高大，而且喜欢带刀剑，这让这些流氓看起来很不顺眼，就当面挑衅他，说："哎，你带刀剑，你敢用吗？如果你不怕，就拿剑来刺我。如果你没有办法杀我，那就请你乖乖地从我的胯下爬过去。"韩信看着那个挑衅的流氓，想了一段时间，竟然乖乖地放下了刀剑，从那个无赖流氓的胯下爬了过去。可见，他在家乡多么不受尊重。《史记》的说法是"一市人皆笑"，所有的人都嘲笑韩信。

司马迁要告诉我们，这样一个人，其实跟刘邦一样，如果活在一个正常的社会，大概也就一辈子作为小混混，在一个没有人知道的小角落混过一生罢了。但庆幸的是，他们活在一个动荡的时代。等到秦末大乱，陈胜、吴广揭竿而起，整个时代的状态改变了，像刘邦、韩信这种人，竟然有机会摆脱小混混命运。

在乱局中，韩信跑去投靠了项梁。不过，他并没有得到任何重视。项梁死后，他又顺理成章地跟随着项羽。项羽一度以韩信作为郎中，但韩信给项羽提的好多建议都没有被采纳。所以，等到刘邦被封为汉王，进蜀之后，韩信就跑去投奔了刘邦。他是如何引起刘邦的注意呢？这个戏剧性的过程就牵涉到了萧何。

韩信拜相：萧何导演的大戏

直到项羽打入关中时，韩信都一直属于楚的阵营。可是等到项羽入关之后——我们一再强调，这是楚汉相争的关键——他的所作所为，瞬间疏离了很多人，很多原本追随项羽的人此后对自己的人生和未来走向做了不同的选择，其中就有韩信。

韩信投靠刘邦的时候，一开始也不是很顺利，只当了一个小官，没过多久还犯了法，要被斩。这时候，和他同案的都被杀了，轮到他的时候，他居然高抬着头，看着在上面主持刑罚的滕公，当他跟滕公四目相视的时候，说："你们家主人不是想争夺天下吗？如果他要争夺天下，为什么要斩壮士呢？"滕公想，这个人明明已经命在旦夕，而且是一个罪人，竟然敢看着我的眼睛，讲这么狂妄自大的话，可能不是一般人。所以，滕公"奇其言，壮其貌"，当下做了决定，"释而不斩"。接下来，滕公还跟韩信交谈，聊得很愉快。

韩信后来被拜为大将，而且在军事上屡有建树，但《淮阴侯列传》写到这里，其实司马迁是在告诉我们，不要搞错了，韩信真正的专长不是武勇，而是他的智慧。他知道用什么方式帮自己保留一点活命的机会。碰到了流氓少年的挑衅，他当下就知道，跟这种流氓去决斗是不值得的；在这样的即将要被斩杀的情况下，他也能够马上做出这样的反应，让滕公主动跟他说话，我们也就了解，韩信脑袋里其实有非常多的东西，不是打仗，而是识见。

　　他用这种方式吸引了滕公的注意，被推荐给了刘邦，刘邦让他当治粟都尉，主要是管后勤的。这意味着，事实上刘邦仍然不知道这个人有什么了不起，只是可能有用。除了滕公之外，萧何跟韩信也谈过几次话，觉得他不是一般人。

　　这个时候，刘邦数度被楚打败，到了南郑，好多人都逃走了。韩信就想，滕公和萧何估计都和刘邦推荐过我，但刘邦还是没理我，不重用我，我也走了算了。萧何一听说韩信走了，来不及跟刘邦报告，马上跑出去追，这就是后来在戏文里非常有名的"萧何月下追韩信"。萧何当下来不及处理任何事情，迫切地想办法把韩信追回来。然后就有人去报告刘邦：哎呀，糟了，萧何跑了。刘邦听了当然非常生气，感觉突然失去了左膀右臂。

　　不过，一两天之后，萧何回来了。司马迁非常鲜活地描述刘邦的反应——"且怒且喜"。

　　刘邦骂萧何："你怎么跑了？！"

　　萧何回答："我不敢跑，我去追跑掉的人。"

　　刘邦问："你追谁？"

　　萧何说：去追韩信。

　　这个时候，"上复骂曰"："那么多人跑了你没追，韩信是什么角色，值得你去追吗？你不要骗我了。"

　　萧何于是郑重地对刘邦说："你身边这些带兵的人都很容易得到，但是韩信却是一个'无双国士'。这样说吧，如果你未来就想在巴蜀安稳地当你的汉王，你就让他走。可是如果你想争夺天下，那你必然需要韩信。"

　　这时，刘邦当然回答说，我是一定要到东方去争天下的，怎么可能长期留在这里。于是萧何就顺着说："那你一定要善用韩信，但就算你把他拜为将，他都不见得会留下来，因为韩信在意的是你是不是真的相信他、能重用他。"

　　看萧何这么郑重其事地推荐韩信，刘邦就说："那好，我就拜韩信为大将吧。"但萧何还没完，他接下来就借机说真话：你拜将"素慢无礼"，拜大将都"如呼小儿"，表面上尊重别人，给他们很高的位子，可是摆出来的那个姿态好像就是：来，你给我做大将，然后你要感谢我。用这种方式肯定留不住人。萧何等于借由这个机会提醒、教育刘邦，为什么你刚被打败几次，这些人就都跑了呢？因为这些人平时既得不到你的重用，也得不到你的尊重，而重用和尊重才是你真正留住人才的关键。

　　接下来，萧何就明确建议刘邦，要拜韩信的话，必须有很特殊的方式，先发布消息，选一个良日，而且要斋戒，设一个坛场。换句话说，要把它变成一场大戏，把所有这些该做的礼貌、该有的仪式全部做足，然后再拜将。

　　其实从这里以及后来的一些描述，我们应该能看出来，萧何能够劝动刘邦，用这种方式将韩信拜为大将，关键并不完全是为了韩信，而是借这种方式来给给刘邦身边所有人看——刘邦并不是总以不礼貌、不尊重的姿态对待所有人，当他遇到了够厉害、值得他尊敬的人的时候，可以彻底放低自己的姿态。

　　于是，用这种方式，刘邦要拜将这件事吸引了全军的注意。大家心里都好奇，而且"诸将皆喜，人人各自以为得大将"。不少人都在心里盘算，依照功劳、位份什么的，应该是我吧？或至少我是有机会的，我是有希望的吧？

　　借由这样的预告仪式，萧何又达到了一个了不起的目的——至少在这段时间，这些人都不会再逃了。每个人都想，搞不好是我，不能放弃这个机会。另外，不讲到底要拜谁为大将，产生的另一个效果就是当场的震惊。当最后谜底揭晓，竟然是韩信被拜为大将，"一军皆惊"。大家都惊奇怎么可能是韩信，他是谁，凭什么被拜为大将？

看到后面的描述，我们就知道这些显然是萧何早就安排好的剧本。等到大家都在好奇为什么韩信得以拜将的时候，每个人都会认真听刘邦和韩信在拜大将时候的对话，借由这种方式，他们两个人对话，必然也就深深地印在每个人的心里。

按照礼仪拜完将之后，刘邦就问韩信，萧丞相一直说将军好厉害，不知道将军有何计策指导下我呢？韩信先是道谢谦让，然后反客为主地问刘邦说："今天如果我们要东向去争天下，敌人是否就是项羽？"刘邦回答说："是的，依照目前的局势，是项羽。"接下来韩信又说："在'勇、悍、仁、强'这四个重要的人格、特质上，你和项羽谁比较厉害？"这应该是早就安排好的，刘邦也很会演，"默然良久"，才说："不如啊，我不如项羽。"

这两句问答，表明不管是现实的状况，还是未来的变化发展，项羽的条件都比刘邦好，那我们凭什么跟项羽争呢？不必争了吧。这个时候，韩信就要显现他自己的价值了。他可以当大将，凭的就是识见。

他说："汉王啊，我本来也以为你不如项羽，可是我曾经在项羽身边观察过。项羽是一个什么样的人呢？他的武勇甚至气势都是非常吓人的，他发起脾气来的时候，可以震慑千人，这是他的长处。但他也有短处，就是不能任属贤将，此特匹夫之勇耳。

"另外，项羽给人的感觉非常恭敬慈爱，比起你，他跟人讲话礼貌多了。而且，项羽碰到身边有人生病，他会同情到流下眼泪。他自己要吃的东西也会分给人家吃。但那只是一面，另一面，他是一个独断的人。如果你帮他做事，等到你立了功劳应该得赏赐的时候，他的缺点就显现出来了——他无法分权。他光是刻一个印、封一个王，都要把印拿在手上把玩再三，舍不得交出来，所以他的仁心叫作妇人之仁。

"而且，项羽本来已经是天下的共主，却不懂得在战略上选择关中，而跑到彭城去，这个过程中又违背了跟义帝楚怀王的约定，偏心封自己的亲信为王。所以，看到项羽驱逐义帝，后来甚至还杀了他，诸侯有样学样，都回去驱逐了自己的国君，占地为王。在这种状况底下，谁能够有一个安稳的天下秩序可以依恃呢？再加上项羽所过之处无不残灭，因而天下多怨，百姓不亲附。虽然项羽是霸主，但他已经失去了人心。

"所以，项羽其强易弱，你其实是可以打败项羽的。怎么打败？你要倒过来，项羽所没有的，就请你好好地做。第一，针对项羽的匹夫之勇，你要能任属贤将，善待帮你带兵的所有人。"可以想象，当韩信在拜大将的坛上讲这段话的时候，所有的将领都听到了。"第二，项羽是妇人之仁，你要有真正的慷慨之仁。该封功臣的时候就封给人家，该分的就分，不要吝啬，不要小气。"大家一看，韩信讲这个话，而且刘邦还真的就把这么高的位置给了他，刘邦怎么可能小气？我们跟着刘邦，不都能够分得到吗？

再下来，韩信告诉刘邦："你根本不要担心，项羽把你封在汉中，他把关中封给了谁？封给了三个过去秦的将领，这是他绝大的错误。这三个秦将长久带兵打仗，耗损的都是关中父老的子弟，其中包括被项羽坑杀的二十余万人。可以想见，关中的父老怎么可能服气？这时候你只要出兵关中，关中的父老基本上都会站在你这边。"韩信不只是指出了整体的方略，还提供了一个当下具体可行的策略，那就是立刻离开汉中，去攻击关中。

这真是一场大戏。表面上看，这场大戏的主角是韩信，但我们知道，在这场大戏后面的导演是萧何。萧何安排这场戏，不只是为了让汉王刘邦重用韩信，他更在意的是如何借由这场公开的大戏，拉拢汉王身边的这些将领，让他们安心地跟着刘邦。

最后，靠着这样一种安定军心的方式，刘邦才有了下一步的动作，也有了条件可以向东角逐天下。这也是在楚汉相争中，绝对不容忽略的一个事件。在《萧相国世家》和《淮阴侯列传》中，司马迁也同时告诉我们，楚汉相争中的关键人物萧何和韩信，在汉王刘邦身边的位置和地位是如何建立起来的。

不归路上的淮阴侯

萧何把韩信留住了，而且说服刘邦将韩信封为大将军，这对于当时提升汉军士气和管理诸将都起到了非常大的作用。这段故事在《萧相国世家》是这样写的：

> 何进言韩信，汉王以信为大将军。语在淮阴侯事中。

意即这件事具体要参看《淮阴侯列传》。《萧相国世家》并不长，有意思的是，那句短短的"语在淮阴侯事中"却重复了两次，这两次萧何和韩信密切的联系，就是后世一直流传的谚语"成也萧何败也萧何"的由来。

我们回到《淮阴侯列传》，从这段话开始读起。

> 项王亡将钟离眜家在伊庐，素与信善。

项羽身边有一个非常重要的将领钟离眜，家在伊庐，因为地缘的关系，他原来跟韩信是有私交的。等到项羽兵败后，钟离眛就跑去投靠韩信。

钟离眛曾经跟在项羽的身边，当然对刘邦和汉军产生过很大的伤害，因此刘邦知道了这件事情后很不高兴。这个时候，韩信是功臣将领中得到最大赏赐的，被封为楚王，刘邦就要求韩信把钟离眛抓起来。但韩信刚刚到楚实施各种统治措施，并没有立刻处理刘邦这个要求。

到汉六年，有人上书告说"楚王信反"，其中很明显的理由就是，皇帝让他抓钟离眛，他也不做。这时候韩信毕竟被封为楚王，已经慢慢地建立起自己的势力。更重要的是，经过几年的历练，刘邦跟身边的人都知道，韩信带兵是有特殊能力的，就连刘邦都没有把握在正面冲突的时候赢过他，必须要有所筹划。

陈平给的计策是，让汉高祖宣称，因初当天子，所以要到南方去巡视。说辞具体是这样的："我现在要请诸侯到南方，因为南方有云梦大泽，这是一个重要的据点，我请大家到时候到云梦边陈（县）这个地方跟我相会，依照旧有的周王故事，我要来会诸侯，这是天子的一项职责。"

其实高祖是为了袭击韩信。这个计谋基本上是得逞的，韩信一开始并不知道汉高祖的真正的用意。直到高祖已经逼近，韩信才知道高祖并不是真的要会诸侯，而是带军来处置他的。

这个时候，韩信面临抉择。一方面，他想干脆发兵谋反，跟刘邦决裂。但是又回头想，刘邦到底能拿我怎么样？我做错了什么，有什么罪吗？于是，他又想了一个方式，当面明白地问刘邦：我到底哪里得罪你，你为什么要对付我？可是他又担心见了刘邦立刻就被抓起来，所以一直在犹豫——这恐怕也是楚王韩信犯的最大的错误。

他拿不定主意，于是旁边就有人劝他说："你把钟离眜斩了，然后去见高祖刘邦，刘邦一看你杀了钟离眜，觉得有效忠的举措，就不会对你怎样了。"

韩信相信了这个办法，就把钟离眜找来。钟离眜马上就知道了韩信的用意，告诉他说："你知道吗？刘邦现在没有用正式的军事行动来收服你，是因为我在你这里，结果你反而要抓我来讨好他。今天我死了，明天你也会完蛋。"但是很显然，钟离眜无法说服韩信，所以他最后骂了一句："你真不是个有仁心的长者！我来投靠你，而且我们有过去的渊源，你竟然不能保护我，还要用这种方法来出卖我，来保护你自己！"没有等韩信杀他，钟离眜就自刎了。

于是，韩信带着钟离眜的头去见刘邦。果然，刘邦还是没有放过他，立刻叫武士把他绑了，然后放在自己的车子后面紧紧看着。韩信非常后悔，留下了几句重要的智慧之言。

> 果若人言，"狡兔死，良狗亨；高鸟尽，良弓藏；敌国破，谋臣亡。"天下已定，我固当亨！

这个时候刘邦就跟韩信说，不是因为天下太平不需要你才这样对付你，是因为有人告你谋反。所以，硬是把韩信当作罪犯，一路押到了洛阳。到了洛阳之后，刘邦还是赦免了他，只不过把他的楚王头衔剥夺了，降为淮阴侯。

虽然韩信的功业和成就对汉朝那么重要，但司马迁还是没有办法把他的故事和萧何、张良、陈平、曹参这些人写在一起，而是放入了列传。"淮阴侯列传"这个名字，一来显示他因为得罪了汉高祖，被剥夺了封位和封号；二来，我们又能看出，司马迁对他仍然有不忍，所以这个列传不是叫"韩信列传"，而是把他最后的封号放在了标题上，而且通篇基本上都称韩信为淮阴侯。

韩信被贬为淮阴侯，开始小心和警惕，他也知道刘邦讨厌他。刘邦之所以讨厌他，是害怕他太有能力，所以他刻意显得自己没有能力，更没有野心，经常"称病不朝"。这样做，自然也就影响了韩信的心情，每天心情都非常低落，非常抑郁。

行文至此，司马迁又揭露出韩信另外一个严重的问题——自恃太高。韩信非常自傲，想到要跟绛侯、灌婴这些远不如他的人一起去早朝，对他来说都非常难过。而他"称病不朝"，或许还有一个更大的傲慢在——上朝就必须要面对那个在他心目中不见得能力更高，而且如果没有他恐怕也无法打败项羽的皇帝刘邦，在其面前表达自己的卑屈。

这个时候，只剩下樊哙和他有来往。樊哙的地位和待遇其实比韩信要好，但是樊哙对韩信高度尊重，都是跪拜送迎，仍然口口声声称他为王。韩信出了樊哙的门，总会感叹地冷笑说："没有想到，我这一辈子是跟樊哙这样的人来往啊！"可以想见，韩信的心情有多么抑郁。

刘邦不是不知道，但还会不时地刺激他，"从容与信言"，跟韩信闲话家常。刘邦说："我们大家一起打天下，不一样的将领，每一个人能力不太一样，我知道你能够看人、看将，那我问你，你觉得我的能力大概可以带多大的军队？"韩信虽然仍然恭称刘邦为陛下，但他说，"陛下不过能将十万"，十万大概就是你的上限了。刘邦当然就顺着问："那你呢？你能将多少呢？"韩信用比较卑屈的自称，但重点他说的是，"臣多多而益善耳"，是没有上限的。刘邦大笑说："多多益善，好啊，你那么会带兵，那为什么你现在被我管着呢？"这个时候，韩信就说："陛下不能将兵而善将将。"你没有那么会带兵，但是你会带将领，这是我被你挟制的理由。另外他又说："你的这个特殊能力，不是学来的，这是老天给你的。"

接下来，我们就迫近淮阴侯韩信的终局了。

陈豨被拜为钜鹿守，离开京城的时候去跟韩信辞别。韩信握着他的手，把左右全部都支开，然后仰天长叹，说："我可以跟你说真话吗？我有话要跟你说。"陈豨说："你说什么？我当然听。"韩信就说："你现在去钜鹿，钜鹿是天下精兵处，有很多重要的军事要地，而且有很多好的军队。现在刘邦相信你，但是你别忘了，如果有人在刘邦旁边说你谋图不轨，刘邦一开始会不信，第二次就会开始怀疑，到第三次就会生气，而且会自己带兵去打你。我跟你说，这件事情一定会发生！但是我们商量好，如果真的发生这件事情了，他去打你，你在长安没有人，我在这里做你的内应，我会在这里另外起兵。我们一内一外，这个天下就是我们的了！"

陈豨本来就知道韩信的能力，所以他回答说："谨奉教。"意思是，如果真的发生这个事情，就照这样做吧。

到了汉十一年，果然，"陈豨反"。然后也如韩信所预料的，刘邦自己带着军队要去打陈豨。这时韩信就刻意称病，然后偷偷地跟陈豨联络，说依照我们当时的约定，我一定会在长安举兵来帮助你。

韩信原来的想法是，他和他的家臣矫造朝廷的命令，释放在长安的刑徒，然后带着他们去袭杀吕后和太子。他已经部署好了，就等着陈豨那边的消息回来。

但不幸的是，韩信身边有人得罪了他，被抓了起来马上要杀掉，这个人的弟弟就跑去告诉吕后韩信的图谋。吕后一听，非常着急，但又不知道该怎么对付，她想把韩信找来，又担心他不来，就算来了恐怕也不服从。焦虑之下，她只好去找萧何。

萧何给吕后出了这样一个计谋，找人去通报消息，说陈豨已经被打败，而且还被杀了，这是皇帝的又一件丰功伟绩，因而号召群臣统统到朝廷来祝贺。这是一个很难被拒绝的理由。此外，萧何还特别写了一封信给韩信，骗他说，我知道你身体不好，但这件事情太重要了，请你一定要来。

萧何这封信不只要骗韩信说陈豨已经死了，更重要的是暗示他，你已经没有任何机会了，如果这个时候还不赶快来表达你的忠诚，你跟陈豨之间的关系万一有任何风吹草动，你就完了。他知道陈豨跟韩信之间的关系，所以也明确用这种方式劝韩信，韩信就非来不可了。

于是，韩信就被萧何骗进了宫。一进宫，吕后立刻就在长乐宫的钟室把他斩杀了。临死时，韩信留下了一句遗言。他说，我真后悔当时没有听蒯通的话，到现在竟然"为儿女子所诈"。他不知道这背后其实是萧何的主意，以为是被吕后、太子所欺骗，没有败在刘邦手里，竟然被用这种诈术结束了生命。所以，这里面有他强烈的悲愤，以至于长叹一声："岂非天哉"！这真的是老天的惩罚。最后，韩信不止被杀，而且三族都被夷灭。

看到这里，我们大概就能更深刻地了解，司马迁在写《萧相国世家》的时候，前后两次"语在淮阴事中"，含藏了多么巨大的人生反讽。

韩信曾经在刘邦身边得到过那么巨大的权力，参与了建造汉代的这个大功业，一度得到最高的赏赐变成楚王，是因为萧何看到了他，萧何也知道怎么用他。可他最后又是怎么失败地结束这一生的功业生涯的？还是因为萧何。最后，从怎么骗他、怎么抓他，到怎么杀他，都是萧何的主意。所以韩信的一生，"成也萧何，败也萧何"。

《淮阴侯列传》曾经记录刘邦和韩信关于"带兵能力"的对话，韩信说自己很会带兵，但刘邦"将将"的能力太强了。但是，看到本篇的最后，我们对这句话可以有更深刻的理解，意味着刘邦所谓的天授的"将将"的本领，和在他身边聚拢的是哪些谋士有一部分关系。真正非常会"将将"的，在淮阴侯韩信的例证上，其实是萧何。萧何看出韩信是一个大将军的材料，而当韩信在生命中有最后一搏的机会时，也是萧何看出来这个人想要干什么，以及会被什么方式诱拐进宫。所以，刘邦的"将将"之能很大程度上不是他一个人的，而是因为他聚拢了《史记》里相邻文章中的这些人，萧何、张良、陈平、曹参，他们才是刘邦真正的"将将"之能。

在"究天人之际"中，很多人面对人事时，经常说这是"天"，不是"人"。项羽死的时候，说"天亡我也，非战之罪"。韩信对刘邦说，你"将将"的能力是"天授也"，要死的时候也说"岂非天哉"。但司马迁从不轻易许以"天"，从历史缘由的探究上，他显然并不觉得项羽和韩信的感慨就是真正的定论。如果这就是"天"，那我们不可能从中得到任何的历史教训。

司马迁为什么要费这么多的篇幅写刘邦、谈论刘邦呢？因为司马迁对刘邦真的有高度的兴趣，而他对刘邦的认知和理解是如此透彻，以至于不同意韩信说刘邦的这个本事是"天"。

我们之所以读刘邦、讲刘邦，是因为刘邦给我们很多历史和人事上的教训，其中就包括，如果一个人真的要成就自己的功业，他需要的这种领袖才能是有不同层次的——要有像韩信这样的人，善于带兵；还要有一种有管理才能的人，像萧何这样懂得如何处理带兵的人。而当刘邦身边有些人有这样的眼光看到才能，同时疏通才能、安排才能、组织才能时，他会被这种人说服，并且会依照他们的建议来行事。这才是我们从历史回落到现实上，可以有所理解的。

《淮阴侯列传》还有一段非常有意思的尾巴。故事本身跟韩信已经无关了，但却是由韩信临终前的最后一句话引发出来的。司马迁之所以也写在这里，已经不是要告诉我们关于韩信的事情了，他是想再次展现刘邦的个性，以及借由刘邦我们能学习到的领导和人事上的智慧。

韩信要死的时候特别感慨，当时怎么没听蒯通的话呢。这个话传到刘邦耳朵里，他马上就问："蒯通是谁？赶紧给我抓来！"蒯通是谁呢？他是齐国的一个辩士，韩信一度被封为齐王，也就是那个时候所遇到的人。

蒯通被抓来了，刘邦就问他："你当时教韩信谋反对不对？"

蒯通面对刘邦时充满自信，他说："对，我教他，但是这个没用的家伙不听我的，所以今天才会搞到这种下场，我告诉你，如果当时这个没用的家伙他听我的，陛下，您有办法像现在这样杀他吗？"

刘邦听这个话当然非常生气，马上下令烹之。

这时候蒯通又说："你要杀我，煮我，真是冤枉。你怎么可以这样对待我呢？"

刘邦说："我这样对待你有什么错？你自己刚刚明明白白说你教韩信谋反，你有什么冤？"

蒯通回答说："你这样看，当时是因为秦造成的乱局，异姓并起，有那么多人才一起争夺天下，才能较高、跑得较快的，就能够得到权力和地位。你想想看，那时候有谁和谁是已经有主从关系的吗？"接下来，他举了一个例子，说："像盗跖，盗跖养的狗看到了尧，就对尧吠，尧不是个圣人吗？尧不是一个仁君吗？那狗干嘛吠他呢？狗吠他是因为尧不是狗的主人。它是依照谁是它的主人而选择它的行为的。回到那个时候，当时我的主人是谁呢？我只知道韩信是我的主人，根本不知道陛下是谁。而且，那个时候天下披坚执锐，大家都想能有所成就。你现在成就是很大，但如果回到那个时代，每个想要跟你竞争天下的、想要杀你的，你通通都要像抓我一样抓来杀了、煮了，你得费多大的劲？这些人有多少你知道吗？"

蒯通说完，刘邦就改变了主意，说："暂时不要杀他。"再过一阵，刘邦就把他放了，也免除了他的罪。

这一段为什么那么重要？

第一，蒯通所说的这件事情，如果用一个现代法律的概念来解释的话，叫作"不能溯及既往"。对错是非的标准会随着时间移动、改变，所以现在法律认定错的事情并不表示过去或者长期以来都是错的。法律只能够在订定的那一刻，告诉大家说这件事情是错的，才开始有效力。如果有人触犯了，应该接受相应的惩罚。如果在这之前并没有法律告诉人们这件事情不能做，而重新订定法律之后，又因为你过去做了，现在要惩罚你，那是多么大的不公平啊！这是一种任意且可怕的权力。它意味着，掌权者当下订定的道德标准、法律标准，哪怕在你还不知道什么是错误的时候做了，也要被惩罚。

人世之间，有一个"终极公平"不得不考虑的事情，就是时间的先后。什么叫"不教而杀谓之虐"？如果你没有告诉别人这件事情是错的，却要因此而杀人，这不是公平处置的方法。

另外，蒯通还讲了一个很重要的原则，就是一个人要在行为上遵循什么样的标准和价值。一个人是不是应该为他的主人效忠和着想呢？对蒯通而言，他要效忠的对象就是韩信，他替韩信着想、规划，哪里错了？如果你认为一个人当下可以不替他的主人谋划，那么全天下所有效忠你的人看到你这样决断，都会认为自己可以不需要效忠自己的主人了。所以，对于当下个别案件的处置，必须考虑到它背后更长远、更普遍的原则。用这种方式，刘邦听进去了，所以改变了主意，放了蒯通。

到了《淮阴侯列传》的最后，司马迁留下来的评语说："我到淮阴去，也就是韩信的家乡，这些人跟我讲韩信，他们留下了特别深刻的印象，当他还是一介平民的时候，就已经有跟别人很不一样的志愿，他相信自己会有很高的成就，很高的地位。"其中一个近乎荒唐的例证，司马迁说："韩信的妈妈死了，死的时候他穷到连张罗葬礼的钱都不够，但是他硬是要把妈妈葬在一个高地上，他的想法是，他母亲的坟墓旁边要能够摆得下万户人家。这意味着韩信当时就在想，如果我取得了成就，其中一个赏赐就是妈妈的坟墓旁边会有万户人家来守。"这在封建时代是非常重要的功臣的封赏方式，韩信当时就已经在想这个了。然后，司马迁也很惊讶地说："我去到那里，看到他母亲的坟墓，的确是这样啊。"

不过，他接下来也就感叹："有这种雄才壮志，如果韩信能够学道（学习道家的基本的行为和原则），能够谦让，'不伐己功，不矜其能'，那他也许就有更好的下场。如果那样，他对于汉家的功勋比得上周公、召公、太公，而且后世会一路受到封地和庇荫的。"这几句话对应起来，也是换另一种方式再度称赞留侯张良的智慧，因为留侯就是一个学道者，懂得如何在刘邦身边谦让，但这并不是韩信的生命情调。

一百个曹参，不如一个萧丞相

萧何对刘邦的重要性不言而喻，而萧何开始崭露头角、明白显现出来自己的意义是在刘邦进入咸阳之后。从进入咸阳，到被封汉中，再从汉中打回关中，楚汉相争局面形成，因为有萧何，刘邦这边已经有了两项项羽比不上的优势。

一项优势是，萧何刚到咸阳就收了秦代的丞相御史律令图书，把它们作为建立一个帝国的文件全部都收在一起。文件里记录了当下帝国的种种讯息，所以，对于地理、人口、经济、军事等不同的面向，萧何都有最好的掌握。另一个重要的优势是，在刘邦带军向东跟项羽征战的时候，萧何一直留在关中地区，主要做两件事情。

首先是"使给军食"，换句话说，就是负责给前线军队的后勤补给。后勤补给最核心的是粮食，所以他必须充分掌握关中的生产力。不止如此，他还要确保后勤所需的粮草跟其他器械能固定且有效地送到前线去，让刘邦没有后顾之忧。当然，在楚汉相争的过程中，即便有这样的优势，刘邦仍然数度在战场上败给比他更有军事能力的项羽。所以，萧何还必须做另外一件事情，就是《萧相国世家》中所写的：

> 关中事计户口转漕给军，汉王数失军遁去，何常兴关中卒，辄补缺。

他要不断地帮刘邦动员新的军队，每当前线战败，军队有所流失，如果不能快速补充兵士，那么很明显会给刘邦带来无法逆转的颓势。还好有萧何坐镇关中，他一而再、再而三地有效动员关中的物力和人力去补给前线，这是他最重要的功劳。

但即使有功至此，在那样的乱世当中，萧何仍然要找到自处之道。接下来，"汉三年，汉王与项羽相距京索之间"。这时候正是楚汉相争的最高峰，刘邦和项羽相持不下，可是出现了一个奇怪的现象，刘邦一直派使者来慰问后方的萧相国：你最近好不好？有没有什么需求？

萧何就搞不清楚了，这是怎么回事？还好他旁边有一个策士鲍生，教萧何说："你想想看，这时候汉王是在什么样的状况下？他在最前线打仗，如此辛苦，却一再派人来问候你，这绝不是什么好事。为什么他要反反复复来问候你，因为这是他最没有安全感的时候，随时有可能战败。所以他怕在这个节骨眼上，万一后方有什么不测，就完了。他反复来问候你，是为了稳固自己的后方。所以，你要让他安心，觉得后方绝对不会有事。不然的话，一旦他开始怀疑你，你想想他会怎么做？所以，既然你负责的是动员，那就把你们家族里只要能打仗的男丁，通通找来，都派到刘邦身边，这样他就不会怀疑你了。"萧何听了，乖乖按照这个建议去做了，刘邦果然非常高兴。

到了汉五年，刘邦已经打败了项羽，要论功行赏了。之前说过，整个封赏的过程花了很长时间，很难决断。最后，刘邦把萧何放在最前面，封他为酇侯，而且给他非常多的食邑。看到萧何得了这么大的赏赐，很多功臣，主要是在前线打仗的人，心里很不平衡。他们对刘邦抱怨："我们在前线攻城略地，多则跟敌人战斗了上百场，少的也打了几十场，经历了多少生命危险，留下了多少伤口。萧何呢？他打过仗吗？他骑过马吗？他就在后方，徒持文墨议论，不战。他从来没有真正上过战场，为什么功劳反而在我们上面呢？不合理！"

　　刘邦听了他们的抱怨，没有直接回答，而是问他们会不会打猎。大部分人说，会啊。接下来刘邦就问："你们知道打猎的时候有猎狗吗？"他们说："当然知道，打猎的时候要带着猎狗去。"刘邦就接着说："如果你们要去打猎，会叫狗去追，对不对？所以，表面上看起来是狗追到了猎物，可是，是谁放狗的？还有，是谁指示狗应该到哪里追呢？我们会认为，打到猎物都是猎狗的功劳，而不是人的功劳吗？你们取得的这些战绩，用打猎来作比的话，叫作'功狗'，你们就是去把猎物咬回来的，这是你们的功劳。可是不要忘了是谁指使你们到哪里打猎，怎么打，这背后有'功人'。这个人是谁呢？就是萧何，因为萧何发踪指示，他在后面告诉我们军队应该到哪里，去打什么地方，怎么打。而且，你们跟在我身边，觉得自己非常效忠我，也许你弟弟和其他亲戚也跟着我，但至多就是两三个人。你们知不知道，萧何举宗数十人，几乎所有传宗接代的男丁全部跟着我。功不可忘也，所以，正是这两个因素，决定了萧何应该获得的特殊地位。"

　　在这件事情上，我们首先要佩服刘邦的识见，他会区分，真正攻打城池击退敌人打退的那些人，不过是打猎时的"功狗"。"功狗"有苦劳，但是最高的功劳是在背后出谋划策、运筹帷幄的"功人"，费心的人比费力的人地位更高。

　　另外，我们也就了解了，当时鲍生给萧何的建议真正打动了刘邦。刘邦在前线最艰难的时候，萧何竟然把萧家所有男丁都派过去，这是彻底的效忠。因此，等到论功行赏时，刘邦自然也会给萧何应得的地位。

　　但事情还没有完。封赏后，接下来就要定位次。这时几乎所有人的共识是，摆在最前面的应该是平阳侯曹参。为什么呢？因为他打仗打到身上有七十道伤口，能活下来就已经是一个奇迹了。

而且，曹参攻城略地，功劳最多，也应该摆在最前头。但刘邦心里不这样想，他还是认为摆在第一的应该是萧何。

关内侯鄂君可能意识到了刘邦的心意。他独排众议，说曹参虽有野战掠地之功，但这是"一时之事"，就是说每场战役就是一个点一个点的功劳。但是，刘邦跟项羽相争长达五年的时间，而且战线拉得那么广，过程中有赢有输，而且输的时候居多。每次输了，部队里面就有很多人逃亡，最终之所以取胜，靠的是萧何源源不断地从关中补充人力，有时甚至不用等刘邦告诉他应该怎么做，他一看前线不对，就会主动用这种方式来帮助。当楚汉在荥阳僵持时，已经到了"军无见粮"的地步了，最后能够打败项羽，就是因为萧何一直从关中运来粮食。在争夺东方领土过程中，刘邦不断失败，也是靠着萧何镇守关中，才成就了万世之功。

鄂君讲得非常夸张，"今天我们不要说少了一个曹参，就算少了一百多个曹参，汉军仍然是汉军，可是如果少了一个萧何，那就不可能有汉军，不可能有楚汉相争的这个结局了。"萧何是长时间的、全面的功劳，曹参虽然打了那么多场战役，但不能"以一旦之功而驾万世之功"。

用这种方法来主张萧何第一、曹参次之，当然就是刘邦想要的。结论是，萧何不仅排第一，还被赐予了一个非常重要的特权，可以"带剑履上殿，入朝不趋"。这是最高等级的优待，意味着萧何上朝可以不用脱鞋，不用解剑。不止如此，依照本来的朝仪，上朝时为了表示看到皇帝的慌张和敬仰，臣子在殿上不能慢慢走，必须要快走，就是"趋"，但是像萧何这种特别的功臣，可以慢慢地走向殿上，走向皇帝。

这一段其实还埋下了一个伏笔。在《萧相国世家》接近结束的时候，我们会看到有一段萧何和刘邦的互动，司马迁用了非常简要的两个字"徒跣"。"徒跣"就是赤脚，表示萧何本来被刘邦恩赐可以穿鞋、带剑上殿的特权，但他刻意把鞋脱了，光着脚去见刘邦。这就是萧何的为臣之道。

不安，是权力者的本能

《萧相国世家》写了非常多有趣的故事，其中最核心的一条脉络和历史教训是，汉朝建立后大部分功臣都跟刘邦有所龃龉，甚至被一一翦除，萧何凭什么能够全身而退。

少数留在刘邦身边的几个人，包括留侯张良、萧相国萧何，还有曹参、陈平、周勃。司马迁把他们集合起来放在世家中，这意味着他们直到去世，都保留了刘邦给予的封位。借由这几篇世家，司马迁要告诉我们，这些人的遭遇在汉朝不是常态，而是特例。

萧何身处这样高的地位，他一生中最重要的几件事情，都是在刘邦的猜疑、敌视甚至可能是惩罚中，一次次通过考验，保住了自己的位置。

和韩信的关系，是萧何一生中最重要的故事之一。韩信"成也萧何、败也萧何"，但对于萧何而言，不管是他推荐韩信，还是最后除掉韩信，都是在刘邦面前展示了自己的价值和能力。汉十一年，刘邦在外平定陈豨的叛乱；在内，萧何也解决了韩信意欲谋反的危机。刘邦知道后，就派使者回到长安，给萧何嘉奖。刘邦给的奖励非常高。首先，他让他萧何由丞相再升一等，变成了相国，是朝廷所有官位中最高的，真正是一人之下，万人之上。其次，他还给萧何加封了五千户，这五千户每年应该要交给朝廷的税收，现在通通归给萧相国了。在这些奖励之外，还有一件有趣的事：高祖另派了五百人，由一个都尉带领，去当"相国卫"，他们的工作就是保护萧何。

萧何一下子得了三大奖励，大家都认为这是了不起的好事，纷纷来道贺。但是，这个时候有个人和别人不一样，居然来向萧何表达悼念之意。

这个人是谁，为什么会有这种态度呢？司马迁用寥寥几笔介绍这个人的背景和关键信息："召平者，故秦东陵侯。"这个人叫作召平，原来在秦的时候被封侯，有过蛮高的地位。但是秦灭亡之后，东陵侯的位置自然也就没有了，他变成了布衣，家里很穷，穷到只能种瓜来养活自己。但是他种的瓜跟别人的瓜不一样，长得好看，又好吃，以至于有一个特别的名字，叫作东陵瓜。

虽然这段话非常短，但是点出了两个重点。第一，召平这个人有过富贵的时候，也经历了富贵的消亡，知道从高处跌下来的感觉，所以必然对某些事情会特别敏感。第二，这个人有特殊的能力，即使是生命最挫折、最失意的时候，他仍然能找到出路。什么样的人会去种瓜呢？种瓜意味着你得到的土地甚至不足以当一个正常的农户，没办法种大家普遍认为更有价值的谷类。但是，东陵侯召平就算去种瓜，都有特别的能力和智慧。用这种方法，召平恢复了一定的财富和地位，不然也不可能去找到萧何，还去提供自己的意见和看法。

召平具体怎么说的呢？他对萧何说："你好可怜，祸自此始矣！你从现在开始就要倒霉了。现在的状况是，刘邦正带着军队在外面打仗，暴露于外，随时有可能受伤甚至丧命。而你呢？你现在坐镇在后方，箭不会射到你身上，石头不会打到你身上。皇帝这么辛苦，你却如此安逸，在这样的对比下，皇帝还给你奖励。你萧何安稳地坐在长安，他派五百个人来保卫你，为什么？有任何敌人或是军事力量可能会谋害你吗？为什么要派五百个人来保护你，因为今者淮阴侯新反于中，你平定了韩信的谋反。皇帝不在长安，长安有任何变动是来不及救的，哪怕只是像韩信这样一个阴谋，哪怕韩信现在没有那么庞大的军队，但他如果真的跟陈豨里应外合，说不定汉朝就没了。所以，现在刘邦在担心什么？你可以用这种方式敉平韩信的谋反，但如果你变成下一个淮阴侯，就没有另一个萧何治得了你。皇帝能不担心吗？疑君心矣。夫置卫卫君，非以宠君也。你不要搞错了，前面两项可能是对你的奖励，感谢你解决了韩信的问题，但是这五百人显然不是在保护你，而是监视你，以防你变成下一个淮阴侯。"

所以，召平明确地建议萧何："你可以要位置，可以要财富，但不要皇帝给你什么你都拿。你就告诉皇帝自己已经过得够好了，不需要再增加五千户。而且，你要把现在的积蓄全部拿出来给皇帝，告诉皇帝说：'你在外面打仗很辛苦，一定需要资源，我家里有多少财富都供奉给你，帮助你安心地打仗。'用这种方式，等于给了皇帝双重的安心。第一，把家财给了皇帝，表示你对于皇帝的关心胜过自己聚敛财富；第二，你再度宣誓了自己对于皇帝的效忠，你连自己的家都不顾，不可能在长安想对他有什么不利。"

萧何听从了召平的建议，刘邦果然非常高兴。这是汉十一年，萧何在处理跟刘邦的关系上又过了一关。但是，只要刘邦与旧功臣之间的恩怨还没结束，萧何就必然被卷在其中，无法脱身。

次年秋，黥布反。之前在《吕太后本纪》中提到过，这时候刘邦生病了，原本是让太子带着军队去打，但是在留侯张良的计策下，吕后哭诉一番，刘邦还是自己带着军队去打黥布。那么谁留守长安呢？仍然是萧何。

刘邦带军出去之后，就像楚汉相争时那样，又不断派人回来问候萧何，要好好地把看守长安，把该做的事情做好。这个时候，又有一个人去帮助萧何，可是司马迁也不知道这个人是谁，只用"客"来代称。

这个人和召平一样来警告萧何，话也说得很可怕："君灭族不久矣。"不只是萧何自己有生命危险，一家子都有危险了。为什么要给萧何这么严重的警告呢？

他说："你现在是相国，表面上看起来地位那么高，但最大的问题是再也升不上去了。换句话说，这时候你有任何功劳都会让皇帝头痛，因为他没办法再奖励你。更可怕的是，从当时跟刘邦一起入关到现在，你想想，你留在关中已经有多长时间了？已经有十几年了。这十几年中，刘邦几乎没有时间待在这儿，而关中的父老都认得你，亲附你。所以，在皇帝的眼中，你基本上掌握了关中的人民。皇帝出去打仗，为什么一直派人来问候你？他的心里该是如何的不安啊！他要借着这些使者传递讯息给他，确认你没有问题。我请问你，你很了解刘邦的个性，你猜他会怎么做？当他不安的时候，他会先下手把你除掉。"萧何一听，当然知道这个客说得有道理，也猜到他应该是有备而来，就问："那你认为我应该怎么做呢？"这个客给的建议非常特殊，《史记》里只有很短的一个词——"自污"。

这个客说："你现在的问题是什么？是把相国职务、把看守关中的工作做得太好了！因为做得太好，太得民心了，大家都愿意跟随你，你就完蛋了。所以，你要让自己看起来没有那么好，也就是要'自污'。具体怎么做？比如你现在要表现出你的贪欲，大买田地，然后用各种方式敛财，建立这样的形象，关中的人就不会那么爱戴你了。一旦皇帝觉得关中的人不再拥护你，他也就不会觉得你那么有威胁了。"

于是，萧何听从了这位客的建议，一度大买田宅。为了表现自己的贪欲和弱点，他还运用政治上的特权，贱买一部分民间的田宅，这就等于是欺压百姓了，一定会造成反弹。所以，当刘邦率军回到长安后，收到了一大堆针对萧何的告状信。刘邦怎么处理呢？他把萧何叫来，然后把这些告状信通通交给了萧何。他一方面让萧何知道，你有把柄在我手里，我现在就可以治你。当然，因为你对我有功劳，所以我不随便动你。

到了这个节骨眼上，本来事情应该就可以解决了。但萧何就是萧何，他采用这个做法，是为了自保而不得不自污，这不是他的本心。萧何在汉朝建立的过程中取得这样的地位、成就，还是源于他非常根本的初心，所以当刘邦打进咸阳，别人都在享受秦始皇的豪华宫室、美女和珠宝的时候，萧何要的是跟人民与统治有关系的所有资料。他有这样的视野和眼光，不会随着汉朝建立就变成另外一个人。所以，他虽然以这种方式自污，但我想，司马迁还是要让我们感动，才记录了萧何接下来的反应。

皇帝指控萧何说，你变了，你现在变得心里面没有人民了，只有你自己。萧何怎样反应呢？他给了皇帝一个建议：长安其实是一个小地方，没有足够的土地进行农业生产。在这样的环境下，还保留了非常多的地方留给皇室，或者拿来预备做皇家庭院。人民没有东西吃，没有农地可以生产，而这些地方现在基本上都是空地，还养着禽兽。萧何建议皇帝把这些地让出来，卖给人民变成农地，用这种方法造福人民。

这话一说，本来对萧何已经安心的刘邦就发脾气了，骂萧何说："你以为我不知道吗？你在长安勾结了这些有钱人，收了他们的贿赂，他们叫你来给我提这个建议的。他们看不得我作为皇帝有这么多的土地，你就是代表这些有钱人的利益，叫我把这些园围的土地给让出来！"因此，一人之下万人之上的萧何立刻就被收押了，这就是一个帝国刚刚成立、没有制度化的时候发生的可怕的事情。

刘邦身边有一个地位不高的卫尉，姓王，因为跟刘邦亲近，就大胆地问："萧相国到底犯了什么样的大罪，要用这么暴烈的方式收押他呢？"

皇帝就跟王卫尉解释说："李斯在做秦相国的时候，他有一个原则，有好事、有好的名声，他都会归给秦始皇，如果有错的、坏的事情就揽在自己身上。李斯是用这种方式保护秦始皇的。那今天我们这个相国呢，他刚好相反，接受这些商人的贿赂，然后代表商人的利益来跟我提要求，要我把园林给让出来。这就叫自媚于民。他就是要把这个名声传出去，让百姓觉得相国多么替他们考虑，皇帝占了这么多土地不给百姓用，只有相国爱护他们，为他们好。但其实他是在经营自己的名声。"

这个王卫尉有一定的智慧和经验，他回复皇帝："您想想，这件事情是不是有道理？这是不是相国的工作职责上应该处理的事情？他不过就是管了应该管的事情，您为什么要怀疑他的动机，说他是接受有钱人的贿赂、为了自己的名声才做这件事情呢？"

接下来，王卫尉又讲："楚汉相争的那几年，您都在外面打仗，接下来陈豨、黥布反的时候，您又自己带兵在外，都是萧相国帮您镇守关中。如果他真有私心，为什么要这个时候才表露呢？那么多年您都不在，那是他最好的机会，如果他当时有任何私心——"这时王卫尉讲了一句很重的话："则关以西非陛下有也。"

楚汉相争的时候，萧何大可以不这么认真地把他控制的关中资源源源不绝地送到东方，去帮刘邦打仗。如果他更狠的话，甚至可以跟淮阴侯韩信等人一样，直接抗命不遵。萧何拥有别人都没有的条件，只要把关中封起来，关中就是他的基地，而刘邦要想再聚拢资源，带着军队打回关中，会是一件多么困难的事情！所以，王卫尉才说，当时的局势对萧何来说如此有利，他完全可以把整个关中都变成自己的私家产业，为什么现在反而要去收这些富人的钱呢？和据关中自立为王相比，这些富人能给他多少钱？他有这么笨吗？

再接下来，就是王卫尉劝刘邦的第三个理由，他说："您刚刚举的是李斯的例子。李斯服务秦始皇是好的例子吗？秦之所以灭亡，不就是因为李斯蒙蔽了皇帝，让始皇帝无法充分掌握民间究竟在想什么，发生了什么事情吗？他这种做法又何足法哉。陛下何疑宰相之浅也"，他很直接地跟皇帝说，你怀疑萧相国这个想法太浅了。

很显然，王卫尉因为每天跟着皇帝进进出出，才可以跟皇帝说这样的话。但我们仍然要佩服他的勇气，也要佩服司马迁的描述功力，接下来他写道："高帝不怿。""不怿"一方面是形容刘邦不高兴，另一方面表示在不高兴当中还有深思。这就是刘邦，哪怕不高兴，只要觉得别人说得有道理，他还是会听。后来，刘邦当天就把萧何放了出来。

这时萧何已经年纪很大了，"素恭谨"。在这之前，我们提过一句非常关键的话，是前面埋下的伏笔。萧何被放出来之后，怎样表现他的恭敬呢？他脱了鞋子走到刘邦面前，向刘邦谢罪。这里呼应的是刘邦大封功臣时给萧何的特权：剑履上殿。但是萧何规规矩矩的，而且他知道不能要这个特权，而是回到一个臣子的本分上，以此去感动刘邦。

刘邦也告诉萧何说："你不用担心，你为人民陈情要求的事情，我如果不允许，那就变成了桀纣之王，你就成了一个贤相。"

刘邦这时候在给自己找台阶下，还要跟萧何邀功。他说："正因为我知道人们会怎么看，所以故意突显你是一个贤相啊，是我这个昏君搞不清楚。我愿意损伤我的名声来成就你，所以关了你，让百姓知道我不是一个完全没有过错的皇帝，知道应该如何感激这样的相国。"

萧何这次的危机就这样解决了。这件事在《史记》里的篇幅虽然不大，但中间每一个节点、每一步转折，都牵涉到我们对于权力本质的认知，以及权力者思考问题的路径所带给我们的启发。

扔掉野心的政治家

《萧相国世家》到了快要结尾的地方，在记录萧何离开人间的过程中，司马迁又写下了一件非常重要但又非常奇怪的事情。

在这一段的开头，司马迁先告诉我们，"何素不与曹参相能"。在所有功臣中，萧何跟曹参两个人相处得非常不好。当然，两人怎么可能关系好呢？当时刘邦大封功臣的时候，本来曹参在战场上最英勇，身披七十创，这么奋力地帮刘邦打天下，但第一功臣的头衔却被萧何给抢走了，所以他对萧何一定是有不满的。但反过来说，萧何有他的自视之高，在当年状况最糟的时候，如果不是萧何守住关中，把所有资源源源不断地送到前线，曹参身上再多的伤口都不足以打下江山。

在汉朝成立的过程中，萧何和曹参扮演的角色如此不同，几乎不可能作为朋友或者同僚好好相处。但是正因为这个背景，后面发生的事情才让人惊异。

萧何病重的时候，当时的皇帝孝惠帝亲自去看望他，而且不得不问："君即百岁后，谁可代君者？"萧何的回答非常有趣，他说："知臣莫如主。"言外之意是反问汉惠帝：你应该够了解我了，你觉得找谁来代替我是最好的呢？于是孝惠帝就试探着问："找曹参怎么样？"

司马迁已经明白告诉我们萧何和曹参是有过节的，而孝惠帝竟然要找曹参来接替萧何的位子，但我们再看萧何的反应——萧何顿首曰："帝得之矣！臣死不恨矣！"如果汉惠帝真的这样做了，那他死而无憾！这段对话不仅表明萧何非常赞成曹参接替他做相国，还透露出，他早就想让孝惠帝知道，他和曹参的私交虽然不好，但在统治帝国的考量上，他可以摆脱私心。从公共利益的角度来看，萧何最讨厌的人正是最适合在他死后可以托付巨大权力的人。关于这件事情，我们还要结合下一篇《曹相国世家》中写到的事情，才能知道这件事情有趣和重要之处。

"惠帝二年，萧何卒"。当时曹参正在齐国辅佐齐王，听到萧何去世的消息，他马上告诉旁边的人说："我们要搬家了，我要到朝廷里去当相国了。"果然，没过多久，使者就把曹参召到了长安。但是，曹参在离去之前，特别叮嘱接替他做齐相的人："以齐狱市为寄，慎勿扰也。"跟刑罚、买卖有关的事情，什么都不要改，不要动。这个接任齐相的人就问："所以，你认为在治理上面，最重要就是这件事了？"

曹参回答说："不，这件事情之所以重要，是因为刑罚最关键的就是能容。"在当时，汉朝的律令仍然是秦的那一套，所以他告诉接他相位的人不要乱动。所谓不要乱动，就是根本不要去执行。这是一个很奇怪的建议，可是在当时的环境下有特别的道理。

曹参说："这时候如果你有所作为，那坏人就没地方去了。"换句话说，社会的严重问题不是坏人太多，而是在原来那样的律令压迫下，会逼着太多人变成坏人。所以，那种小奸小坏要给它空间，不要为了把坏人全部除掉，而使得社会进入一种非常可怕的肃杀状态，那样反而会付出更高的代价。

接下来，司马迁用一段话简单交代了萧何和曹参的关系。他们在没什么地位的时候，是好朋友；一个做将一个做相之后，就有了隔阂；到萧何死之前，他推荐的贤臣只有曹参；曹参当了相国之后，最重要的事情就是：

> 举事无所变更，一遵萧何约束。

这件事情听上去有点不可思议：萧何明明和曹参有隔阂，却叫曹参来接替他当相国；曹参明明讨厌萧何，却在接了萧何的位置后，一切都按照萧何原来的安排。

另外，曹参治国还有一个重要的原则，就是用那些不随便改变现状的保守派。在帮郡国选择官员的时候，他偏爱不太会说话的、厚道的或者年纪比较大的人。对于那些很爱表达自己的意见或想追求声名的人，他就去之不用。

他自己做些什么事呢？

> 日夜饮醇酒。卿大夫已下吏及宾客见参不事事，来者皆欲有言。至者，参辄饮以醇酒，间之，欲有所言，复饮之，醉而后去，终莫得开说。

这段话太有趣了。曹参不只是每天喝酒，更重要的是，如果有人来找他，第一件事就是喝酒，不喝酒就会被赶出去。一喝起酒来，总要找个机会跟相国说一说吧？我们担心什么、关切什么，希望你做什么……但是来的人一开口，就又会被叫喝酒，到后来都没有机会把要说的话讲出来。

曹参的相国官舍后面有一个吏舍，住了一群小吏。这群小吏日饮歌呼，也很爱喝酒，非常吵闹。相国宅邸的管家们非常厌恶这件事情，但又拿他们没办法，就想把曹参请到园子里来，好让他下令让这些人不要吵。曹参的反应是什么？"来吧，我们也把酒拿来，在院子里面来喝吧。他们吵，我们跟他们一起吵，就不觉得吵了。"而且，曹参碰到有人有小过错的时候，都会帮忙掩盖过去，所以相府中总是平安无事。

这时，惠帝开始有所疑惑了，他一定也听到了很多相国不治事的消息，尤其他是刚即位不久的新皇帝，所以不免怀疑曹参是因为觉得他太年轻了，才用这种方式怠慢职责。曹参的儿子曹窋是中大夫，惠帝就把曹窋叫来，说："你回去的时候，不动声色地问一下你父亲：'老皇帝刚死不久，新帝现在很年轻，父亲你当相国，天天喝酒，也不听听人家讲什么事情，你是不是真的不在意这个天下？'你不要说是我叫你问的，就假装你自己很好奇问一下。"

曹窋回去之后，果然找机会问了曹参。曹参怎么反应？曹参大发脾气，把儿子痛打了一顿，然后说："你做好自己的工作就行了！你问我天下事？天下事干你屁事，你有资格问天下事吗？"

曹窋当然很委屈，回到皇宫，告诉了皇帝。等到上朝的时候，惠帝就指责曹参说："你为什么要这么打你儿子，那是我叫他问的。"这个时候，我们看上下文，就知道曹参其实心里明白那个问题是皇帝问的，他打儿子也是打给皇帝看，因为他要和皇帝讲接下来的这番话。

曹参"免冠谢"，说："我现在要说的话会得罪您，您高兴怎么处置就怎么处置我，但我不得不说；您扪心自问，您跟您父亲谁比较厉害呢？"

惠帝说："我怎么可能跟我父亲相比呢？"

接下来曹参再问："您也跟萧何共事过，萧何做完相国才交给我的，那您觉得我跟萧何谁更有本事？"

惠帝还是挺客气的："看起来你应该是不如萧何。"

然后曹参就说："您说得太对了！您看看这个天下怎么来的？天下靠的是高祖皇帝，高祖靠的是萧何，他们定了天下，然后设下了这样的制度，那我们做什么？我们什么都不要做，因为您又比不上您父亲，我也比不上萧何，我们只要遵而勿失，不亦可乎？"好好地遵守他们留给我们的，让这套制度能够运作，才是对的。

惠帝就说："是了，我了解你在说什么，你不必多说了。"

最后，曹参当了三年相国，没有任何了不起的作为。但正因为如此，他得以善终，也得到了百姓的拥戴。百姓中间甚至有这样的歌谣：

> 萧何为法，顜若画一。
> 曹参代之，守而勿失。
> 载其清净，民以宁一。

这是对萧何和曹参两位相国治国的肯定，以至于在后世留下一句重要的成语——萧规曹随。

在这个历史转折点上，"萧规曹随"还有一层我们不能忽略的重大意义：从曹参当相国开始，汉代其实已经走向后来文帝时进一步确立的首要政治意识形态——黄老、清静、无为。清静无为对应的是秦代过度役使社会的后遗症，经过楚汉相争，再经过汉高祖收拾黥布、陈豨、韩信的争斗，整个社会已经受不了了。这时候，萧何定下了一些基本的规范，但更重要的是后来曹参的眼光与意志。他能够看出这个时代天下真正的需要，更难得的是，他能够彻底压抑自己的野心——他已经坐到这么高的位置，拥有这么大的权力，但他面对这些只有一个想法，就是节制自己不要去使用这份权力。如果说前者是智慧，那后者就是人格了：不管外人怎么看我，当我觉得这件事情是对的时候，我就用自己的方式来做。或许换一个时代，换一个情境，萧何不会建议曹参当他的接班人，曹参可能也不会用这种方式来做相国。

在"通古今之变"的原则下，"萧规曹随"其实包含了"变"最关键的一步——如何"矫枉过正"。为了让社会得到休息，曹参"过正"到什么程度呢？他干脆不让任何有野心的人进政府，为此包括皇帝都要怀疑他，所有人都说他是一个莫名其妙的无能相国。但另一方面，我们也看到，当一个社会的问题严重到那种程度，或许人民也有自己的特殊观察和思考，他们会了解事情的重要性。更重要的是，像司马迁这样的史家看到、理解了，然后用这种方式写下萧何和曹参交接的故事。

列传导读：活成主角的边缘人

列传的主角

《史记》开篇是以描写统治权力核心作为对象的"本纪"，司马迁以此把古往今来的大事做了一次根本的整理。本纪之后，"书"是制度史，或者说，是不以人物为中心的一种历史记录，"表"则是着意在杂乱的时间中梳理出各国之间的关系，例如春秋战国或者楚汉相争时期，由于存在不一样的政权和政治中心，产生了时间纪年上的错乱，这时候司马迁就用"表"让我们不至于迷失在多重系统中。书、表之后是世家，对贵族生平的记录，世家之后是列传。

《史记》共一百三十篇，从第六十一卷到第一百三十卷，超过一半的内容都是列传。虽然列传在顺序上被摆在最后，但从篇幅来看却可以说是《史记》真正的核心，也是《史记》叙述历史真正重要的一种体裁。它以"人"为主（这个"人"可以是个人，也可以是集体），描写这"人"的来历，之后进一步整理他或他们一生当中做过什么事。

列传与本纪、世家构成了非常鲜明的对照。本纪和世家里的人物都有一个显赫的身份，比如皇帝，不管他是一个什么样的人，有没有做什么重要的事情，这个身份本身就不容忽视，很多大事的发生也依附在这个身份上。世家也是如此，人物的身份使得他们跟一般人区隔开来。而列传里的人基本没有贵族血统，也没有从皇帝或者其他政治力量里来的身份，他们之所以被写进历史，是因为身上有一种个人的特色或者功业。司马迁希望能够借此彰显一种独特的精神，以及这种精神所隐含的英雄主义。

"hero"这个词一般翻译为"英雄"，在戏剧和小说中也可以翻译成"主角"。广义的"英雄"是指有些人过日子的方式、一辈子的成就与众不同，他们把自己活成了主角。司马迁认为，历史上最值得被记录、被看到的正是这种英雄，他们生命的特殊质地需要被人发现和了解。更进一步，了解他们跟那个时代之间的关系，以及在那样一个时代如何成就自己，也是历史的一个主轴。从这个角度，我们可以对列传的体例有基本的掌握。

列传中有很多司马迁的巧妙安排，例如列传的结束就是《史记》的结尾，而列传的最后一篇是《太史公自序》。这不只是司马迁依照中国传统书籍编撰的方法——序言一向是放在最后面——他有意识地把自己的序言放在"列传"第七十，换句话说，这篇自序同时也是司马迁自己的传记。由此，这篇序言便有了双重作用：一方面，为了交代清楚写这本书的来龙去脉，司马迁必须认真仔细地说清他自己是一个什么样的人；另一方面，这同时也是司马迁的自传，司马迁要在这里留下自己的名字，留下司马家的名字。在这个意义上，《太史公自序》其实呼应了《孔子世家》：孔子本不是一个贵族，可是基于他所做的事情，司马迁认为应该给他一个贵族的地位。《太史公自序》也是如此。

周代以来，司马家一直都掌管太史的工作。虽然这不是一个正式的贵族身份，可是里面却有一种专业世袭的尊严，使得司马家几乎把自己当作一种另类的贵族。所以，《太史公自序》的背后不只是司马迁个人的传记，同时也是一个隐形的集传，是关于司马家如何当太史、当太史时保持何种态度和传统的家族集传。

凸显春秋

列传第一篇是《伯夷列传》，之后的第二篇是什么呢？《管晏列传》。我们知道，依照传说，伯夷、叔齐是商周之际的人，而管仲是齐桓公时代的人，也就是东周春秋五霸崛起的时候。这两篇所写的人物几乎隔了五百年，难道其间没有一个人值得写在列传当中吗？为什么从伯夷叔齐到管晏两者之间跳过了整个西周呢？这并不是司马迁的疏忽，而是他"通古今之变"的一个提醒。

从更高层次来看，"人物"不是一开始就有的。不一样的历史时代，人在组织上有不一样的性质，一个巨大的差异就是，有些时代是集体性的时代，用马克思唯物史观的看法，叫作"原始共产主义时代"。原始共产主义时代意味着人的集体组织性是整个历史的主轴，是推动历史的主要力量。人从这样一种集体的开端出发，需要各种条件来加以配合，包括社会组织的分化、阶级的发展，才慢慢地从集体的时代过渡到更小的单位——个人。这样看来，并不是有人就有"人物"。在司马迁的心中，对"人物"一词有非常明确的看法。列传把管晏放在前面，表现了司马迁在漫长的中国历史中的观察重点，他要凸显春秋时期的重要性。

在看待中国古代历史时，"春秋"无疑是一个重要的断代。此前，在一种相对平静的封建秩序下，每个人都有各自的位份，都知道自己应该做什么。一生的大部分时间当中，个人按照封建宗族的安排，做应该去做的事情，活完一生，没有什么自由发挥的空间。每个人都是庞大集体封建秩序当中的一颗螺丝钉，不可能是主角或英雄。从什么时候人才有机会把自己活成主角、英雄了呢？显然，是开始于封建秩序的瓦解。

春秋时期，随着宗族系统一代代的变化和发展，原本维系整个封建制度的礼仪和行为规范开始动摇，使得人的能力和智慧有了不一样的发挥空间，因此才有了"人物"的可能性。最早出现的人物是管子、晏子，然后是老子、庄子、申不害、韩非，等等。因此，光看列传的目录就能了解司马迁要表达的一个观点——春秋战国是人物辈出的时代。

《史记》中，春秋战国时代具有司马迁所赋予的双重焦点。第一重焦点在世家，司马迁通过世家讲述这些留下来的封建贵族；第二重焦点在列传，同样提醒读者注意贵族之外的那些新兴人物。

这些人物在原来的封建秩序下并没有高贵的血统，然而他们靠个人的作为展现出了不一样的光彩：管晏在政治上具有极高智慧，老子、庄子有着独特的思想，作为一个老师的孔子在那个时代所付出的努力，还有舌灿莲花游说列国的苏秦、张仪，而孟尝君、平原君、信陵君、春申君这四大公子的声名靠的则是他们养门客的作为。那么多人物纷纷崛起，有各自不同的性格特色。

春秋战国是一个非常精彩而多元的时代，在这样的时代里，不同个性的人可以走不同的路，最后也可以建立足够的功绩把自己凸显为主角，后被司马迁写进《史记》。

集传的深意

在《史记》中，列传的通例是"个传"（一篇写一个人），以此而言，七十篇列传中有二十五篇的人物都属于春秋战国时代，直到列传第二十七才记录到秦朝的李斯。如果从"集传"（一篇不只写一个人）来看的话，又能够看出非常有意思的安排。

在写春秋战国这些人物的时候，司马迁其实没有用太多集传的方式，虽然也会有一些列传在一篇中写了好几个人，但通常都有特别的考量。例如，他之所以把老子和庄子、申不害和韩非放在列传第三篇，是要彰显道家的来源，并借此将道家与以申不害、韩非所代表的法家联系起来，讨论两者的关系，而《史记》中最彰显春秋时代人物最突出的，是第二十六篇《刺客列传》。有这种标题的集传，到列传后段开始密集地出现。进一步观察这部分内容，考察这些人的时代性，我们又会发现他们大部分都出现在汉代，而且里面记录的很多人物只比司马迁稍微早一点。换句话说，这些人大都存在于景帝到武帝，尤其是在司马迁自己亲身经历的武帝时代。司马迁有意这样安排，是想借由这些集传告诉我们什么，或者要表达什么样的历史主题呢？

在《刺客列传》中，司马迁一方面是想借由这些刺客彰显在战国末年特别流行的一种风气——由于社会混乱太久，政治权威亟待重建，很多人相信暗杀是解决问题最快的方法，或者说，人们已经绝望到除了用暗杀之外再找不出其他解决问题的办法；另一方面，暗杀不是那么容易的事，这个时候刺客之所以会流行，就是因为政治军事的权威已经到达一定的程度，很难再被正面挑战。

五个刺客变成刺客的原因，以及他们行刺的方式各有不同，是五段非常精彩的故事。然而当把这五段故事放在一起看，这五个人又明显表现出了一个共同点：以个人有限的力量去挑战那些越来越难以靠近、伤害的君王。一个刺客要去行刺的时候，他必须要有心理准备——这个事情不容易成功，只要失败就会丧命，甚至就算成功了也难以全身而退，所以刺客有一种共同的特殊性格：不畏死，并且愿意牺牲。

他们愿意去当刺客最根本的理由是什么？司马迁借由《刺客列传》让我们看到了战国末年一种非常独特的人格，这种人格的核心是忠诚——一旦认定了一个主人，就愿意为替主人报仇，或者为了替这个人解决问题，愿意随时奉献自己的生命。有这样的精神，才可能有这么多的刺客，才足以形成那个时代的刺客风气。

除了《刺客列传》，还有两篇具有明显对照意味的列传。一篇是《循吏列传》，"循吏"表示是好官，通常指的是他们用什么样的方式执行法律、统领行政，然后造福人民。有《循吏列传》也就有《酷吏列传》，不过《循吏》是第五十九篇，《酷吏》是第六十二篇，二者并没有并列在一起，其中一个原因是循吏这些人物在时代上基本都早于酷吏。

《酷吏列传》所写的重要人物，例如赵禹、张汤、杜周等都在汉武帝时代，也是司马迁在《酷吏列传》中最花气力、写得最淋漓尽致的几个人。显然，司马迁在用这种方式表达对汉武帝时代的看法：秦始皇当然是一个暴君，秦始皇的统治也是残酷的，可是不要以为到了汉代这种暴烈和残酷就消失了。秦代的法律在很长一段时间仍然继续留在汉代，只不过幸好有从曹参以下建立的这种"黄老"的政治风格，使文帝和景帝能够将这些法律置而不用，与民休息。不过司马迁清楚地提醒我们，从文帝、景帝到武帝，不是一脉相承的。汉武帝雄才大略，他要重新定义自己承接下来的这个汉代，重建一套法律制度以及培养执行这套法律的人。在这一过程之中，司马迁身受其害。

在看待汉武帝这一朝时，司马迁的眼光非常尖锐。如果我们把秦始皇跟汉武帝对照起来看的话，他们二人有共通之处：一是对于征伐扩张都充满了野心；二是对统治都有内在的高度权力欲望，使他们的统治手段绝不会像文帝或者景帝那样温和。不过，在秦始皇死后秦代迅速灭亡，而汉武帝死后汉朝仍然可以稳定下来，多多少少说明了，秦皇汉武在残暴统治的执行上还是有根本性的差别。这中间关键的差别就是，秦始皇的残酷是对待一般人民的，而汉武帝在对待一般人民上并没有残酷到秦始皇那样的地步。汉武帝要扩边，所以必须动员大批百姓，在这件事情上面，百姓当然是受苦的，可是在《酷吏列传》中，酷吏那种苛刻的法令大部分不是针对一般人民的，是针对官吏的。由此可见汉武帝统治的一个特色——他对于身边的官吏极其残酷。赵禹、张汤、杜周其实是皇帝的工具，当皇帝把某官员下狱的时候，他们就知道皇帝讨厌这个人，便用最残酷的方式逼他承认他可能没犯过的错，然后定下重罪，以此满足汉武帝扭曲的心态，让皇帝得以报复这些跟他说了他不想听的话，或做了他不愿意看到的事的官员。

从《循吏列传》到《酷吏列传》的对比，司马迁在告诉我们什么叫"吏"，什么样的"吏"真正适合掌管法律，什么样的人表面上掌管法律、运用法律，但实际上在滥用法律，作为皇帝泄愤报仇的工具，因此变成酷吏。

还有一个集传是《佞幸列传》，里面有邓通、韩嫣和李延年。另外，《滑稽列传》里面有淳于髡、优孟、优旃，以及东方朔、东郭先生这些人。这两个集传指向汉朝成立之后帝国政治底下的一种怪现象——皇帝握有太大的权力，围绕在皇帝身边跟政治有关的这些人就会用不一样的方法来影响皇帝，乃至于影响王朝政治。佞幸的方法是去献媚、揣摩上意，说皇帝想听的话。一个人拥有了绝对权力，引发的最重要的问题就是个人好恶可以超越制度，所以才有佞幸为达目的无所不用其极，他们的方式可能非常简单，但是祸乱朝政的结果却是非常恶劣的。佞幸不管是非，也没有任何原则，对他们来说，只要能够讨好主上，让主上愿意赏识他们，给他们权力和地位，一切就都是对的。司马迁将《滑稽列传》跟《佞幸列传》放在一起，另有深意。虽然都是在说权力扭曲所引发的现象，但滑稽比起佞幸还是有价值多了，他们讨好皇帝的方式是闹剧式的。滑稽有时候是内在的、目的性的，有时候是外在的、手段性的。内在的、目的性的滑稽比较接近佞幸，他们用嬉闹来讨好掌权者，让掌权者发笑从而喜欢他们；另外一种滑稽则更多是一种手段，良药苦口，忠言逆耳，有的时候皇帝的确要听取建议，可是当皇帝处在帝国所给予的那种绝对权威的情绪底下，听不下这些逆耳的忠言。那怎么办呢？只好把苦口的良药包上一些糖衣，这种滑稽的风格就是给皇帝的糖衣。

《佞幸列传》《滑稽列传》这两个列传显现出来的是整个汉代政治风格上的一些转变，与此相关的还有跟滑稽形成强烈对比的《儒林列传》。《儒林列传》的这些人是一些重要的儒生，包括申公、辕固生、韩生、伏生，还包括司马迁自己非常敬重的老师董仲舒，他们传承了在秦代灭绝的王官学和儒学。司马迁用这些人对照佞幸和滑稽，从另外一个角度说明了，为什么汉代建立的这套政治制度到后来尽管有很多问题，还是可以长久地维系，因为汉代王朝政治的骨干毕竟是这些相信儒家、相信孔子的儒生。

作为一个儒生，需要具备两项条件：一是他相信行使政治权力必须要依循一些根本的信念和原则——这一点和佞幸彻底相反——而且把这些信念和原则看得比个人的利害更高；二是必须掌握丰富的学识，里面有很大一部分是历史，而且提高到了历史哲学的层次。

　　另外，在剩下一些集传中，司马迁描述的不是政治或者朝廷，而是汉代社会。例如《货殖列传》，这篇所写的人物可以远溯到战国时代，但主要是描述以农立本、以商为末的汉代如何建立起新的商业和经济制度。借由《货殖列传》，司马迁试图说明，王朝的意识形态和现实之间是有差距的，不管汉王朝如何重本轻末，商业还是得到了大幅发展。《货殖列传》的这些商人就是靠着在这个环境中的买卖致富、变成人物，最后被写进《史记》。

　　另外还有列传第六十四《游侠列传》。朱家、剧孟、郭解，这些人物的存在告诉我们，在汉代的社会里，还有一群有自己独特的个性、不遵循基本社会秩序的人。他们也许是社会秩序的破坏者，但是从另一个角度来看，他们树立了自己的鲜明个性及行事风格，从而也成了一种特殊的人物。

　　另外有一篇变形的集传值得特别注意，那就是列传第五十八篇。司马迁在这一篇里写了三个人，却并没有起特殊的标题。他们分别是淮南厉王、淮南王安和衡山王，他们都是汉代宗室，而且曾经被封王。这三个人列在这上面非常奇怪，列传不应该是写一般人吗？如果他们都是王，不是应该写到世家里吗，为什么司马迁把这三个王放在列传里，而且写在一起呢？他的目的就是要让我们一眼看出不对劲。换句话说，司马迁是在用这种方式隐晦地表达，在汉武帝统治中，他不只是借由酷吏对待官员，对自己的宗室也毫不手软。司马迁借由详尽的史笔，就是要表明，这三个人得罪汉武帝最根本的理由不是做了什么坏事，而是汉武帝害怕他们在各自的领地建立起势力来。那个时代，皇帝制度给予皇帝近乎绝对的权力，其他人光是去组织或者召集人群，在汉武帝看来就已经是罪行了，因为用这种方式培植的势力或者组织，很可能挑战到皇帝的权威。像淮南王刘安，为了编写《淮南子》把

　　这么多宾客聚集在自己身边，光是这件事情就会引来皇帝的整肃。通过这种方式，司马迁又透露出他对汉武帝，尤其是对绝对权力本质的洞见。

　　最后，列传中还有几篇稍微特别一些，是跟一些边疆部落和民族相关的内容，有《匈奴列传》、《东越列传》、《朝鲜列传》和《西南夷列传》。这几篇传记全部放在一起，表面看写的是外族人民，但其实司马迁描述的仍然是汉武帝用什么方式运用他的绝对权力，其中非常重要的就是不断地开疆辟土，攻打其他的部族人民。

　　司马迁在编组列传的过程中有很多细腻的用心，借由详尽的史笔和不同的观察角度，表达出来的不单单是一个个人物，还有这些人物所处的时代，特别是他了解、熟悉、在意的武帝时代。

伯夷列传：史记的终极关怀

"挂羊头卖狗肉"的写法

若要在《史记》一百三十篇中选出难读的一篇，即使不一样的人有不一样的读法，《伯夷列传》也绝对在数一数二的位置。为什么《伯夷列传》这样难读，还会被司马迁放在列传的第一篇呢？这是掌握司马迁的历史精神所必须面对的一个重要现象，有几个线索可以帮助我们来解读。

第一，一般来说，《史记》常用的方式是先叙述后议论，司马迁先让我们知道这个人是谁、经历了什么、在生命中的重要转折点做了什么样的决定，等读者对这个人有了体会和印象之后，才在文章最后的"太史公曰"中说出他理解的历史上的道理。然而《伯夷列传》开头就是议论，结尾也是议论，为什么？

在《史记》的绝大部分文章当中，我们都能看到司马迁有一种非常重要的能力，那就是精准地描写人物、事件，以及人跟人之间的场面。列传七十篇比世家、本纪更加活泼，书写的也都是鲜活的个人在生活上具体的选择、挑战和决定。《伯夷列传》的主角虽然是伯夷、叔齐，但描述伯夷、叔齐的部分比较短，甚至可以说是"挂羊头卖狗肉"。

司马迁不是想侧重讲伯夷、叔齐是什么样的人，而是要讲一些更难以表达的重点——当历史去记录这些人的时候，有没有一个终极的标准或关怀，来约束、决定我们如何看待人物？一般的世俗究竟怎样评断人物？而当历史记录不得不评断人物的时候，这种评断跟世俗的认知究竟有没有不同？

在《伯夷列传》的开头，司马迁写道："夫学者载籍极博。尤考信于六艺。《诗》《书》虽缺，然虞、夏之文可知也。"从父亲司马谈的道家本位的态度，到汉武帝独尊儒术的环境，再加上他自身跟董仲舒学习的经历，对司马迁来说，儒家才是知识的本位，如果典籍上有不一样的说法、记录，而大家又只能接受一个共识的态度与方法的话，就要"考信于六艺"。换句话说，如果对过去发生的事情以及事物内在道理有困惑，就应该回到儒家继承的这些西周王官学经史典籍上，用里面的文字作为终极的评断标准。因为即使到舜或者夏这么古远的时代，六经中仍然能够考索到一些确定的内容，比如尧如何把大位让给虞舜，而舜用什么方式将大位交给了夏禹。依照《尚书》，这里面其实有一个非常明确的考量：

> 岳牧咸荐，乃试之于位，典职数十年，功用既兴，然后授政。示天下重器，王者大统，传天下若斯之难也。

尧、舜把大位传给下一任继承人，首先要请有地位、有眼光的部落首领们推荐，这些人如果都推荐了同一个人，就给他政治责任，让他来试用，等结束后再看这个人是否适合这个职位。不是今天在公司里的两个月试用期，这一试就要试数十年，要在漫长的时

间里一点一滴地观察这个人。一个新的统治者将来要负担的是全
体人民的福祉，这件事情太重要了，绝对容不得半点轻忽。这个
人在这个位置上如果有功、有用，表示他的决策是正确的，在执
行上面也有长处，才正式将大位交给他。

　　司马迁想表达的是，王位大统是如此困难、艰巨，需要小心
谨慎的一件事，不可以随随便便交出去。接下来，"尧让天下于许
由，许由不受，耻之，逃隐。及夏之时，有卞随、务光者。此何
以称焉？"尧要把天下让给许由，可是许由觉得尧一定是认为他
对权力有兴趣，因而感觉到羞愧，远远地离开了。还有一种更夸
张的说法，许由听说尧要以大位相让，就羞耻得跑到河边，用河
水洗自己的耳朵——怎么会听到这么难听、污染耳朵的话！

　　对司马迁来说，这是一个很大的矛盾：把位子交给一个人明
明是那么困难，而尧怎么会如此轻率地交给一个明确拒绝他、将
这种责任视为奇耻大辱的人呢？更奇怪的是，历史上这种传说还
不只许由一个。到了夏，卞随、务光都是被选中去接统治大位的
继承人，跟许由一样，他们被选中时非但没有高兴，反而都逃走
了。所以太史公在《伯夷列传》文章的开头说：

　　　　余登箕山，其上盖有许由冢云。孔子序列古之仁圣贤人，
　　　如吴太伯、伯夷之伦详矣。余以所闻，由、光义至高，其文
　　　辞不少概见，何哉？

　　司马迁要提出他的大问题：许由这个人究竟存在过吗？这是
司马迁在探究历史时实事求是的基本态度。他说，我游历天下，
在箕山上发现一个遗址，就是许由的坟墓。如果真的有许由的坟
墓，我们就必须接受有许由这个人，可是为什么在由孔子以儒家

传统为体系建立的典籍中，很少提及许由和务光呢？如果许由、务光的人格果真如此高洁，为什么孔子不讲，这些记录里也看不到他们呢？这是两个矛盾的因素：一边是许由冢这个现实的证据证明许由的确存在；然而另外一边，在最值得信任的儒家典籍中却没有提到许由。

司马迁明白且坦率地告诉我们，作为一个史家，我没有答案，只能存疑，你们尽可以去想。为什么没有答案还要想呢？因为从许由身上会延伸出另外一个线索，就是孔子讲过的这些仁者贤人，在作为和人格上类似许由的就是吴太伯和伯夷、叔齐。司马迁认为通过了解他们，就可以明白应该用什么方式来对待有许由这种精神特质的人。这也就说明了，为什么在前面的世家当中特别写了吴世家，因为吴太伯是司马迁心中的典范。同样，列传从伯夷开始，是因为伯夷也是古代难得的典范。

历史是什么？历史是史学家经过探究和努力，告诉后来的人当时究竟发生了什么事情。同读哲学、文学不太一样，读者阅读历史的时候会习惯性地预期在史学著作里得到一个肯定的答案，是谁、在什么时间、什么地方、做了什么事、发展了什么事。司马迁把《伯夷列传》放在列传的第一篇，是想提醒我们，不能用读其他人物传记的态度来读这篇文章。

"义人"的绝对原则

伯夷、叔齐是一对兄弟，他们的事迹被放在《伯夷列传》的中间部分，如果司马迁只是在这一篇中选择了商周之际的人物来介绍的话，这篇文章应该就只有那段"中间部分"而已。这段"中间部分"发生在商代，那时中国散布着许多城邦小国，孤竹君之国就是其中的一个，伯夷、叔齐是孤竹君的两个儿子。根据后来周代奠定下来的名称序列，"伯"是老大，"仲"是老二，"叔"是老三，"季"是老四，所以伯夷、叔齐是孤竹君的大儿子和三儿子。叔齐显然最得父亲的青睐，孤竹君希望他接任国君。叔齐认为依照宗法制度，嫡长子伯夷才是王位的继承人，要把王位让给伯夷，但伯夷不肯接受，让叔齐继位是父亲的遗志。伯夷担心自己继续留在国内一来会让叔齐尴尬，二来叔齐很有可能会依照宗法的原则让他来担任国君，所以干脆离开了孤竹君之国。

　　叔齐看到兄长为了让他当国君而离开，也跟着离开了，因此孤竹君的国人，也就是这个政治体系里面的其他贵族，只好选择二儿子当了国君。

　　商代末年，西伯昌（周文王）声名远播——"善养老"。这个是很有趣三个字，意味着西伯昌能够爱民，连老人都会愿意到他的国度里面去养老。这是伯夷、叔齐喜欢的一种社会气氛和待遇，所以就去到了周。他们是冲着文王西伯昌去的，然而尴尬的是，他们到的时候，西伯昌恰好去世了。

　　通过包括《史记》在内的许多文献史料，再加上考古学上的证据，我们大概可以了解，西伯昌之死不是一件自然发生的事情。事实上，周人在西方的崛起，很早就对作为中原共主的商产生了威胁，有一种最合理的说法认为，商人觉得有必要压抑西边崛起的周人，西伯昌因此被抓到商人的势力范围内，最终死在那里。他死后，周人不可能顺从地接受。于是，"武王载木主，东伐纣，号为文王。"武王把父亲封为文王，表明这时周不再是商的属国，开始公开质疑商的共主地位。武王要为父报仇，如果有谁反对出兵伐纣，就意味着要他违背自己的尊严和立场。

　　这个时候，来投奔西伯昌的伯夷、叔齐二人站在武王的军队

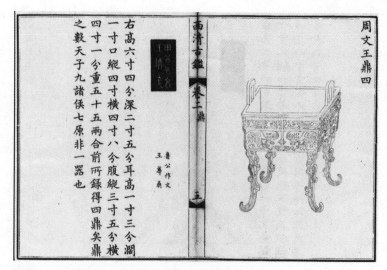

周文王鼎 《西清古鉴》卷二，清乾隆二十年武英殿刻本。

前，拉着武王的马劝谏："父死不葬，爰及干戈，可谓孝乎？以臣弑君，可谓仁乎？"这其实也就点明，武王为了报父仇，本就是刻意选择父亲没有下葬的时候发兵。"仁"在这里是一种广义的概念，指的是人与人之间最根本的道理。这话说得非常直率，而且毫不客气，甚至暗含着指责。武王的左右随从看到这种情况，就要把他们抓下去杀掉，被姜太公阻止，说："此义人也。"什么叫作"义人"？"义者，谊也。"姜太公认为伯夷、叔齐并没有错，他们说话虽然不好听，但是恰恰表明他们非常看重既有的规范，不因为自己的需要而违背自己的信念。

这也就解释了为什么这两个人会"逃国"。对伯夷、叔齐来说，在孤竹君之国得到很大权力，这么巨大的诱惑抵不过他们内在的根本问题——我这样继承王位是对的吗？他们的选择就是在告诉我们，他们是绝对主义者，这个绝对是原则的绝对，在原则面前，他们不做任何现实的考量，不管所失与所得之间有多大的差别。这就叫作"义人"。

伯夷、叔齐看待周武王也是基于这种绝对原则。他们指责周武王伐纣违背了原来的承诺，因为如此一来，周跟商之间的关系会打破。太公看到了背后的这些原因，所以出面让随从将伯夷、叔齐拉走。武王当然不会因为伯夷、叔齐而停止伐纣。接下来，武王取代商纣王变成了天下的共主，伯夷、叔齐觉得非常羞耻。他们觉得，武王用这种方式取得天下违背了他们坚信的原则，这个天下里的一切都是可耻的，所以他们逃到最远的地方，远离周武王。他们跑到首阳山上，那里没有人种植谷类，在一般的生产和文明的范围之外。两人"采薇而食"，最后当然就饿死了。

史家职责：对抗"天道"

整个故事如此简单。偏偏司马迁在讲故事之前，引用孔子的说法："伯夷、叔齐，不念旧恶，怨是用希……求仁得仁，又何怨乎？"其中的关键是两个"怨"字。孔子的意思是，伯夷、叔齐求仁得仁，他们做这种选择的时候，也就意识到了要付出什么代价。他们自己选择跑到首阳山上，不要任何权力，最后甚至不要跟周武王在同样一个天下呼吸同样的空气、吃同样的谷物。他们坚持自己的原则，哪怕因此付出了饿死的代价，心中也没有怨恨，是求仁而得仁。

接下来，司马迁就提出了自己的疑问："余悲伯夷之意，睹轶诗可异焉。"他认为《诗经》中这部分对伯夷、叔齐的看法似乎跟孔子的说法有出入，这是一个大问题。前文曾提到司马迁的态度，如果对许由是何种人有疑惑，就应该听从孔子所编撰的六经。可是，孔子和《诗经》都提到了伯夷、叔齐，但不一样。作为一个历史学家，司马迁面对重要史料的差异，他感到疑惑，并以这个疑惑作为伯夷、叔齐生平的开端。这篇文章之所以那么难读，正是因为它一直在逼迫读者去思考这些关键的问题。

在《诗经》里面有这样的记录："登彼西山兮，采其薇矣。以暴易暴兮，不知其非矣。"伯夷、叔齐在西山上采野草，商纣王的确是暴君，可是武王用武力去推翻暴君，而且是一个臣下对主上的叛逆，这样的做法跟商纣王是一丘之貉。以暴易暴，周武王根本没有资格去推翻商纣王。

接下来："神农、虞、夏忽焉没兮，我安适归矣？"他们所向往的，是像神农、虞、夏这种上古的理想生活环境，既没有商纣王，也没有周武王，人跟人之间有一种天然的秩序。所谓"秩序"，就是要回到人的伦常上，没有违背伦常的政治。然而那个理想的情境已经不存在了，以伯夷、叔齐的个性，还不如死去。

接着歌里面说："于嗟徂兮，命之衰矣"。倒霉呀，竟然活在这种衰世当中。然而饿死在首阳山并非造化弄人，其实是他们两个人主观的选择。"由此观之，怨邪非邪？"这是司马迁对孔子那段话的回应，他是在问：伯夷、叔齐心中到底有没有怨恨呢？如果他们临终前唱的歌是可信的，最后明明是在怨"命之衰矣"。一方面是《诗经》里留下来的歌，我们看到这对兄弟饿死之前哀叹"命之衰矣"，明明充满了怨恨；另一方面，孔子却又特别褒奖他们，说他们是坦然"求仁得仁"而死。如果《诗经》是对的，难道孔子在说谎吗？如果孔子是对的，我们应该怀疑《诗经》的记录吗？我们要把这些根本性的问题放在心上，在看待后面关于伯夷、叔齐的讨论时才能读懂。

　　怎么解决这个根本的问题？司马迁说："或曰：'天道无亲，常与善人。'"我们似乎都觉得冥冥之中有一种好人有好报的规律，如果是这样，伯夷、叔齐当然是坚持自己的信仰和原则的好人，可是他们又得到了什么结果呢？不只伯夷、叔齐是这样，孔子跟他的弟子也是如此。在所有的弟子当中，孔子最喜欢的是颜渊，"回也屡空，糟糠不厌"。颜渊必然是一个善人，可是他的结果跟伯夷、叔齐几乎没有两样——他也经常忍饥挨饿，而且因此早死。"天之报施善人，其何如哉？"难道上天就是这么对待善人的吗？有那么多证据证明好人没有好报，相反地，还有坏人没有恶报的实证。像盗跖这种历史上的大盗，每天杀一个没有惹他的人，残暴到吃人，为所欲为。这样一个彻头彻尾的坏人，所造成的灾难又如此之大，"聚党数千人，横行天下"。这个人的结局如何呢？他寿终正寝。

　　这还只是特别明显的事例而已，没那么明显的就更多了。而且不只是古代，司马迁认为自己身边都有很多这种"操行不轨，专犯忌讳"的人，做坏事恶事，却"终身逸乐，富厚累世不绝"，身边的君子"或择地而蹈之，时然后出言，行不由径，非公正不发愤，而遇祸灾者，不可胜数也"。从这里可以看出司马迁个人的生命体会，这也是"究天人之际"关键的大问题。他一定在想，我又如何呢？我为什么在这样的时局当中遭遇了宫刑，难道是上天因为我的行为给予我的正确对待吗？我应该怎么看待好人有坏报、坏人有好报呢？所以他问：到底有没有天道？

　　接下来他引用孔子非常有名的一句话，一步步给我们新的论证和答案。

　　　　子曰："道不同，不相为谋"，亦各从其志也。故曰："富而可求也，虽执鞭之士，吾亦为之。如不可求，从吾所好。"

司马迁这时又回到孔子。如果只是为了天道而选择做一个好人，那不会是真正的好人，真正的好人是"从吾所好"。人生最根本的是要能够维持选择，按照个人的信仰、信念、热忱在这个世界上有所作为。并非好人就有好报，坏人就有恶报，这种"天道"不存在，真正存在的是人内心的仁道。

"岁寒，然后知松柏之后凋。举世混浊，清士乃见。"往往是整个社会都妥协、没有原则的时候，我们才会看到少数人高风亮节的可贵。从另一个角度来看，正因为这些如此有原则的人，却遭遇了这么多灾难，这中间如此鲜明的对照，让我们一下子明白他们为什么了不起。这中间的轻重，不是用那么简单的方式可以选择或者看待的。

接下来，有一个非常关键的句子："君子疾没世而名不称焉"。这就是司马迁写《史记》巨大的野心，他是在重新赋予一个史家最尊贵的责任——正因为天道不会宠爱善人，所以需要历史。如果没有史家把这些受天道委屈的人选出来，他们的名字就不会留在历史上。从这个意义上来看，史家简直就是在跟天道对抗。如果只依赖天道，那许由、卞随、务光、吴太公、伯夷、叔齐、颜渊这些善人的名声可能都会被湮没，他们值得尊重的事迹，在天道下自然就全部不见了。

在这件事情上，司马迁显然没有遵循司马谈的态度——依照自然，自然是如何就是如何。不！人必须要有在自然之上的一种责任感，我们不能遗忘人身上最有价值的东西。事实上，司马迁写到这里，也就解决了前面提到的那个疑问——伯夷、叔齐到底有没有怨？我们应该相信诗里显现出来的怨恨，还是应该依照孔子的说法相信他们没有怨？

在司马迁看来，孔子并非不知道有《诗经》这样的材料，而是站在史家的立场去评论伯夷、叔齐，试图告诉我们一个根本的、更高层次的评断：伯夷、叔齐生命的真正价值不在于《采薇之歌》当中的"怨"，他们更重要、更具有典范意义的地方在于，选择做一个相信自己、依随自己原则的君子。至于坚持原则所要付出的代价，他们从没有逃避过。这个时候，"怨"就代表了另外一种不同的层次。或许他们死前确实有怨，但是在更高层次上，在人的终极选择上，他们不是这样的。如果有稍稍的犹豫，他们就不会走上饿死这一条路。

通过伯夷叔齐的例证，司马迁要在他的史书里面彰显人。哪怕天道要把人埋没，但是因为有史家，因为有历史，这种人就可以重获精神的荣光。从这个角度才能够真正读懂《伯夷列传》，才能对司马迁作为一个史家的责任感和自我期许有更高、更深的认识。

吴太伯世家：君子典范

世家自"周"始

在列传第一篇,司马迁特意安排了一篇奇文——《伯夷列传》,非常清楚地表达了自己对历史的关键信念:历史上有些人具有典范的人格,但往往会受到不公平的待遇,他们的人生也因之充满了各种挫折和痛苦,甚至到最后很有可能在时间不断的流逝中被遗忘。历史学家就要对抗这种"天道",换句话说,要承担起人们原本对天道的预期——公平。"好人有好报,恶人有恶报"的"天道"是人们的一种主观期待,跟真正的现实——古往今来人们的作为和遭遇——对照起来,就能够清楚地看到所谓"公平的天道"并不存在,而人的精神则是高贵的。一方面我们希望好人可以得到好报,另一方面,又不能以为有天道就什么事都不做了。想让这个世界趋近于人们所想的那种公平,需要许多人为之努力,历史学家就是其中之一。

历史学家自身需要具备高贵的人格和选择的原则,凭借这两点找到历史上的人,把他们的精神和事迹凸显出来,散发出高贵人格的光芒,以此抵抗天道的不公。

　　司马迁用这样的眼光写完了《伯夷列传》，还提到古代历史的权威一个是六经，一个是孔子。虽然孔子没有提到许由、卞随、务光这些人，但是讲了伯夷、叔齐和吴太伯。吴太伯是谁？司马迁用什么样的态度来对待吴太伯？在《伯夷列传》中，司马迁就留了一个回马枪，要读懂这个回马枪，就要回到世家部分。

　　翻开《史记》目录，世家第一卷是吴太伯，接下来是齐太公，然后依次是鲁周公、燕召公、管蔡、陈杞、卫康叔。从吴太伯开始，一路到晋和楚，都是周建立封建制度之后的封国。周取代商是中国历史发展上最重要的一个突破，但实际上《伯夷列传》中提到，武王伐纣不过是对殷商巨大统治势力的一次反抗，是在文王死后被迫发兵的。

　　周人及其联盟虽然出兵反抗纣王，但从来没想到真的可以打败商。对他们来说，"大邑商"有大城市和丰富资源，是等级更高的政治权威。当时大多数反抗势力只是想表现自己反抗的意志，然而发兵后不久，周人就在牧野击溃了大邑商强大的军事势力。周人及其盟军一路打进朝歌，将纣王与其周围的政治势力都打败了。

　　这是周人没有预期到的巨大胜利，但考验也随之而来——赢了之后该怎么办？

　　对周人来说，他们并没有准备好做一个国家的领导者，由此产生了对周人、周文化乃至中国传统文化都极为关键的"忧患意识"。不能因为得到了权力就放松心情，这个权力的来源如此神秘，神秘到其中似乎应该有一个天命来支持。天命是什么？这个问题必须不断地追究，更重要的是，必须保持战战兢兢的态度，好好把握这个得来奇特的权力。

　　像商这么庞大的势力都可能在来自西部边陲部族的挑战之下

一夕瓦解，周人又要如何说服自己，新建立的政权是可长久的呢？周人没有把握，一直如履薄冰，不断地自我检讨，思考如何接下商人的政权，如何统治这么广大的区域。在这样的背景下，而有了封建制度。

今天，人们对封建制度的认识已经越来越清晰。封建制度其实是周人把自己的亲族及可以信赖的友邦势力结合在一起，然后不断地对外扩张。在对外扩张的过程中，把原来商人用松散的联盟方式统治的区域，转而用封建和宗族宗法组构成一个更紧密的政治结构和权力系统。封建制度的建立其实非常坎坷，也就留下了很多故事。

在历史上，有一个观点不应该被遗忘——有无封建制度的历史面貌是非常不一样的。司马迁显然很清楚这一点，因此才有了"世家"这个体例的存在，而世家就源自周代封建制度。世家一直到第十篇都在企图说明，周人是怎样把一支支部队、一群群宗族建构起封建制度，使中国从此进入封建时代的。再对照本纪，我们就知道这里有一个奇特的历史分期的重要概念被后世忽视了。

《史记》前面的几篇文章涵盖的时间非常广远，在叙事上过渡得非常快——第一篇是五帝，第二篇是夏，第三篇是殷，第四篇是周。司马迁试图用这样的方式说明中国古代的历史。

中国古代历史之中有五帝、夏、商、周，但是世家却从吴太伯开始，意味着司马迁认为夏、商并没有封建制度，而有无封建制度对于历史的变化和发展的影响是非常不一样的。不管是夏还是商，在一种松散的政治架构底下，我们没有太多的资料去认知它们的政治变化。可是从周以下，因为封建制度建立，记录历史的方式跟夏、商不可能是同样的。所以本纪之外，需要用庞大的篇幅来写世家，才能够更充分有效地认知并理解周代的历史。

　　《周本纪》之后是两篇"秦"本纪，第一篇是昭襄王和庄襄王的时代，第二篇是秦始皇和秦二世。如果说本纪展现出来的是一种历史分期的概念，一路写下来就是夏、商、周、秦、汉这种为人们所熟知的朝代史，那么在世家部分，司马迁则明明白白地写了另外一种分期的概念——这是一个特殊的时代，开端于周初，结束在司马迁的时代。

　　在这个时代里，有吴、齐、楚、晋、鲁，历史是由一个个拥有世家贵族血统的诸侯构成的。后人在这段历史中看这些诸侯如何统治自己土地，如何扩张、征战，更进一步看他们如何挫败、失国，如何被消灭，这是周代历史最辉煌、最复杂，同时也是人类经验上最值得理解和认知的一页。

　　秦帝国建立之后，新的时代使得这种以诸侯为主角的情境开始有了变化。这种变化并非一蹴而就，不是秦帝国建立之后就立刻从封建进入帝国，中间有一段暧昧的重叠时期。秦灭亡之后，汉代一方面承袭了秦的帝国制度，另一方面又复原了周代的部分封建制度，采用了郡国并行制。

　　汉初到汉武帝时代，因为实行郡国并行制，一些地区被分封出去，与中央朝廷并不是直接隶属的关系，换句话说，这里面仍然有封建的运作机制存在。而当司马迁写完世家的时候，也就标志着一个漫长时代的结束，并定格在汉武帝在位期。汉武帝把秦始皇建立起来的帝国予以重建，在皇帝独大、中央集权的情况下，地方诸侯已然没有了立足之地。尽管这些诸侯很多都是刘氏的宗亲，甚至是皇帝的兄弟，但是所有的封王在被历史巨轮碾过之后都消失了。

　　这是司马迁对世家和历史上社会政治结构变动的一种独特看法，但如果只是用这种方式来看世家，又会有一个有趣的问题——

写世家要涉及封建的起源，不管是吴太伯、齐太公还是燕召公，建立时都是随着封建制度的成立而出现的，那为什么不是齐太公、周公或者燕召公，而是吴太伯被放在第一篇？显然，这是刻意为之。世家第一篇跟列传第一篇对应，《吴太伯世家》对应《伯夷列传》。司马迁选择的人物身上特别值得被彰显的行为和品德，有非常清楚的类似之处。

政治权力上的高贵情操

《吴太伯世家》开头就说："吴太伯，太伯弟仲雍，皆周太王之子，而王季历之兄也。"吴太伯是周太王的儿子，而在周太王的儿子当中，有一个后来在承袭周代系谱上非常重要的人，季历。季历很有能力，更重要的是，周太王还在世的时候，季历生了一个儿子，就是后来的文王西伯昌。当时太王看出这个孙子有独特的能力，心里便有了让季历接位的念头，这样一来，王位才可以传到西伯昌身上。

从周代开始，中国有一种非常清楚的排行命名方式：伯仲叔季。从名字就可以看出季历是老四，上面至少还有三个哥哥。《吴太伯世家》一开头就先提季历的这两个哥哥，老大太伯和老二仲雍。两人知道了父亲的心意，也看到弟弟季历有特殊的能力，季历的儿子昌更加杰出，于是决定离开周人诞生和成长的周原。两人离开当时的文明区域，长途跋涉到了南方荆蛮之地。为了不让周人在周太王死后把王位交给他们，两人做了更戏剧性、更决绝的举动——到了荆蛮之地，自己也放弃了文明，变成野蛮人，以此表示再也不会回到文明的地方，更不可能去承接王位。他们的用意很清楚，就是避开季历。

季历因此顺利地接任了王位，变成了王季。因为有了王季，昌后来才接了位子，才有了后世所熟悉的周代系谱。司马迁选择吴太伯作为世家第一篇，其用心昭然若揭。对应列传第一篇饿死首阳山的伯夷、叔齐，更可见其用意之深刻。伯夷、叔齐把王位让给弟弟，跟吴太伯、仲雍是完全一样的选择。

吴太伯和仲雍在血缘身份上比季历更有资格继承王位，在这里，血缘上的原则和能力上的原则发生了冲突：到底应该是嫡长子接任王位，还是能力最好的那个来当权力的继承者？在兄弟的排行当中，弟弟有时会展现出特殊的能力，甚至在统治上拥有超越哥哥的智慧和运作的魄力，那么立长还是立贤，就变成了一个巨大的问题。哪怕到了汉武帝时代司马迁写《史记》的时候，在嫡长子继承制的基本框架底下，不管争夺的是财产还是权力的继承权，最容易引发的就是兄弟阋墙。

如果真的可以只遵照嫡长子继承的原则，这个世界无疑会平静很多。然而世事从来没有那么简单，不只是刚刚提到的兄弟之中的能力差异，更麻烦的是父亲不可能完全没有私心，在那么多儿子中，父亲不见得偏爱老大。所以在司马迁的记录中，到了春秋战国时期，最明显的变化就是原来以宗族、宗法规范为基础的封建制度的瓦解，所有的血缘关系（父子兄弟）往往因为能力、偏爱等因素的介入而导致家人相争、欺诈、背叛，乃至于互相谋害。

写这些历史往事的同时，司马迁敏锐地觉察到那个时代跟自己所处的时代有呼应之处。换句话说，从高祖建立汉朝之后，在汉朝的宫廷，乃至于汉朝各封国的土地上上演的，也是这样一出大戏。在皇权面前，血亲家人甚至原本应当赐予兄弟的基本保障都变得越来越不重要。司马迁在列传中写了一些原来是皇帝兄弟的封王，因为有了封国便引发了皇帝的猜忌和不满，最后一个接一个地被收拾了，待遇好的只失去了封国，有些则被带回京师长安严加看管，剩下的甚至因此丧失了性命。

人无法相信自己的亲人，这是一件多么悲哀的事。

在东周，家人的情感、宗亲的安排在政治权力面前不再有效。汉代一路到武帝，镜影一样又将历史重现。然而还有一种高贵的情操，是唯一能够与东周和汉代发生的人伦悲剧相对峙的利器，那就是"让"。司马迁必然是对这件事情深有感慨，才在《吴太伯世家》中说了一次，在《伯夷列传》中再说一次，这显然就是司马迁在政治权力的运用上认定的最高贵的道德情操。

吴太伯和仲雍，伯夷和叔齐，这些人在血缘上明明都是顺理成章可以拥有那样的位子，得到巨大的权力，享受荣华富贵，但是他们宁可选择更重要的标准。了解父亲所希望的权力继承方式，他们非但不以血缘上的资格去挑战父亲的遗志，反而担心自己的"让"不够彻底，会妨碍父亲的遗志，或者使弟弟发挥能力的空间被剥夺。跟我们在东周或者汉代看到的现象截然相反，他们没有去抢夺、设计、谋划本该属于他们的权力，反而想尽方法把权力推出去，确保不会承接权力。

太伯和仲雍的方法就是远远地离开周原，去到最远的地方。周原在中国西北部的黄土高原，而吴在东南方，也就是今天浙江这一带。他们不但走了这么遥远的路，更进一步"断发文身"，与周文化彻底决裂，自愿归于蛮荒，用这种方式断绝了跟周联系的所有可能。

接下来，司马迁非常忠实地列出了吴太伯后面一代又一代的传承。在这之后，司马迁有一个段落特别标举了吴在世系传接上一个重要的王——寿梦。

寿梦是吴国非常重要的一个王，他让吴壮大起来。太伯是太王的儿子，跟季历是兄弟，季历又是文王的父亲，武王的祖父，也就是说，到了武王伐纣成功建立周代的时候，吴已经传至第五世。武王在周的封建制度内另立了一个虞国，奉祀太伯之后，所以到这时候太伯的世系分成了两支，一支在吴，一支在虞，虞在周代的封建系统之内，而吴则在夷蛮。

虞国存在了十二代，最后被晋灭掉了，春秋的纷乱也就逐渐拉开了序幕。换句话说，这些封建制度中的传统封国，尤其是一些小国，慢慢就无法存在了。同样都是太伯的后裔，在中国的虞没落了，两代之后，远在封建范围之外的吴兴起了。从太伯到寿梦共十九世，从这里开始，司马迁分出了两个明确的主题。

吴兴起之后，立刻威胁到封建系统中最接近吴的楚，所以司马迁写到吴兴起之后跟楚的一连串冲突及征战。单纯这样写也可以交代吴的历史，可是司马迁的用心显然不止于此。接下来，在吴太伯世家的文章中出现了一个新的主角，吴季札。

寿梦传位

让位、让贤的历史故事可以远溯到尧、舜，那种只存在于理想和想象之中的黄金时代。到了真正的历史时期，这些美好传说就渐渐没落消失了。但是司马迁要告诉我们，高贵的情操不会因为黄金时代的消失而不被体会和理解。

写完吴太伯、仲雍兄弟让国之后，司马迁罗列了吴国的王位更替，一直到寿梦。

寿梦有子四人，长曰诸樊，次曰馀祭，次曰馀眜，次曰

> 季札。季札贤，而寿梦欲立之，季札让不可，于是乃立长子
> 诸樊，摄行事当国。

吴王寿梦一共生了四个儿子，其中最小的季札偏偏是他最希望接
位的。这不是跟周太王的故事完全一样吗？

这个时候故事有了新的转折，季札认为自己的年纪太小，不
能接任王位，所以严词拒绝。在这样的情形下，吴国才依照血缘
的原则让长子诸樊来担任国王。诸樊也有这样一种美德，等到父
亲的丧礼办完之后，他明白父亲真正要的不是他，于是让位于季
札。这时季札说了这一段话：

> 曹宣公之卒也，诸侯与曹人不义曹君，将立子臧，子臧
> 去之，以成曹君，君子曰"能守节矣"。君义嗣，谁敢干君！
> 有国，非吾节也。札虽不材，原附于子臧之义。

他跟兄长说，宣公死后，国人和与宣公有密切关系的诸侯都不喜
欢当时的新国君，想拥立子臧取代原来的曹君。可是子臧不愿意，
他用逃走的方式来成就曹君。那时候的人们认为子臧有一种高尚
的美德，称赞他"能守节"。在血缘上，诸樊继承王位是顺理成
章的，没有人可以破坏或者干预。季札谦称自己不是那么有能力，
但毕竟还可以像子臧那样让位而"守节"，所以拒绝了哥哥让出的
王位。然而，在当时的封建制度中，王身边有很多大夫，大夫旁
边又有国人，这些人对于谁在封建制度中取得多少权力也颇有影
响，而在当时，吴国便有很多人认为应该让季札来接任王位。于
是季札只好效仿吴太伯，放弃地位，自愿变成一个农人，以此拒
绝寿梦留下的王位。

诸樊继位十三年后过世，死时特意把王位传给弟弟馀祭，这种方式改变了封建制度父死子继的模式，变成兄终弟及，里面又有特别的用意——老大传了老二，接下来就应该是老二传给老三，有机会再传给老四，季札就能按照父亲的遗愿接掌王位。诸樊认为这种方法一方面顾全了封建血缘上的原则，另一方面也能让父亲对季札的赏识得以实现。从这里开始，吴太伯世家就以季札作为主角。季札并不是吴王，只不过是兄长们都希望他将来能够接王位的一个王子而已。

音乐中的时代情绪

从地理位置来看，吴国位于边陲不毛之地，可是这个化外之地从创立之初，就具备中原诸国都遗失的一种美德——让。随着吴国逐步发展，原来以封建宗法的严整秩序作为核心的中原封建地带却正在迷失，或者说，正在遗弃这种美德。"礼失而求诸野"，中原地区的封建古国彼此征战，彻底遗忘了封建建立初期那种关于秩序的梦想，但因为吴国的建国渊源，他们还保留着这种梦想，或者美好的文化。吴一方面是最边远的，但从另一个意义上又是最纯粹、最核心的一个地区，这种双重性让它慢慢地被编入封建系统当中。

季札的正式身份是"延陵季子"，在吴国是一个特殊的角色。当年吴太伯远赴蛮荒之地建立吴国，根本不在封建体系的范围之内。馀祭即位的第四年，派季札出使鲁国。

鲁国是保留周文化的重镇，季札访问时，期待能在这里听到最正统的周乐。

他先在鲁国听到了周南、召南，就是周代刚刚建立时周公、召公传留下来的音乐。吴季札一听到这个音乐说："美哉，始基之矣，犹未也。"这是一个属于开端的音乐，在里面可以听到开端的那种美好。既然是属于开端的音乐，就说明这不是一个完成的音乐，至少它传递的不是一种完成的讯号。然而在音乐里可以听到一种"勤而不怨"的声音，那时候大家刚开始建立一个朝代、一个国家，每个人心里都有期待，在奋斗的时候没有任何抱怨。

接下来他听到了邶、鄘、卫的音乐。邶、鄘、卫就是所谓"三监"之地，环绕着原来商人的基地。一听到这个音乐，季札马上就明白，这是三个国家建立时的特色，传递了地理和历史风土上的特殊讯息。他说："美哉，渊乎！忧而不困者也。"这种音乐深刻之处在于"忧而不困"，包含了一种忧患意识，虽然战战兢兢，但是人们知道如何解决这种忧虑，努力让自己担心的事情不要发生。所以他又说："吾闻卫康叔、武公之德如是，是其《卫风》乎？"季札的优秀由此可见。他在听演奏之前并不知道这是哪个国家的音乐，是从音乐本身的特质辨识出来的。季札曾经听说卫康叔有"武公之德"，并且在音乐里听到了这种特色。

接下来他们给他听"王风"，也就是周天子所在地方的音乐。"美哉，思而不惧，其周之东乎？"那个时期，周把国都从原来的西边搬到了东边，季札听到了当中的变化，知道这是周迁都东方之后，天子在王畿演奏的音乐。

郑国的音乐是最早的"靡靡之音"，是带有高度肉欲和娱乐性质的音乐。季札一听就说："其细已甚，民不堪也，是其先亡乎？"在这种音乐之中，他听到琐碎和虚弱，这样国家恐怕没有办法维持很久吧。

接下来季札听到齐的音乐，马上说："美哉，泱泱乎大风也哉。"他在齐风里面听到了一种规模，一种气度，让他想到大海，进而联想到："表东海者，其大公乎？国未可量也。"这应该是齐太公那里的音乐吧！一个国能够产生这样的音乐，有这种规模和气势，其发展将不可限量。

对于豳风，季札说："美哉，荡荡乎，乐而不淫，其周公之东乎？"豳是周公后来建立的一个国，承袭了周公的人格特质和政治风格。

听到最西陲的秦音，季札说："此之谓夏声。夫能夏则大，大之至也，其周之旧乎？"这个音乐不像是周代的音乐，像是比周更古老的夏乐。这也就显现出了秦和周之间的关系。秦所在的是周原本崛起的地方，有这样的渊源，将来必然可以发扬光大。

接下来他听到了魏的音乐："美哉，沨沨乎，大而宽，俭而易，行以德辅，此则盟主也。"这里的人俭朴，从这种俭朴中生出了一种特殊的力量和气度，国君若能好好加以运用，是可以当盟主的。这里的魏风其实就是晋风，对照后来春秋五霸成立的时候，晋文公位列其一的事迹，就能明白季札的厉害之处。

然后季札又听到了唐风，说："思深哉，其有陶唐氏之遗风乎？不然，何忧之远也？"他立刻在音乐中听到了陶唐氏（尧）的风格，然后说："非令德之后，谁能若是！"这一定是历史美德非常悠久、深厚的地方才可能产生的音乐。

听到陈的音乐，他开始觉得非常不舒服，评语是："国无主，其能久乎？"这个地方不只是国君没有好好地统治人民，更重要的是，人民也根本没有信仰和原则，这种国家恐怕难以长久。他又听了其他几个小国的音乐，生出另外一种反应："自《郐》以下，无讥焉。"这些音乐要么太小，不够清楚，让他无法立刻辨识，要不就是不够好，不够重要，出于礼仪，他未多加评论。

这段故事到此为止，非常精彩，读者也可以理解寿梦为什么特别疼爱季札。季札来自蛮荒地区的吴国，到了鲁国这种文明之地，本来应该显出是无知的，至少是粗糙的，但显然吴国这时已经有了自己的积累和传承，季札也这么聪明，又有着丰厚的历史涵养。他能够极其敏锐地掌握这些音乐的本质，准确地探测音乐的来历，更进一步，还能描述出音乐的内在精神。通过这样的描述，司马迁让一位文化英雄在纸面上呼之欲出。

"季札观乐"这段故事经常被视为中国古代音乐史上非常重要的史料，其意义并不在于记录了可以被还原的音乐，而是记录了古代中国对音乐的一种非常神奇甚至神秘的想象。中国的古人相信音乐有特殊的能力，可以把集体的心态、文化保留下来，即使在现实中已经发生变化甚至消失了的文化和风气，也可以在音乐当中表达出来。换句话说，在这种古老的中国音乐理念里面，音乐是最诚实的。

听完各国的国风之后，接下来季札就听到了同一批乐师演奏的小雅。他的评语是："美哉，思而不贰，怨而不言，其周德之衰乎？"在这个音乐当中，有一种对文王、武王、周公时代坚定不移的向往。这种音乐并非来自黄金时代，而是对那个时代的思念和缅怀。后面说"怨而不言"，说明这里面仍有遗憾在，无论作曲者多么向往，那个黄金时代终归是逝去了。这种音乐是《雅》而不是《风》，曲调含蓄，可以把这种遗憾婉转曲折地表达出来，所以季札听后判断这种音乐表现了"其周德之衰乎"，应该是在周的黄金时代之后产生的。

周乐来自王畿，是核心正统地区的音乐，所以他说："犹有先王之遗民焉！"听完小雅之后听大雅，季札的评语是："广哉！熙熙乎！曲而有直体，其文王之德乎？"他一听就知道大雅是文王的音乐。那是一种什么样的音乐呢？用西方古典音乐的术语来说的话，是一个很 expansive（广阔）的音乐，一听就会觉得曲调在不断地往外扩散，就好像把有限的生命带到无限的时空之中的神奇感觉。你能在其中体会到和平与宁静，有曲折的音符和变化，但是所有的变化又都有一个清楚的核心，叫作"曲而有直"。这是文王的音乐。

小雅、大雅都还没有到音乐的极端，音乐走到至高之处是风雅颂中的颂。季札对颂的评语是："至矣哉！直而不倨，曲而不屈。迩而不逼，远而不携。迁而不淫，复而不厌。哀而不愁，乐而不荒。用而不匮，广而不宣。施而不费，取而不贪。处而不底，行而不流。"这应该就是绝对的音乐吧，或者，这就是完全的音乐吧。

这种音乐反映出中国文字和音乐的一种特殊表达方式。季札形容颂的时候，用了一连串同样的句型，"直而不倨""曲而不屈"，然后是"迩而不逼，远而不携"等一系列的两个形容词组合，一个正述，一个反述——

"直而不倨"，这里面有一种简单和直白，不过却是中庸的简、直，绝不傲慢。

"曲而不屈"，个中幽微的地方，就像走在小径上因转弯而看不到的风景，这种幽微之处也绝对不会隐晦、黑暗。

"迩而不逼"，这种音乐还很容易让人感到亲近，好像就在眼前，这种接近并不会带来任何压迫感，同时又非常悠远，像站在一个遥远的地方跟所有人保持一定距离，也不会让人觉得是身外之物，不会跟听众形成对立或者紧张的关系。

"迁而不淫"，这里面有随环境变化而流动的特质，有上有下，有左有右，同时又能够保持内在的原理和原则，绝对不会流于放纵，既不讨好也不投降。

"复而不厌",虽然音乐会一而再再而三地反复,但绝对不会令人厌烦。

"哀而不愁",音乐中有哀伤,但绝对不会变成哀怨。

"乐而不荒",这里面有欢乐,但绝对不会让我们耽溺。

"用而不匮",虽然包含了各种不同的情绪,也都在中庸的内核下对人的精神进行淘洗。

"广而不宣",这种音乐是细水长流、源源不断的,就像文王的大雅一样,都是广大的音乐,在自我扩张的过程当中不会让人感到傲慢、炫耀,反而会得到一种既不华丽也不奢侈的安慰和享受。

"施而不费",构成这种音乐的条件绝对是刚刚好的,不会多用一点点多余的精神来创作。

"取而不贪",其中有原则上的坚持,这种坚持绝对不会变成固执,里面完全有可以调动和变化的部分。

所以季札接下来说:"五声和,八风平,节有度,守有序,盛德之所同也。"

这一切都在表明,在音乐里,一切美好的东西都以一种完美的方式混合在一起。任何人类能够想到的声音和美德都在这里混而为一。当然,季札同时也借由这种方式,将理想的音乐应该是什么样子表现了出来。

这是吴季札听雅、颂所留下来的描述,同时也是对中国音乐有什么样的特殊感想和思考非常重要的一段史料。

舞蹈与政治

讲完季札如何看待音乐之后,司马迁接着又讲他如何看古代舞蹈。刚开始的时候,他看了一支舞蹈,说:"美哉,犹有憾!"

他看到的是武王时代的舞蹈，为什么会"犹有憾"呢？武王最大的贡献是建立了周，但是采取的方式就如同《伯夷列传》中写明的，仍然是用武力，这样建立的王国是有遗憾的。如果可以用古代禅让的方式来取得政权，不是更加美好吗？

随后他又看到了另一支舞蹈，他的评语是："周之盛也其若此乎？"这是周公也就是周文化的黄金时代所留下来的舞蹈。虽然周是用武力建立起来，但经过"犹有憾"之后，周公负责整治这种由军事武力带来的杀伐之气，让一切回到和平，回到人的善良本性。

接下来季札又对一支舞蹈比喻道："圣人之弘也，而犹有惭德，圣人之难也！"这是来自一个圣人的舞蹈，这个圣人是谁呢？原来，季札看到了商代成汤的舞蹈。成汤同武王一样，也是用武力取得天下的，可见做一个圣人其实非常困难，有时候解决问题根本没有一种完美的方式——要解救夏桀统治下的生民就不得不推翻他，要推翻夏桀就不得不使用暴力，而暴力会破坏整个社会与时代的和平之气。

再看下一支舞蹈，季札的评语是："美哉！勤而不德。非禹，其谁能修之！"这个舞蹈表现出的最重要的精神是勤劳，是任劳任怨，更重要的是绝对不想在别人面前彰显自己的苦劳，要让别人感激。季札马上就判断这是夏禹的舞蹈。

面对最后一支，他说："德至矣哉，大矣！如天之无不帱也，如地之无不载也！虽甚盛德，其蔑以加于此矣？观止矣。"这就像他听到"颂"的时候认为那是终极完美的音乐一样。眼前的舞蹈来自最古老的舜的时代，舞蹈背后象征的是一种没有遗憾的政治权力的继承。舜的权力来自尧的禅让，他承担起了重任，爱护人民，对国家的治理也达到了无以复加的完美地步，后来又将权力交给了禹。不管是在取得、运用、还是交付政治权力上，他完成得都很出色，反映在舞蹈上自然也会是完美的。到这里，吴季札就不再看别的了。这是一个人的品位，认为自己已经看过最美好的东西，所以到此为止，再多只会伤害对品味的感知能力。

司马迁心中的理想人物

随后季札离开鲁去了齐。在齐国，他遇到了晏子（晏平仲）。季札有深厚的文化素养，所以到任何地方都可以在短时间内掌握这个国家在国政上的问题。季札一到齐国，马上就知道最大的问题是晏平仲。齐国国君只有表面上的权力，实质上的权力都握在晏子手里。这个时候季札就警告晏子，最好把过于庞大的封邑和不符合身份的政治权力交还国君，不然会出问题的。晏子听从季札的劝告，在齐国安稳地得以善终。

季札又到了郑国，遇到子产。两人之前就认识，季札立刻掌握了郑国的严重问题，就告诉子产："郑之执政侈，难将至矣，政必及子。"郑国最大的问题是失去了规范，这个"侈"就意味着郑国的一切都是按照人的贪欲在运行，而非按照应有的规范。季札认为，用这种方式运行国政一定会带来灾难，并且影响到子产。于是他请子产一定要"慎以礼"，把封建的规范放在心上，来应对目前"郑国将败"的危机。

离开郑国之后，季札又到了卫国，遇到了几位公子，发现每个人都各有所长，更重要的是，这些人还有着适当的品德。卫国是一个几百年的小国，照道理讲，它的处境在春秋时代其实是很危险的。但是季札看到这群公子之后，有了不一样的评断："卫多君子，未有患也。"

接下来，季札从卫要去晋。在到晋国之前，他先住在孙文子的家里，听孙文子敲击编钟。季札对音乐非常敏感，他诚实地告诉孙文子，钟声里有非常不对劲的东西，也就是"辩而不德"。他看出孙文子喜欢炫耀自己的长处，但是所谓的长处背后并没有实质的内容，长此以往的话，一定会惹来刑罚和灾难。季札就说："夫子获罪于君以在此，惧犹不足，而又可以畔乎？夫子之在此，犹燕之巢于幕也。君在殡而可以乐乎？"季札认为，孙文子的声名非常显赫，所以晋的国君对孙文子是有所忌惮的。他形容孙文子就像一只没有把巢筑在扎实的栋梁上而是筑在帷幕上的燕子，帷幕随时可能动，燕子的巢也就不保了。由于这个原因，季札就不住在孙文子家里了。孙文子听到这样的建议，当然非常震撼，决定从此终身不听琴瑟，改掉享乐和炫耀的习惯，于是也得以终老。

在晋国，季札见到了韩宣子、赵文子、魏献子，说："晋国其萃于三家乎！"这也就预示了后来三家分晋的史实，而这三大家族后来也确实变成了战国的三个大国：韩、赵、魏。

走完这几个国家之后，季札便启程回吴了。他刚开始出使的时候，曾经拜访徐国的国君，国君一眼就看中了季札身上的佩剑，喜欢得不得了，却基于礼貌没有开口要。敏感如季札，马上就明白了徐国国君的心意，因此暗暗做了一个决定。这两个人，一个没有开口要，另外一个也没有说要给。等到季札游历了鲁、齐、郑、卫、晋，再次经过徐国的时候，徐国原来的国君已经去世了。季札把宝剑绑在徐国国君坟墓旁边的树上，身边的人觉得非常奇怪：人都死了，剑要给谁呢？这时候，季札的回答非常重要，他说："不然。始吾心已许之，岂以死倍吾心哉！"当初在徐国，季札已经在心里做出承诺，要把剑赠予国君。徐国国君合乎礼，并不开口索要，因此季札也就合乎礼，主动把剑赠予他。这种心意及其背后至高的人伦标准，那种人与人之间深挚的感情，是比宝

季札挂剑画像石 四川雅安姚桥乡汉碑村金凤山出土，汉宋山画像第三石（右侧），"中央研究院"傅斯年图书馆拓片室第 A0065 简

剑更重要的东西，季札选择不去违背这样的感情。

司马迁用这种方式结束了《吴太伯世家》中关于季札的描述。一个温厚聪明的人，看到任何人都毫不吝惜地给予最真挚的建议和劝告。他之所以拥有这样的能力，最重要的是文明的熏陶，核心表现是他对音乐、艺术的感知能力，另外就是温厚的人格，以及能够体贴别人的情意吧。

季札光是知道别人心里在想什么，就产生了做人方面的责任，他想要满足一种向往，在满足别人的期待中建立自己生命的价值，这样的人不只是好人，不只是善人，而是模范和榜样，谁不想亲近他呢？如果社会上多一些季札这样的人，必然可以出现司马迁心目中那种理想的、源于周代的黄金时代。

伍子胥列传：怨毒的能量

家仇

《伍子胥列传》被司马迁放在列传第六，全书卷六十六。

伍子胥是楚人，名叫员，他的父亲叫伍奢，哥哥叫伍尚，先祖伍举则是楚庄王身边非常重要的世卿大臣。

楚平王时，伍奢和另一名大臣费无忌都是太子建的老师。但费无忌很有野心，他本应直接效忠太子建，却将目光瞄准了权力更大的楚平王。楚平王要帮太子建安排婚姻，让费无忌负责挑选。费无忌花了很大的力气选到一位绝色美女，然后对楚平王说："秦女绝美，王可自取，而更为太子取妇。"楚平王相信了他的话，真的把这个女人娶到宫中，替太子找了别的女人。楚平王爱这个女人爱得不得了，还跟她生了一个儿子。

费无忌借由这种方式接近平王、接近权力中心之后，担心太子建继位以后会对自己不利，不断在楚平王面前诋毁太子建。太子建的母亲是从蔡娶过来的，不受平王宠幸。在费无忌的挑拨下，楚平王越来越疏远太子建，最后把他派到城父去守边，远离都城。

没过多久，费无忌又在平王面前攻击太子，说："太子以秦女之故，不能无怨望，愿王少自备也。自太子居城父，将兵，外交诸侯，且欲入为乱矣。"在这样的情形底下，"平王乃召其太傅伍奢考问之"："你是太子的老师，那么以你的眼光来看，太子到底怎么样？我是否可以信任太子？太子在边城会不会跟其他的诸侯勾结？会不会变成楚国的危害？"伍奢当然知道费无忌在背后所做的这些勾当，所以跟平王说："王独奈何以谗贼小臣疏骨肉之亲乎？"

费无忌一听就知道这番话是针对他的，于是对平王说："王今不制，其事成矣。王且见禽。"在费无忌的离间下，平王不但决意要杀太子建，甚至觉得伍奢也不再效忠自己了，干脆把他绑起来，同时派人去杀太子建。可是，杀手司马奋扬心里也有自己的盘算——一个父亲让我去杀他儿子，如果有一天父亲后悔了，肯定不会责怪自己，而是归罪于我。为了自保，也为了保护太子建，司马奋扬就先把消息透露给太子建，于是"太子建亡奔宋"。

费无忌看到太子建没有死，心中另生一计。他想，一旦太子建在宋找到了援军，在楚国最有可能支持并帮助太子建回来的人是谁呢？这些人当中地位最高的当然就是伍奢。于是费无忌跟平王说："伍奢有二子，皆贤，不诛且为楚忧。可以其父质而召之，不然且为楚患。"让楚平王把伍奢的两个儿子都找回来，楚平王听信了他的话，叫人对伍奢说，"能致汝二子则生，不能则死。"

这个时候伍奢非常诚实地告诉楚王的使者："尚为人仁，呼必来。员为人刚戾忍诟，能成大事，彼见来之并禽，其势必不来。"可是楚王不听，执意让伍奢叫两个儿子来。事实也正如伍奢所料，大儿子武尚觉得自己应该去，但是二儿子伍员制止哥哥说："他们要叫我们去，不是真的要放过父亲，是担心我们一家如果有漏网之鱼会造成威胁，所以才拿父亲当饵把我们骗去，赶尽杀绝。就目前的情况来看，父亲一定活不成了。与其跟父亲一起去死，倒不如借这个机会赶快逃，还可以用别国的力量来为父亲报仇。"但是伍尚有不同的想法，他说："我知道去了也救不了父亲，可这是我的原则。父亲叫我去我却不去，这样的事情我做不来。这样吧，汝能报杀父之仇，我将归死。"于是伍尚去见楚平王，而伍子胥"贯弓执矢向使者，使者不敢进"，伍子胥就这样逃了。

兄弟二人选了不一样的路，由此开启了伍子胥的故事，也开启了他未来的报仇之旅。伍子胥逃到吴，遇到公子光，跟吴王僚发生了一连串紧张和冲突的关系。

子胥奔吴

季札让国的故事终结后，吴国受中原封建系统崩坏的影响，也在不断转型和变质。据《吴太伯世家》记载，从吴王诸樊开始，王位由父死子继变成了兄终弟及，诸樊传给了馀祭，馀祭传给了馀眜。馀眜在位四年，离世之前准备把王位让给季札，但是季札仍然不要这个王位，"于是吴人曰：'……季子今逃位，则王馀眜后立。今卒，其子当代。'乃立王馀眜之子僚为王"。这里的"吴人"是指围绕在国君身边的大夫和士，他们在春秋封建体系中有特殊的地位。这群人商量之后，决定恢复父死子继的传统，让馀眜的儿子公子僚接任王位。这时候，有个人心里对这样的安排极为不满，他就是公子光。

公子光是诸樊的儿子。对他来说，自己的祖父吴王寿梦把王位传给父亲诸樊，诸樊死后传位给弟弟，是因为要把位子最终让给季札，如今若是恢复封建的王位继承原则，也应该是他而不是公子僚继承王位。毕竟他是长子诸樊的嫡子。公子光心里已经对吴王僚有了非常强烈的不满,而且认为叔父季札也会支持这样的做法,埋下了后来吴国内乱的种子。

此时,吴国产生了跟太伯立国、季札让国完全相反的现象——争。除了公子僚跟公子光的王位之争,还有吴楚之争。春秋时期,吴、楚彼此相邻,又都在不断扩张之中,难免就会出现摩擦。到了公子僚的时代,两国爆发了一次严重的冲突。

织布对吴、楚两个国家来说都是重要产业,织布的核心在于丝的生产,而生产丝的核心是养蚕,蚕需要桑叶才能够生长,所以种植桑树是牵涉到当地生产命脉的一件大事。吴、楚两国的这次冲突,就是边界两侧的丝女们为了抢夺桑叶而引发的。冲突进一步恶化,逐渐变成两座城池之间兵戎相见,然后成为吴、楚两国的斗争。吴国先夺下楚国边界的两座城,楚则蓄势准备反击。

就在全面开战一触即发的时刻,伍子胥从楚逃到了吴,处于冲突风暴的中心。

为什么伍子胥会逃到吴呢?由于伍子胥一家的遭遇起于太子建的失宠,而父亲伍奢是太子建的太傅,伍子胥跟太子建也有特别的渊源和情感。此时太子建逃亡在宋,伍子胥从楚国逃跑后,就到宋去投奔他。伍奢听到伍员逃亡在外,他知道这个儿子个性刚烈,对认定要做的事无所不用其极,于是感慨地说:"楚国君臣且苦兵矣。"言下之意,伍员这下大概不会轻易放过楚国了。讲完这句话,伍奢、伍尚父子就被楚平王杀害了。

这个时候宋国有华氏之乱,伍子胥也无法久留,不得已,又和太子建逃亡到了郑。两人在郑得到的待遇比宋要好很多,但春秋时期诸国关系非常复杂,太子建后来去拜访晋,国君晋顷公对他说:"太子既善郑,郑信太子。太子能为我内应,而我攻其外,灭郑必矣。灭郑而封太子。"晋顷公的野心是凌驾于列国之上,要达到这个目的，就必须先收拾相邻的郑国，所以他想利用郑人对太子建的信任来帮助自己。太子建怀着这样的协定回到郑，不料却被身边的仆役出卖，把他跟晋顷公的合谋告诉了郑定公。此时郑国的执政者仍是子产，也就是《吴太伯世家》中提到的季札在郑国的旧识。郑定公和子产知道了这件事，就杀了太子建。

这是伍子胥必须面对的另外一个变局。

伍子胥决定带着太子建的儿子胜再度出逃。宋待不下去，郑也待不下去，他们去吴国。要进入吴国，必须通过昭关。在后来的戏曲当中，有伍子胥一夜白头的故事——昭关守门人要抓伍子胥，伍子胥通过很多人一步步地帮助，最后过昭关入吴，一夜白头。

不过，《史记》里"过昭关"的故事比较简单，相关人物只是一个渔夫。伍子胥因为要过昭关，就把身边所有的随从和行囊都放弃了，和胜二人孤身而逃，在几乎要被追到的时候，他们来到了江边。江边的渔夫认识伍子胥，而且知道他的急难，于是让他们上了船。在这位渔夫的帮助下，伍子胥得以渡江，进入吴的领域。安全之后，伍子胥心怀感激，要把身上的佩剑解下来赠给渔夫——这就又呼应了季札的故事，季札与徐君之间的交情也是跟剑有关。在春秋，士身上所佩的剑属于个人信物，这把剑也是伍子胥身上唯一的财产，他跟渔夫说："此剑直百金，以与父。"有趣的是，这个渔夫回答道："楚国之法，得伍胥者赐粟五万石，爵执圭，岂徒百金剑邪！"这位渔夫干脆连剑都不要，抱持着纯粹的善意，只是因为知道了伍子胥的急难，同情他的遭遇，不仅保住了他的性命，而且帮他进入吴国，不求任何回报。也许正是《史记》里这个渔夫的高贵情操感动了后世，所以后来的戏曲才会把伍子胥过昭关变成一出精彩的大戏。

依靠渔夫的帮助，伍子胥顺利进入吴国境内。但在快到吴国国都的时候，伍子胥在路上生病了，病到必须要在路上乞食。父亲是楚的贵族、楚太子的太傅，而他现在却沦落到必须乞食为生，可以说到了人生的最低点，然而他没有放弃，最终见到了吴王僚。

此时"吴王僚方用事"，有野心，想要攻打楚国。公子光同样想要有所作为。伍子胥是个聪明人，他一到吴国就立刻探查到了吴国的政治情况，于是就去找公子光，通过公子光的关系求见吴王。在吴王僚面前，他只说了一件事："楚可破也。原复遣公子光"。根据他对楚国内部的认知和理解，伍子胥认为吴国是有机会赢的，不应该放弃对楚施压，尤其当吴国有公子光这样一个大将的时候。伍子胥认为，公子光刚刚在边界冲突中打败楚军，这时候如果乘胜追击，就可以把楚国灭掉。

吴王僚听完之后并没有马上做出决定，而是找到公子光说："你介绍的这个伍子胥，建议我用你做大将去打楚国，你认为如何呢？"有意思的是，公子光跟吴王僚说："彼伍胥父兄为戮于楚，而劝王伐楚者，欲以自报其仇耳。伐楚未可破也。"公子光提醒吴王僚，伍子胥作为楚国人，是想利用吴国报一己之私仇。听到公子光这种分析之后，吴王僚也就打消了念头，不再理伍子胥。

就像刚到吴国就立刻了解吴王僚跟公子光之间的关系一样，伍子胥立刻明白这中间发生了什么。"伍胥知公子光有内志，欲杀王而自立，未可说以外事。""外事"跟"内志"这两个词非常重要，外事指的是伍子胥的梦想，或者直白来讲，就是借吴王僚攻打楚国。而吴在军事与外交上面的关键人物是公子光，他原以为公子光想尽快建立功勋，一定乐意带军攻打楚国。然而知道吴王僚跟公子光的对话之后，伍子胥理解了另外一件事，那就是公子光虽然负责军事和外交，但其真正的野心叫作"内志"，也就是想方法把本应属于自己的王位给夺回来。

伍子胥画像镜　扬州邗江县湾头区凤凰
河工地出土，直径 21 厘米，圆钮座

伍子胥铜镜（上海博物馆藏），直径 19.6
厘米，圆钮座。

以伍子胥的政治判断和手段，他知道这件事情之后，立刻搁
置了劝吴王僚派公子光攻打楚的这件事情，跟太子建的儿子胜
"耕于野"。表面上看，他似乎放弃了报仇的野心，跟胜变成了只
求温饱的吴国农民。然而伍子胥怎么可能真的放弃报仇呢？他布
了一个局，"进专诸于公子光"。专诸后来袭杀吴王僚，公子光上
位，成为吴王阖闾，之后当然也就启用了伍子胥，将他变为身边
重要的谋士。

"我必覆楚"

接下来，吴、楚之间发生了很多重大的变化。

首先，"楚诛其大臣郤宛、伯州犁"。伯州犁的孙子叫伯嚭，他一看自己的家在楚处于危急状态，也逃到了吴国。吴王阖闾将伯嚭封作大夫，予以重用。而吴这边，"前王僚所遣二公子将兵伐楚者，道绝不得归"，吴王僚的两个弟弟被派去打楚国，听闻阖闾杀了吴王僚自立，索性投靠楚，楚也重用他们，把两人封在舒这个地方。

阖闾即位三年后，吴、楚之间的恩怨到了不得不爆发的时刻。这一次，吴王阖闾派伍子胥和伯嚭带兵去打楚国，而这个重要目标恰好就是舒。两个人把舒攻下来，把原来的两个公子抓回了吴国。阖闾本想趁胜打到楚国国都郢，不过吴国大将军孙武劝阖闾说："民劳，未可，且待之。"于是阖闾放弃了进攻。一年后，也就是阖闾四年，吴再度出兵，这次拿下了楚的两个城池，六和灊。

再过一年，吴国"后院"一个偏远地区的小势力越国开始逐步兴起。为了好好对抗楚，吴国势必要先收拾这个后顾之忧，于是派兵打败了越。再一年，楚昭王叫公子囊瓦带兵进攻吴国，吴则由伍子胥带兵迎击，在豫章大破楚军，又拿下了楚的一座城，居巢。再过三年，离上次伐楚已经过了六年，吴王阖闾把伍子胥跟孙武找来，问道："始子言郢未可入，今果何如？"二人商量之后回答说："楚将囊瓦贪，而唐、蔡皆怨之。王必欲大伐之，必先得唐、蔡乃可。"阖闾遵照了他们的建议，与唐、蔡联合，大举发兵攻打楚国，"与楚军夹汉水而陈"。吴王的弟弟夫概这个时候想要强攻，吴王阖闾不同意。夫概不顾吴王阖闾的命令，带着自己私属的五千人军队直接出兵。"己卯，楚昭王出奔。庚辰，吴王入郢。子常败走，奔郑。于是吴乘胜而前，五战，遂至郢。"连胜五场重要的战役，一路打到郢。吴王阖闾堂而皇之地进入了楚国国都。这个时候，楚昭王只好仓皇出奔，几乎是走投无路。到这里，司马迁再回头讲大仇得报的伍子胥。

伍子胥曾经跟申包胥有深厚的交情。他要逃亡的时候，告诉申包胥说："我必覆楚。"但是申包胥也针锋相对地说："我必存之。"如今，吴兵打进郢，伍子胥一时抓不到当时的楚昭王，于是做了一项非常极端的报复行为："掘楚平王墓，出其尸，鞭之三百，然后已"。逃亡山里的申包胥听到这个消息，派人去跟伍子胥说："子之报仇，其以甚乎！吾闻之，人众者胜天，天定亦能破人。"在这个环节上，又碰触到了司马迁念兹在兹的"天人之际"。当人的力量很大的时候，或许一时可以突破天的限制，但是天不可能一直被压抑着，如果有人违反天的基本规则，终有一日会被天惩罚。所以，申包胥跟伍子胥说："今子故平王之臣，亲北面而事之，今至于僇死人，此岂其无天道之极乎！"你原来是平王的臣子，亲自称臣侍奉过他，如今弄到侮辱死人的地步，这难道不是违背天道到极点了吗！

听到申包胥这些话，伍子胥告诉传话的人："吾日莫途远，吾故倒行而逆施之。"伍子胥的意思是说，我报仇这个目标这么遥远，别无选择，非得违背天道不可。你指责得对，但我也要告诉你，如果今天不是我刻意违背天道，也就不会有大仇得报这样一个结局了。

回过头来说申包胥的"我必存之"。这个时候，申包胥去向秦求救。秦和楚一个在最西边，一个在最南边。虽然秦有实力，但是并不觉得应该去帮助即将灭亡的楚。"包胥立于秦廷，昼夜哭，七日七夜不绝其声"，终于感动了当时的秦哀公："楚虽无道，有臣若是，可无存乎！"于是派了五百乘的军队去救楚击吴。秦军出动，"六月，败吴兵于稷"。

当时吴王阖闾为了找到楚昭王，一直留在楚国境内，吴国在内部疏于防范之下发生了政变，主角就是他的弟弟夫概。夫概出兵时违抗阖闾的命令，反而得胜，于是觉得可以借此战功换取政治上的资产，趁阖闾不在的时候自立为王。在这种情况下，阖闾不得不匆忙离开楚，回国去平定夫概之乱。楚昭王这时看到机会，就带着世卿臣子回到了首都郢。夫概被打败后来投奔楚，楚昭王就把夫概封在堂溪，命他为堂溪氏。楚重整实力之后，再度跟吴作战，这一次楚胜吴败，阖闾只好带着军队彻底退回吴国。

又过了两年，阖闾派太子夫差出兵伐楚，拿下了楚的番城。楚害怕吴国卷土重来，又从郢仓皇地把国都迁到了都。到这里，司马迁总结道："吴以伍子胥、孙武之谋，西破强楚，北威齐晋，南服越人。"吴在阖闾即位之后，因为有伍子胥和孙武在旁边出谋划策，快速兴起，在春秋末年变成了一个重要的大国。

勾践灭吴

五年之后，吴王再度伐越，越王勾践带军迎击。与五年前不同，吴越情势逆转，越王勾践率军在姑苏击败吴国，阖闾也身受重伤。退兵回吴后，阖闾的伤越来越重，在病重的时候，阖闾把夫差叫到旁边来问："尔忘勾践杀尔父乎？"夫差回答："不敢忘。"当晚阖闾去世，夫差即位成为吴王。

到这里我们大概可以看出，跟伍子胥关系最密切的核心故事，就是如何从楚出奔到吴、如何在吴谋划、辅佐阖闾并报复楚国的故事说完了，阖闾也去世了，后面还有伍子胥在吴的另外一段经历。

夫差即位之后，吴国对外关系的主轴从吴楚变成了吴越，伍

子胥的角色和身份，也在历史的无情推移当
中改变了。

　　夫差与阖闾对待伍子胥的方式极为不同。
此前，伍子胥的名字是与孙武相提并论的，
两个人在军事上有着同样的才能、想法，以
及对抗楚的决心，能够同心协力。到了夫差
即位之后，伍子胥的名字就不再跟孙武挂在
一起，这时候像幽灵一般跟随他的，是伯嚭。

　　伯嚭也是来自楚的世卿，家族背景和伍
子胥类似，两人都被吴重用，也都曾经带领
吴国军队去跟楚国对抗。夫差被立为王之后，
伯嚭的地位越来越高，最后被任命为太宰，
主管军事上的事务。吴王夫差当然记得父亲
阖闾在去世之前的提醒——不能忘了他的杀
父仇人是勾践，所以两年之后，派军队去打
越国，大败越国的军队。越王勾践收拾五千

"吴王夫差"铜矛
（湖北省博物馆藏）江
陵县马山 5 号墓出土

残兵逃到会稽山上，几乎面临灭国的危机。勾践只好贿赂太宰伯
嚭，"求委国为臣妾"，希望用这种方法，让自己的社稷、国家留
存。吴王听到这样的消息，便打算答应，但伍子胥认为越王勾践
不是一般人，"为人能辛苦。今王不灭，后必悔之"。夫差不听，
采用了太宰伯嚭的计策，跟越重新达成了和平协议。

　　过了五年，吴王夫差在伯嚭的辅佐之下有了更大的野心，目
标变成了曾经为五霸之首的齐国。这时齐景公刚刚过世，新立的
国君没有办法压住国内因争宠而产生的混乱局面。夫差见猎心喜，
便挥师北伐。这个时候伍子胥又有不同的意见，对夫差说："勾践
食不重味，吊死问疾，且欲有所用之也。此人不死，必为吴患。

"越王勾践"铜剑　（湖北省博物馆藏）江陵县望山 1 号墓出土

今吴之有越，犹人之有腹心疾也。而王不先越而乃务齐，不亦谬乎！"伍子胥仍然提议让吴王夫差先打越国，但吴王听不进去，还是依照自己原来的想法，跟太宰嚭一起出兵伐齐，大败齐师于艾陵，顺道灭了邹鲁之君。一路行军获得了如此大的胜利，也就使吴王夫差更不愿意听从伍子胥的建议。

四年之后，吴王夫差仍然认为齐是他光大吴国最重要的一个对象，也真的就忽略了越王勾践。越王勾践采用身边的一个聪明人，也就是孔子重要的弟子子贡的计谋，"率其众以助吴，而重宝以献遗太宰嚭。太宰嚭既数受越赂，其爱信越殊甚，日夜为言于吴王"。伯嚭接受了勾践的重金贿赂，便不断在吴王身边说越国的好话。伍子胥看在眼里，再次劝谏说："越是吴国的腹心之病，今天您竟然相信越国这种浮辞诈伪，而一心想从齐国得到好处。以吴国的立场来说，今天你打败了齐国，不过像是拿到了一大片石田。""石田"是根本种不出任何粮食的田地，也就是说，吴国得到的只是表面上的好处，而不是实质的利益，因为它太远了。接下来伍子胥还引用了《尚书·盘庚之诰》中的话："有颠越不恭，劓殄灭之，俾无遗育，无使易种于兹邑"。如果你知道有什么力量可能威胁到你，就一定要想尽办法把它彻底灭除。为什么商朝可以兴起，可以有这样的国祚？就是因为当商人看到威胁的时候一定会把它彻底根除。伍子胥继续跟吴王夫差说："若不然，后将悔之无及。"

　　伍子胥屡次跟夫差说"不然你会后悔莫及"，但夫差就是不听。这一次非但不听，还"使子胥于齐"。临走之前，伍子胥跟儿子说："我一而再再而三地劝吴王，他就是不听。今天，我可以预见吴国将要灭亡，你们不要跟着吴一起丧命。"于是把儿子带到齐，托给齐国大夫鲍牧照管，然后回到了吴。

　　太宰嚭与伍子胥的关系越来越紧张，越来越容不得伍子胥，不断在吴王夫差面前进谗言，把事实跟谎言交杂放在一起。他对夫差指出，伍子胥为人刚暴，不然他也不会到吴来，也不会念兹在兹地要对楚报仇。这个刚暴之人现在有了"怨望"："你要去打齐，伍子胥不同意，然而你去打了，结果打赢了，这样的事实证明他的想法是错误的。如果现在吴国去打齐，伍子胥肯定还会阻止你，并且希望吴国的军队战败，因为这样才能证明他是对的。现在我们把吴国主要的力量都发动起来伐齐，而国内却有个人希望你失败。我们要出兵，他说他生病，没有办法跟着去。你把他派到齐，他却把儿子带去交付给齐的鲍氏。"太宰嚭接着说："内不得意，外倚诸侯，自以为先王之谋臣，今不见用，常鞅鞅怨望。愿王早图之。"吴王夫差听了这番话，像是恍然大悟："微子之言，吾亦疑之。"然后赐了一把剑给伍子胥，直接对他说："子以此死。"

　　伍子胥仰天长叹："谗臣伯嚭作乱，王却要杀我。我曾经让你父亲带领吴国变成了霸主，你还没有变成太子的时候，有这么多公子争位，是我站在你这边，以死争之于先王，立你为太子。你刚刚当王的时候，要把你的国分给我，我都没有接受。而今天你听了奸臣这些话，就要杀害长者。"所谓"长者"，不只是因为伍子胥年长，更因为他曾是吴王阖闾身边的人。

　　然后伍子胥交代他的后事，死后"抉吾眼县吴东门之上，以观越寇之入灭吴也"。他的遗言很快就传到了夫差的耳朵里，夫差非常愤怒，甚至不愿意给伍子胥一个体面的葬礼——他把伍子胥的尸体扔进江中，让其死后都尸骨无存。不过，伍子胥在吴国有自己的声望，有人特别为他在江边立祠祭拜。

伍子胥被杀之后，吴王发兵再度攻打齐。这个时候，齐悼公被杀，鲍氏——就是之前提到的掌管齐国大政的世卿——立阳生为新任齐王。吴王战败。再过两年，吴国国力强大，夫差想把自己抬到五霸那样的地位，于是找了鲁卫之君，"因北大会诸侯于黄池，以令周室"。

然而，就在夫差的身份升到最高的时候，伍子胥的预言也正在变成现实。

越王勾践打败了吴国的军队，杀了吴太子。夫差听闻，匆忙赶回，但因为毫无准备，所以只能去贿赂越国签订合约。越王勾践确实就是伍子胥所说的那种人，他有着坚强的意志，不会停止报仇。于是，失败九年之后，越王勾践终于灭掉了吴国，杀了吴王夫差，同时也杀了在整个过程中对勾践和越国都有帮助的太宰嚭，因为他"不忠于其君，外受重赂"。这样的人留着，随时都可能会背叛。

借由伍子胥的生平，司马迁讲了一个复仇的故事。复仇在春秋时期是一件非常重要的事，有各种方式和理由。正因为伍子胥是这样的人，所以当他看到越王勾践，马上就辨识出这个人跟自己一样，是不会轻易放弃复仇念头的。

司马迁将这些人如何念兹在兹地实施复仇写了下来，同时也探触到人性中的"怨毒之心"，在开头短短的几句评语中，就说"怨毒之于人甚矣哉"！人的内心如果充满怨毒，将会是多么可怕的一件事，产生多么隐忍而强大的力量。

刺客列传：士为知己者死

司马迁在《刺客列传》中写了五个不同时代的人。他是用什么方式来呈现这个特殊人群的？为什么要制定这样一篇传记？借由这五个人的故事，司马迁希望凸显什么原则？

曹沫

《刺客列传》一开头，先说曹沫。

在历史上，"士"分为文士和武士，都是封建制度中非常重要的角色。在封建仪式和规矩发生改变前的很长一段时间，武士的地位是高于文士的。武士最重要的特质就是"力"，身强体壮，在春秋时很容易得到国君的青睐。

曹沫是鲁国一个非常勇敢的力士，恰好"庄公好力"，所以格外喜欢他，并让他以力士的身份成为鲁国最重要的将军，但"与齐战，三败北"——很有力气，可以在一对一搏斗当中战胜对手，这样的人就适合担任将领吗？司马迁短短的几句话就表明了自己的态度。曹沫打起架来让所有人都害怕，是以得到鲁庄公的喜爱和信赖，但战争是如此残酷的一个竞争机制，在战场上面，曹沫的力气并不能发挥决定性作用。作为一个将军，曹沫是失败的，他指挥军队三次跟齐作战，都战败了。鲁庄公害怕齐巨大的军事力量，"乃献遂邑之地以和"，把自己的封地中跟齐相邻的很大一块送给了齐，请求齐不要继续侵略。但是，即便三战都败北，而且到了割地求和的地步，鲁庄公对曹沫的信任和喜爱也没有动摇，仍旧让他担任鲁国最重要的军事将领。

接下来齐鲁会盟，地点选在"柯"。此时的齐国国君是春秋五霸之一的齐桓公，他跟鲁庄公在祭坛上完成了应有的仪式，重新缔结盟约。

就在这个时候，曹沫突然从一旁杀出，手持匕首绑架了齐桓公。齐桓公左右的随从怕曹沫伤了齐桓公的性命，不敢轻举妄动，只能问他："子将何欲？"曹沫说："你们是强国，相较于你们，鲁是一个弱国。你们强国用武力来侵略我们弱国，欺人太甚。"他继续说："今鲁城坏即压齐境。"在封建封地的开发模式下，城外有野，野之外通常还有林地，很多城与城之间还有缓冲地带，这是封建时候发展国与国之间关系的一种正常的地理分配。但在会盟的时候，齐要求鲁把这些土地都割让给它，也就意味着国界划到鲁的城墙边，一旦鲁的城墙向外倒塌，就相当于侵犯了齐国。曹沫的意思是，既然齐桓公要做春秋霸主，自认为可以取代周天子来维持秩序，就不能违背封建的礼。怎么可以用武力夺取别国的土地，还把边界划到城墙边呢？曹沫讲完这句话，又讲了四个字，叫"君其图之"，一方面是说理，另一方面当然是明确威胁。齐桓公也知道把国界划到别国城边是理亏的，何况自己的性命正握在这个大力士手里，所以"乃许尽归鲁之侵地"。

齐桓公说完这话——我们再看《史记》中怎么形容曹沫的做法——曹沫把匕首放下来，重新回到原来的位置上，好像什么都

曹沫劫持齐桓公的故事　引自容庚《汉武梁祠画像录》影石印本

没有发生过一样。虽然《史记》里没有进行详细的描述，但是我们可以想象当时的场景：曹沫丢掉匕首回到原来的位置上，齐国的随从和护卫一定团团围上来保护齐桓公。此时齐桓公又羞又怒，于是想反悔，不把土地还给鲁。

　　这时候出现了一个关键的人，管仲。管仲劝齐桓公，不要贪图这些小利而丧失了威信。贪图小利或许能够满足一时，但也会"弃信于诸侯"，齐国现在是诸国的盟主，如果毁约就会失去大家的信任，霸主地位也会随之动摇，还是把土地还给鲁国吧。曹沫挟持齐桓公，逼迫他做出承诺，本身并不是一个正当行为，齐桓公当然有理由反悔，可是管仲有更深远的看法，他希望借这件事情，将齐桓公是一个什么样的人、齐国是一个什么样的国家包装宣传出去，让其他国家的人都知道，哪怕是在生命受到威胁的情况下说的话，齐桓公也一定会做到，那将来他所说的任何话都不用怀疑。管仲在意的是整个事件带来的宣传效果。这是取信于诸侯的一种方式，是使诸国敬佩并推崇齐桓公做霸主的先决条件，甚至可以是影响诸侯联盟最重要的资产。

在这件事上，司马迁看到了曹沫的勇猛，更看到了管仲的智慧——在这种无法预测的紧急时刻中，立刻就算出大利和小利，齐桓公还在计较已经到手的土地，管仲想到的却是诸侯的信任，而后者的价值是远远超过这些土地的。曹沫也得到了他想要的，把三次打仗输的土地一下子全部赢了回来。这也是曹沫变成一个刺客，用武力挟持、暗算齐桓公的最深层动机。

专诸

曹沫的故事结束之后，《史记》笔锋一转，"其后百六十有七年而吴有专诸之事"。从曹沫到专诸，其间相隔了一百六十七年，超过了五代人。《史记》这样安排是想说明，曹沫和专诸这两个人有一种跨越时代的深刻联结。这种联结是什么呢？我们要继续读专诸的故事才能明白。

"专诸者，吴堂邑人也"。专诸人生中很重要的一件事情是遇到了伍子胥。伍子胥从楚来到吴的时候，吴发生了一些事情，起因是吴王僚和公子光的心结。公子光认为，依照父亲的遗志，等到自己的三叔死了之后，如果季札不愿意当国君，那么王位应该回到自己身上。公子光为了实现夺王位的野心，"阴养谋臣以求立"，培植自己的力量。伍子胥知道公子光的策略，便将专诸推荐给了公子光。公子光"善客待之"，把专诸养在身边做门客。

楚平王死的这一年，楚国的新国君要即位，吴王僚认为这时必会有所动乱，是从楚国得到利益的好机会，于是派两个弟弟盖馀、属庸带兵攻打楚，同时拜托他叔叔，也就是吴国最重要的外交人才季札出使晋国，"以观诸侯之变"。晋这个时候是最强大的国家，它的立场会影响到其他诸侯。不过，这场战役不像吴王僚预计的那样顺利，楚军断了吴军的后路，将盖馀、属庸困在了灊这个地方。吴王僚本想利用楚的危机获取一些利益，没想到反而引发了吴国的内部危机。

吴国的精英部队被困在楚国境内回不来，公子光看准这个机会，跟专诸说："此时不可失，不求何获！"他担心专诸不能下定决心支持他，又说："且光真王嗣，当立，季子虽来，不吾废也。"看这段话就能了解季札当时在吴国的地位有多高，公子光想让专诸帮助他，也要把季札的态度搬出来才显得有说服力。专诸其实是同意公子光的，所以直截了当地说："王僚可杀也。"接下来他们开始密谋如何把吴国的王位从僚的手上夺过来。

专诸的判断是：此时吴王僚上面只有一个老母，底下的儿子还很小，身边也没有什么像样的大臣，有能力帮助他的两个弟弟盖馀和属庸都被楚断了后路，回不来。依据这样的判断，专诸认为吴王僚"无如我何"——"我"其实是指"我们"，也就意味着专诸完全站在公子光这一边了。接下来，公子光顿首——公子光的地位如此之高，但这时候对专诸摆出了非常谦卑的姿态，他对专诸说："光之身，子之身也。"你就是我，我就是你，用这种方式交换了彼此的忠诚。

信诺之后，就是行动。四月丙子日这一天，公子光宴请吴王

专诸刺王僚　引自容庚《汉武梁祠画像录》影石印本

僚，事先安排武士藏在宫中的地下室。吴王僚心里是有所疑惧的，所以带着大批护卫从王宫出发，一路护卫到公子光的家门。在公子光的家里，从门口到堂的台阶上，布满了吴王僚的侍卫和亲信，并且都带着重兵器。吴王僚此时不只是提防公子光，也要让公子光明白，他根本无机可乘。

在这样的部署下，吴王僚安心到了公子光家里喝酒。喝到一定程度，公子光推辞脚痛要到内室去看一下，随后就进到藏有武士的窟室里面，留下专诸在堂上。这个时候，宴席上端来了一条大鱼，专诸当机立断，取出藏在鱼肚子里的匕首，扑到吴王僚面前干净利索地刺死了他。

吴王僚死后，护卫自然不可能坐视不管，专诸也被杀死在现场，整个局面非常混乱。这时候，公子光带领着武士从窟室冲了出来。一边是有备而来的公子光，一边是领袖突然死于非命的护卫，两边情势高下立判，公子光很快就取得了胜利。之后，公子光变成了吴王阖闾。

吴王阖闾是借由专诸暗杀吴王僚而夺得王位的，如今专诸死了，他便将专诸的儿子奉为上卿，作为对专诸的报答。

豫让

《刺客列传》当中的第三位主角，是晋国的豫让。专诸的故事结束了，"其后七十余年而晋有豫让之事"，司马迁用这种句式快速地把故事从专诸移到了豫让的身上。

借由这种方式，司马迁还想点明，所谓刺客，不只是在行为上彼此类似，更重要的是他们的生命选择，以及这个选择所带来的结果也存在共同之处。这样一路看下来，三个刺客处在完全不同的时代：曹沫时春秋五霸刚刚开始崛起，齐桓公作为霸主出现；到了专诸，则是霸主时代从最高峰走向没落，晋虽然是霸主，可是对他国的约束和影响正在迅速下降；到了豫让，春秋即将转型进入战国时代，霸主晋国开始大乱，世卿们谋夺国政，而且彼此之间互相角力。

一般在讲时代分野的时候，春秋和战国之间最重要的分界点是"三家分晋"。这个历史事件意味着本应由周天子所封的封国，在没有经过天子同意的情况下，便由国内的世卿将国君的权力转移到了自己手上，并进一步消灭了国君。这个时候再也没有霸主，更不要说由周天子惩罚或阻止他们了。这件事情的开端，就发生在晋国。

"三家分晋"的重要背景是晋国有六家非常强大的世卿，除了后来三家分晋的韩、赵、魏之外，另外有范、智、中行三家。有趣的一点是，豫让先后为范和中行服务过，但"无所知名"，不是重要角色。而这三家中的智家，其领导者智伯是一个有勇力、有谋略的人，凭借自己的势力灭掉了范和中行。这样一来，世卿的主要力量就剩下四股：智、韩、赵、魏。智伯灭掉中行的时候，原来服务于中行的豫让就转移到了智伯身边，得到了智伯的信任，这是豫让生命中的重要转折。

智、赵两家水火不容，而赵襄子一直被智伯欺压，记恨在心，后来联合魏、韩两家消灭智，还在智伯的头颅外面涂上不透水的漆，当作酒杯，用这种方式来泄恨，也是在提醒大家、提醒自己：仇敌已经死了，再也没有办法危害他了。

智伯死后，豫让逃进了山里，心中只剩下一个念头——"士为知己者死，女为说己者容"。一个女人面对喜爱自己的人，会努力让自己在这个人面前看起来容光焕发，显得最漂亮；而对男人来说，尤其是作为周封建体系下的基层贵族的士来说，则会为懂得并重用自己的人献出生命，来报偿这份情义。智伯理解并看重豫让，成全了他生命的价值，如今智伯死了，豫让发誓一定要为智伯报仇，"则吾魂魄不愧矣"。

于是豫让隐姓埋名，刻意犯法变成刑人，去当奴仆。他找机会到宫中做最污秽不堪的工作——扫厕所，并且身上随时带着匕首。唯有通过这种方式，他才有办法接近赵襄子，找机会暗杀他。

也许是赵襄子命不该绝，有一天他要去豫让埋伏的厕所，突然之间"心动"，便立刻叫左右把厕所里的人抓起来。侍卫一看豫让手上握有匕首，就把他带到赵襄子面前。豫让毫不隐瞒，直接说自己要帮智伯报仇。依照一般封建和宗法的道理，智伯死后要由他的后人来报仇，然而智伯并没有后人。赵襄子没有想到智伯竟然有如此忠诚的臣子，认为他是"天下之贤人也"，身上有一种令人尊重的价值。赵襄子是个直率而冲动的人，不然也不会怨毒到把智伯的头做成饮酒的漆器。可正是这样的人，会有内在的真性情。明明差一点就被豫让杀死，赵襄子却愿意放过豫让，并且说："吾谨避之耳。"赵襄子认为以自己的地位，豫让不可能那么容易靠近，尽管暗杀国君是死罪，但还是让豫让这位"义人"离开了。

赵襄子放过了豫让，但豫让没打算放过赵襄子，以他对智伯的忠诚，不会就此放弃。然而，在被赵襄子释放之后，豫让也欠了赵襄子一份人情，必须重新调整策略，于是就有了《刺客列传》最感人的一段。

复仇是春秋时期一项重要的时代精神，是一个"大义"。赵襄子虽然放了豫让，但是豫让并没有放弃复仇，反而做了更极端的事情："居顷之，豫让漆身为厉，吞炭为哑，使形状不可知，行乞于市。其妻不识也。"他将自己文身，改变了身体皮肤的颜色。他刻意吞下木炭，让声音非常沙哑，甚至到了不能讲话的地步。他也不去从事正常的行业，化身成了一名乞丐。他这样毁坏自己的外形，就是为了让人们都认不出他。他改变到了什么程度呢？即使是跟他共同生活过的妻子，在路上看到他，都认不出来这是自己的丈夫。然而，改变形貌毕竟不可能跟原来完全不同，还是有一个朋友在路上认出了他，被认出后，豫让也非常坦白地承认。看到豫让变成这个样子，朋友流下了眼泪："你怎么会变成这样，我们知道你想为智伯报仇，可是还有很多其他方式报仇啊。你难道没有想过，以子之才，委质而臣事襄子，襄子必近幸子，只要能留在赵襄子的旁边，就会有很多报仇的机会。为什么你不做这样的选择呢？"与其混在街道上等着偶然的机会接近赵襄子，还不如更有心机地去刻意接近他，假装投诚，为他所用。依照你的能力，完全可以混到他旁边变成心腹，这样有很多机会可以实现刺杀的愿望啊！

朋友的办法豫让不可能没有想到，但是豫让不能接受，因为，一旦用这种方式接近赵襄子，就意味着愿意为他效忠，也就违背了做人的基本原则，比吞炭失去声音、彻底改变面貌还要难以接受。他说："所以为此者，将以愧天下后世之为人臣怀二心以事其君者也。"对豫让来说，行为上可以有不同的规范，但他对自己效忠的君主却有一种至高的期许，他也正是基于此才会为智伯报仇的，所以又怎么可能抱着为智伯报仇的动机去假装服侍赵襄子呢？从这里便可以看出，豫让身上有春秋时代建立起来的、对中国人来说非常重要的典范观念，那就是每个人都很在意自己的行为会对后世产生什么影响。为后世破坏原则，是豫让绝对不愿意承担的，所以他离开了朋友，坚持用自己的方式报仇。

过了一阵子，豫让终于找到了赵襄子要去的地方，埋伏在必经之路的一座桥底下。不知道为什么，就像他当初埋伏在厕所时一样，赵襄子的车马到了桥边突然开始叫跳起来，赵襄子心中一动，马上跟左右的人说："一定是豫让在附近准备杀我。"

上一次赵襄子放走豫让后，他并不觉得豫让会因此感激他，从而打消刺杀的念头。此时他预感这个人又出现了，命人去搜索，果然找到了豫让。豫让第二次站在赵襄子面前，赵襄子忍不住责备说："你坚持为智伯报仇是有道理的，但有一个矛盾的地方。在服侍智伯之前，你不是也在范家和中行家当过家臣吗？你忘了范家和中行家最后是被智伯给灭掉的吗？为什么你不为范家、中行

豫让刺杀赵襄子　引自容庚《汉武梁祠画像录》影石印本

家报仇，只在意替智伯报仇要杀我呢？你这不是双重标准吗？"

在被赵襄子指责、质疑之后，豫让说了这样一番话：

> 臣事范、中行氏，范、中行氏皆众人遇我，我故众人报之。
> 至于智伯，国士遇我，我故国士报之。

什么叫作"国士遇我"？智伯看中了豫让的能力，彻底信任豫让，并且让豫让参与所有的事情，因此豫让认为自己对智伯就有了身为国士的职责，也就是彻底效忠，智伯活着的时候尽己所能辅佐他，他被杀后就想方设法替他复仇。

赵襄子本来以为自己这个问题可以说服豫让，不要再当刺客继续追杀自己，但当发现豫让心中有比自己的问题更强悍的信念时，不禁流下眼泪。他也不得不做出决定："嗟乎豫子！子之为智伯，名既成矣，而寡人赦子，亦已足矣。子其自为计，寡人不复释子！"这个时候，他左右的家臣、士兵就把豫让团团围住了。

豫让知道自己非死不可，就对赵襄子说："臣闻明主不掩人之美，而忠臣有死名之义。"他所需要的不过就是一个忠臣的名义，不能让后人认为智伯待他以国士，而智伯死后他竟然不能以国士报之。让后世知道有豫让这个人，也许就有更多的人慷慨赴义，愿意成为这样的国士。豫让称赞赵襄子"不掩人之美"，意思是赵襄子不会因为这种恩怨不让豫让的名字传出去。"前君已宽赦臣，天下莫不称君之贤"，可以看出，即使是在这个终极的时刻，豫让的头脑依然清醒。

在上下文中，这句话更另有一番深意，豫让希望以此提醒所有的国君，应该以什么样的方式来看待国士。为自己的主上报仇的人，国君就应该尊重他。豫让接下来说："今日之事，臣固伏诛"，可是这时候他有一个心愿，"愿请君之衣而击之，焉以致报仇之意，则虽死不恨。非所敢望也，敢布腹心！"赵襄子也很感动，叫使者把自己身上的衣服脱下来交给了豫让。"豫让拔剑三跃而击之"，豫让真的就像在行刺赵襄子一样刺他的衣服，之后说："我只是能力不足，并不是不够坚持。如今到了地下，我见到智伯也不会觉得羞愧了。"随之伏剑自杀。

此处，司马迁特别讲了赵国志士的反应："死之日，赵国志士闻之，皆为涕泣。"豫让明明要杀国君，可是赵国那些有原则、有志气的人听了这个刺客的所作所为后，都流下了感动的眼泪。豫让最在意的就是他的故事会以什么样方式影响后世，这也是司马迁在行文当中埋藏的一条重要讯息，呼应了前面的《伯夷列传》。

如果没有史家，豫让和赵襄子这样磊落的为人，还有他们跟一般庸俗的人截然不同的决定和行为，根本就留不下来，更无法实现他们最重要的向往——以生命奠定一种高贵的典范，让后世受到鼓励，对于什么是"忠"能有更强烈的追求、信念。这就是史家的作用，也是司马迁写《刺客列传》的原因。

聂政

豫让的事件发生了四十多年之后，出现了聂政。

聂政是一个什么样的人？聂政是一个杀人犯。他登场的时候住在齐国，不过齐并不是他的家乡，他杀了人，为了躲避仇人才跑到齐。聂政本来的身份地位比较高，但是来到陌生的地方，又是为了杀人避仇，所以沦为社会地位非常低下的屠户，以卖肉为生。前面提到过，在春秋战国时期的宗族结构下，中国社会非常重视复仇。如果家里有人被杀，他的子弟们一定要复仇。所以一个人杀了人之后，真正要担心的不是被官府判罪，而是死者的后代子孙和亲友有决心复仇。

聂政的故事中另外一个主角是濮阳严仲子。这位韩国的公子地位非常高，但因为得罪了韩相侠累，所以逃了出来。严仲子一边流亡，一边四下打探有没有可以帮他杀死侠累的人，这时聂政在齐已经有了名声，所以"齐人或言聂政勇敢士也，避仇隐于屠者之间"。

一个是社会地位非常低下的屠户，一个是从韩国来的贵族。严仲子听闻聂政事迹后，便登门拜访，好几次都被聂政给送走了，但他依然不放弃。两人最后终于有机会坐下来喝酒，酒酣耳热之际，严仲子从怀里拿出黄金百镒，说："希望借这个礼物，祝福您母亲长命百岁。"聂政吓了一跳，没想到严仲子会拿出这么重的礼，他当然知道严仲子一定有所企图，所以跟严仲子说："臣幸有老母，家贫，客游以为狗屠，可以旦夕得甘毳以养亲。亲供养备，不敢当仲子之赐。"

严仲子明白这时候需要把事情说开，于是支走旁边人，跟聂政坦白："我在韩国得罪了地位非常高的人。我怕他对付我，才在各地流浪。到了齐国，很多人都说你能够帮我解决问题，这就是我带着黄金来拜访你的重要理由。请你收下这个礼物，这只不过是我跟你结交的一份小小的信物。我没有特别要求你为我做什么事情。"聂政听了后，当然明白其中的含义，就说："你有你流亡的理由，我有我流亡的理由。我之所以选择这样的生活方式，不过是为了我的老母亲能好好生活下去。只要老母亲活着一天，我就不敢答应任何危害到生命、让我没办法养老母亲的事情。"严仲子仍然坚持要送，而聂政也一直坚持不收。最后，他们行了非常正式的宾主之礼，严仲子才离开。

过了很长一段时间，聂政的母亲去世了。聂政等到服丧期满，就说："我是一个没有任何地位的市井之人，整天拿着刀杀狗卖肉，而严仲子是韩国诸侯的卿相，他从韩到齐，不远千里想要跟我结交。回头想想，当时他要跟我结交的时候，我用那样的方式对待他，真是非常无礼。他来找我的时候，我跟他根本不认识，也没有任何交情，我没有帮他做过任何事。而且我在一般人心目中也没有做过什么了不起的事情，不足为道，但他竟然拿出黄金百镒来祝福我母亲长命百岁，同时想跟我结交。我当时没有接受他的礼物，但心里已经被深深感动。夫贤者以感忿睚眦之意，而亲信穷僻之人，而政独安得嘿然而已乎。一旦被人家这样对待，便难以装作不知道而没有任何表现。"当初严仲子拜访时，因为母亲尚在，聂政不得不拒绝，如今母亲已经故去，知己者就是这个世界最重要的人，"政将为知己者用"。

《刺客列传》中，司马迁企图用这些故事叩问一个关于人生的终极问题：你会在什么样的状况底下、为了谁、为了什么理由而奉献出生命？人生中有比生命还重要的东西吗？前面几个刺客都找到或者说遇到了这样一个重要的理由。在看《刺客列传》的时候，需要关注的不是行刺行为本身，而是背后强烈的动机，这个动机甚至强烈到超过一个人的求生意志。真的有这样的东西存在吗？结合聂政这个故事，再回头看专诸和豫让，刺客的动机都是一样的，即"士为知己者死"。这些人变成刺客就是因为遇到了"知己者"，他们看中别人对自己的尊重，并且愿意为之献出生命作为报答。

刺客要做的就是奋不顾身的事情，行刺的对象必然是一个在身份、地位乃至资源上都高过自己很多的人，所以刺客在行刺前都会料想到，很可能会在刺杀过程中丧命。人会为了什么而丧命？这个大问题对绝大部分人来说可以不问，也不必去问，日常生活中活下去是最重要的，但正因为有《刺客列传》中非常之人的存在，也就点出了这些人跟芸芸众生不一样的地方。这是人之所以为人、作为万物之灵最特别的地方。

聂政把奉养母亲看得比自己的生命还重要，甚至将之当作自己人生当中最关键、最重要的一件事。在好好奉养母亲的心愿之下，他可以不顾自己想要什么，也可以不想自己应该做一个什么样的人。等到母亲死了，也就意味着他的生命有了新的转折，他进一步去问：我到底是一个什么样的人，我活着是为了什么？过去是为了让老母得享天年，如今这个目的已经达成，那么我要做一个什么样的人？聂政思考后做出了选择，"知己者"比他的性命更重要，而他觉得严仲子就是自己的"知己者"。严仲子不顾很多现实问题选择了聂政，并认为聂政是可以信任和依赖的人，光凭这件事情，他就是聂政的"知己"，有这样一个"知己者"出现，像聂政这样的豪杰之士就明白自己接下来要如何度过人生。

于是，聂政到濮阳找到了严仲子，跟他讲："前日所以不许仲子者，徒以亲在；今不幸而母以天年终。仲子所欲报仇者为谁？请得从事焉！"严仲子也就告诉聂政，他的仇敌是韩相侠累，在韩国是一人之下万人之上，非但不是一般人，甚至不是一般的大夫。侠累拥有这么强大的权力，背后更有一个庞大的宗族，所以严仲子明明白白地告诉聂政："宗族盛多，居处兵卫甚设，臣欲使人刺之，终莫能就。今足下幸而不弃，请教其车骑壮士可为足下辅翼者。"不过聂政认为："我们现在在濮阳，离韩相去不远。你现在要杀的人是国君非常亲近的亲戚，周遭都有他的势力。面对这种人，再多的车骑、壮士都没有用，只会多生是非。人多口杂，极有可能泄露秘密，届时整个韩国都会跟你为仇。那时你不就危险了吗？不就更难杀侠累吗？"聂政"遂谢车骑人徒"，一个人带着剑到了韩国。

在这里必须佩服《史记》的笔法，司马迁花了很多篇幅去描述严仲子和聂政两人的对话。那些都是刺杀前的铺衬，接下来，司马迁对聂政杀侠累的描述却极短："韩相侠累方坐府上，持兵戟而卫侍者甚众。聂政直入，上阶刺杀侠累，左右大乱。"聂政直接一路上去，当场刺杀侠累，没有一个字的废话。司马迁以用语多寡的对比，凸显出了聂政的胆识和武勇。

聂政刺杀韩王的故事 引自容庚《汉武梁祠画像录》影石印本

聂政被称为"勇敢士"，就是因为他有这样的胆识。做同样的事情，别人总是会想，在这里或者那里被阻挠了怎么办？聂政根本不管，他提着剑，在任何人来不及防卫的情况下，直走到侠累面前，拔剑击杀，随后其他人才反应过来。《刺客列传》中这一段行刺的描写是最快的，而且没有任何曲折，跟后面荆轲刺秦王的故事形成了强烈的对比。

侠累被刺之后，左右大乱，这时候"聂政大呼，所击杀者数十人"。以聂政之英勇，又多杀了几十个护卫，然后他做了一件奇怪的事，"自皮面决眼，自屠出肠，遂以死"。这不只是自杀，而且是在死前特意毁坏自己的身体，让别人分辨不出身份。聂政死后，"韩取聂政尸暴于市，购问，莫知谁子"。韩国为了找出这个刺客的身份，进行了高额的悬赏。如果有人能够指证尸体的身份，将得"千金"。但是过了好长时间，没有人来领这个钱。一直到有一个女性出现，那是聂政的姐姐聂荣。

聂政的姐姐不在韩国，所以过了很久，她听说有人刺杀了韩相，并且没有人知道刺客的名姓，马上认定这个刺客就是自己的弟弟。她知道严仲子曾经委托弟弟去韩国做一件事，她赶到韩国看到尸体，立刻认出就是弟弟，伏在上面大哭。接下来，她揭露了聂政的身份，大街上的人都吓了一跳，说："这个人杀了我们的国相，而且国王现在正以千金悬赏他的名姓。你怎么敢来辨认他呢？"聂荣回应说："我当然知道弟弟做的是什么样的事，他是在保护我。他死前把自己的面容用这种方式毁坏，就是为了不被辨认出身份。这是我弟弟的个性。当年他杀人避仇时想要赡养老母，自污身份去做一个卖肉的屠夫。他接受这种卑屈的生活，就是因为母亲还在，还有我这个没有找到夫家的姐姐在。如今我的母亲已经得享天年，我也已经有了夫家，严仲子在我弟弟生活最卑下的时候找到了他、厚待他，因此刺激了我弟弟心里最深刻的想法——士固为知己者死。他决定要为严仲子而死时，心里还记挂一件事情，那就是不要连累我。但他并不了解他的姐姐，难道我就真的怕殁身之诛吗？我怕被他牵连吗？不是！如果我保住性命以求苟活，那这个世界上就没有人知道聂政是谁，做了什么事。更重要的是，没有人知道聂政是为了严仲子而做这件事，没有人知道他这么做是为了报答他的知己者。他一旦答应了别人的请求，就可以用这么英勇的方式兑现自己的承诺。虽然我这样做会被牵连，韩国的国君也会抓我杀我，但这样世界上就会留下聂政的名字和行迹。"

人做了高贵的事，应该让后世的人知道。因为这样一种信念存在，后世的人可以学习、模仿，至少感受到什么是高贵的精神，并受其感召。再回过头深刻地体会司马迁在《伯夷列传》中提到的"名"。这个"名"不是空洞的好名的虚荣，之所以必须千秋万世地一直传下去，因为它可以告诉后来的人应该如何行事。延伸来说，司马迁对于为什么要有史家来写历史，有自己的答案。这个答案跟今天历史系、历史研究所里老师讲的非常不一样。对司马迁来说，史家的责任就是把过去这些非常行为和高贵人格流传下去。

为了把这些名声保留下来，有些人会用更麻烦或者代价更高的方式，例如聂荣所做的这件事情。她讲完了这番话之后，"大惊韩市人"。大家都知道死者是她的弟弟聂政之后，聂荣"乃大呼天者三，卒于邑悲哀而死政之旁"，跟弟弟一起离开了人世。这个时候司马迁说："晋、楚、齐、魏闻之，皆曰：'非独政能也，乃其姊亦烈女也。'"

豫让的故事结束时，司马迁写过一小段评语："赵国志士闻之皆为涕泣。"豫让行刺赵襄子虽然不得，但是他的行为惊动了整个赵国。讲到聂政的故事，尤其是后来聂荣的所作所为，不只是惊动了韩国，连周边的晋、楚、齐、魏都被惊动了，这两个人的名声快速地传了出去。聂政的确了不起，但是"非独政能也"，他姐姐同样是一个烈女，令人感佩，"乡使政诚知其姊无濡忍之志，不重暴骸之难，必绝险千里以列其名，姊弟俱戮于韩市者，亦未必敢以身许严仲子也"。

回头来看，如果当时聂政知道，即使他想尽办法不让别人知道他的身份，姐姐还是会来认他的尸体并死在他旁边，那他还会这样做吗？大概不会，因为聂政是一个如此有原则的人，他生命当中最重要的是家人，对他来说，姐姐的生命还是高过自己的追求。

　　晋、楚、齐、魏等国人的讨论，也正是司马迁最看重的历史效果。因为有了这件事情，大家会跟着去思考：这样的人是怎么活的？如果从头来过，他会做什么样的选择？在讨论的时候，也必然会想，自己活着时，到底觉得什么东西比较重要，什么东西不那么重要？当我们追求自己想要的东西的时候，我们眼中有别人吗？当我们追逐利益的时候，心里有原理、原则吗？我们用自己的方式活着，忽然看到聂荣、聂政姐弟这样的人，又做何感想呢？

　　所以《史记》接下来还是要说一下，严仲子"亦可谓知人能得士矣"。严仲子在这么多人当中找到了聂政，而聂政的确就是可以为他解决问题的人，不止如此，他还多收获了聂政树立的人格典范。

荆轲

　　荆轲是中国历史上最有名的一个刺客，他之所以有名，主要是来自《史记》的记载。《刺客列传》写了五名刺客，从聂政到最后一个荆轲，间隔了二百二十多年，是书中几个人物相隔时间最久的。换句话说，在聂政之后几乎没有了刺客，这个传统在相当长的一段时间里几乎要绝迹了。直到战国末年，荆轲的出现才使得刺客的精神和价值观念重现在天地之间。

　　司马迁先写了荆轲的家世。荆轲原来是卫人，祖先从齐搬到了卫。在卫的时候，他被称为庆卿，表示有一定的地位，受到当时人的尊重。后来他从卫一路迁移到燕，被燕人叫作荆卿，所以才有后来的荆轲。这其实就告诉我们，司马迁在记录历史时的细心之处。荆轲名字的差别，很大一部分是由于春秋战国时候语言和文字不统一，不同的地域会有不同的发音，从而影响到这些名字如何记录。这也解释了为什么秦始皇在吞并六国之后要统一文字，因为整个中国，尤其是到了战国后期，原来的语言文字在封建瓦解之后也跟着离散了，如果没有秦的统一，也不会有后来像司马迁这样把不同名字用一套文字重新整合起来的《史记》。

荆轲继承了春秋"士"的传统，他能文能武，喜欢读书和击剑。司马迁写到，荆轲"以术说卫元君"，这六个字指出了一个历史事实：那个时候好文武的士有一个重要的转型，他们要有一套能让国君用来治理国家的"术"，后来被称为"法术"。在那样一个时代背景下，荆轲找到了卫的国君，但并没有被卫元君所用。后来卫在秦的侵逼之下很快就灭亡了，卫元君被罢黜，迁移到野王一带。

然后荆轲到了榆次，遇到侠士盖聂。盖聂是知剑之人，荆轲也懂剑，就跟盖聂论剑。但是显然两个人谈得并不愉快，一言不合，"盖聂怒而目之"，而荆轲转头就走。有人跑去跟盖聂说："荆轲这个人看起来是有本事的，你要不要再把他找回来？"盖聂就说："我当时跟他说话见解不合，只不过是凶他，可他连话都没说就逃走了。这样的人真的有用吗？"虽然有这样的疑问，但是经建议与劝说，盖聂仍然派人去找荆轲，想看看荆轲到底是不是一个可用之人。这时荆轲已经离开了榆次，盖聂就自以为是地说："固去也，吾曩者目摄之！"

荆轲离开榆次到了邯郸，遇到鲁句践。鲁句践跟荆轲赌博，两人发生了争执，"鲁句践怒而叱之"。荆轲的反应跟与盖聂论剑时一样，"嘿而逃去，遂不复会"。

通过这两个小插曲，司马迁点出了荆轲为人的风范：他不跟别人纠缠，也不太在意别人如何看待他。在战国时期强调人要有强烈个性的风气底下，"嘿而逃去"会被认为是懦弱的表现，但显然荆轲并不在意，他不是一个弱者，不然也不会名列《刺客列传》之中了。

司马迁再三提出疑问：认识一个人真的那么容易吗？他屡次想要表达这样一个观点：我们在现实中认识甚至是亲近某人，反而不会认识他内在最核心的部分。在记录历史的时候，要如何记录一个人？史家要记录的是一个人对时代、社会产生的共性和变化的影响。历史学者在写人的时候，是要看这个人跟别人在思想或行为的不同之处，或者将留下什么样的印迹。这种看待人的方式告诉我们，如果轻易下判断，经常会误解人。一个看似平凡的人，也可能在集体、社会或者历史上发挥巨大的作用。

荆轲到了燕国之后，跟一个杀狗的人，还有一个很会唱歌的音乐家高渐离交往密切。"荆轲嗜酒，日与狗屠及高渐离饮于燕市，酒酣以往，高渐离击筑，荆轲和而歌于市中，相乐也"。他们看似很高兴，但并不单是高兴，而是"已而相泣，旁若无人"。荆轲是一个性情中人，他有非常自我的一部分。当情绪来的时候，他不会去管别人怎么看他。他喜欢结交狗屠和高渐离这样的人，喝酒后高声唱歌，唱到慷慨激昂或悲伤之处，该哭就哭，该笑就笑。那是真实的自己。

除了喜欢喝酒之外，荆轲还喜欢读书，也喜欢思考。他每到一个地方都会去找"贤豪长者相结"。换句话说，他不是随意与人结交，而是有自己的盘算和选择。

此时，荆轲生命中一个特别的人出现了，"燕之处士田光先生亦善待之，知其非庸人也"。田光充分了解到荆轲是怎样的人，引荐他和燕太子丹联系上。燕太子丹是一个什么样的人呢？

> 燕太子丹者，故尝质于赵，而秦王政生于赵，其少时与
> 丹驩。及政立为秦王，而丹质于秦。

战国时期国与国之间的关系非常复杂，每一个国跟其他国有可能是盟友，也随时可能爆发战争。要尽可能地稳定国与国之间的关系，其中一种解决机制就是把太子送到别的国家当人质，等于缔结和平条约，而且是最有保障的一种，战国后期列国太子几乎都有同样的命运。燕、赵都在北方，而燕的西边就是赵，燕要防范东方大国齐，首先就要稳定跟赵之间的关系，所以把太子丹作为人质送到赵。燕太子丹在赵国的时候，生于赵的秦王政也在赵作人质，所以在两人长大的过程当中应该有所交往。政被立为秦王之后，虽然燕秦之间隔着韩、赵、卫三国，但燕无法确保秦不会发兵。这个时候和平条约已经不够作为保证了，必须要对秦表现出谦卑的姿态。

既然燕太子丹跟秦王少年相识，理所当然地就被送到秦国去作人质。燕太子丹认为，秦王跟他年轻的时候就相识，现在当了国王，应该会念及这份旧情。然而，登基之后的秦王政已经不再是当年在赵成长、有着非常复杂身世的那个人了。他继承了一个大国，自然与太子丹产生了巨大的身份落差，于是"遇燕太子丹不善，故丹怨而亡归"。燕太子丹不是和平顺利地回到燕，必然得罪了秦王政。

等到燕太子丹回到燕之后，心里面就动了一个念头——"报秦王"。他要报复秦王，动机有二：一个是私人的动机，两个人有这样的旧交，而秦王政却对他如此无礼，所以他非常愤怒；二是

因为自己逃回来了，秦王政必然非常不满，可能对自己和燕国不利。燕虽然远在东方，但是秦越来越强大，没有哪个国家可以置身其外，不受威胁。这个时候，为了安全起见，燕必须有所行动。

在六国当中，燕最弱小，远远不如齐、楚、韩、赵、魏的实力。燕在东北，跟秦的距离最远，本来可以依靠地理条件来维持生存，但秦在壮大的过程当中，已经不愿意只据守西方，甚至已经跟齐、楚都产生了冲突，更不用说中间的三晋了。这个时候，燕国君臣都感到不安，燕太子丹也非常忧虑，就去请教他的老师鞠武。鞠武的回答是：秦在西边威胁到韩、赵、魏，其实力是燕难以抗衡的。秦北边有甘泉谷口，南边有泾水、渭水灌溉出来的平原，"右陇、蜀之山，左关、殽之险"，东边的诸侯没有办法威胁到它。秦的人民越来越多，军队越来越强大，更重要的是它有对外扩张的集体意志。如此发展下去，长城之南、易水以北恐怕没有任何力量跟它抗衡。

鞠武这样说，是让燕太子丹忘掉与秦王政的私怨，因为这时候燕没有任何条件去对抗秦："奈何以见陵之怨，欲批其逆鳞哉！"燕太子丹听了鞠武的分析，但不可能真正咽下这口气。不久，一个让太子丹心动的机会出现了。秦国将领樊於期得罪了秦王，逃到燕。从秦逃出来的人，燕太子丹见到就欣喜，于是接受了樊於期，而且善待他。鞠武知道后力谏太子丹："夫以秦王之暴而积怒于燕，足为寒心，又况闻樊将军之所在乎？"这样做将引来大祸，相当于"委肉当饿虎之蹊"，这个祸是你无法解决的。鞠武把话说得非常重："如果你用这种方式的话，就算管仲、晏子都没有办法治理这个国家，解决这个国家的危机。请你现在赶快把樊於期送走，送到匈奴灭口。另外还要去联络韩、赵、魏、齐、楚，甚至拉拢匈奴的力量一起对抗秦。然后慢慢地等，也许还有一点机会。"

鞠武希望燕太子丹认清秦不可抵挡的客观形势。

　　这段话对荆轲刺秦王这个事件非常重要，因为这样的分析逼出了燕太子丹的症结所在，他心里放不下与秦王政的恩怨，而鞠武的分析让他知道，如果跟秦发生正面冲突，没有任何机会获胜。这就是荆轲跟燕太子丹联结的前提。荆轲的加入，不但改变了燕太子丹，也改变了燕国的命运。

　　司马迁是一个难得的史家，他写历史的一项特点，是他不只要写出历史上发生了什么样的事情，还在叙述当中含藏着解释，让读者明白为什么会发生这样的事。同时，在铺陈事件来龙去脉的过程中，也对时代背景和社会潮流有所描绘。

　　燕太子丹一方面因接纳樊於期让秦王政不高兴，另一方面也动了借樊於期来了解秦国军事状态的念头，甚至抱着让樊於期对抗甚至进攻秦的想法。

　　鞠武的看法彻底相反。鞠武看到了秦的强大和对外扩张的野心，面对这样的情势，鞠武的策略是尽可能保持低调，低调到让秦忘记你的存在，这样或许秦就不会采取任何行动，燕才有一丝生存下去的机会。对于鞠武来说，这个困境必须要有一个长期的办法才能解决。短期看，唯一能做的就是不去刺激秦，这也是为什么他那么反对收留樊於期。本来秦王政心里要顾虑韩、赵、魏、齐、楚这种大国，可以不注意燕国的，燕如果收留樊於期，这不是迫使秦王政把其他国家的事情放到一边，眼睛只盯着燕吗？一旦如此，燕怎么能够抵抗秦的敌意呢？鞠武的看法是先确保燕存活下来，再伺机壮大。

　　但是，燕太子丹难以接受这样的想法和建议，他说："太傅告诉我的这个计谋，要花太长时间了。我的心怦怦地跳，没有任何一刻可以安稳，而且我也不觉得用这种方式可以维持目前的状态。夫樊将军穷困于天下，归身于丹，丹终不以迫于强秦而弃所哀怜之交，置之匈奴，是固丹命卒之时也。愿太傅更虑之。"

鞫武更进一步就跟他讲："你作为太子应该做的是谋求这个国家的安全，但是你现在的行为是要招来祸患的。你不断累积跟秦之间的怨恨，这个后果我们怎么可能承担得了？譬如你抱着一堆鸿毛站在炭炉旁边，一点点火星就可以烧着，你怎么可能安稳地睡觉呢？"两个人争吵了很久，仍然不能说服对方。这个时候，鞫武有另外一个提议："燕有田光先生，其为人智深而勇沉，可与谋。"燕太子丹也觉得应该听听别人的意见，就说："愿因太傅而得交于田先生，可乎？"于是鞫武就去找了田光先生，跟他说："太子愿图国事于先生也。"用这种方法，燕太子丹与田光建立了联系。

太子丹去拜访田光的时候，极有诚意，以接待身份最高的客人的方式引导田光坐——倒着走，入坐时跪下来等在那里。田光坐定之后，太子丹自己坐在蔽席，把左右全部遣开，这意味着此刻他不是以主人的身份，而是一个请教者的身份来跟田光说话。请教什么呢？很简单。太子丹直言："燕秦不两立，愿先生留意也。"田光说："太子，我知道你们都听闻我的名声。但是你不知道，一匹骏马壮年时一天可以跑千里，但老了以后就算血统再糟的劣马都可以跑到它的前面去。"他非常诚恳地告诉燕太子丹："今太子闻光盛壮之时，不知臣精已消亡矣。虽然，光不敢以图国事，所善荆卿可使也。"燕太子丹一听就被感动了，回答说："愿因先生得结交于荆卿，可乎？"田光当然说可以。

田光离开时，太子丹将他送到门口，又警惕地说："丹所报，先生所言者，国之大事也，愿先生勿泄也！"田光低头笑着答应，然后用老迈的步态去找荆轲。

他说："燕国上上下下都知道我跟你非常要好，今天太子丹因为听闻我年轻时候的名声找到了我。但是他不知道，我已经名存实亡了。他说'燕秦不两立，愿先生留意也'，是想要我帮他解决燕秦之间的恩怨。我也坦白地告诉他，这件事情不应该找我，而应该找像年轻时候的我一样的人。我现在希望你能够看在我的面子上，看在这件事情的严重程度上，去拜访太子。"

荆轲说："谨奉教。"

田光又说："吾闻之，长者为行，不使人疑之。今太子告光曰：'所言者，国之大事也，愿先生勿泄。'是太子疑光也。夫为行而使人疑之，非节侠也。"田光生命的基调是做一个节侠，"节"是他终生信奉并贯彻的原则，意味着其行为是出于自己内在的基本原则，而不是外在的行为规范。田光做了一辈子节侠，老的时候当然相信，或者希望没有人怀疑他，但是在他最后参与的这件事情里，太子丹并不完全信任他，这对他来说是一个非常大的打击。

他跟荆轲说："天啊，多丢脸啊，我活到这把年纪，太子丹竟然还怀疑我。他担心我把话讲出去吗？我有办法让他永远不再怀疑我。如果我人都离开这个世界了，还能跟谁说去呢？"

春秋战国时代的人遇到这样的事情，都会有这种反应。田光表面上对荆轲说一定会让燕太子丹彻底安心，因为他会马上死去。但通过司马迁的描述，田光真正的用心可以合情合理地推断出来。

他眼睛看着荆轲，脑袋也许在想："如果我再年轻二十岁，就会去承担这件事。可是这二十年不会回来了，人再也无法回到年少的时光，那么活下去还有意义吗？不如就借由一死完成两个目的吧：一来让燕太子丹彻底放心，他的秘密决不会被泄露；二来把荆轲紧紧地绑在燕太子丹身上。"所以田光自杀之前特别交代荆轲："愿足下急过太子，言光已死，明不言也。"田光用这种方式告诉荆轲：我就是想让你知道我所做的事情，包括我所做的决定、我的死，究竟是怎么一回事，请你去帮我回报给燕太子丹吧。

荆轲是被田光用这样的方式跟燕太子丹联结在一起的，这绝不是正常的关系。司马迁要花这么大的篇幅，一步步地把荆轲是一个什么样的人、他为什么会结交田光、鞠武跟燕太子丹为什么会有冲突，再到田光的出现……用这种方法搭建出一个宿命的舞台，荆轲通过鞠武、田光走到上面，命运其实早就把他和燕太子丹联结在一起了，不可能离开。

这个强烈的宿命能够解释司马迁后面所铺陈的燕太子丹跟荆轲的交往。可以想象，荆轲和太子丹的会面一定是充满情感张力的情景。司马迁特别记录了两人第一次见面时燕太子丹所说的话："丹所以诚田先生毋言者，欲以成大事之谋也。今田先生以死明不言，岂丹之心哉！"虽然是燕太子丹跟荆轲单独见面，可是两个人一直围绕着田光的精神。田光要荆轲无论如何都帮太子丹，而且正是因为田光的作为，燕太子丹一见到荆轲就充分信任他。

接下来燕太子丹说：

> 今秦有贪利之心，而欲不可足也。非尽天下之地，臣海内之王者，其意不厌。今秦已虏韩王，尽纳其地。又举兵南伐楚，北临赵；王翦将数十万之众距漳、邺，而李信出太原、云中。赵不能支秦，必入臣，入臣则祸至燕。

相较于赵国，燕国更小、更弱，过去几年几乎没有打过胜仗。如果秦国入侵，就算把全国的力量都动员起来也无法抵挡。更何况，等到秦来压迫燕的时候，可能已经征服了韩、赵，甚至是楚。

那怎么办呢？当年苏秦、张仪活跃的时候，天下还有合纵的办法可以用，可是这时候局面已经非常清楚，现在仅存的国家联合在一起也不足以对抗秦。所以实质上只有两种选择：一种是主动去讨好秦，把国家利益拱手送给秦；另一种是继续抵抗，但这不过是拖延时间，因为秦的大军随时都有可能来攻打燕。还有其他的解决方式吗？

燕太子丹把告诉田光的话又跟荆轲说了一遍，接着说："我认为只有一种方法，就是找到一个勇士，带一份大礼假装去讨好秦，请秦王放过我们。只要能见到秦王，就会有机会挟持他。"燕太子丹在这里讲了一个重要的典故："诚得劫秦王，使悉反诸侯侵地，若曹沫之与齐桓公，则大善矣；则不可，因而刺杀之。"《刺客列传》开头第一个故事就是曹沫挟持齐桓公，并迫使他把强夺鲁国的几座城全部归还。一个君王再强大也会珍惜自己的生命，若齐桓公因为曹沫而让步，燕国可以也用这种方式让秦退回西边，土地全部归还给各诸侯，让韩重新拥有土地和实力，赵也可以重新作为燕国的屏障。事情一旦做成，秦王被杀，秦国必定大乱，也许燕国就有机会保全自己，甚至进而灭掉强秦。

太子丹把这些想法一五一十地告诉了荆轲，这就是《史记》的笔法。燕太子丹见到田光的时候，就告诉过他这套想法，现在他直接告诉荆轲："这就是我所想的。原来不知道可以委托给谁。现在我知道了，你可以帮我做这件事。"

司马迁前面已经提过荆轲是个深沉之人，这个时候他回答说："此国之大事也，臣驽下，恐不足任使。"燕太子丹当然非常惊讶，所以"前顿首，固请毋让"。太子丹原本认为荆轲受田光所托，一定会答应，才将整个计划和盘托出，没想到荆轲竟然推托。此时太子丹已经没有退路了，不知道要怎么办，只好用怀柔的办法，封荆轲为上卿，把最好的地方给他住，而且每天都去拜访他，甚至"车骑美女恣荆轲所欲,以顺适其意"。可是等了好久,荆轲依然没有要答应的意思。

与此同时,燕太子丹预想的事情发生了。王翦已经攻破赵国,俘虏了赵王。秦军迫近燕国的南方边境。燕太子丹恐惧得不得了,再去拜托荆轲,他对荆轲说:"这个时候易水就是燕国的边界,一旦秦打进来,燕被灭了,则虽欲长侍足下,岂可得哉。"

荆轲真的不想去吗?不是,他就是要等到这个时刻。他告诉燕太子丹:"不用你来提醒我。我知道我该走了,去做我该做的事。可是现在条件不够成熟,我一定要得到秦王政的信任,除了你说的把燕国地图送给秦之外,我还需要一个礼物,就是樊将军的人头。"燕太子丹收留樊於期让秦非常不满,荆轲也就告诉太子丹,说:"诚得樊将军首与燕督亢之地图,奉献秦王,秦王必说见臣,臣乃得有以报。"这时候太子丹又犹豫了,跟他反对鞠武时的理由一样:"樊将军穷困来归丹,丹不忍以己之私而伤长者之意,愿足下更虑之!"

荆轲早就知道燕太子丹会有这样的态度,也不跟燕太子丹争执。他直接找到樊於期,开门见山地说:"就我所知,秦对你非常残暴,将你的父母、宗族都杀了。我听说秦还悬赏'金千斤,邑万家'来买你的人头。你觉得该怎么办呢?"听到荆轲提起这件事情,樊於期仰天叹息流涕,激动地说:"於期每念之,常痛于骨髓,顾计不知所出耳!"荆轲就说:"今天有一件事,不但可以报你的仇,还能够解燕国的患。你要不要听?"樊於期当然愿意听,荆轲就接着说:"如果我能够把你的人头献给秦王,秦王一定会高兴地见我。我见到了秦王之后,左手拉住他的袖口,右手用刀刺进他的胸膛。这样一来你的仇也报了,燕国也不用被秦王侵略。"樊於期非常讲义气,立刻袒露自己的胸口,坦然对荆轲说:"此臣之日夜切齿腐心也，乃今得闻教！"当场就自杀了。

荆轲跟前面的四个刺客最不一样的地方在于他的性格，不仅有勇力，更重要的是有深沉的谋划和冷静的头脑。不需要燕太子丹去说什么、做什么，荆轲就得到了樊於期的人头。燕太子丹听到消息，赶到樊於期的住处，伏尸而哭，非常哀痛。事已至此，他也无可奈何，只好将樊於期的头装了起来。接下来，燕太子丹给荆轲准备了准备去刺杀秦王最重要的武器，一把非常锐利的匕首，"赵人徐夫人匕"，淬上毒药，秦王稍微划开一点皮肤就会被毒死。这些条件都准备好了之后，他另外要找一个人。这个人是燕国有名的武士，叫秦舞阳。他十三岁的时候就敢杀人，而且杀人时会让旁边的人感受到他的气势，连斜眼看他都不敢，被找来当荆轲的助手。

但荆轲还在等，仍然没有出发。太子丹开始怀疑他反悔了，说："我们快要没有时间了，你是不愿意去刺杀秦王政吗？如果这样的话，那要不要派秦舞阳去呢？"荆轲很生气，他告诉太子丹说：

> 何太子之遣？往而不返者，竖子也！且提一匕首入不测之强秦，仆所以留者，待吾客与俱。今太子迟之，请辞决矣！

因此，就有了《史记》中一个非常有名的场景：易水送别。送行的人和燕太子丹穿着白衣，戴着白帽，先在易水边上祭拜了祖先，然后开始真正的道别。荆轲的好朋友高渐离击筑，荆轲应而歌。他先唱得非常悲伤，所有送行的人都垂泪。接下来他又改变声调，唱道："风萧萧兮，易水寒。壮士一去兮不复还。"激昂的歌声刺激了旁边所有的人，这些人眼睛瞪得大大的，毛发都竖了起来。送别之后，荆轲上车出发。这里司马迁记录了一个非常重要的细节：荆轲"终已不顾"。这一去，荆轲没有任何留恋，连头都不回。这就是他的个性，是他果决、勇敢的表现。

到了秦国，荆轲用带去的金银贿赂秦王身边的宠臣。这个宠臣得了贿赂，就去帮荆轲跟秦王说："哎呀，燕王现在害怕得不得了，愿意主动投降。哪怕您给他一个诸侯的位子，燕王也愿意接受。他现在想把燕国的土地奉献给您，又担心您不愿意接受，于是斩了樊於期，还派人带来了他的头和燕国最关键地区的地图。"秦王果然非常高兴，穿了正式的朝服，用正式的仪式在咸阳宫接见燕国使者荆轲。

荆轲抱着装樊於期头的盒子，秦舞阳在旁边捧着装地图的木箱子，依次走进秦廷。这时候我们就知道如何看人，以及人在面临大事时的差距了。到了秦廷的阶梯上，出了一个意外，秦舞阳吓得发抖。本来选秦舞阳是因为他很勇敢，杀人的时候气势很强。但秦舞阳能在街头杀人，却没有看过秦国的这种阵势，因为心里有鬼，已经害怕走不进秦廷。这是第一个对荆轲不利的事情，秦廷的人就有了疑惑：燕国使者的助手怎么会怕成这个样子？

荆轲这时沉着冷静，他嘲笑秦舞阳，对秦廷诸臣和秦王道歉："我们是北边来的乡下人，没有见过这么大的阵仗，才吓成这个样子。请您原谅他。"接下来他们走到秦王政面前，拿出箱子里的地图。

荆轲在秦王政面前慢慢把地图展开，他的匕首就卷在地图的最里面。地图快要完全展开的时候，匕首出现了。荆轲早有准备，先用左手抓住秦王政的袖子，让秦王政的手没有办法动，右手拿起匕首直刺过去。

但这时出现了一个意外，本来这一下应该稳稳地刺到秦王政，但秦王政已经起身，同时袖子被撕裂了。秦王政脱身出去，想要拔自己的剑，但他配的是长剑，惊惶之下怎么也拔不出来，所以就产生了接下来这个奇怪的场景：荆轲握着匕首在秦廷上追逐秦王政，秦王政拔不出剑，只好绕着庭上的柱子跑，群臣都不知所措地看着。秦廷有严格规定，上殿的人不能持尺寸之兵，而有兵器的侍卫都在外面，没有秦王的诏令不能进来。此时的秦王政正在忙着躲避荆轲，哪有时间下令让这些兵士到殿上来呢？就这样，荆轲拿着匕首追秦王，而秦王无法拔剑反击，情急之下想要徒手跟荆轲搏斗。

这个时候，旁边有一个叫作夏无且的太医，拿药箱击中了荆轲，帮秦王政争取到了宝贵的时间。秦王政绕着柱子跑的时候，有人大喊："王负剑！"因为是长剑，只有把剑背起来，才能利用上面的空间拔出来。秦王政拔出剑，荆轲手上只有匕首，整个情势就完全逆转了。秦王政用剑刺中了荆轲的左腿，荆轲摔倒在地，没办法靠近秦王政，只好拿匕首投射秦王，但只射中了旁边的铜柱。秦王政又拿他的剑攻击荆轲，在荆轲身上刺了八道剑伤。这时荆轲知道，事情结束了，他没办法完成任务了。

荆轲刺秦王　引自容庚《汉武梁祠画像录》影石印本

荆轲身上全都是伤，站不起来，也可能坐不住了，所以靠在柱子上，但是他在笑，用非常轻蔑的口气对秦王说："事所以不成者，以欲生劫之，必得约契以报太子也。"在生命结束的那一刹那，荆轲仍然有他的尊严。他要告诉秦王，同时也是告诉自己，这次任务失败，并不是因为我没有准备好，也不是因为我的能力不够，而是因为一念之差。我太贪心了，在那一瞬间想的不只是杀了你，更想挟持你，让你把从诸侯那侵占的所有土地都让出来。"当然，到这个时候，左右这些人已经拥了上来，把荆轲杀死了。

《史记》短短地补了一句："秦王不怡者良久"。即使是秦王政这样一个凶悍的统治者，遇到这件事也大受震撼，很长一段时间都没有恢复过来。等他平静下来之后，立刻想到论功，"赏群臣及当坐者各有差"。最有功劳的人是夏无且，关键时刻用药箱去砸荆轲，赢得了黄金两百镒的奖赏。

处理完宫殿里的赏罚之后，秦王该发泄他的愤怒了。他让王翦带兵去伐燕，"十月而拔蓟城"，燕王喜和燕太子丹逃到了辽东。这个时候，秦将李信继续追击燕王，代王嘉就写了一封信给燕王喜："秦所以尤追燕急者，以太子丹故也。今王诚杀丹献之秦王，秦王必解，而社稷幸得血食。"燕太子丹也知道这是最危急的时候了，于是"匿衍水中"，然而燕王还是派人去刺杀他。只不过，即使杀了燕太子丹，也已经太迟了，秦王的愤怒和野心不可能被遏制。五年之后，燕灭，燕王喜被俘。再过一年，秦王政统一六国，兼并天下，号为皇帝。

在秦统一六国之后，所有牵涉到这件事情的人都要逃亡。其中有一个关键的人物高渐离，"变名姓，为人庸保"。他在帮人家做庸保的时候，每次听到堂上有客击筑，就回想到自己的真实身份和过去，所以总是在旁边徘徊，忍不住说这里打得好，那里打得不好。跟他一起工作的人就跑去告诉主人："彼庸乃知音，窃言是非。"于是主人把高渐离找来，叫他击筑，果然感动了所有人，大家都认为他打得好，还赐酒给他。这个时候，"高渐离念久隐畏约无穷时，乃退，出其装匣中筑与其善衣，更容貌而前"。人们看了他的变化都吓一跳，这才知道，原来高渐离不是一般人。

这件事传到了秦始皇的耳朵里，于是召见了他，果然有人一看就认出是荆轲的朋友高渐离。秦始皇帝爱惜高渐离击筑的才能，没有杀他，但派人弄瞎了他的眼睛，留在自己身边击筑。高渐离在筑里面灌满铅，让乐器变成一件兵器，等到有机会靠近秦始皇的时候，他举起筑去砸秦王。原来高渐离继承了荆轲的遗志，要刺杀秦始皇帝。不过，他的眼睛毕竟是瞎了，并没有打中秦始皇，因此失去了生命。这个事件也使得秦始皇帝从此再也不敢亲近六国的人，只信任身边的秦人了。

到这里，荆轲刺秦的故事已经写完了，然而司马迁还有一个尾声要交代。鲁句践曾经跟荆轲发生过冲突，并对其"怒而叱"，结果荆轲什么话也没有说，转头就走。等到一切都过去了，鲁句践听到了荆轲的事情之后，第一反应是，"惜哉，其不讲于刺剑之术也！"然后又感叹说："我真是个笨蛋啊！看人的能力真的很差！当时我以为他被我一瞪就走，这不是个人物应该做的，但显然我大错特错了。"

司马迁不只是在书写历史事件，他更在写人，写这些人的情感，他们的动机和行为是怎样转化的，又产生了哪些复杂的关系。经由鲁句践之口，他给了荆轲一个非常高的评价，同时也在说明到底该如何看人。刺客的行为是"非常人"的行为，有人做了这种非常的行为，史家就有责任跟大家说历史上有过这样的人，以及他们做了这样的事之后，如何冲击一般人的生命体会和生命选择。

游侠列传：是否存在"法外"正义

何谓"游侠"

在读《伯夷列传》的时候，我提醒大家，那是一篇奇文。文章开头就是议论，司马迁抒发了他对于什么是史家，以及史家责任的深切看法。接下来他在不同的篇章谈到了不同的人，这些人都有着相同的品质，在大是大非面前做了相同的选择。

在所有的列传当中，《游侠列传》与《伯夷列传》是最接近的，开头同样没有写人物，而是发表了一长段议论。司马迁先从韩非子的法家立场出发，引用"儒以文乱法，而侠以武犯禁"，点明儒和侠都是法家所要建立的、笼罩在强迫秩序底下的完美社会的破坏之源。儒借由他们的知识、语言和文字，让人有自己的思想，而不是一味服从法，这样一来，法家的社会理念势必会被质疑；侠使用的工具是武，其存在同样会造成法制社会的不稳定。因此，法家认为这两类人都应该被"完美的"社会排除在外。

将儒、侠并举之后，司马迁在后文写出了一组对照。经过秦这样一个法家帝国，时至汉代，儒跟侠有了迥然不同的命运——"学士多称于世"，甚至"以术取宰相、卿大夫"。经过时代环境的变化，儒得到了平反，可是这些儒不见得都是孔子要培养的人才，其中有真儒有假儒。

所谓"假儒"就是那些披着儒生的外衣，靠一套治术，"辅翼其世主，功名俱著于春秋"的人。这种人在政治上自古以来就是儒的一种特殊角色。司马迁提醒读者，不要光看那些非常成功的儒，还要看到那种不太成功、在世俗功名上并没有多少了不起的儒生。例如孔子的弟子季次、原宪，他们没有地位，没有功业，身处陋巷，然而他们"读书怀独行君子之子"，抱持的理想是"空室蓬户，褐衣疏食不厌"。他们的价值观念不见得与当时的主流理念相符合——不过四百多年过去后，孔子的弟子们却"志之不倦"，可见儒有一种强大的精神力量，就算是不成功的儒生也会得到精神上的支持。另外，虽然经过法家的打压，但是儒从周代一路流传，从秦到汉，一直都有一定的社会地位，所以要看到儒在社会上的作用一点都不难。相较之下，"以武犯禁"的侠，更值得从历史的角度予以公平的注视。

司马迁在这里再次彰显了什么是史家——史家要有自己特殊的眼光，要去挖掘历史上曾经存在的人和事。如果没有历史，没有史家，人们也许就会忘掉一些重要的行为，因此他写了《游侠列传》，想要告诉我们游侠是什么样的人。

游侠不依照一般的社会规范行事，但是他们有一些内在的东西是不能被忽略的，例如"言必信，行必果"，对于说出来的承诺，侠不会违背，对于要做的事情，侠有坚定的决心。"已诺必诚，不爱其躯"，这八个字必须连在一起读，才能看出游侠对自己的承诺重视到什么程度——就算付出生命的代价，都一定要做到。

一个社会为什么需要侠？因为他们"赴士之阨困"。侠见义勇为，去解救值得或者应该解救的人。他们言必信，行必果，有决心和毅力，甚至本来应该死的会被他们救回来，本来应该消灭的硬是被他们维持下去。司马迁在后面告诉我们，他之所以选择写《游侠列传》，尤其决定用最多篇幅写郭解这个人，就是基于这样的标准。郭解"不矜其能，羞伐其德，盖亦有足多者焉"，他做事不是为了让人家知道，而是因为做这件事情可以满足自己内在的一种根本信念与基本理想。更何况，人生在世，每个人都有可能陷入困境当中，并不会因为谁的行为多么正直，德行多么高洁，命运就放过他。"昔者虞舜窘于井廪，伊尹负于鼎俎，傅说匿于傅险，吕尚困于棘津，夷吾桎梏，百里饭牛，仲尼畏匡，菜色陈、蔡"。这些人哪个不是有价值、有能力，在道德上面值得人们学习的呢？但他们也会遇到灾难，正如所有人一样，身处乱世，当灾祸庞大的阴影笼罩过来的时候，谁都不能幸免。接下来，司马迁带着悲愤再说一次，伯夷叔齐如此高洁，他们连周武王以暴易暴都不能接受，后来饿死在首阳山，然而他们没有任何能力扭转局势，周仍然建立了。相对地，像盗跖那么坏的人，这个世界也没有阻止他，不仅没能阻止他，甚至不能阻止他的党羽颂赞他。

接下来，司马迁就写下了在后世读来感慨万千，被千百次引用的两句话——"窃钩者诛，窃国者侯"。偷小东西的窃贼被抓到了会被杀掉，但"窃国者"，这种把国家的权力、社会利益全部放进自己口袋里的人，却会变成统治者。"侯之门仁义存，非虚言也。"什么样的人才会让别人觉得他有仁义呢？不是那些真正有仁义的人，而是拥有权力之后去扮演和表现出仁义的人。

司马迁感慨悲叹，当然也带着一点点的无奈：这个世界上真的有公道吗？如果有的话，为什么这样无奈的事情会一而再再而三地发生呢？只要是地位高，这个人就同时在道德、品性、成就和能力方面比一般人来得更高。这根本不是一种客观的评价，而是权力的作用，而且人们普遍笼罩在这种权力的阴影之下。正是因为人生有这样一种无奈，才有了游侠。游侠在这种无奈的情境之下，以自己有限但坚决的力量，让这种不公不义得到些许疏解。

司马迁继续说，今天有这种"拘学"者，他们抱着"咫尺之义，久孤于世"，坚持原则能够得到的名声，一定比不上那些讨好社会的人，因为讨好社会的人是"与世沉浮而取荣名哉"。这时候，游侠表现出一种彻底相反的生命情调和生命追求。他们虽然是布衣之徒，没有什么身份地位，可是对自己的诺言是清清楚楚的，他们坚持自认为对的原则，可以不顾性命。那些有权力的人勉强装出一副仁义的外表，但游侠是真正相信"义"的人——"义"就是去做自己觉得应该做的事，一旦承诺了一件事，无论如何都会把它完成。

这样的人当然是有所长，有高于别人的地方，而且绝对不苟且。因而，"士穷窘而得委命，此岂非人之所谓豪贤间者也"。当人们碰到困厄的时候，就需要借助游侠才能得到解脱，从困厄当中找出一条路来，这就是"豪贤间者"。然而，在一般人看来，游侠的名声还比不上蔽居闾巷的季次、原宪这类儒生，因此司马迁感慨地说："要以功见言信，侠客之义又曷可少哉！"一个社会有没有侠客是非常重要的，潜台词则是，社会中的人能否认识到侠客的重要性、能否肯定侠客，同样非常重要。

《吴太伯世家》中的延陵季子，还有战国的孟尝君、春申君、平原君、信陵君这些人的形象非常突出，可是从历史上看，他们"皆因王者亲属，藉于有土卿相之富厚"。"有土"意味着他们有自己的封国，而有了封国就有现成的财富可以运用。他们又是"卿相"，以这样高的地位，自然可以招徕豪侠之士前来投靠。司马迁就比喻说，这好像是一个人，顺着风高呼，他的声音不需要太大就可以传得很远，因为"其势激也"。

司马迁为什么要特别举出季札和战国四公子的例子呢？因为他要借此凸显另外一种游侠。这种游侠，他们不像王公贵族一样有行事方面的优势，也没有很高的地位，但是这种人无论走到哪里，都可以聚集许多佩服他们的人。他们没有钱，也没有地位，凭借的是人格力量让别人聚拢在他身边。人为什么可以有这种力量？这种让人佩服、让人死心塌地跟随的力量从哪里来呢？

匹夫之侠

《游侠列传》位于列传第六十四，《史记》第一百二十四篇。司马迁在文章开头先发表了一段议论，他的用意就是要告诉读者，"儒、墨皆排摈不载。自秦以前，匹夫之侠，湮灭不见，余甚恨之"。司马迁为什么要写《游侠列传》，其关键在"匹夫之侠"。从世俗条件来看，这些人其实哪有什么资源可以帮助别人，他们甚至连保护自己不受强权欺压的能力都不见得有。即使如此，他们的生命里仍然有一种高贵的情调，当碰到有人急难，如果游侠认定这个人是值得被解救的，就会用尽自己的资源和能力去解救。

游侠不是吴季札，不是战国四君子，他们没有那么高的地位，没有那样的资源，但是游侠走在任何地方，身边总有"信从者"。为什么？不是因为他们的地位和钱财，而是因为他们自身的品性与行为上的特殊吸引力。无论从人类社会的角度来看，还是从历史上来看，这种人都非常值得肯定，可是因为受到主流社会价值观念影响，儒、墨都不能够认识到侠的价值，法家更是直接把侠挑出来视为社会之敌。因此，作为一个史家，司马迁觉得"甚恨之"。他恨自己这样努力都没有办法还原秦汉以前那些侠士的行为和名声，如今只能带着遗憾，依据史料写下几个人的事迹。

接下来，司马迁列了一串名单：朱家、田仲、王公、剧孟、郭解。他把这几个名字列下来之后，从形式上来看好像是一篇集传，但是文章真正的写法，是以一个长篇议论来开头，到后面则讲的是郭解这个人。在司马迁心中，真正的侠中之侠，是郭解。而借由详细的历史记录，司马迁在表达双重的意思：第一，侠的存在，以及到底什么叫作"侠"，侠会对周遭的人和社会产生什么样的刺激；第二，借用史料分析为什么侠会被打压、被遗忘。

在详细介绍郭解之前，司马迁要继续把他的议论说完。这些人"虽时捍当世之文罔"——"文罔"背后既是价值上的评断，也是法律上的禁令——不被世俗主流的价值观念所接受，更触犯了当时的法律，可是难道因为这样他们就是坏人吗？当然不是。在世俗观念之上，在法律之上，有一个更普遍的价值关怀，而史家应该是用这种更普遍的价值信念来看待历史、评断人物，所以他接着说："然其私义、廉洁、退让，有足称者。"他们的品格是格外值得肯定的。这几个人让那么多有勇气、有能力的人跟在身边，这难道是偶然的吗？这种"名不虚立，士不虚附"的人，他们是真正的人物。

相较之下，正因为侠没有办法得到这个社会的肯定，没有办法让史家用确切的分析以及敏锐的眼光看到他们到底是谁——这也正是侠悲剧命运的另一个来源——假侠的名声经常凌驾于真侠之上，人们无法分辨和欣赏一个真正侠士的行为和品格。

有一种被误认为是侠的人，他们"朋党宗强比周，设财役贫，豪暴侵凌孤弱，恣欲自快，游侠亦丑之"。表面上看，他们敢于做一些法律所不允许的事情，似乎很"豪暴"，但是这里面有一个最关键的差异。一个侠帮助别人，是因为他觉得别人受到的待遇有不公平的地方，他们愿意为了别人而违背法令，哪怕做出法令不准许的事情，也要维护公正。很不幸的是，面对这种犯法的人，人们普遍的反应是"同类而共笑之也"，人们并不能分清真假，然后嘲笑所有的侠客，以为自己比这种人高出一筹，整个社会也就因此失去了一种对侠的认识与眼光。

接下来，司马迁快速讲了他认同的几位侠客。

侠者：急人之难

"鲁朱家者，与高祖同时。"朱家是鲁人，这件事情很重要，因为"鲁人既以儒教，而朱家用侠闻"。在这个儒家古国当中，朱家跟儒士的那种生命情调形成了强烈的对比，他以侠闻名于世。朱家跟高祖刘邦是同时代的人，朱家最大的贡献是"所藏活豪士以百数，其余庸人不可胜言"。在那个战乱时期，看到有能力和抱负的人，朱家就予以庇护。得到朱家的协助而活下来的豪杰之士就有几百个，更不要说那些没那么有能力和想法的人了。

但是做了这么多的好事，朱家"终不伐其能，歆其德，诸所尝施"，唯恐别人知道，或者说唯恐这个名声传出去。他协助所有的人，直到"家无余财，衣不完采，食不重味，乘不过軥牛"。在任何方面，他都没有享受，他在意的是这个人是不是有迫切的危险，只要他看到了、了解了，他不会考虑到自己需要什么，反而想尽办法去帮助别人。

季布就是朱家救过的一个重要人物。当时季布因犯罪为奴，靠着朱家才从困厄中解脱出来。等到后来季布成名了，取得了很高的地位，这时候朱家"终身不见也"。出于自尊心，也出于对季布的尊重，朱家不觉得需要去提醒季布有过这样的困厄，更不想把依照自己原则所做的事情变成买卖和交易。

当时朱家的名声高到了什么程度？"自关以东，莫不延颈愿交焉"。他没有吴季札或者战国四公子那么高的地位，为什么还有这么多人想和他结交呢？这就是太史公看待、理解游侠的生命情调时一定要关注、同时要努力解答的问题。

接下来，楚有田仲，喜欢舞剑，"以侠闻"。他把朱家当作父亲一样服侍，不过他很清楚自己比不上朱家。等到田仲死了之后，司马迁写到洛阳人剧孟，他讲了一段七国之乱时发生的事情，以此显现当一个游侠发挥作用之时，这个社会如何理解他。

游侠是一种特别的人，不管他们在生活中有多少缺点，只要有一个特殊的优点，他们的人格就会成立，就值得后代尊重和铭记，司马迁的目的就是不让这种人格典型被湮没。更进一步，司马迁要通过这几个游侠的行为来表达，社会上有一种根本的、素朴的正义。

判断游侠最重要的原则是"急人之难"，看到别人有难的时候，只要有能力就一定会去帮，游侠把别人的危难看得比自己的利益更加重要，有这种特殊的精神，并付诸实践，这个人就是一个侠。

其实绝大部分人都能辨认出游侠，遇到急难的时候要去找谁。在这样的情形底下，每个人都会自然而然地被游侠吸引，环绕在他们身边，因为人们会认为跟这样的人有所来往是一件有意义的事，自己有难时侠一定会来相助。

汉代之后，就有这样几个重要的游侠，其中一个是剧孟。剧孟的情况与朱家类似，朱家生长在一个以儒为基本规范的地方，却以侠闻，而剧孟的周遭都是商人，他却"以任侠显诸侯"。剧孟的名声到了什么程度呢？七国之乱的时候，当时的太尉周勃领命去平定七大诸侯。他到河南进行军事布局之前，先去找剧孟，得知七大诸侯并没有找过剧孟，他非常高兴地说："吴楚想要推翻朝廷，但是竟然不知道要来找剧孟。我放心了，这些人对情势的理解，是不可能成什么大事的。"在这种乱局当中，若能得到剧孟这样一个游侠，"宰相得之若得一敌国"，甚至只要他不帮助对方，就已经是非常大的收获了。当时负责处理乱局的周勃居然对剧孟有这么高的评价，就可以看出游侠的作用。

游侠之所以有这么大作用，因为他们能够收拢人心，借由"急人之难"，让所有人认为他是值得结交的人，于是自然而然地变成了社会上具有高度凝聚力的中心。这种游侠一方面实质上破坏了既有法令，或者朝廷所认定的秩序，另一方面则以自己为原点建立了另一种秩序。

剧孟成为游侠，也是因为急人之难，又非常低调。不过剧孟也有缺点，他是个赌徒。就像之前提过的那样，游侠并不是完美的人，在实际的生活中往往有明显的缺点。不过剧孟的母亲去世的时候，从远方来送葬的马车就有上千辆，从这里可以看出剧孟的名声传得有多么远，他的影响力有多么大。等到剧孟死了，人们发现他"家无余十金之财"，他把所有钱财全部散走了，去帮助别人，解救别人的危难。

不过，游侠的下场通常都不太好。豪侠最大的敌人不能明讲，但是司马迁在行文当中隐约地说了这样一段话：符离人王孟和济南的瞷氏，他们也以豪闻，下场是"景帝闻之，使使尽诛此属"。

皇权把游侠当作对社会，尤其是对朝廷和帝国统治的巨大威胁。这群人跟朝廷要建立和颁布的法令秩序是相冲突的，因此经常会被朝廷视为眼中钉，必欲除之而后快。除了朝廷这个宿命的敌人之外，游侠还有一个无奈的敌人，司马迁将之称为"假侠"。

这些人不是真正的豪侠，他们内在充满各种私欲，只是想借由豪侠的名称在地方上建立自己的势力。如果用这种方式认识侠，就不可能体会侠者内在精神最高贵的部分。那么，谁最能代表司马迁心目中这种高贵的品质呢？是郭解。

郭解之崛起

在《史记》中，司马迁评价郭解：

> 郭解，轵人也，字翁伯，善相人者许负外孙也。解父以任侠，孝文时诛死。解为人短小精悍，不饮酒。少时阴贼，慨不快意，身所杀甚众。

"阴贼"的意思是说，他非常能忍，这种"忍"与"阴贼"连起来就是残忍。他不冲动，他的忍耐是为了进行更残暴的杀戮。他想杀就杀，手下亡魂无数。有的时候他杀人是因为跟对方有仇，有时候则是去替别人杀。从某个角度来看，郭解年少时从事的行业可以算是职业杀手，谁跟他交情好，他为了情谊就可以去帮忙杀人。由于身上背负了这么多的命案，所以他经常要躲起来。可是他也并不因此而安分守己，几乎把社会上所有的坏事都做了，"藏命作奸剽攻，休乃铸钱掘冢，固不可胜数"。但是他运气好，"适有天幸，窘急常得脱，若遇赦"。

到年纪大一点，他的个性发生了改变。他意识到自己年少时所做的这些其实毫无意义，所以有了新的人生阶段。这个时候他生活非常节省；不轻易去报仇，别人得罪他，他也能够原谅；对别人好，而且不期待别人的称赞。

在这样的人格转型的过程当中，郭解越来越有一个以他父亲为典范的人格认知，那就是开始认定自己是一个侠，要"振人之命"，别人有危难的时候，他去相帮却"不矜其功"。在他的身边聚拢了一群人，这些少年仰慕郭解的行为，包括学他的"阴贼著于心"。这个时候，郭解过着一种非常奇特的人生：他自己已经摆脱了少年时候的残忍心性，但是身边这群人如果看到有人得罪了郭解，便会在他不知道的情况下去帮他报仇。因此，郭解在地方上就变成了一个大家害怕却又不得不尊敬的特别势力。

郭解的外甥仗着舅舅在地方上的影响力，在跟别人喝酒的时候，强行灌人家酒，灌到人家发怒，两人发生了激烈的争执，对方气得拔刀杀了郭解的外甥。郭解的外甥被杀，郭解的姐姐当然非常愤怒。可能郭解的家风如此，他姐姐一怒之下做了一件非常极端的事情。自己儿子死了，不让下葬，转而对郭解说："如果你不去把这个人找来，替我儿子复仇的话，那就是你的耻辱。我用这种方法让所有人看到，我的儿子不能下葬是因为他舅舅竟然不能替他报仇。"于是郭解去找这个杀他外甥的人，这个人畏惧郭解的威名，自己上门把来龙去脉跟郭解说了。郭解的反应是什么呢？郭解说："公杀之固当，吾儿不直。"然后把这个杀了他外甥的人放了，然后跟姐姐说，"这件事情是你儿子的错。"他姐姐也就不得不把儿子"收而葬之"。即使是在这样的情境之下，作为一个舅舅面对外甥之死，郭解也有自己的是非之心。人们听到这件事情，更加佩服郭解，所以有更多的人愿意投奔他。

除此之外，司马迁还写了一件小事。因为郭解的势力很大，所以进出的时候大家都怕他，对他毕恭毕敬，唯有一个人例外。这个人对他非常地无礼，"独箕倨视之"。郭解觉得很好奇，就向别人打听这个人是谁。郭解身边的人一看郭解询问，就想去杀掉这个人。但是郭解说："居邑屋至不见敬，是吾德不修也，彼何罪！"不光如此，本来汉朝每隔一段时间就会征调国人去服劳役，可是因为郭解跟他认识的地方官吏打过招呼，所以这个人一次又一次地避过了劳役。这人当然很奇怪，就去问到底发生了什么事，才知道其实是郭解使他免去了这些徭役。这个人自然非常感动，他脱了自己的上衣，"肉袒谢罪"。就这样，本来对郭解非常有意见的人也被郭解收服了，附近的少年听说了这件事，也更加佩服，更愿意围绕在郭解的身边。郭解的声名越来越高，他能够解决的问题也越来越多。不只在自己的家乡，甚至远到洛阳的人们碰到问题的时候也会来找郭解。

在司马迁的心中，郭解有太多值得我们认识的地方。上面讲的两个小故事中，以德报怨、不被私情影响自己的是非判断，已经是很重要的人格价值了。但郭解不只有这些，司马迁把他选为《游侠列传》的中心，是有特别道理的。

《游侠列传》在《史记》中有一定的特殊性。当时司马迁在武帝面前为李陵辩解，就是因为他也有一种游侠般的个性，因此对游侠有深刻的认知和理解。对司马迁来说，真正的游侠，是从帮助别人的那种热诚，还有对待别人时对自我性格的压抑与抹杀上体现出来的。他们对所处社会的规范不那么看重，甚至会破坏这些规范，因为这种性格特色，他们成了另类的榜样，在人群中发挥了很不一样的作用。

司马迁心中真正的游侠是郭解，他在写郭解的时候，行文节奏和手法方面都有非常惊人的成就。在《史记》五十二万余字的篇幅当中，涵盖的时间那么广，要处理的内容和人物那么复杂，司马迁不是随意地选择写某个人，以及决定如何书写的，这牵扯到取舍的问题。什么事情要写得仔细，什么事情的节奏要慢下来，什么事情必须用快的节奏……他对节奏的控制甚至可以准确到，他想让这种人物和事件留给读者什么印象，就会有相应的节奏。

司马迁介绍郭解的出场，为了让读者了解郭解是什么人，节奏相对较慢。当读者对这个游侠已经有了一定了解，他就在后面一段加快了节奏——每一段写一个小事件，接连而出，让人目不暇接。

郭解原来是"轵人"，但是慢慢地，他的名声传到了附近的大城市洛阳。洛阳有一对仇家，在当地有各自的势力，洛阳城中好多人都想进行调解，但是两家"终不听"。这时候有人想到了郭解，就来求他。郭解做了什么样的事情呢？他故意选择夜晚去，然后"仇家曲听解"，于是达成了洛阳城几十个人都做不到的事情——这两个仇家愿意和解。写到这里还不够，郭解说：

> "吾闻雒阳诸公在此闲，多不听者。今子幸而听解，解奈何乃从他县夺人邑中贤大夫权乎！"乃夜去，不使人知，曰："且无用，待我去，令雒阳豪居其闲，乃听之。"

他偷偷地去调解了，又让被调解的两家假装没和好，等当地的豪杰再劝和的时候，再行听从。

侠客与皇权

郭解有自己的一套基本原则，做人做事情极其低调。好多人来请过他，但他要看这件事情自己可以出面才量力而行，如果不行的话就不去。等到各方都能在他的调解下得到自己要的，这个时候他再摆一桌酒席，把牵涉其中的所有人都请来。他这种行事风格吸引了越来越多的人围绕在他身边。因此，司马迁接下来又讲了一件在郭解身上必然会发生的事情。

虽然郭解为人如此低调，但他毕竟吸引了大批周遭的人。这些人不像他那么低调，来找郭解的时候经常把他家门口挤得像个闹市一样，难免会被官方注意到。从秦到汉，如果有人在地方是一个豪富——"豪"指有势力，"富"指有钱——朝廷有一种重要的控制方法：迁到首都长安附近。郭解在地方上的影响力实在太大了，自然被列在名单上。一般的豪富是因为累积了大量财产，进而去威吓别人，或者炫耀家世，可是郭解"家贫，不中訾"，够不上迁徙的标准。这些小官员畏惧郭解的声望，"不敢不徙"。这个时候，卫青站出来替郭解说情："郭解家贫，不中徙。"事情后来被汉武帝知道，武帝则认为，"布衣权至使将军为言，此其家不贫"。这一句话就表现出汉武帝镇压、管理这个庞大帝国的雷霆手段。没有办法，郭解被迫迁走了。在迁的过程当中，又起了波折。

司马迁将这段文字的节奏处理得非常快。郭解要被迁到茂陵去，谁负责押送呢？是当地人杨季主的儿子。郭解旁边有那么多替他做事情的人，这些人杀了杨季主的儿子，自此杨季主就跟郭解结下了仇。郭解被送到长安之后，"关中贤豪知与不知，闻其声，争交欢解"。从外表上看，郭解一点都不像是会有多么广泛人际关系的人，他"为人短小，不饮酒，出未尝有骑"，完全是一个低调的布衣，可是他潜藏的权力真的太大了。

话说回来，杨季主的儿子因郭解被杀，杨季主就跟郭解结了仇。可是当杨季主把郭解视为仇人，郭解身边的人就又把杨季主杀掉了，杨季主的家人愤慨不平，跑去告状，郭解旁边的人又在长安城把去告状的杨家人杀了。如此一来，事情便闹大了。连皇帝都知道了，"乃下吏捕解。解亡，置其母家室夏阳，身至临晋"。为什么郭解跑到临晋呢？因为在临晋守关的人叫籍少公，这个人难得地不认识郭解，郭解得以冒名从临晋出关逃走。皇帝抓不到郭解，只追查了籍少公。籍少公因此而自杀，断了郭解究竟何去何从的线索。

有很长的时间，郭解一直逃亡在外。但是，一个游侠即便有再大的影响力，再多的人相助，当他真正与政治权力、皇权角力的时候，二者仍然是不对等的。郭解最终还是被逮捕了。

逮到郭解之后，朝廷"穷治所犯"。这一"穷治"反倒麻烦了，因为所有的罪都不是郭解自己做的，郭解自己做过的事都在之前得到赦免了。到最后，朝廷实在找不到罪名制裁郭解。

与此同时，又发生了另外一件事。在郭解被捕的这段时间里，有一个聚会。聚会上有人称赞郭解，一个儒生很不以为然，并用自己的判断标准回应："郭解专以奸犯公法，何谓贤！"话传了出去，郭解身边的人就把儒生杀了，还割了他的舌头，这是郭解被捕之后新发生的案件。"吏以此责解，解实不知杀者。杀者亦竟绝，莫知为谁"。于是仍然只能判郭解无罪。不过，这一次案子递交上去之后，主持法令执行的御史大夫公孙弘就不这样看。公孙弘的标准跟武帝一样，他认为这个时候不是看郭解真正犯了什么事情，而是看他是否有潜力做什么事情。于是，公孙弘就在殿前说："解布衣为任侠行权，以睚眦杀人，解虽弗知，此罪甚于解杀之。当大逆无道。"在这样一个建议下，郭解就被杀了，而且，连带着家族成员也被诛杀。

司马迁感慨，从此之后有这么多号称"侠"的人，但是绝大部分都是"敖而无足数者"，都没什么值得称道的。为什么呢？因为游侠必须去救助一些无助的人，如果只是为了凸显自己，那就

不是真正的侠客。作为一个史家，司马迁还非常负责地列了一个
名单，这些人是真正的游侠：

> 关中长安樊仲子、槐里赵王孙、长陵高公子、西河郭公仲、
> 太原卤公孺、临淮儿长卿、东阳田君孺。虽为侠，而逡逡有
> 退让君子之风。

另外还有一份名单：

> 北道姚氏，西道诸杜，南道仇景，东道赵他、羽公子，
> 南阳赵调。

这些人都是欺世盗名之徒。司马迁借着两份名单特意分出了真侠
和假侠，其间的判断，也就是对于人的道德、品性的重要分界。

　　最后，司马迁还是讲回郭解。郭解外表其貌不扬，说话不动
人，也不太能够说服人，然而他却让"天下无贤与不肖，知与不
知，皆慕其声，言侠者皆引以为名"，以一己之力树立了千古的游
侠典范。于是司马迁问："人貌荣名，岂有既乎！于戏，惜哉！"

如何为官

酷吏列传：为何酷吏总是成群地来

司马迁的两张面孔

《史记》的列传这一体例，主要是通过介绍一些人做的一些特殊事情，阐明其中的历史变化，并以此为基础进一步探索人之所以为人的一些基本原则。正常情况下，一篇列传只写一个人，可有的时候司马迁会把几个类似的人集在一起，给予他们一种特别的身份。这种变体（集传）展现了一种社会史的概念，即在理解社会的时候，司马迁看到的不是一个个原子似的人，而是一幅幅群像。从这一视角出发，司马迁也在帮助后来者理解不同时代的社会政治组织之构成。

例如说《刺客列传》《游侠列传》中，刺客与游侠这两种人在那个越来越严密的帝国统治下，不接受政治的绝对权力，也不相信法律可以规定人的一切。他们坚持着一种古老的人格，坚信人有在政治规范和法律限制之外的追求。于是，刺客和游侠势必会跟自己所处时代的基本发展趋势产生冲突，也就因为这样，写这两篇列传时，司马迁在笔法上就有种悲剧性——这些刺客或游侠以一种慷慨就义的精神去扭转时代不可抗拒的发展趋势。

　　我们理解刺客，不在于他们做了什么，而在于他们抱持着什么样的态度来看待历史、社会和自己的处境。从秦以下，那种全面管辖社会与组织的法律越来越严格，但是人与人之间的关系，尤其是人与人之间的感情，分明就是有法律不能规范、不能完全解决的部分。游侠在法律的缝隙当中存在，当法律的力量越大的时候，游侠存在的空间也就越狭小，成为另外一种悲剧性的人物。

　　《刺客列传》与《游侠列传》之后，接下来是《酷吏列传》。为什么有《酷吏列传》？要回答这个问题，不妨从司马迁的生平开始讲起。

　　司马迁继承了父亲司马谈的工作，开始是朝廷一个普通的朝官，后来命运急转直下，变成了阶下囚。司马迁被下狱之后，为了能够继续撰写《史记》必须保住性命，于是他选择接受最屈辱的宫刑。用知人论世的方式去看，司马迁从一个有着自己基本自由和尊严的朝官，到接受宫刑的这种生命经验，使得他可以从中明白酷吏的心态和形象，并且从这种人的身上写出汉代政治到武帝这一朝究竟变成了什么。他对自己所处时代政治局势的体会自然反映在《史记》之中——一方面，他必然会记录武帝是一个什么样的人、拥有什么样的权力、用什么方式来行使这种权力；另外一面，作为酷吏的受害者，司马迁会格外认识到这群人的存在。从"酷吏"这两个字就能清楚地知道，这种人近乎变态，性格扭曲而残酷。

　　在阅读《酷吏列传》的过程当中，不可避免地会涉及司马迁经历过的苦痛。不过，从《酷吏列传》的写法、视角，乃至于描述和分析来看，只会让读者格外佩服这位史家。在这一篇里，司马迁的双重身份不断地在同一个躯体之中拉锯着——作为一个人，司马迁完全有理由讲到酷吏就咬牙切齿，也大可因为悲愤而破口大骂。可是，就算对这些酷吏有再深的仇恨，作为史家的司马迁仍然努力从一个相对宏观的角度去分析这些问题：为什么这群人会用这种方法来掌管法令？他们对法令的看法是怎么来的？他们是一些什么样的人？更重要的是，他们的存在对汉代政治意味着什么？

《史记》写下的绝不是单纯的谴责，司马迁要让后世的人知道酷吏曾经存在，他们产生了什么样的影响，如果不知道这些会付出什么样的代价。这是读《酷吏列传》之前，一个阅读者需要做好的心理准备。

《酷吏列传》与《伯夷列传》和《游侠列传》一样，不开始于叙述，而是议论。《酷吏列传》先引用孔子的话："导之以政，齐之以刑，民免而无耻。导之以德，齐之以礼，有耻且格。"这是儒家的基本态度，看重德远远超于刑。所谓"德"，是指一个人真心相信规矩、自在地依照规矩行事，无须强迫，这是上等的统治者应该追求的效果，下等的统治者才会用威胁和惩罚的手段。不只儒家如此，道家的概念也与此相仿："上德不德，是以有德；下德不失德，是以无德。法令滋章，盗贼多有。"这是老子的态度。统治者越是重视法令，法令反而不会发挥作用，盗贼也会越来越猖獗，真正的理想社会是"上德不德"。所以太史公就说："信哉是言也！法令者治之具，而非制治清浊之源也。"法令是工具，而不是目的。

接下来他说："昔天下之网尝密矣。""昔"主要是指从战国后期到秦，也就是法家崛起的这段时间，当时的社会情况需要法家帮助国君们治理国家，同时富国强兵。然而后来随着社会的发展，法令越来越多，整个帝国"奸伪萌起，其极也，上下相遁，至于不振"。可见，法令带来的影响其实一点都不好。秦始皇时期是法

张汤印　2002 年 4 月于陕西西安张汤墓发掘，
共发现两方穿带铜印，此为其一。

网最密的时候，密到街上全是刑徒，人根本没有办法安居，"吏治若救火扬沸"。每天醒过来只是在想如何不犯法，或者如何骗过这个无所不在的、一不小心就会触犯的法律。

这种情况之下，当一个吏都不是那么简单的事。一个官吏要负责这么多事情，还要有这么多的算计，几乎没有人能愉快地胜任，对那种不希望一味用威逼和法令的方式来进行统治的吏更是如此。有时候甚至夸张到只要这个官员稍微谈及道德，就会被视为没有尽责。在那样一种法网严密的情况下，所有的吏都被迫在职责上忘掉道德，心中想的只能是法令。如果这些执掌法令的人在政治统治上没有道德观念，那这又会是一个什么样的政治组织呢？这就是《酷吏列传》开头提出的重要观点：一个社会的法令可以强到扭曲系统之中的人性，让这些人没有道德。

接下来，司马迁引用了孔子的这句话："听讼，吾犹人也，必也使无讼乎。"孔子认为，掌管法令的人能够清楚地分辨对错，其实是低层的能力。一个真正称职的官吏，应该做到的是"无讼"，让社会没有争执，不需要动用任何法令。这就是司马迁在《酷吏列传》中清楚表达出来的一个价值判断和价值选择：在管理社会、用政治权力来和社会进行互动时，不能把法律放在首位。法令的背后有更广泛的人性，有更深厚的道德。如果法律使系统里的人都没有了道德，将是一件可怕的事。酷吏象征了这种可怕的情境，因而有了认识酷吏的必要和理由。而且，通过理解这些酷吏，司马迁也表达出他对什么是政治、如何管理一个社会的深刻思考。

《酷吏列传》对司马迁来说非常重要，也有深刻的用意。在一开头的议论当中，他用了鲜明的笔法，把儒家的看法跟道家的看法并列出来。他先说孔子怎样认定道德的影响力：道德的力量是超越法令的。除了儒家的态度之外，他也告诉我们，道家基本上也不看重法令。在老子的思想当中，最好的社会是大家通通忘掉法令。其实，司马迁是用这种方法提出儒家、道家跟法家的根本差别。这种笔法后面又出现了一次，他先引用孔子的话，告诉我们要怎样做一个称职的管理法令的人。在孔子的心目中，一个好的管理法令的官吏，是要让人民不需要用到法令，也"必也使无讼乎"。如果大家都依照法令告来告去，充满了各种争执，那么法令越有用，社会也就越纷扰。儒家和孔子是这样看的。

讲完儒家，司马迁引用了老子的一段话："下士闻道大笑之。"汉朝成立后，表面来看，其政治意识形态选择了跟秦彻底相反的黄老之道，文帝、景帝的时候，的的确确在"与民休息"，希望用这种方法扭转社会对法家的依赖。可是，秦建立的法令系统并没有那么容易解决，建立真正的黄老政治谈何容易。到了汉武帝时期，黄老之学被搁置了，董仲舒"罢黜百家，独尊儒术"，政治政策转而以儒学作为政治的最高指导原则。不过，如果看得更细一点就会知道，无论是黄老之学还是儒学，汉代的态度都不彻底，由酷吏代表的法家观念一直阴魂不散。

汉朝刚建立的时候，的确有一段时间法令是比较宽松的，"网漏于吞舟之鱼"。虽然有法令，可是执行得很松散，这样一来反而能够"吏治烝烝，不至于奸，黎民艾安"。越是把法网收紧，人民为了避免被法令波及，必然会用各种方式算计。人民越算计，就越需要更多的法令来管辖，如此便形成了恶性循环。怎么解决这样的恶性循环？一个美好的社会如何形成？汉初的时候，为了解答这两个问题，便有了如下对策：即便有法令，也不要随便动用。人民犯了法，小罪不要追究，甚至中罪都可以不计较。越是这样，吏治反而越容易。当一个官员不管那么多，人民就不会那么坏，这样看来，要让一个社会有好的秩序，不在于建立严密的法令去恐吓、威逼、惩罚，而在于如何建立一种内在的秩序，让人民不愿意犯法。这就是关键的差异。

最早的酷吏

在汉初，到了高后时才出现了第一个"酷吏"，这个人叫侯封。高后就是吕太后，她把权力从高祖的刘氏宗亲手中夺过来的时候，侯封就是她重要的工具。一方面吕后用侯封"刻轹宗室"，另一方面用他"侵辱功臣"，压迫跟刘邦一起打天下的功臣，吕家借机兴起。可是等到吕家的势力发展遇到了挫折，侯封自然也就嚣张不到哪里去了。吕氏一败落，侯封就受到了惩罚。

第二个酷吏是景帝时的晁错。晁错对法令的概念是非常僵化的，"以刻深，颇用术辅其资"。他用这种思维方式去辅佐景帝，结果酿成了七国之乱的大祸。七国之乱平定后，晁错首当其冲成为罪人，并因此丢了性命。这两段实质上是说，汉代一直到景帝时期都没有真正的酷吏。接下来，才是真正作为法家代表的酷吏登场——郅都。

郅都在文帝时期就进入了朝廷，到了景帝的时候，郅都做中郎将。他对大臣，就连对皇帝都是有话直说，心里对于法令规范异常执着，到了僵化的地步。郅都曾经跟随景帝到上林苑，一起去的还有景帝旁边的宠妃贾姬。在园囿里，贾姬去上厕所，那当然是一个隐蔽的地方，然而这时候突然闯入一头野猪，情况非常危急。景帝认为保护贾姬应该是郅都的责任，可是郅都一动都不动。皇帝急了，"欲自持兵救贾姬"。没有想到，郅都这个时候跪在皇帝面前，说："少一个贾姬就会有另一个贾姬补上，这世上有很多女人可以来陪伴您。可是我们只有一个皇帝，您能用这种方式轻贱生命吗？您这样对得起太后吗？对得起宗庙吗？"这就是郅都的坚持。对郅都来说，按法令，解救贾姬不是他的责任，而且贾姬也没那么重要。他的职责是保护皇帝，就只会以皇帝的安危为思考的准则。最后还好野猪离开了，贾姬没事。后来这件事情传到太后的耳朵里，太后非常欣赏郅都，"赐都金百斤，由此重郅都"。

郅都崛起之后，景帝就把他派去济南。在济南有"瞷氏宗人三百余家"，这些人"豪猾"，并且在当地已经有了非常庞大的势力，"二千石莫能制。于是景帝乃拜都为济南太守"，要郅都去处理瞷氏。郅都一去，立刻就族灭了瞷氏，剩下的那些人"皆股栗"，他们没想到朝廷派来的人竟然有这种魄力。郅都在济南不过一年，把济南治理得很好，"郡中不拾遗，而且旁十余郡守畏都如大府"。郅都做人非常勇敢，也有气力，为人清廉，所做的一切事都为国家社稷考虑，完全不写私人书信，更绝对不接受别人送的任何礼物，有人来请托做什么事情也不接受。

郅都是司马迁笔下早期酷吏的典范。作为史家，司马迁对酷吏要尽可能如实地记录，而不是单纯地谴责。他在帮我们解释为什么有酷吏的存在，他们究竟是一些什么样的人。

事情刚开始的时候，像郅都，他们是对人、事抱持着一种狭隘而僵化的态度，对于自己认定的事情非常坚持，除了自己认定的责任之外，其他事情都不在他们的眼里。让他们变成酷吏的最关键的一点是，他们看不到别人的感受，他们只在意这件事情是如何被规定的，要以何种方法来执行。在上林苑时，郅都脑子里景帝和应该负担的职责，哪个比较重要？景帝当时一定急得不得了，但是景帝再急郅都都不在意，因为这不是他的职责，景帝再急都不能够强迫他去救贾姬，这是他的态度。

对于这一点，郅都其实是有自知之明的，他常常讲自己"倍亲而仕身固当奉职死节官下，终不顾妻子矣"。既然要掌管这件事情，就不能去顾虑其他，就算自己的妻子、双亲与职责相抵触，他都会站在工作这边。更进一步，如果自己的生命与职责起了冲突，他也一定站在执行工作使命这一边，不会顾虑到生命。他明白，自己最有可能的下场就是死在官任上。

他用这种方式对待自己的职责，久而久之就产生了一种特殊的地位和影响力。他不追求任何私人的认可和利益，也不怕死，于是他不论走到哪里人们都非常畏惧他，他的官位也一直升迁到中尉。那时候的宰相条侯正处在权力最鼎盛的阶段，所有人都对他毕恭毕敬，但是郅都只作揖而不拜，更加可以看出他这种刚直的个性和形象。那个时候，所有的贵戚、列侯、宗室对郅都都是既讨厌又怕，只能"侧目而视"，而且给了他一个外号，叫"苍鹰"。"苍鹰"永远都在空中盘旋，不知什么时候就会突然扑下来，了结人命。

那时候酷吏的存在有其价值和意义，最突出的一点就是要帮助皇帝压制宗亲。汉初，许多特权贵戚宗室的权力超越了应有的身份，行为不受节制，只有像郅都这种认真看待法令而且毫无顾忌的人，才能够对付这些特权分子。司马迁借郅都的故事，揭开了酷吏的来历之谜。接下来，司马迁会继续讲述，郅都这样的行为模式建立起来之后，对社会产生了什么样的影响，在政治结构上造成了什么样的扭曲，而这才是司马迁真正想在《酷吏列传》当中揭示的。他不是单纯要谴责酷吏，而是对酷吏政治作用有一个完整的叙述、分析。

酷吏的存在实质上源于汉代前期碰到的严重问题。司马迁要写的不只是篇中列出来的几个酷吏而已，更重要的是呈现了一种可以称之为"酷吏演变史"的分析，他以这几个人作为典范，写出酷吏在运用权力的方式、与朝廷的关系等方面都发生了哪些改变。

汉初的人民经历了春秋战国四百多年的战争，还有秦末楚汉相争的大乱，才终于得到了和平，因而文景之治的核心是与民休息。不过，这都是从人民的角度来看，如果从中央朝廷的角度，尤其站在汉朝宗室这一边看，就会发现从高祖到景帝，政权的更迭一点都不平静。

吕后时期有诸吕之乱，外戚当权，刘家天下几乎变成吕家天下。吕后倒台后，大臣们要恢复刘家天下，就把北方的一位刘氏宗亲请到长安来即位，也就是后来的汉文帝。由于文帝一开始并不是接班人，所以他即位之后，高祖的儿子们，乃至于一些刘姓宗亲都心有不平，因而文帝的统治也是危机四伏的，只不过文帝用一种相对和平忍让的方式来处理这些问题。到了文帝的儿子景帝，情况愈演愈烈，并最终爆发了七国之乱。如何处理宗室？这是文帝景帝一直到武帝都必须处理的重大事件，而负责解决这个问题的人物，就是酷吏。

如果皇帝身边有这种大臣，敢于去处置不规矩的、可能威胁到中央朝廷和皇帝的宗室，那他必然会被重用。郅都最为人所知的，就是汉朝的贵戚、列侯、宗室都怕他。景帝的时候，临江王被下狱，接受中尉郅都的审判。临江王有一个小小的请求，他希望自己的意见可以被皇帝知道，所以"欲得刀笔为书谢上"。他面对的是郅都，自然没有得到这个机会。不过临江王有自己的关系网，"魏其侯使人以闲与临江王"。临江王完成了这封信，送到皇帝手上，等于是对皇帝道歉，接着就自杀了。这件事情惹怒了窦太后，她认定是郅都害死了临江王，于是"以危法中都，都免归家"。可是景帝非常赏识郅都，就把郅都派去当雁门太守，而且告诉他，"而便道之官，得以便宜从事"。郅都因为个性刚直，加上皇帝信任，到了边境雁门就有了特别的名声——哪怕是匈奴，一听郅都来了都会即刻引兵离去，到他死都没有靠近过雁门。甚至郅都死了之后，雁门关的人做了一尊郅都的人像，只要匈奴靠近就把人像推出去，这样匈奴就不敢来侵犯汉朝的边境了。

那么郅都是怎么死的？"窦太后乃竟中都以汉法"，是窦太后用汉朝的法律中伤郅都。景帝这时候替郅都说话，说郅都是忠臣，应该放过他。窦太后就说了一句很重的话："临江王独非忠臣邪？"景帝当然不可能继续抗拒太后，于是郅都便在窦太后的坚持下被杀了。

接下来，酷吏有了各种变形。司马迁接着写了宁成。宁成也是景帝时代的人，他的个性在司马迁的笔下用寥寥几笔带出："好气，为人小吏，必陵其长吏；为人上，操下如束湿薪。滑贼任威。"他霸道且性格急躁，之所以能崛起，是因为他承袭了郅都的特点——宗室之人都怕他。当时郅都看到宁成跟自己个性相仿，而且对宗室的痛恨几乎跟自己一样，就把宁成放在身边栽培。武帝即位，宁成被重用，升为内史。这件事情很不得了。

那个时候，汉代的政治体系会将外朝和内朝分得非常清楚。外朝是丞相负责的官僚系统，而内朝则由九卿负责，皇帝亲自统领，处理皇家私务。这些贵戚宗室的权力地位完全来自皇帝，所以他们的很多事务是由宫中处理的。不过一旦宗亲有了权力，跟郡县、郡国等各种不同的行政事务有所关联的时候，就会牵涉到外朝的权力。在这样的情形底下，一旦宁成做了内史，势必让宗亲的日子越发难过。于是宗室、外戚就搜集了宁成的种种罪状，"毁成之短，抵罪髡钳"。

在宁成之前，郅都只是剥夺了临江王自辩的机会，就付出了非常惨痛的代价。可郅都的弟子宁成做得比老师更过分。以前，宫中有身份地位的人，九卿以上，包括贵戚跟宗室，一旦犯了法，顶多就是被下狱诘问。负责问案的人把案情分析清楚，然后上报，基本是"刑不上大夫"。可是宁成不管这些，"九卿罪死即死，少被刑，而成极刑"。从中可以看出，在景帝一朝，贵戚宗室与皇帝之间的矛盾有多么深，七国之乱在皇帝的心中留下来的阴影是多么巨大。即使宁成用这种残酷的手段对付九卿，对付贵戚宗室，皇帝还是支持他。

然而，景帝时期宁成可以仗势如此，武帝则必须处理宗亲对宁成的不满。

宁成知道他惹起的愤怒有多深，当然也知道过去自己能够这样做是因为景帝的信任。新的皇帝即位，宁成一想，皇帝跟自己之间没有这样的交情，如果宗亲现在到皇帝面前去告发，皇帝一定会制裁自己。于是他做了一个决定，假造出关的文件逃回到家里。虽然不再混迹于仕途，但是他的野心仍然在："仕不至二千石，贾不至千万，安可比人乎！"他要赢过别人，当不了官，就开始做生意。宁成买了很多田地，然后使役佃户，累积财富。经过几年的蛰伏，他终于等到皇帝下令大赦天下，就开始冠冕堂皇地做生意，成为大富豪，而且变成了地方上的豪侠。他甚至控制了地方上的官员，出入像一个贵族，人们看到他，态度比对地方官还尊敬。

从郅都到宁成，是酷吏这个角色的一个重要转折。郅都之所以成为酷吏，是因为他对法令和原则死心塌地地坚持，他用这种方式对待所有人，一旦有人的特权超过法令，郅都就对之有一种根深蒂固的痛恨。表面上看来，宁成的行为跟郅都是一致的，可实则他们的用意不同。宁成之所以投靠郅都变成酷吏，并不是基于对法令的坚持，而是为了拥有权力、财富和地位，一旦不能"仕至二千石"，他就去做生意，要"贾至千万"，而且他也的确做到了。可是这里面含有强烈的讽刺意味，郅都起家是因为受到皇帝的重视，他用雷霆手段治理了济南的豪富之家，济南从此不生事端。可是从郅都到宁成，短短的时间里变成了什么？

宁成之后，酷吏不再是像郅都那样表里如一的人，他们开始将法令当作手段获取自身的利益。接下来，从周阳由、赵禹，到最后司马迁最想记录的张汤，这一脉的继承和变化之中，司马迁写出了自己眼中酷吏的可怕和残忍。

"用法益刻，盖自此始"

《酷吏列传》中，有三个人被司马迁写在一起，甚至可以说其中两个人是为最后那个人而写的。

第一个人叫周阳由，是武帝时代产生的第一个酷吏。武帝刚即位时，政局相对平静，从文帝、景帝传留下来的绝大部分官吏系统，在武帝前期的行事风格仍然倾向于道家的无为，但是在这个时候周阳由出现了，与众人形成了鲜明的对照。

司马迁形容他，"最为暴酷骄恣"。"暴酷"，一来是指这个人做事情的方式是极端的，二来这个极端的反应完全来自他自己主观的好恶。因此，虽然周阳由负责执法，但如果他喜欢某个人，或者跟谁比较亲近，便可以扭曲法令让这个人脱罪；倒过来，如果谁得罪了他，或者他因为什么理由讨厌一个人，他也可以编造一切理由杀人。他无所不用其极的个性在主观好恶的引导下，导致他去任何地方，第一件事情就是要确保没有人能够妨碍到自己。因此，当地的官吏必须跟他合作，否则他就要除掉他们，哪怕是与他品级相同的官员。

司马迁没有写太多周阳由做过的事，在描述完他的行事风格之后，直接写出了他的下场——"由后为河东都尉，时与其守胜屠公争权，相告言罪。胜屠公当抵罪，义不受刑，自杀，而由弃市"。他到任何地方都要压过别人，长此以往，总会碰到一位个性强悍、不愿相让的官吏。周阳由在河东当都尉的时候，跟河东太守胜屠公激烈地争权，水火不容，结果两败俱伤。胜屠公被判罪后自杀，周阳由也死了。

其实可以看出，周阳由这个人并没有那么多事迹，那司马迁为什么还要提他呢？因为到了周阳由这里，又诞生了一种酷吏的新性格和新面貌，官员开始用各式各样的方法来玩弄法令，这种风气愈演愈烈，到最后原本倾向于尽量宽厚的官吏也开始发生转变。这就不再是宁成、周阳由两个人的事了，而演变成整个时代政治风格的转化。

周阳由之后，武帝朝另外一个重要的酷吏是赵禹。在这个段落当中，司马迁同样处理得非常简洁。

赵禹开始是在景帝时期被丞相周亚夫注意到的，他作为一个助手，服务周亚夫的时候名声非常好，最重要的是从不接受贿赂，自我要求也极为严格。可是周亚夫迟迟没有给赵禹更好的职位，也没有进一步重用他。为什么呢？周亚夫认为赵禹的确很有能力，但有一个严重的毛病，叫作"文深"。这两个字在《酷吏列传》中是很重要的，意思就是有一些人，他们看到法律文字的时候，倾向于从严解释。当一个人可能触犯法律所规定的罪行时，执掌法令的官吏就想尽办法让这个人受到法律的惩罚，而且是最严厉的惩罚。周亚夫有识人之明，他认为一个人若是有这种尖刻性格，就不该给他太大的权力，否则迟早会造成很大的祸患。这和廉不廉洁是两回事。

　　等到武帝时期，赵禹被提拔为御史，被武帝注意到了。这里司马迁又用了非常简单的几个字来说明问题："上以为能"。武帝跟周亚夫的看法不一样，在周亚夫看来，赵禹那种能力不叫真正的能力，只能在低下的位置上作为助手去执行事务，而不能让他去做决定、下判断。显然汉武帝看人不是这样判断的，他特别赏识这种尖刻之人，所以不但重用赵禹，还赋予赵禹一个在周亚夫心目中绝对不能担任的职务——"论定诸律令"。赵禹这样一个"文深"之人，汉武帝不仅重用他，而且让他跟张汤两个人去制定律令。那么，皇帝对律令的看法，或者说皇帝认为应该用什么样的方式来治理这个帝国，也就能够看出端倪了。

　　接下来，《酷吏列传》从赵禹写到了张汤。武帝这一朝，"用法益刻，盖自此始"——从宁成、周阳由到赵禹，一路下来用法越来越刻薄，吏在面对法律法令时，执行的强度和残暴程度越来越严重。根源在哪里？不在周阳由，不在赵禹，而在于重用周阳由跟赵禹的人，也就是汉武帝。

张汤：汉武帝的刽子手

　　写到张汤就更加精彩了。

　　司马迁先从张汤小时候写起。张汤的父亲是长安丞，有一天出门，叫小孩帮忙看馆舍。可是等到父亲回来之后，发现馆舍里肉被偷走了，谁偷的呢？老鼠偷走的。父亲很生气，就跟张汤说："我叫你看着，你怎么让老鼠把肉给偷走了呢？"就把张汤打了一顿。张汤的反应太有趣了，他"掘窟得盗鼠及馀肉，劾鼠掠治，传爰书，讯鞫论报，并取鼠与肉，具狱磔堂下"。他居然把老鼠审讯了一番。他的父亲看到之后，吓了一大跳——张汤处理这个老鼠的过程，定狱的那些文字，简直像是一个老狱吏，然而那时候他不过是个孩子而已。因此，父亲就正式让张汤学习"书狱"。等到父亲死后，张汤进入官僚系统之中，在长安为吏。这时候，周阳由和宁成看到了张汤的能力和天赋，于是与他结交。慢慢地，张汤也受到了天子的重视，在武帝的提拔下，成为一名御史。

张汤担任御史的时候，发生了一桩大事——巫蛊案。

陈皇后的巫蛊案是由张汤来治理的，他的方式是"深竟党与"，宁可冤枉一百，也不错放一个。在问狱的过程中，张汤想尽办法把可能有关的人员全部牵连进来，而且给予他们非常严格的惩罚，于是"上以为能"——这句话已经是第二次出现了。司马迁的词语那么丰富，然而他在讲赵禹的时候用的是这句话，讲张汤的时候又用了同样一句话，这绝对不是因为他没有别的字可以用，这是他对武帝最清晰的评断。如果一个人因为"深竟党与"而为天子赏识，那么天子也必然有深刻残暴的阴暗面。

张汤再次被提拔，做到了太中大夫，"与赵禹共定诸律令，务在深文，拘守职之吏"。他们不只制定律令，而且开始要求每个执行律令的吏都要想尽办法符合律令上的规定。接下来，赵禹升为中尉少府，连带着张汤也升为廷尉。赵禹跟张汤表面上看来非常相似，但其实一个是旧派的酷吏，一个是新派。

相对来说，赵禹是一个旧派的酷吏，他的行事风格比较像郅都。他几乎不跟任何人来往，作为一个官吏，不愿意因为人际关系而影响到法令的评断，"务在绝知友宾客之请"，他绝对不请客，也不接受别人请客。对于法令的评断和执行，赵禹只有一个意念，那就是"孤立行一意而已"，看到别人问案，或者是对要如何解释法令有意见，他也绝不理会。法令就是他的真理和原则。

相较来说，张汤"为人多诈，舞智以御人"，而且他广为结交。在这个过程之中，一方面他维持像赵禹那样的酷吏形象；另一方面，他又可以见人说人话，见鬼说鬼话，用各种手段来达到目的。如果一个人对他有用，即使这个人的个性和行事他并不欣赏，他都能装出和这个人亲近的姿态。另外，张汤很清楚自己服务于谁，所以会用各种巧妙的方式去讨好武帝。这个讨好不是谄媚，不是像《滑稽列传》所写的那样去娱乐皇帝，不，他知道武帝心中真正想要的是什么，于是就会用多种手法帮助武帝达成目的。当然，从权力本质上去理解，这些手段也必然让人惶恐和心寒。

张汤服侍武帝的方式真的很多，如何把他跟武帝的关系记录下来，也就成了司马迁念兹在兹的书写目的。

在《酷吏列传》中，司马迁真正要写的是武帝面前的"大红人"张汤。张汤能得到武帝的赏识不完全是因为能力，更因为他刻意地经营、揣摩上意。比如，当时武帝受到儒家吸引，要从黄老道家的意识形态转变为儒家，借助儒术重新整顿帝国，这一点张汤几乎立刻就感受到了。

张汤原来负责的领域是延续并推行秦朝以来以法家为主的理念，但是这个时候单以法令治国是不够的，武帝想要的政策，骨子里是法家的，此外还要在外面装饰儒家的道理。前文提过，张汤从小就像一个老狱吏，他是一个有纯正法家血统的人，并不了解儒家。不过，张汤广为结交的人之中，有不少儒生。既然皇帝现在喜欢儒学，张汤马上就去请这些博士及其弟子给他建议，或者干脆帮他整理相关文书。

他运用儒生的知识，把一些冠冕堂皇的话放在治狱的文书上，以此博得皇帝的注意。因为张汤有这种揣测圣意的能力，于是他在断狱的时候也就依照所揣摩的上意处理。皇帝是所有权力的来源，不论对错，都是最高权力者。比如说在一个案件中，张汤"所治即上意所欲罪，予监史深祸者；即上意所欲释，与监史轻平者"。结果当然是"上善之"。

但是他也知道，不能每次都切中武帝的看法，如果臣子的想法总是对的，那就意味着皇帝没有自己的作为，久而久之人家就会说张汤太厉害了，他的任何想法和意见皇帝都会接受，这种言论一旦被武帝知道了，对他是极为不利的。所以张汤有时候会故意违背武帝的想法，但是在这个过程中会留下非常明显的错误，目的就是要让皇帝看了之后来斥责他，然后给出一个"英明"的决定。这个时候，张汤就毕恭毕敬地对武帝说："固为臣议，如上责臣，臣弗用，愚抵于此。"这样一来，皇帝不会惩罚他，外面传出来的名声就会变成：张汤这样的老吏，对法令熟悉至此，连他的意见武帝都能够马上看出问题，皇帝太厉害了。张汤使得武帝得到了这种名声，武帝当然就更加喜欢他。张汤能够准确地预测武帝会有什么样的决断，以此操控武帝，这是他非常重要的权力资本，进而可以去建立自己的人脉。

从这里也能看到，在那个时代，身份、地位、财富、权力，这一切得还是不得，最大的变数只在一个人的一念之间——这个人就是汉武帝。从文帝、景帝再到武帝，从历史的变化上来看，其实是专制体制的形成过程。文帝、景帝在统治风格上都是相对宽容的，人民不需要畏惧他们，统治者的主观意念也受到许多客观原则和规范的限制。而到了武帝时期，情况为之一变，武帝的一念真的可以让人在旦夕之间一无所有，大家只能如履薄冰、戒慎恐惧。人们想知道皇帝在想什么、要做什么，而对于皇帝究竟在想什么、对什么事情会有什么样的态度，张汤最清楚。

用这种方法，张汤得到了更大的声誉，而他所使用的手段，也因为符合武帝的需要而越发严苛。张汤同样名声在外，即使是依照儒家思想行事的这群人，甚至包括丞相公孙弘，都非常欣赏张汤，并且"数称其美"。

> 汤至于大吏，内行修也。通宾客饮食。于故人子弟为吏及贫昆弟，调护之尤厚。其造请诸公，不避寒暑。是以汤虽文深意忌不专平，然得此声誉。而刻深吏多为爪牙用者，依于文学之士。

在武帝这一朝，有很多重要的政治事件发生，比如说衡山王、淮南王、江都王这几个重要宗室与武帝之间的案件，都是由张汤经手处理的。这几个王犯的罪行，以及后来他们的结局，都被司马迁用心地记录了下来，隐隐地为之不平。司马迁之所以不平，是因为这些王犯下的事情，远不该受到如此严厉的对待。台前的刽子手是张汤，幕后主事者则明确地指向汉武帝。

张汤就这样一路扶摇直上，升为御史大夫。这个时候，张汤等于是夹在皇帝与整个官僚系统中间。张汤跟汉武帝之间的关系一度好到什么程度呢？"汤尝病，天子至自视病，其隆贵如此。"丞相的地位都没有张汤那么高。

在张汤当御史大夫的时候，又经历了许多重大事件，其中一件是与匈奴的战争。

　　汉武帝想兴兵讨伐匈奴，但这个时候"山东水旱，贫民流徙"，迫切需要国家和政府的救济。然而此前因为武帝好大喜功的各种开销，导致"县官空虚"（此状况在《史记·平准书》里有详细的描述），公家的府库没有足够的资源。怎么办呢？"于是丞上，请造白金及五铢钱"，以货币为手段，朝廷开始收拢天下的资源。接下来，"笼天下盐铁"。朝廷开始介入生产，聚拢更大量的财富。然后是"出告缗令，锄豪强并兼之家，舞文巧诋以辅法"，压榨在民间的富商大贾。这种种手段的颁布和实施，让朝廷聚拢了大批可运用的钱财，但是在这个过程当中，也深深伤害了民间原来相对淳朴的风气。大家开始越来越讲究利益，攫取利益的手段也因为有朝廷的示范，变得越来越奸巧。到最后，帝国的风气彻底地改变了，这过程中的一个关键人物就是张汤。

　　《酷吏列传》如此重要，很大程度上是因为其中包含了对武帝这一朝权力状态有真实的写照。公孙弘或其他丞相并不是皇帝跟官僚系统之间的核心人物，如果忽略了张汤的角色，永远不可能彻底明白武帝统治的真实面貌。张汤一方面用法家的方式，借皇帝的名义来行使权力；另一方面，当这种方式造成了社会上的骚乱和各种问题的时候，他又一直在武帝的面前说"没事，一切都很好"。张汤横在武帝与官僚系统中间，使得武帝对帝国所产生的种种问题其实无法确切地掌握。

　　接下来，司马迁用了很大的篇幅描述一个事件："匈奴来请和亲"。关于此事，博士狄山跟张汤在武帝面前起了冲突。狄山是博士，说话的方法有自己一套逻辑。他首先从最根本的原则讲起，"兵者凶器"，打仗没有好事。然后，他论列了汉代的历史事件：汉高祖要求伐匈奴，结果困在平城，所以连高祖都要跟匈奴和亲，才保证了后来到孝惠、高后的时候天下平顺安乐；文帝一度想对匈奴动兵，结果造成北方萧然——只要战乱一起，人民就会饱受苦难；到了景帝的时候，遇到七国之乱，虽然最后周亚夫领军平定了七国之乱，但是这个教训太深刻了，景帝无法再接受用军事行为来解决问题。最后，狄山非常诚恳地说："今自陛下举兵击匈奴，中国以空虚，边民大困贫。由此观之，不如和亲。"武帝的反应是去问张汤。前文已经多次提过，张汤非常清楚如何揣摩上意，这时候他只回复了五个字："此愚儒，无知。"可以想见张汤当时脸上那种不屑的神情。

听到张汤这样的批评，狄山也很有骨气，他回应道："臣固愚忠，若御史大夫汤乃诈忠。"然后开始翻旧账，"若汤之治淮南、江都，以深文痛诋诸侯，别疏骨肉，使蕃臣不自安。臣固知汤之为诈忠。"接下来，武帝"作色"，就问狄山："吾使生居一郡，能无使虏入盗乎？"狄山是个儒生，什么政治的经验都没有，只好诚实地说，自己没这个能力。皇帝接下来又问："居一县？"狄山也没这个能力。皇帝继续逼问："居一障间？"这时候狄山知道了皇帝的意思，继续说不能的话恐怕性命不保，只好硬着头皮说，也许有办法吧。"于是上遣山乘鄣。至月余，匈奴斩山头而去。"狄山真的就丧命在那里。

酷吏之死

写张汤的时候，《史记》的笔法非常特殊。例如写到张汤的结局，司马迁先说"汤为御史大夫七岁，败"。也就是说张汤的官位升到最高就是御史大夫了——御史大夫是非常高的职位，只比丞相低一级——不过七年之后，他的生命就走到了尽头，然后司马迁才开始讲张汤在任上发生了什么事情。

　　进入正题之前，司马迁又先讲了一个看起来跟上下文没有密切关系的人。田甲是个生意人，在张汤还在当小吏的时候，两人就因为利益相结识，关系非常密切。等到张汤发达之后，真正有了权力，田甲看到张汤还是用当小吏时候的算计跟自己进行利益来往，就大不以为然，他"责汤行义过失"。田甲认为，做到这么大的官，就不能再用以前那种身份卑微时候的格局来做事情了。接下来，司马迁评价他，"亦有烈士风"，认为田甲像烈士一样，在人格、个性上有自己的评断标准。司马迁为什么要在这里插这样一句话呢？

　　田甲此人并不值得在历史上留下名字，他在这里是一个代表。基于一个人最根本的常识和立场，作为小民是一回事，当小官是另一回事，当了大官握有大权力的时候，一个人的行事、风格要更严谨。权力越大，责任越大，这是素朴的、常识上的是非观念，连田甲这样一个小民都有。司马迁借着田甲，借着"御史大夫七岁，败"这种预言般的语句点明，张汤之所以得势，因为那是一个不再有常识和是非判断的时代。像张汤这样一个人，如果在一个稍微正常的时代、政治体制里，本不应该有这么大的影响力。

　　张汤在这种时代崛起，最后败亡却也因于这种迎合时代的行事作风。前面说过，张汤之所以能够拥有这么大的权力，是因为他会结交各方人物，用人际关系作为自己的资源。但是要结成这么复杂的人际关系，很显然，不可能在选择跟谁交往或者做什么事的时候都能够保持原则。等到所有这些错综复杂的人际网络结合在一起，就会有许多矛盾，矛盾进而产生冲突，于是就有了张汤做到官职生涯的最高位——御史大夫——以及之后所发生的种种事情。

第一件事情和河东人李文有关。李文跟张汤原来就有过节，但是在官场上，他却成了张汤的部属——张汤做御史大夫时，李文是御史中丞。李文跟张汤同署办公，可以看到张汤的种种文书，经常去监督、翻阅与御史大夫有关的资料，这对张汤来说极度不方便，如芒刺在背。以张汤的行事风格，他需要大的空间，因为他并不是用有原则、有规范的方式做事的。旁边有李文在，他非常不自在，而且认为李文用这种方式不断检查他的文书，迟早会找到什么证据来伤害他。张汤的这种心情被身边的朋友鲁谒居知道了，他就帮了张汤这个忙，找人告发李文有不当的事情。这个李文真是倒霉，被人告了一状，皇帝就把案子交给张汤来处理，张汤逮到机会，自然就将李文给杀了。

张汤明明知道这是鲁谒居帮他做的，可是等到汉武帝问起来："言变事纵迹安起？"他立刻拿鲁谒居替自己撇清关系——这就是张汤在人际关系的经营上面的奸巧之处——他假装非常吃惊："此殆文故人怨之。"跟李文有仇的人其实是张汤自己，可是他说起来就指向了鲁谒居。同时，他知道把这个线索指向鲁谒居之后，就要拉拢鲁谒居，所以鲁谒居生病的时候，张汤亲自去见他，不只是亲自去探病，而且"为谒居摩足"。这是一个多么亲密的行为，背后又代表了张汤多么险恶的用心！

这里又牵扯到赵国（今河北一带）。赵国有煤矿、铁矿，冶铁是赵国非常重要的经济命脉。这时候，汉武帝开始盐铁专卖，损害了赵王的利益。赵王为了冶铁，多次跟朝廷来来往往，经常遇到张汤。张汤跟赵王没有私下交情，往往阻挠赵王。赵王很不舒服，于是"求汤阴事"，想用揭发张汤的方式解决这件事。

到这里，也就能够更加清楚地看出，司马迁对汉武帝这一朝，乃至对中国普遍的政治环境提出的警告——在一个政治体系里面，切忌养成这种互相揭发隐私的告密文化。一旦开始有人做这类事情，上面当权者还加以鼓励的话，将来整个组织、整个体系都会非常麻烦。当人与人之间有了过节，或者当一个人有野心的时候，理所当然想到的就是去告密揭发，所有人都在找别人的毛病，并且试图去揭发别人的阴私。这种风格组成的组织，能是多好的团队？

赵王探求张汤做过的"阴事"，就牵出了鲁谒居。赵王讨厌张汤，也很讨厌鲁谒居，就把这两件事情，或者说这两个人连在一起。他上书去告张汤："汤，大臣也，史谒居有病，汤至为摩足，疑与为大奸。"张汤是朝廷的大臣，鲁谒居有病，张汤不只帮他看病，竟然还帮他按摩脚，显然两个人有问题，否则不可能亲密到这种地步。这里的"大奸"两个字，在汉代是一个专有名词，不光是指一桩严重的阴谋，而是牵扯到皇帝的根本权力。

这是重要案件，因为牵涉到御史大夫，所以让廷尉来查案。刚刚好，这时候鲁谒居生病死了。可是整件事不会就此停止，于是牵连到鲁谒居的弟弟被抓。张汤工作上跟囚犯、牢狱关系密切，有一次进了牢狱里面，明明看到了鲁谒居的弟弟，但是为了撇清自己，就假装不认识。鲁谒居的弟弟一看张汤这个态度，非常愤怒：哥哥跟你这么好，今天我因为哥哥的事情被牵连关在这里，你不救我就算了，还装作不认识我。于是鲁谒居的弟弟就找人另外告张汤，揭穿了张汤与鲁谒居合谋诬陷李文的事。

由于罪名多加了一项，皇帝就叫减宣来处理这个案子，而减宣也是跟张汤有过节的人。张汤以人际关系崛起，必然牵扯了复杂的恩怨。减宣一路追查这件事情，但是还没结案之前，又插入了一件事：孝文帝的陵寝被盗。

陵寝陪葬的钱被偷，虽然不是大损失，但是在政治责任上，却是桩极严重的大事。此时的丞相是青翟，他找来张汤，跟他商量："发生了这种事，丞相和御史大夫都有责任，等一下到了朝廷上，我们一起谢罪。"本来这样说好了，可是真到了皇帝面前，张汤一想，丞相的责任是"以四时行园"，所有的幽冥之事，包括陵寝、天候、季节，都是丞相的责任，不在御史大夫。青翟依照原来说好的谢罪，预期张汤也会一起承担责任，但张汤却没有表态。这件事情后来演变成，皇帝命令御史大夫张汤追查丞相的责任。

事情到了张汤的手里，青翟就知道不对劲。经过一些探问，他察知张汤真的要用宗庙的事情办他。如果用宗庙的事情办他的话，张汤最重要的动机可能会是什么？显然是觊觎他的位子，想要取而代之。不过，丞相有三个长史，都很讨厌张汤，于是"欲陷之"。

三长史中，朱买臣和王朝都在官僚体系中得到过更高的地位。朱买臣曾经位及太宗大夫，当时张汤还是一个小吏。这再次提醒我们，张汤崛起的速度有多么快。当初朱买臣做太宗大夫的时候，张汤地位卑微，见到朱买臣只能毕恭毕敬，"跪伏使买臣等前"。朱买臣、王朝煊赫一时，看过张汤如何对待有权力的人，以及他那种巴结的嘴脸。可是一旦他们失势了，张汤就摆出完全不同的姿态，甚至故意打压，认为如果现在不压制他们，这些人会以为自己跟以前一样拥有那么高的权势。

这样看来，在武帝建立的这套朝廷文化之中，每个人都势利得不得了。三个长史都被张汤用这种方式修理过，怀恨在心，就跑去跟丞相说："始汤约与君谢，已而卖君；今欲劾君以宗庙事，此欲代君耳。吾知汤阴事。"他们找到了张汤另外一些乱七八糟见不得人的事——显然张汤这类事情挺多的——说一定有方法可以整到张汤。

　　怎么整张汤呢？先抓田信。每一次牵扯到与商业、买卖有关系的事，张汤上奏给武帝之前，都会先让田信知道。用今天的语言来说，这就是内线交易，政府有什么样的政策，要做什么样的事情，张汤事先告诉身边的人，当然预测就比别人准。因此，如果逮到田信，由田信所得到的利益牵连到张汤，就可以把张汤拉下来。这件事情反正也不可能做得那么秘密，武帝知道之后，就把张汤找来，说："朝廷每次要买什么样的东西，总有些商人比别人早知道，就先去买下，然后囤积，赚朝廷的钱。一定有人把朝廷的秘密泄露了出去。你知不知道这个人是谁啊？"这时候张汤还在继续演戏，说怎么可能有这种事。这个时候，减宣把自己调查鲁谒居的事情也报给了汉武帝，于是汉武帝的态度发生了关键性的转折，即刻把张汤抓起来立案，要把张汤涉及的所有事情都调查清楚。

　　到这个时候，张汤仍然做困兽之斗，但是直接面对皇帝的时候，基本上再怎么斗也会失败。张汤不承认这些事情跟自己有关，皇帝就找来了赵禹。赵禹对张汤说，"你怎么那么不知分。你想想我们服侍的是一个什么样的皇帝，这些事情我们都有份，皇帝一路治过多少人，犯在他手里夷灭者几何人矣，家破人亡的有多少，你自己回头想一想。今天你的这些案子，有凭有据，这个时候皇帝将你下狱，基本就是要你好自为之，你怎么连这都不了解呢？没有人比我们更明白在武帝的统治下，被下狱是怎么一回事。我们都是管狱的人，怎么等到你自己被整的时候就忘了呢？"这个话是有悲凉意味的。治狱者并不是高兴怎么治就怎么治，而是要权力在手上才有资格做决定。酷吏今天用什么样的方式治狱，以后有一天别人可能就会用同样的方式对待他们。

　　赵禹如此一说，张汤醒悟了，写了一封谢罪书给武帝，说：

"我原本一点身份地位都没有，只是小小的刀笔吏。从这么卑微的身份开始，一路变成了三公。目前这个案子我没有什么辩解的余地，不过我还是要说，是三个长史陷害了我。"信写完，张汤就自杀了。张汤死后，武帝派人去抄他的家，并没有很多资产，不过就是五百金，而且这五百金差不多就等于皇帝给他的赏赐。看来，张汤并没有通过跟田信勾结获得什么经济利益。

一路读下来，《酷吏列传》是一个每况愈下的故事。刚开始，这些酷吏在人格和信念上都非常严厉，对人对己皆如此。到了张汤这一代，酷吏的个性改变了，他们之所以对别人残酷、严厉，是为了对自己好。然而张汤得到的大部分仍然是权力上的好处，借由复杂的人际关系加上各种讨好武帝的方法，可以在官场上平步青云。从最后的结局来看，他对于物质和金钱并没有太大的欲望。

一旦用这种方法来获取权力，也就必然有一种道德上的疏漏。《论语》里有一句非常重要的话，"君子恶居下流"，如果你不小心败坏了自己的名声，"天下之恶皆归焉"，大家一想到坏事情，就会都推到你身上。张汤是御史大夫，三公之一，可是名声却如此低劣，每个人都觉得他是坏人。张汤死后，家里只有五百金，而且"无它业"。他其实并没有贪污，也没有从中得到太多的利益，但是每个人，包括皇帝，都认定他私纳了很多钱。

他的家人中，"昆弟诸子欲厚葬汤"，可是母亲反对。她说，张汤是天子的大臣，被人诽谤、告讦而死，这样的下场怎么能够厚葬呢？不只不厚葬，而且极度低调，"载以牛车，有棺无椁"。在中国的传统当中，地位稍微高一点的官员下葬是要有棺有椁，用两层棺材的。事情传到汉武帝的耳朵里，武帝深有感触："非此母不能生此子。"这个时候，武帝的心情和态度由谴责、愤怒转变成为肯定与称赞，所以反过来把三个长史都逮捕、杀掉，以示他们诬告了张汤。青翟一看这个结局，也就不得不自杀了。原来被关的田信也放了出来，汉武帝还把张汤的儿子张安世升官，等于补偿自杀的张汤。

司马迁这样写下来，不断地告诉我们，武帝最大的问题是根本不会看人。司马迁一再提及"天子以为能"，认为某个人很厉害，然而后来这些"能人"全部到了《酷吏列传》。例如武帝认为张汤有能力，但是一直到张汤死，他都没有搞清楚张汤是一个什么样的人。这样的皇帝要管理如此庞大的官僚系统，会产生那么多问题，其实并非偶然。

暴虐升级

张汤死了之后，连带有一个人受惠，那就是赵禹又重新被任用为廷尉。不过此时赵禹年纪也大了，他的风格逐渐变得温缓，最后全身而退，在张汤过世十多年之后，他"以寿卒于家"，所以大家对他最后的评价才得以和张汤不一样。司马迁一方面让我们看到赵禹晚年有所调整，但是另一层用意在于联系到后面要讲的义纵、王温舒等人。

"王温舒等后起，治酷于禹。"酷吏的现象在武帝一朝每况愈下，义纵、王温舒这些人比赵禹、张汤还要残酷。大家回头就会想，赵禹那时候都不至于做出这样的事。所以在写完赵禹、张汤这一组之后，接下来一大段，司马迁要写的是环绕在义纵身边许多相关的人，包括义纵和宁成，然后是王温舒，到尹齐、杨朴这些人。

义纵的命运稍微复杂一点，他是河东人，年少的时候跟张次公做强盗起家，为祸一方。他有一个姐姐叫义姁，因为懂医术，或者更精确一点说，在护理上有一些专业能力，于是被王太后留在身边。王太后有一天闲聊，问她说："有子兄弟为官者乎？"义姁很诚实，回答道："有弟无行，不可。"可是太后显然因为疼爱义姁，就叫皇帝把义纵找来，当了中郎。

接下来，义纵做了上党的郡中令。在这个职务上，他原先当盗贼的背景就发挥作用了——"治敢行，少蕴藉"。他做事不含蓄、不保守，要抓要杀，没有什么不敢的。在这种状况下，这个县的治安变得很好，考核成绩非常漂亮，所以义纵就高升了。

义纵的背景和行事作风，迎合了武帝朝的大趋势。武帝朝对贵戚绝不假以辞色，一定要压抑任何有可能威胁到皇帝权力的人。在那个时代，身为皇亲国戚是件很麻烦、很痛苦的事情：你的势力稍微大一点，尤其是威望、权力稍微高一点，可能就要倒霉。义纵就是处理这些事情的人。王太后有个女儿脩成君，义纵将脩成君的儿子给逮捕了。这件事情从人情事理上来说，是恩将仇报。王太后提拔他，让他拥有这样的地位，如今遇到王太后的外孙，义纵却枉顾旧情，照样将其逮捕。然而违背"温情主义"恩仇原则的做法，汉武帝反而"以为能，迁为河内都尉"。

义纵到了河内，先族灭这里的豪族穰氏，吏治自然就变好了。这个时候他提拔了一个人，少年时候跟他一起当强盗的张次公。于是张次公也进入了朝廷，"以勇悍从军，敢深入，有功，为岸头侯"。这一段也是从侧面说明，本来酷吏还是"吏"，出身背景仍然是适合服务公职的，但从义纵以后，情况为之一变，酷吏开始变成鸡鸣狗盗之徒了。越是在社会底层，甚至越是没有经过教育和文化熏陶的人，在这个位置上面越是如鱼得水，因为他们没有这么多道理和顾忌，皇帝让他怎么做就怎么做，一旦如此，这些酷吏的行事风格又与之前不同。这个时候产生了酷吏的新阶段，以及一些新的角色。

讲到义纵的时候，《史记》行文有一段交错，开头提过的一位酷吏宁成，到了义纵这段故事再度出现。汉武帝一度想让宁成去守郡，御史大夫公孙弘与宁成曾有私交，有不一样的评断，他说："我当时在山东当小吏，宁成是济南都尉，以他的风格去守郡，简直像让狼去管一群羊，要把它们都捕杀吃光了。"公孙弘的判断是："成不可使治民。"他可以治狱，可以管刑罚，管罪人，但如果去管一般老百姓，老百姓肯定会被他折磨死。皇帝听了公孙弘的谏言，就让宁成再度担任官都尉。

关东各个地方，所有进出关的人之间，都流传着一句话："宁见乳虎，无值宁成之怒。"人如果要倒霉，遇到小老虎（说不定还会遇到大老虎）也许还逃得了，但是千万不要惹宁成发脾气，由此可知宁成的残暴性格。在宁成的任命上，武帝有公孙弘规劝，但到了同样以治狱起家的义纵，武帝又认为他很有能力，派他去当南阳太守。

义纵在南阳是新官上任，而宁成原本就是当地人，这个时候回到南阳，两代酷吏见了面。宁成看见义纵，"侧行送迎"，相当有礼貌。但宁成也见过很多达官显贵，所以在这个必要的礼仪之外没有任何更恭敬的表示。这样一来，却得罪了义纵。义纵到了南阳，第一件事情就是办宁成，"尽破碎其家"，原来不是宁成的罪他也治，以至于宁成最后必须弃官逃亡。连上一代的酷吏都被这个新一代的酷吏用这种方式处理，南阳的吏民真是吓到了，于是每个人都战战兢兢，像是踮着脚尖，脚都不敢放下来。

义纵是盗匪出身，所以他到了南阳也利用盗匪协助治民。不过这个时候不光是"治民"了，更像公孙弘所说的"其治如狼牧羊"。没过多久，一支军队经过定襄，造成了一定程度的混乱，这时候皇帝想到了义纵，把他从南阳调去定襄当太守。义纵一到定襄，先去视察监狱。当时狱里关了两百多人，另有一份探视这些人的名单，也有两百多人，他们"私入相视"。一边是犯了重罪的人，一边是要为死罪解脱的人，义纵把这两份名单拼在一起，一天当中暴杀四百多人。这件事情让郡中所有人都不寒而栗。

像义纵这样新一代的势力一旦崛起，就会做前代酷吏都没做过也做不了的事情，跟他们相比，赵禹、张汤都显得温和了。司马迁对义纵有一个非常形象的形容词——"纵以鹰击毛挚为治"。老鹰飞在空中，眼睛一直往下面看，寻找猎物。可是不知道大家有没有注意到，不管是在停止的时候还是在飞行当中，老鹰捕杀猎物的时候有一个非常细微的动作，那就是必须张开翅膀，这就叫作"鹰击毛挚"。司马迁形容义纵就像老鹰一样，以威胁恐吓为主，为他所治之民，每一个都战战兢兢，不寒而栗，就盯着看什么时候这个老鹰翅膀一张开，就会有人倒霉。

这种新的酷吏风格建立之后，接下来武帝朝发生了一件重要的大事——铸五铢钱。铸五铢钱是要统一货币，在这个过程中有很多人盗铸，这种现象在京师格外普遍和严重。怎么办呢？武帝就把义纵调来京师当右内史。至此，这种风格从南阳到定襄，再传回京师之后，其影响力更大了，司马迁直接将之评价为："吏之治以斩杀缚束为务。"每个为官之人的职责这时候全变了，最重要的就是抓、杀、关、捕，把整个社会的人都当作盗匪来处理，认定政治管理就是惩罚和打击。长此以往，当然不会有好结果。

接下来，汉武帝去鼎湖受了风寒，大病一场。病了很久，好不容易能够出门了，武帝决定要到甘泉去。可是他发现，就连从京师到甘泉的必经之路都不平静，非常生气。气谁呢？当然是义纵。他说："纵以我为不复行此道乎？"接下来武帝就以杨可案为借口，把义纵给抓来杀了。

这是义纵的始末，起来得很快，灭亡得也很快。快到什么程度？他是新一代的酷吏，可是死得比老一代酷吏张汤、赵禹都要早，早于张汤一年就被武帝杀了。可关键在于，新一代的酷吏风格不会止于义纵一人，义纵之后还有王温舒。

王温舒是阳陵人，他属于义纵集团，因为两人出身背景完全一样。王温舒"少时椎埋为奸"，比义纵还要更严重，义纵是当强盗，王温舒是杀过人的，不仅杀人，而且把人埋掉之后就逃逸了。接下来他找到了一条出路，在县里当亭长，起初他表现得非常差，后来治狱才慢慢有了些成就。他的崛起主要是因为跟着张汤。到后来，王温舒在当御史的时候，朝廷给他最重要的责任是监督盗贼，而他处理盗贼的方法也很简单，几乎都是杀掉。王温舒用这种方法又累积了一定的成就，接下来便成了广平都尉。

王温舒一到广平就先找到郡中不守规矩的人——新一代酷吏的做法都是这样——越是不守规矩的他越要用，做他的爪牙。为什么特别找这些人呢？因为这些人会有把柄在他手里。他治理广平的方法就是找一些有案底的人，然后"使督盗贼，快其意所欲得"，换句话就是说，"你们把盗贼处理好，用什么方式我不管，你们自己去想办法"。对王温舒来说，如果一个人非常凶残、勇敢，就算过去犯过很多乱七八糟的案子，他都不在意，甚至认为反而有好处，意味着这个人被用了之后不得不效忠于他。用这种方法，不只是广平的治安改善了，就连附近的盗贼都不敢靠近广平。王温舒就是出于这个原因被汉武帝注意到了，升迁为河内太守。

当时在广平的时候，王温舒就已经有情报了解河内的豪奸之家。他到那里之前，先做了一些准备，叫郡里购买、搜集五十匹私马，先做好自己的驿站系统，以河内为起点，以长安为终点。然后他用同样的方法，找到这些有案底的人，去搜查郡中本来就名气在外的豪强们，然后彼此牵连，一个案子牵一个，直到"郡中豪猾相连坐千余家，上书请，大者至族，小者乃死，家尽没入偿臧"。他调查完之后就立刻报到长安。五十匹马已经准备好，事情一发动，本来大家预期要花很久才能走完的官僚程序，他两三天之内就完成了。如果不是用这么快的方式奏报，当地的豪强原本还有机会和时间逃跑，这下子都逃不掉了。结果不出所料，京师的回报很快回来，王温舒依法杀人，"至流血十余里"。

王温舒的这个举措造成了强大的心理威慑效果，大家都很恐惧。王温舒九月才到，十二月，整个河内郡已经悄然无声，没有人敢在夜里走路，也听不到狗叫声，就更不用说夜里有小偷了。

这个时候，司马迁又以一件小事展示了这个酷吏的性格。

过完十二月，接下来是正月开春。对于这个时令的变化，王温舒的反应是无奈顿足叹："嗟乎，令冬月益展一月，足吾事矣！"那个时候，汉代讲究"应季"，什么时间、什么季节才可以做什么事情，春天是不能杀人的，所以王温舒才会非常遗憾，觉得还没有杀完想杀的人春天就来了，又得让他们多活大半年。司马迁在这里直白地说，"其好杀伐行威不爱人如此"。

《史记》是谤书吗？

通过《酷吏列传》，司马迁要问的是，到底应该找什么样的人做官？依照司马迁的理解，应该是爱人爱民的人才应该去做官，可以被留在他的史书上。但王温舒"好杀伐行威"，这种风格与爱人爱民是彻底相反的。但是接下来这句话也很关键，司马迁写过好几次了，"天子闻之，以为能"。这就是酷吏的根源。一个那么不爱人、好杀伐行威的人，在汉武帝的眼中却是有能力的，并一再重用。

王温舒的故事结束后，接下来又是他这一代的其他酷吏。一代一代，越是后面写到的，他们的品性跟风格就越严酷、不堪。

回到司马迁本身。司马迁亲身遭受了酷吏之害，被下狱之后受了宫刑。然而司马迁并非一般人，他忍辱负重地面对这种悲剧的命运。作为一个史家，他如此看重自己应该尽到的责任，即便是亲身经历了酷吏的可怕，他仍抱有理性的头脑，清楚地意识到酷吏的扭曲只不过是表面现象，在这现象后面，有好几样事情非得追究不可：第一，是酷吏所代表的这个朝代的政治风格，表面上是儒家，但骨子里还是酷吏，是法家；第二，武帝及其建立的政治风格和政治形态。这两点，是理解、总结《史记》智慧的重中之重。

尽管有人说，司马迁的这种经历使得《史记》像是一本"谤书"，司马迁把自己对武帝的怨毒通通写进了《史记》。不过，认真读过《史记》的人，不可能接受"谤书"这个说法。虽然经历了那么多波折，但司马迁将自己亲身经历、感受和承受的这些痛苦，转化成了一种永恒的智慧。这种智慧不只是在说武帝是一个什么样的人、汉朝的政治是什么，而是更进一步地揭露权力的不同模式，以及不同的权力模式之下会产生什么样的社会，还有在这个社会当中不同的人会用什么样的方式活着。

在司马迁撰写《史记》的时代所发生的事，以及他借由史事留给后人的智慧和思考，到如今仍然可以不断地在现实中得到印证，从而让后世读者对于现实有更深刻、更全面的关照和理解。

《史记》，千古之书，永不过时。

张释之冯唐列传：执法者的尊严

　　《酷吏列传》是《史记》卷一百二十二，也是列传当中的第六十二篇。《酷吏列传》记录的第一个人郅都，他的政治生涯是从景帝时期才真正开始的。不过所谓"酷吏"，这种在政治体系当中很特别的人物，主要是在武帝时期出现的。司马迁将自己对武帝一朝政治风格的评判清楚地写在了《酷吏列传》中，描述了一幅江河日下的场景。

　　刚开始的时候，酷吏还有自己的信念与原则，他们的"酷"来自对一些原则的坚持，不愿意退让。后来酷吏慢慢扭曲与转型，他们的行为造成的伤害及破坏越来越大；相应地，他们在品德上足以让人推崇、仿效的地方也就越来越少了。

　　有意思的是，如果我们单纯看《史记》的目录就会发现，有一篇的标题好像明显是对比《酷吏列传》的，那是《循吏列传》。《酷吏列传》以"酷"作为政治行事最重要的特征，而"循"则是"循礼而为"的"循"，循吏的反面就是酷吏。

　　有两件事情让我们感到司马迁在这里有特殊的安排。一是，他并没有让《循吏列传》与《酷吏列传》并列出现。《酷吏列传》是列传的第六十二篇，而《循吏列传》却是第五十九篇，中间隔了《汲郑列传》和《儒林列传》。如果循吏与酷吏是明显的对照，为什么要用这种方式将他们隔开呢？而如果我们仔细阅读《循吏列传》的内容，就会发现一件更奇怪的事情。

《酷吏列传》是从郅都开始讲起。郅都的时代是文帝、景帝的时代，但《循吏列传》却是由孙叔敖开始讲起。一开头就说"孙叔敖者，楚之处士也"，一个春秋时代的人。孙叔敖之后，接下来有子产、公仪休、石奢，至此《循吏列传》也就结束了。石奢是什么人呢？"石奢者，楚昭王相也。"说的仍然是楚国，是战国时代。换句话说，《循吏列传》一个汉代的人都没有写，而《酷吏列传》写的通通都是汉代的人，这显然意味着，酷吏是汉代尤其是武帝时代的特殊产物。

除了用这种方式显示出酷吏的时代特殊性之外，其实司马迁在另外一篇列传中真正写了在汉代和酷吏形成鲜明对比的人——不是《循吏列传》——如果我们更细心地去查找，会找到一篇非常重要、非常独特的《张释之冯唐列传》。读完《酷吏列传》之后，如果要追问司马迁认定的好官是怎样的，答案就在这两个人的故事之中了。

张释之的政治智慧

这篇文章一开头称，"张廷尉释之者"，这句话是有深意的。张释之所以被写进《史记》的列传，是因为他是"廷尉"这个官职的典范。他一生中所做的事情没有比当廷尉更重要的，汉代的廷尉也没有任何一个可以超越张释之。

张释之，"堵阳人也，字季"。从伯仲叔季这种排行方式上面，可以看出他是老四，或者说是幺儿。他和他二哥一起生活。在孝文帝的时候，张释之捐了谷，成为骑郎。但是这个官做得非常不顺遂，"十岁不得调，无所知名"。换句话说，这个骑郎得到的薪资还比不上他捐出去的钱，也没有办法养活自己。十年过去了，张释之心里非常愧疚，"欲自免归"。正当他准备离职的时候，中郎将袁盎觉得很可惜，"乃请徙释之补谒"。

张释之当上了候补的谒者，有机会跟皇帝说话了。这个时候，司马迁笔下显现出了汉文帝的风格。文帝把身边的人找来，但是话要先说清楚，"卑之，毋甚高论"。他不要听什么大道理，如果有任何建言，要的是"今可施行者"。但是张释之坚持讲秦汉兴替，从汉代建立以来所有有思想的人、关心时局的人必定要碰触的大题目——"秦所以失而汉所以兴者久之"。

在这个主题上面，《史记》里最重要的内容就是贾谊的《过秦论》。前文提到过，《过秦论》的重要性不在于文章写得好，而在于贾谊充分代表了汉代兴起之后的集体情绪——如果不能认真检讨并找到秦迅速灭亡的答案，如何保证汉代可以长长久久？一直到文帝的时代，张释之仍然属于这样一个知识传统。

这时书中又表现了孝文帝的性格。以皇帝之尊，面对的又是一个刚刚上任还在试用期的小官，文帝不以为忤，反而"称善，乃拜释之为谒者"。正是因为张释之没有按照要求讲现实的事情，反而感动了汉文帝。汉文帝听进去了，就让他结束了试用期，变成了正式的谒者，有机会跟随汉文帝进进出出。

有一次，皇帝到上林苑去打猎，突然之间想起来一件事，就问上林尉："我们的上林苑到底有多少禽兽，有没有登记？"左右没有人知道。只有一个地位很低的虎圈啬夫，一看上林尉和左右这些人都不知道，他赶快答说，有登记，这个禽兽有多少多少，那个禽兽有多少多少。汉文帝接下来继续问了些别的，"虎圈啬夫从旁代尉对上所问禽兽簿甚悉，欲以观其能口对响应无穷者"。文帝就说，"对，做事情的人就应该这样，像上林尉就是没有尽到责任。"因此把当时跟着去的张释之叫来，"拜啬夫为上林令"。

皇帝已经做了决定，只不过是要叫身边的人去传令、去执行，但是张释之对自己的身份和是非观念有更认真的对待，他等在那里，没有马上执行皇帝的命令，但也没有立刻跟皇帝说自己的看法。等到汉文帝心情和缓下来之后才去讲："陛下，你觉得绛侯周勃怎么样？"

周勃是从高祖朝留下来的名将，文帝自然说："是长者也。"

张释之继续问说："东阳侯张相如呢？"

汉文帝答："也是一个长辈。"

张释之接下来说："绛侯、东阳侯是长者，他们的为人和行事是可以肯定的。可是他们两个人会讲话吗？他们几乎是话都说不出来，周勃甚至有口吃。而这个管虎圈的啬夫，那么利口捷给，秦朝就是这种风格，要求这些刀笔吏，在文句、言辞上表现锋利。而且对这种才能的在意和计较简直到了极端，结果产生了最严重的缺点，那就是忽略了原则和品德。更重要的是这些人无恻隐之实，人们犯了法，做了坏事，执法者没有用一种同情的心去追查背后的实情。正因为有这些刀笔吏环绕在身边，秦始皇才不闻其过，大家都认为只要在言辞和文书上做好交代就没事了，真正的事实、真正的状况，尤其是碰到问题和差错，就没有人能够讲。这种风格一直到二世，天下土崩。"

张释之是在告诉汉文帝，秦之所以灭亡，就是任用了这些会讲话、以为文辞就是一切的吏。今天如果单纯因为这个人会讲话就"超迁之"，那么，"恐天下随风靡靡，争为口辩而其实"。这样一来，大家都觉得会说话就能够得到好处，都要把话说得很漂亮。

长此以往，恐怕会造成非常严重的后果，所以要谨慎地处理。

文帝又听进去了，"乃止，不拜啬夫"。

这段故事讲出了张释之如何得到了文帝的赏识。张释之一直念兹在兹的是绝对不能重蹈秦的覆辙，秦碰到最严重的问题就是吏治，如果每个人对法令的概念仅仅停留在文辞方面，而忘掉了法针对的是一个个活生生的人，如果吏眼中只看到条例却没有人情，那么这样的吏也就是亡国的因素之一。这就是司马迁认为重要的政治智慧。在汉武帝一朝，最重要、最麻烦的事，首先是经过了这么多年对于秦朝的检讨，很多事情还是回到秦始皇的那种统治风格；其次，这种统治风格反映在汉武帝一朝，最明显的就是这些吏一个个都很会说话，只在意法令的表面，用这种方式去约束活生生的人民，变成了酷吏。

廷尉典范

在写张释之的时候，司马迁同时也在写汉文帝。张释之的出身很低，但他质朴的个性跟孝文帝有所呼应，因此成就了一代廷尉的典范。

汉文帝从上林苑回来的那一小段路上，张释之给了他一些建议，孝文帝受到感动，"就车，召释之参乘，徐行，问释之秦之敝。具以质言。至宫，上拜释之为公车令"。

接下来又发生了一件重要的事。太子和梁王在朝廷中地位最高，最尊贵，二人共乘一车，到司马门没有下车，直行而过。按照汉代的规定，不管是谁，进司马门的时候人要先下来，过了之后再重新上车。这是为了安全防卫，也是为了朝廷的尊严。这两个人因为地位高，就直接进了司马门，没有人敢拦他们——当然，这应该不是第一次了。不过，这次他们遇到了张释之。"释之追止太子、梁王无得入殿门。遂劾不下公门不敬，奏之。"奏章送上去之后，汉文帝的母亲薄太后听到了，就去质问汉文帝。当时皇家真是质朴，汉文帝免冠谢曰："教儿子不谨"，薄太后这才愿意接受。汉文帝用这种方式替太子认错，才解决了这个案子，不然太子应该受罚的。为什么要薄太后出面？因为必须要用薄太后的身份特赦太子，太子才能够勉强逃过一劫。因为这件事情，汉文帝更觉得张释之与众不同，拜为中大夫。

再接下来又发生了一件事情。皇帝到了霸陵，看到新丰道（顺着新丰道能够走到邯郸），一时非常感慨，就让同去的慎夫人鼓瑟，自己唱起了歌，"意惨凄悲怀"。文帝这时候年纪越来越大，感觉到人寿不终，必须开始思考自己死后的事情了。为什么到了霸陵看到新丰道，想到邯郸，他会有这样的感慨呢？因为这个时候他在选择自己去世之后要葬在哪里。文帝唱完歌跟群臣说，选在这个地方应该是安全的，用最好的棺木，"以北山石为椁"，谁都没有办法扰动我的尸体或者灵魂吧。他心中这样想，也就感慨地说了出来。这个时候群臣会有什么反应？很正常的反应，"左右皆曰善"。只有一个人反应不一样，那就是张释之。

张释之说："使其中有可欲者，虽锢南山犹有郤；使其中无可欲者，虽无石椁，又何戚焉！"他的意思是，如果不希望别人来扰动自己死后的平静，就应该薄葬。对于把"可欲"之物放到皇帝的陵寝里，张释之持反对态度。这么多金银财宝作为陪葬品放到陵墓里，反而是有害于墓主的。更重要的是，就像他当初在车上对文帝"具以质言"一样，他不阿谀皇帝，明明知道皇帝这个时候在想什么，却一定要把他认定正确的原则讲给皇帝听。对比《酷吏列传》，汉武帝提拔的那些酷吏反而都是用讨好皇帝的方式，

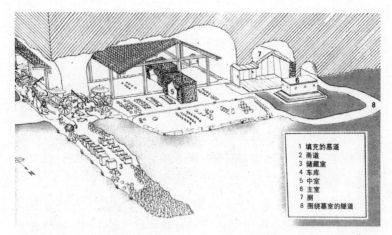

河北满城1号西汉墓的假设性复原　据之可以想象汉初陵墓规模，有过之而无不及

他们采用的手法可能非常拙劣，但是只要能配合皇帝当时的心情，讲皇帝想听的话，汉武帝就会高兴，就会重用这个人。文帝刚好相反，他之所以重用张释之，是因为张释之总是在明明知道他想要什么的时候，跟他说这样是不对的，而且这种状况越来越戏剧性。文帝又给了张释之更大的位置——廷尉，让他执掌法律。

　　过了一阵子，"上行出中渭桥"，恰好有人从桥下走出来，皇帝驾车的马受到惊吓，差一点危及皇帝。这可是一件大事，这个人当场被抓住送到廷尉那里。张释之出来问他，这个人很诚实地回答："我是乡下人，我到这里来，听说有交通管制，不能走了，就躲到桥下不敢动。在那里躲了很久，心想交通管制应该已经过去了，所以才走出来。没想到一出来，恰好遇到皇帝的马车经过这座桥，所以我犯了这个错，扰动了皇帝。"听完之后，廷尉张释之做出了评断，"一人犯跸，当罚金"，并把这个结果报告给文帝。文帝气得不得了："此人亲惊吾马，吾马赖柔和，令他马，固不败伤我乎？而廷尉乃当之罚金！"张释之也不退让，他说："法者，天子所与天下公共也。"

　　什么叫"法"？"法"是天子跟所有的人一起共同遵守的，如果因为涉及天子就给这个人更重的惩罚，那就违背了法的精神。违背了法，最严重的结果就是"法不信于民也"。而且，如果这个人因为惊扰天子被当场杀掉，那么杀了也就杀了，可是如果把这个人送到廷尉这里来治罪——"廷尉，天下之平也，一倾而天下用法皆为轻重"——廷尉的首要任务就是要维护法律的尊严。用法，碰到不一样的人，法律的轻重都不同，那人民要如何守法呢？人民会如何看待法律呢？德国社会学家鲁曼（Niklas Luhmann）有句名言，大意是说，在我们这个共同的社会生活当中，如果没有了对人的基本信任，会连早上要醒来的勇气都没有了。如果社会上没有最基本的规范，让人知道法律对什么事情有什么样的管辖，或者如果法律不是跟每个人都有可以信任的固定关系，人民不知道法律会以什么样标准运用在自己身上，那么"安所措其手足"？连手脚都不知该怎么放了！

　　张释之建议文帝好好想一想。文帝真的想了，而且想了很久，当然会有一点不甘心、不情愿，但最终还是被说服了。司马迁《史记》的描述多么感人，良久，文帝才说："廷尉当是也。"这里面可以揣摩文帝的心情："你说得对，即使我身为皇帝，也必须委屈自己，因为你说的道理比我的权威更高，这才是对待法律的基本态度。"

　　再下面一件事情是，"有人盗高庙坐前玉环"。抓到此人之后，文帝非常生气，"下廷尉治"。廷尉问了之后，张释之按照法律的规定，"盗宗庙服御物者"应该被弃市，也就是要公开处死。皇帝听到这个判决又很生气："人之无道，乃盗先帝庙器，吾属廷尉者，欲致之族，而君以法奏之，非吾所以共承宗庙意也。"张释之"免冠顿首"，用最具诚意的方法对皇帝表示道歉。他是为自己的态度道歉，而不是自己的道理。他说："我管的是法，法很重要的一件事情是有差等。现在有人盗了宗庙里面的东西，你就杀他全家，那如果下次有人胆子更大，去盗掘陵墓，到时候应该怎么罚呢？"用我们今天的语言来说，法有比例原则，小罪小罚，大罪大罚，这是最基本的标准。如果没有那么严重的行为就用最重的方式罚，那等更严重的行为出现的时候怎么罚？中罪的惩罚如果跟大罪是一样的，法也就失去了轻重。同样，"久之，文帝与太后言之，乃许廷尉当"。

这是张释之看待和执掌法律的方式，所以这一章开头的时候直接讲"张廷尉释之"，因为他真正地把廷尉这个官职应该要把握的原则在自己身上示范得淋漓尽致。对比《酷吏列传》里很多当过廷尉的人，司马迁的言下之意是，那些酷吏没有一个是真正的廷尉。

皇权与能臣的矛盾

在汉文帝和张释之的互动中，司马迁写出了他对法律的一些深刻看法，同时也表达了在汉代历史上一个重要的转折点，这个转折点就在张释之传记的最后一段。

因为张释之抱持的这种原则，"中尉条侯周亚夫与梁相山都侯王恬开见释之持议平，乃结为亲友"。不过，麻烦的事情出现了。文帝死后，当时的太子变成皇帝，也就是景帝。张释之很害怕，他因为司马门事件得罪过太子，不知道新皇帝会不会记仇。怎么办呢？这时候就有一个"王生"劝他不要躲，一见景帝先表明态度道歉。景帝一看张释之把旧事拿出来跟他道歉，他也有自己基本的尊严，就说没关系，不会因为这件事怪罪张释之。

这个王生是善为黄老言的一个隐士或者处士。在汉文帝的时候，黄老变成朝廷当中的主流意识，王生虽然没有官职，但是声望和地位很高。有一天，在好多高官面前，他突然说袜带松了，让张释之帮自己绑袜子。当时张释之已经是廷尉了，是朝廷中管法律的最高权威。不过张释之没有任何不悦，跪下来帮王生绑袜子。这件事情发生后，当然就会有人觉得很奇怪，问王生说，"奈何廷辱张廷尉，使跪结韈？"王生说这就是黄老之术："吾老且贱，自度终无益于张廷尉。张廷尉方今天下名臣，吾故聊辱廷尉，使跪结韈，欲以重之。"

在这里，司马迁告诉我们，赖由王生的这种黄老之术，张释之先把身段放低，然后去争取新皇帝的原谅。不过，景帝不是真的不计较，继位一年多以后，还是把张释之的廷尉官职换掉了，派他到淮南王旁边当相，夺走了他的实权。

这是另外一个伏笔，司马迁在暗示汉代朝廷政治风格的转变，这时的政治风格从文帝以黄老作为指导原则的真正宽容，慢慢回到秦朝那种苛刻严厉的政治风格。这种政治风格在景帝时已经出现了，到了武帝的时候越来越严重，由此我们也就明白，为什么《酷吏列传》一开头写的是郅都。郅都是跨越文帝和景帝中间的人，但文帝时期能够崛起并被重用的是张释之这样的人。张释之原来做骑郎十年都没有任何机会，可是一旦有机会亲近孝文帝，他这种耿直、对待法律的态度就得到了理解和赏识。相较而言，郅都那种严苛的政治风格不可能在文帝的朝廷上有什么前途。等到景帝上台之后，政治风格为之一变，就适用于郅都这种人。以郅都开端，汉代整个政治走向就从宽容体贴、维持法律的最基本公平尊严，转向酷吏用各种方式讨好皇帝、整肃官吏乃至于欺压老百姓。

关于张释之，司马迁最后一句话说的是他的儿子张挚。张挚字长公，一度因为父亲的关系升为大夫，但是他接下来离开了，"以不能取容当世，故终身不仕"。司马迁用张挚的遭遇告诉我们，张释之死后，汉代政治的风格换了另外一种方向、另外一种个性。

在张释之之后，我们同样能够从冯唐与文帝之间的关系中看出文帝的个性，以及政治上的一些特色。

"唐以孝著，为中郎署长，事文帝。"他与文帝之间的第一次互动是文帝经过他的办公室，就问冯唐说，"父老何自为郎？家安在？"这个时候冯唐告诉了文帝自己的身世。他的身世很特别，祖父是战国时赵国人，到了父亲这一辈，他们家从赵迁到代（汉文帝当皇帝之前就是代王）。等到汉朝兴起之后，他们又搬到安邻来。文帝就说："吾居代时，吾尚食监高祛数为我言赵将李齐之贤，战于钜鹿下。今吾每饭，意未尝不在钜鹿也。父知之乎？"冯唐就回答说："哦，我当然知道李齐，但李齐没那么厉害，比李齐更厉害的有廉颇、李牧。"这时候汉文帝说："哦？是吗？为什么廉颇与李牧比李齐更厉害呢？"冯唐解释说："因为我的祖父在赵的时候是官将，跟李牧非常亲近。我父亲担任过代相，跟李齐也很熟，所以李牧、李齐是与我们家两代亲近的赵国将领，我当然知道。"

听冯唐这样讲了廉颇、李牧，接下来文帝的反应非常有意思，他摸着冯唐的手臂说："我恨不得这个时候可以有像廉颇、李牧这样的人当我的将领，这样我们就不用怕匈奴了。"这时候冯唐先谢罪，说："陛下虽得廉颇、李牧，弗能用也。"这句话的的确确对皇帝是很大的冒犯，皇帝听了气得站起来就走了。

　　过了很久，他把冯唐叫来，说："你为什么要当众讲这种话羞辱我呢？你难道不知道应该在私底下讲吗？"他即使怪冯唐，也没有怪冯唐说错话，责怪的是冯唐说话的场合不对。冯唐当然道歉："鄙人不知忌讳。"

　　那是一个非常敏感的时期，匈奴一直在北边骚扰。汉文帝非常在意这些消息，忍不住把冯唐再叫来，仔细地问："公何以知吾不能用廉颇、李牧也？"冯唐回答："臣闻上古王者之遣将也，跪而推毂，曰阃以内者，寡人制之；阃以外者，将军制之。军功爵赏皆决于外，归而奏之。此非虚言也。"李牧当赵将，在边境驻防，所有的收入跟支出，包括赏赐、爵位，全部由他决定，因此才能够"北逐单于，破东胡，灭澹林"。而李牧建立大功之后，为什么后来有所改变？因为赵的国君更替了。新任国君任用郭开，郭开在国君面前讲李牧的坏话，于是"卒诛李牧，令颜聚代之"。从此之后，赵国面对匈奴一败涂地。今天我知道汉有一位重要的将领，叫魏尚。魏尚是云中守，在那里得到的收入，他一点都不吝啬，通通和他的士卒分享，"五日一椎牛，飨宾客军吏舍人"。也正因为这样，他当云中守期间，匈奴都不敢靠近云中之塞。他推心置腹地对待士兵，这样去打仗当然能够打胜。可是魏尚在朝廷得到的待遇是什么？他虽然有很多战功，但是没有得到赏赐。相反，他在面对这些吏的时候，一言不相应，文吏以法绳之。其赏不行而吏奉法必用。所以，冯唐这个时候对汉文帝直言："陛下法太明，赏太轻，罚太重。"因为这样，就算这些将领跟李牧、廉颇有同样的才能，在这种政治结构底下也无从发挥。

　　冯唐说的这件事情，文帝没有办法解决。可是冯唐确实指出了一种非常重要的政治安排：面对非常局面，皇帝一定要有魄力，对这些将领非常信任。文帝不是这种人，应该说从汉高祖以下，汉代的基本政治手法和政治策略都不是这样的，不是因为这些将领没有才能，而是其才能被政治制度制约了。冯唐的话对文帝刺激很大，但他没有怪罪冯唐的直言，而是立刻叫人把原来魏尚被文吏所指责的种种罪名拿掉，让魏尚重新担任云中守。不过，因为这样，汉文帝也打消了跟匈奴对战的念头。

把冯唐与张释之用这种方式写在一起，司马迁一方面想表达自己对文帝与武帝的评断，也告诉我们，在一个理想的政治情境下，法的空间应该如何安排，这就是一种智慧。

汲郑列传：逆势而行的长者

司马迁将他对武帝一朝政治的基本看法写在《酷吏列传》中，与《循吏列传》对应；在探讨一个"吏"究竟应该用什么方法对待法律这个问题上，他又用《张释之冯唐列传》与《酷吏列传》做了一组对照，表现官吏面对法律的两种态度。对司马迁来说，他既恐惧又遗憾地看到，在汉武帝这一朝的酷吏手中，秦对待文字和对待法律的态度又重新复活了。而在《张释之冯唐列传》之中，司马迁建立了法律的另外一种样貌——它是所有人的基本行为和规范的标准，所以必须由一个正直的人担任廷尉，让法律拥有一以贯之的解释和尊严。

在第一百一十九卷的《循吏列传》之后，司马迁接着写了《汲郑列传》和《儒林列传》，把《汲郑列传》《儒林列传》夹在循吏与酷吏中间，司马迁是要以这种方式对酷吏的政治作风进行反思与检讨。

《汲郑列传》中，主角是汲黯，郑当时是配角。一开头，司马迁以简约的笔法快速切入重点——"汲黯字长孺，濮阳人"。他的先人是战国时候的卫国贵族，到汲黯这一代往上溯七世，都是贵族。换句话说，汲黯出身于一个显赫的大家族。最早，汲黯在景帝时期当官，虽然年纪不大，却因为煊赫的家世当上了太子洗马。然后司马迁用四个字点出了汲黯的性格特点："以庄见惮"。他在担任太子洗马的时候，就已经有了庄重自持的风格，当时的太子、后来的汉武帝，从小看到汲黯也很忌惮。景帝去世之后，太子即位，汲黯成为皇帝身边的一个谒者。

司马迁写了汲黯两件有趣的事情。第一件事情是"东越相攻，上使黯往视之。不至，至吴而还，不足以辱天子之使"。皇帝派他去视察东越动乱，他没去，理由是：东越那里的人本来就个性暴躁，政治不稳定，那是他们内部已有的风俗和习惯，不需要将精神和时间耗费在这么遥远的事情上。为什么汲黯可以这样做？因为他是以近乎帝师的身份与汉武帝开始有了关系——他很明白，汉武帝不敢拿他怎么样。

第二次，河南大火，接连烧毁了千余家。这是当时的重大事件，所以皇帝又派汲黯去处理。汲黯回来说："家人失火，屋比延烧，不足忧也。"为什么呢？因为这不过是一次意外。与上次去东越一样，他自作主张更换了使命。他说："臣过河南，河南贫人伤水旱万余家，或父子相食，臣谨以便宜，持节发河南仓粟以振贫民。"做完这件事情之后，汲黯回来请归节，把使者的身份和权力还给皇帝，同时前来认罪，因为皇帝没有派他去发河南仓粟，他这样做无异于假传圣旨。当然，皇帝并不会怪罪他，"贤而释之"。

这两件事清楚地显现出了汲黯的个性和地位。汲黯出生于一个贵族世家，再加上在太子（后来的皇帝）面前的这种威严，所以能够讲别人不敢讲的话，做别人不敢做的事情。他敢回来对皇帝说，不应该派使者去视察东越。他到河南之后，发现更根本的问题是水旱灾害，于是替皇帝做了正确的决定，即刻发仓，赈济灾民。

　　显而易见，皇帝并不喜欢这样的人在自己身边。接下来，汲黯被任命为"荥阳令"。汲黯不想离开，他认为自己最重要的职责就是守在皇帝身边，所以"耻为令，病归田里"。皇帝也明白了他的意思，又把他召回来，拜为中大夫。回到朝廷里面，他马上"以数切谏"。没有多久，皇帝又受不了了，将他派出去当东海太守。如此来来回回，用这种方式，司马迁细腻而鲜活地描述了汲黯与汉武帝之间的关系。

　　下面一段司马迁则写了汲黯个性的来历："黯学黄老之言，治官理民，好清静，择丞史而任之。其治，责大指而已，不苛小。"汲黯继承了文帝、景帝遗留下来的黄老政治风格，在他的心目中，一个好的管理政治的人是抓大放小，充分地授权，让每个人可以在自己的职位上尽到应尽的责任，就像之前在高祖身边看到的萧何、曹参一样。

　　汲黯有一个严重的先天问题：经常生病。生病的时候就没有办法出门，只能够将自己关在家里，当然不可能去用细致的方式去管理政治。他被派到东海去当太守，一到那里就开始生病，几乎不出门，可是这样一个太守却让"东海大治"，在当时被传为美谈。

　　　　上闻，召以为主爵都尉，列于九卿。治务在无为而已，弘大体，不拘文法。

这种 macromanagement（宏观管理）意思是，你知道什么对人民是好的，坚持自己的原则，但又不去干预每一层的事务人员，这种方法在任何一个时代都应该是有功效的。就像"萧归曹随"的故事，在曹参当政时期，是这个朝代最好的一段时间，汲黯在东海做了一年多太守，不过就是延续了这个传统，让东海成就了自主的秩序。

可是在汉武帝这一朝，累积了这么多的资源，让汉武帝可以从"无为"到"有为"。武帝"有为"的方法就是"文"与"法"（"文"指儒家及其人才、知识和信念）。与此同时，千万不要被后世所说的"罢黜百家，独尊儒术"蒙蔽了，在汉武帝"独尊儒术"的时候，他的内在基底是强调"法"的，所以"法"跟"文"这两种风格在武帝一朝得以并行不悖。汲黯被司马迁写进《史记》，恰恰是因为他"逆势而行"。在那样的一个时代，所有人要么因为"文"而被皇帝重用（董仲舒之流），要么因为"法"受皇帝赏识（张汤之流）。在这种情况之下，汲黯就显得非常特别。他"为人性倨，少礼，面折，不能容人之过"。因为有他，汉武帝这一朝的优点和缺点就更加鲜明地显现出来。

在汉武帝的时候，太后的弟弟武安侯田蚡是一个拥有很大权力的人，在武帝初年曾担任丞相。别的大臣要来拜见田蚡，甚至"中二千石来拜谒，蚡不为礼"，但汲黯从来不拜田蚡，顶多打个揖而已。

适逢天子要大举招揽儒家人才时，汉武帝讲了很多雄才大略的计划，讲着讲着，就被汲黯捕捉到了内在矛盾。儒者的理想是"唐虞之治"，它的反面是个人的私欲。儒者应当用对待自己的方式，甚至比对待自己更好的方式来对待其他人，这才叫"仁"；而"义"则是压抑自己的私欲和利益，只问什么是正当的、应该做的。于是，汲黯直接就指责皇帝："陛下内多欲而外施仁义，奈何欲效唐虞之治乎！"年轻的汉武帝第一反应是沉默，进而生气，然后再也压抑不住自己的怒火，掉头就走，干脆罢朝。这种地方就是司马迁的笔法最为精彩的表现，他必然是对"人"有了非常深刻的体会和认识，才能用"上默然，怒，变色而罢朝"这么简洁的九个字，表现了汉武帝的一系列反应。

皇帝罢朝了，"公卿皆为黯惧"。随后，皇帝在内宫对侍从说："汲黯之戆也！"这个"戆"指不懂在适当的时候做适当的事、讲适当的话。即使气到这种地步，武帝对汲黯的指责也只是说这个人"戆"，意味着他仍然是忌惮汲黯的。因为有正直的信念，不论遇到谁责备，汲黯都理直气壮："天子置公卿辅弼之臣，宁令从谀承意，陷主于不义乎？且已在其位，纵爱身，奈辱朝廷何！"他认为如果一个官员不能诚实地讲出自己的见解，就是失职，就辱没了这个朝廷。

有一次汲黯病了，庄助帮他向皇帝报告了病情。庄助是汲黯非常亲近的人，汉武帝忍不住问庄助："汲黯何如人哉？"庄助的回答非常重要："使黯任职居官，无以逾人。然至其辅少主，守城深坚，招之不来，麾之不去，虽自谓贲育亦不能夺之矣。""其辅少主"其实是庄助客气的说法，因为他不敢直接说汲黯最大的长处就是辅佐皇帝。汲黯坚守自己的立场和原则，即使是最强健、最有力气的勇士，都没有办法让他屈服。皇帝点点头，说："然。古有社稷之臣，至如黯，近之矣。"

如果我们按照《史记》的顺序往后看，在《汲郑列传》后面不远就是《酷吏列传》，《酷吏列传》显示武帝喜欢别人在他面前讲好话，揣测他的好恶。然而就算私心这么强的武帝，当一个诚实正直的人出现在他眼前时，也不得不承认这就是"社稷之臣"，有这样的大臣才能够真正保护社会和国家。

司马迁接下来做了一个比较。大将军卫青的姐姐是卫夫人，他随时都混在皇帝身边，皇帝也常常在床边接见他，从来不在意什么形象——从这个角度就可以知道，卫青的权力是来自皇帝的私宠。接见丞相公孙弘的时候，"上或时不冠"，但终其一生，汉武帝只有面对汲黯的时候，"不冠不见也"。有一天汲黯要来跟皇帝报告，汉武帝还没有戴好帽子，看到汲黯来了，掉头就走，躲在帐子里面，"使人可其奏"。为什么？因为他理亏，不敢在不符合礼数的情形下召见汲黯。

随后司马迁笔锋一转，写了汲黯与张汤的一系列交锋。张汤受皇帝支持去改订律令，担任了管律令的最高职位廷尉。在这个过程当中，汲黯"数质责汤于上前"，他骂张汤的语言被《史记》记录了下来，他说：

> 公为正卿，上不能褒先帝之功业，下不能抑天下之邪心，安国富民，使囹圄空虚，二者无一焉。非苦就行，放析就功，何乃取斑皇帝约束纷更之为？公以此无种矣。

汲黯的意思是说，做这种事情，你败德，生不出儿子。司马迁想以此树立一个能够指斥出张汤为非作歹的正面典型。

那个时候，汲黯经常跟张汤辩论。张汤是一个善辩者，"文深小苛"，"苛察"是他的本事。汲黯看的都是比较宏观的大原则，而且脾气不太好，通常会用带有情绪的方式来发泄。所以事实上，汲黯在辩谈的过程中总是输，他说不过张汤就只能骂人："天下谓刀笔吏不可以为公卿，果然。必汤也。""刀笔吏"是说在文句技术上处理法令、法律，而并非处理本质性、原则性工作的人，统治者一般不会把这种人放到很高的位置上。那么，哪一位"刀笔吏"变成了"公卿"呢？就是张汤。"刀笔吏"处在这么高的位置上，会产生什么样的结果？"天下重足而立，侧目而视矣！"天下人会害怕得双足并拢站立而不敢迈步，眼睛也不敢正视了！

汉武帝朝另外一件大事就是讨伐匈奴，"招怀四夷"。虽然皇帝不那么喜欢汲黯，也没有给他太多机会，但是只要有机会，汲黯就会尽力劝皇帝"无起兵"，应该与匈奴和亲。

司马迁在文章中用汉武帝的感叹来定位汲黯。为什么是汉武帝的感慨？因为汉武帝不喜欢汲黯，用他的话来定位汲黯，就是在说明即使是权高如帝王也不得不感叹地承认，这种人格是"社稷之臣"的典范。一个人如果在自己的职位上履行职责，将公共利益和原则放在心中，不管当时流行的势力偏向哪里，都不为所动，这样的人才能够真正成为国家和社会成长的主要推动力。

汉武帝一朝最明显的流行趋势分两种：儒和法。

偏儒的一派往往会用漂亮的政治语言来提高并装点汉武帝的政权。彼时汉武帝一心向往儒术，所以"尊公孙弘。及事益多，吏民巧弄，上分别文法，汤等数奏决谳以幸"。对文、法这两面，汲黯都很不以为然，而且他"常毁儒，面触弘等"。汲黯认为他们最大的问题就是"饰智以阿人主取容"。当皇帝想要以某种方式来装点自己的权力的时候，"儒"给了他好多说法。

另外一边是用苛法、严律来治理这个国家。当皇帝的风格变得严苛的时候，"刀笔吏"就出现了，在治理的过程中榨取社会上的种种利益，抬高皇帝的地位和权威。面对这些人，汲黯也没有拿好脸色对待他们。汲黯特立独行，不偏文也不偏法，遇到这些权贵，哪怕是当时声誉空前的大将军卫青，也只是"与亢礼"。

卫青作为汉武帝一朝的大臣，得到了空前的称号——"大将军"。第一是因为姐姐卫子夫是汉武帝最宠幸的夫人；第二，卫青自己争气，他带兵出征，充分运用了皇帝给予的种种资源，面对匈奴打了很多胜仗，有军功。但就算如此，汲黯从来不觉得自己看到卫青应该有卑屈的表现。有人替汲黯担心，有人觉得他太狂傲，也有人试图说服他："自天子欲群臣下大将军，大将军尊重益贵，君不可以不拜。"汲黯的回答非常直接明确："如果大将军身边围绕着的全都是对他卑躬屈膝的人，那这个大将军有什么尊贵的？大将军有一个被他尊重的人敢于跟他抗礼，地位反而会更高。"卫青听到这个话，"愈贤黯"，更加认为汲黯贤良，经常去问他"国家朝廷所疑"。在周围的所有人之中，卫青最尊重汲黯，因为汲黯没有那么多私人的考虑，他的意见也就最值得参考。

接下来，"淮南王谋反，惮黯"。淮南王刘安当时谋反，想要取皇帝而代之，但是他对汲黯有所忌惮，说："朝廷里有些人我可以收服，有些人是我收服不了的。例如说丞相公孙弘，虽然他被皇帝重用，但并非不可以取代。"在要反叛的淮南王刘安的眼里，公孙弘这些人最大的特色就是权力在哪里就靠到哪边，不足为畏。但是有那种硬骨头，像汲黯，"好直谏，守节死义，难惑以非"，即使杀了他，他都不会退让。

前有卫青敬重汲黯，后则是想要叛乱的淮南王刘安忌惮汲黯，等于从正反两方面显现了汲黯的重要性。然而即使如此，皇帝并没有珍惜汲黯。"天子既数征匈奴有功，黯之言益不用。"汉武帝讨伐匈奴，取得的战功越高，自信心也就越强，越来越听不进逆耳的忠言，这个时候，皇帝身边用的人也开始产生关键性的变化。

当初汲黯跟在汉武帝身边的时候，公孙弘和张汤都是小吏，后来官职慢慢变动，双方地位此消彼长，公孙弘、张汤之流的官位不断上升，汲黯则跟皇帝越来越疏远。后来，张汤、公孙弘的地位已经跟汲黯一样高了。碰到这种状况，以汲黯的个性，就更加讨厌公孙弘和张汤，对这两个人越发不假辞色，经常在皇帝面前骂他们。但是骂得越厉害，公孙弘与张汤在皇帝面前的重要性反而越高，最后公孙弘官至丞相，还封了侯，张汤也担任了御史大夫。

有一次，汲黯最愤慨的时候忍不住对汉武帝说："陛下用群臣如积薪耳，后来者居上。"这是一个非常粗鄙的比喻，汉武帝没想到汲黯说得这么直白难听，一时不知道该怎么反应。等到汲黯离开了，武帝才说："人果不可以无学，观黯之言也日益甚。"像公孙弘、董仲舒这种有学问的人，至少会装饰一下自己的意见，这是汉武帝标榜的东西，同时也反映出汲黯从来不管这一套的性格。

接下来，"匈奴浑邪王率众来降"。这对皇帝来说是一个莫大的功绩，他希望大肆操办，于是"发车二万乘"，要把匈奴浑邪王及其部下接到长安来。可是要去哪里找两万辆车，还有拉车的马呢？"县官无钱，从民贳马。民或匿马，马不具。"看到这种情况，皇帝就很生气，要杀长安令。至此，汲黯的脾气又上来了，他直接跟皇帝说："你杀长安令干什么？你杀了他马会出来吗？不对，你要杀我，杀了我马就会出来。"这摆明是一句赌气的话，他知道这样说皇帝会生气，搞不好还会治罪，但是即使会死，这话也不能不说。"且匈奴畔其主而降汉，汉徐以县次传之，何至令天下骚动，罢獘中国而以事夷狄之人乎！"匈奴将领背叛他们的君主来投降汉朝，朝廷可以慢慢地让沿途各县准备车马把他们按顺序接运过来，何至于让全国骚扰不安，使我们疲于奔命地去侍奉那些匈奴的降兵降将呢！汉武帝的反应又是"默然"。

等到浑邪王真的来了之后，皇帝仍然要究责，"贾人与市者（和匈奴做买卖的商人），坐当死者五百余人"。汲黯找到机会在未央宫的高门殿向皇帝说明自己的看法："匈奴攻当路塞绝和亲，中国兴兵诛之，死伤者不可胜计。"现在匈奴来投降，谈及应当如何处置这些人的时候，汲黯认为应该"皆以为奴婢，以赐从军死事者家；所卤获，因予之，以谢天下之苦，塞百姓之心"，这才是对的方式。现在浑邪王率领数万之众来降，汉朝竟然"虚府库赏赐，发良民侍养"。汉朝非但没有得到任何好处，反倒耗掉府库里面这么多的资源。到这一步，汲黯事实上是直接指责汉武帝"以微文杀无知者五百余人"。"微文"就是酷吏，他们抓住法令上面细微的规定，对这五百人施以极刑，这样处理就叫作"庇其叶而伤其枝"。匈奴投降汉朝，就像是最微末的叶子，可是现在为了要这些叶子，却把更根本的枝都给伤了，"臣窃为陛下不取也"。

皇帝当然不赞成，最后说出一句："吾久不闻汲黯之言，今又复妄发矣。"意思是，汲黯又讲这些不中听的话了。可以想见，在汉武帝这一朝，以后越来越少人能够跟皇帝直言了。在这里，也就显现了汲黯特殊的历史地位，不只是因为他的个性、勇气，更重要的是他的来历。

汲黯当过太子洗马，汉武帝还是太子的时候，两人就建立了这个关系。如果其他人用汲黯这种方式跟汉武帝说话，恐怕性命早就不保，因为有这层特殊的关系，汲黯才能不断地在汉武帝身边说这些话，留下这些包含最根本的政治原则与智慧的记录。司马迁不忍心让这样的记录被湮没，于是写在《汲郑列传》当中，留待后世查阅。

被遗忘的智者

日者列传：卜筮者的风采

　　《史记》是一部非常伟大的著作，在阅读的过程中，值得留意的是司马迁特别设计的那些"例外"篇章，这种地方往往体现司马迁的史识，所以更值得认真读。

　　在之前提过的列传之中，基本上是一人一传，顶多一传中写三个人。列传中的特例是集传，意味着这些人是以共同从事的行业和他们所代表的社会现象而被记录在历史之中，因此，集传的写法、读法也就和个传非常不同。《游侠列传》《刺客列传》和《酷吏列传》都是集传，另外还有一种集传，明显突出了特定时代当中具有特别社会意义的角色。这些人物往往因其行业的特殊性入传，所以几篇集传合在一起会形成别致的社会史。司马迁所写的历史基本以人物为主，但也没有忽略社会的集体现象。

　　例如《平准书》从官方经济政策来看当时的经济和历史；因应于《平准书》，《货殖列传》就从生意人的角度展现了汉代的经济活动和历史；对于中国的医学传统，司马迁写了《扁鹊仓公列传》，以扁鹊跟仓公这两位名医来彰显中国传统医学的特色；还有《龟策列传》中的占卜者……司马迁借此表现出某个行业背后独特的社会价值。

接下来，跟《龟策列传》非常接近但又很不一样，司马迁写了一篇《日者列传》。日者也是卜筮者，为什么不把《日者列传》的内容跟《龟策列传》合在一起呢？原因很简单，《日者列传》虽然是以"日者"为名，可是这篇文章真正的写法并不是集传。对比《龟策列传》和《扁鹊仓公列传》，《日者列传》只写了一个人——司马季主。然而司马迁并不以司马季主来命名这篇文章，甚至没有讲述司马季主的生平来历，从头到尾只写了司马季主对宋忠和贾谊讲的一席话。

为什么要把这样一篇明明不是传记的文章放在列传之中？为什么司马迁要特别引用司马季主的一席话？为什么这一席话最后会以一种类似集传的方式放在《史记》里面？

卜筮与皇权

在《日者列传》的开头，司马迁简单讲了一段历史渊源："自古受命而王，王者之兴，何尝不以卜筮决于天命哉！"换句话说，日者从事的工作跟最高层的统治权力权威有非常密切的关系。从周朝就有了这种做法，延续到秦汉时期。

在汉代，与日者的关系最密切的事件，是汉文帝在吕后去世的混乱局势当中通过卜筮而成为皇帝。更重要的，这也说明了为什么在汉文帝之后，卜筮者与汉代政局有了特别密切的关系。

关于汉文帝继位的一些前情提要并没有写在《日者列传》里面，所以需要读者进行交叉阅读（cross reference）。据《吕太后本纪》记载，吕后死后，诸吕的势力被铲除，吕后扶持的王储当然也就没有了当天子的资格，这时候谁来当皇帝就变成了一个难题。以陈平、周勃为首的政治集团决定，让高祖活着的儿子之中年纪最长、其母以谨慎低调闻名的代王来即皇帝位。《吕太后本纪》当中是这样描述的："代王方今高帝见子，最长，仁孝宽厚。太后家薄氏谨良。且立长故顺，以仁孝闻于天下，便。"不过这是陈平、周勃单方面的决定，接不接任还要看代王的意愿。于是，陈平周勃"乃相与共阴使人召代王"。

当时，代王找了周围的幕僚和群臣一起商量，其中的郎中令张武说：

> 汉大臣皆故高帝时大将，习兵，多谋诈，此其属意非止此也，特畏高帝、吕太后威耳。今已诛诸吕，新喋血京师，此以迎大王为名，实不可信。

陈平、周勃这群人是刘邦那一辈的老臣，他们身经百战，经过了楚汉相争、汉朝成立、高祖之死、吕后之乱。他们之所以崛起，有两个很重要的条件，第一是"习兵"，第二是"多谋诈"。对此，幕僚们普遍认为进入长安不是一件好事，所以他们建议代王"称疾毋往，以观其变"。独有中尉宋昌力排众议，提了三大理由：

第一，天下是刘家的，代王有相当坚固的合法性，在这种情境下进入长安，陈平、周勃等人一定会把天下交出来。

第二，高祖成立汉朝之后，实行郡国并行制，把自己的子弟封在各地，国中到处有刘家子弟的势力，这叫作"磐石之中宗也"，在这种状况底下，刘家天下难以撼动。

第三，汉代接在秦朝之后，"除秦苛政，约法令，施德惠"，人们得以安居乐业，即使经过吕后之乱，高祖定下来的天下基本上还是安稳的，以吕太后那么严厉、强悍的个性，"立诸吕为三王，擅权专制"，结果仍然是"太尉以一节入北军，一呼，士皆左袒，为刘氏叛诸吕，卒以灭之"。

宋昌以这三大理由打动了当时的代王，于是"报太后计之"。不过，跟薄太后商量完了，代王还是犹豫不决。这时候就只剩下最后一个手段了，那就是占卜。"卦兆得大横"，占文是"大横庚庚，余为天王，夏启以光"。这个时候代王明知故问："寡人固已为王矣，又何王？"他就是要借卜人之口说出这句话："所谓天王者，乃天子。"得到这样一个保障之后，代王仍然非常谨慎，接下来请他的舅舅（薄太后的弟弟）薄昭去见周勃。

这一段司马迁写得非常细腻。

薄昭去见周勃，他认为整件事情是由周勃主导的。但显然，周勃为了说服薄昭，并让薄昭背后的代王安心，把重要的人物都找来了，"具为昭言"。于是薄昭回去对代王说："信矣，毋可疑者。"代王就找了宋昌来，笑着对他说："果如公言。"接着就立刻准备起来，"命宋昌参乘，张武等六人乘传诣长安"。

到了高陵，他们又停了下来。代王仍然没有彻底放心，让宋昌先进长安，自己在那里"观变"。宋昌来到渭桥，看到整个排场，丞相以下的官员也都来迎接，就据实回报了代王。代王到了渭桥，群臣拜谒称臣。等代王下了车，太尉勃进说："愿请闲言。"这个细节太有趣了。为什么周勃要与代王私下交流？宋昌在旁边立刻反对："所言公，公言之。所言私，王者不受私。"周勃立刻就明白了，宋昌这是要逼他完成确认天子的形式，不能私相授受。于是周勃就正式地行臣子之礼，"跪上天子玺符"。在这样一番波折之后，代王进入了长安，顺利变成后来的汉文帝。

闹市区的卜者

司马迁说："代王之入，任于卜者。"在这个背景之下，《日者列传》就有了来由。如果没有当时那个卜者卜出"大横"的话，代王说不定就不会进入长安，也就没有后来的汉文帝。显然，汉文帝对这件事情的记忆非常深刻，所以"太卜之起，由汉兴而有"。接下来，司马迁就说到一个特定的卜者，司马季主。

司马季主是楚人，是长安东市非常有名的一位卜者。有一天宋忠和贾谊赶上洗沐日休假，两人聊起了《易经》，"相从论议，诵易先王圣人之道术，究遍人情，相视而叹"。这两个人，尤其是贾谊，是汉初政治和知识史上非常重要的人物，也是司马迁很欣赏的一个人。之前提过，汉初的重大问题是探讨秦为什么亡，而汉又该如何长期维持自己的统治。在探索秦代如何兴、如何亡这个问题上面，最漂亮的文章、最好的答案就是贾谊的《过秦论》。司马迁把整篇《过秦论》都放在《史记》里，就是要让这篇文章及其作者贾谊在历史上留下来。而在这里，他把贾谊和宋忠写出来，则是为了烘托司马季主的重要性。

闲聊间，贾谊想到了一件事情："吾闻古之圣人，不居朝廷，必在卜医之中。"真正很有能力的人如果不去当官，那么往往不是卜者就是医生。贾谊继续说："今天朝中的三公九卿，所有的士大夫我们都认识，如果还有我们不知道的高级人才的话，他会在哪里呢？要么就在卜者之中，要么就在医者之中。今天放假，我们就去看看这些算命的人是不是真有什么特别之处吧。"于是两个人乘兴而去，一起坐车到了专门设有一个算命区的东市。

因为刚刚下过雨，路上没有什么人。司马季主那个摊上没客人，只有他自己，旁边围了三四个弟子，他正对着弟子高谈阔论，

"辩天地之道、日月之运、阴阳吉凶之本"。贾谊和宋忠看到司马季主，觉得很有意思，就跑去看。这两个人觉得司马季主好像有点本事，就去拜谒他，跟他说："我们可不可以进来拜访你一下？"司马季主叫弟子把他们请进来坐定之后，没理他们，继续跟弟子讲话，"分别天地之终始，日月星辰之纪，差次仁义之际，列吉凶之符"，把这些天人之际的各种呼应关系说得头头是道。接下来就不只是高谈阔论了，而是"语数千言，莫不顺理"。宋忠、贾谊越听越觉得要尊敬这个人，同时越听越疑惑。

后来，他们就直接把这个疑惑给说了出来："今何居之卑，何行之污？"司马季主听到他们这样问，捧腹哈哈大笑，还以颜色说："何言之陋，何辞之野？来，我这样问，你们到底看重和尊重什么样的人，为什么会把'卑、污'两个字安在我头上呢？"

宋忠和贾谊的解释是，世人都认为有钱有势，尤其是有政治权力的是人才。在市场里摆摊算命，所处非其地，因此叫作"卑"；另外，卜筮者说话不真实，行为不见效验，索取钱财不正当，所以叫作"污"。宋忠和贾谊辩解道，我们不是刻意要冒犯你，而是真的觉得疑惑，你拥有这样的相貌、姿态，又有这种知识、学问，还能这样侃侃而谈，为什么会在市场里做一个算命的呢？提这个大问题，是为了引出司马季主接下来的一番话。

司马迁不光是在说明什么叫卜者，更重要的是，他要用算命的本位去对应做官的人。譬如宋忠、贾谊，这样的人就有资格看不起算命的人吗？

贾谊和宋忠认为算命这个行业"言不信，行不验，取不当"。算命的人话很多，而且有几种特别的说话技巧。一种是说大话，说得冠冕堂皇，诱引人家把心里的状况说出来，用这种方式好像可以猜到别人的命或者处境。必要的时候，经常夸大会遇到的好运来取悦顾客，有时候倒过来，又会夸大以后可能遭遇的灾祸，用这种方式让人害怕、伤心，想要解决这个问题。另外，算命的人还会讲一大堆关于鬼神的话，这些都是为了骗人家把钱掏出来，对自己有利益。大家都认为算命的不是什么好行业，难道不是这样子吗？

司马季主听完之后倒没有发脾气，他先请两人坐好，然后说："公见夫被发童子乎？日月照之则行，不照则止，问之日月疵瑕吉凶，则不能理。由是观之，能知别贤与不肖者寡矣。"先要强调的是，很少有人能够区分贤与不贤。显然这是司马迁在写自己的深刻思考。第一，作为一个研究历史的人，看过历史上这么多的人物、事件，是不是可以多一点点智慧，对什么是"贤者"、什么叫"权力"有不一样的洞见？第二，历史中往往有众说纷纭的社会现象，史家是否能够摆脱一般士大夫的刻板印象，承认人才其实可以出现在各行各业之中？

在这里，《史记》通过不同时代、不同人的生活轨迹，打开了读者的视野，认识到其实人可以有很多种活着的方式——这又呼应了《游侠列传》《刺客列传》——对于这些人，如果用传统的、固定的、刻板的价值观去审视他们的生命意义和历史贡献，那么他们身上很难找到这些。为什么人们需要历史，就是因为只有通过历史，才能够彰显世间的千百种人，以及千百种生命追求。一旦他们认真地面对自己生命的追求，在对待自我、对待生命的情调上忠于自己，在对待别人的时候忠于他人，那么这个人就是高贵的，就是值得肯定的，丝毫不牵涉到他究竟有多少钱，有多少权力，或者住在哪里、从事什么样的行业。

在司马季主的认知当中，有才能的人同时也要有品德，必然有很多原则上的坚持，看到不对的事情就一定要说这是不对的，还要有一种自尊心，就是"直道以正谏，三谏不听则退"。接下来，这种人站在自己特定的品德标准上去看待别人，他称赞别人不是为了获得感谢与回报，讨厌一个人也并不在意反过来会被人讨厌或者报复。对他来说，真正最重要的是"以便国家利众为务"。他不随便当官，如果一个官职无法让他的能力得到发挥，他就不去做；如果事情不是他能够做到的，他也不接受俸禄。看到品行不好的人，不管地位多么高，他都不会对这个人有真正的敬重。得到利益或权力，他不会特别高兴；利益或权力被拿走，他也不会遗憾。如果被冤枉了，只要这不是他做的事，不管别人在他身上施加多少侮辱，他都不会觉得羞愧。

司马季主接着说："你们尊重的所谓贤者，那些有能力、有品德的人，以我的标准看根本不叫贤者。与我刚刚说的贤者相比较，他们一无是处。在你们周围，好像当官的比我这个算命的要了不起。可是，这些当官的人最大的问题就是谁都巴结、讨好，而真正的贤者是不讨好、不巴结的。那些所谓的贤者彼此吹捧，以便从公众那里得到利益。这种利益不是因为他们服务公众，而是出于私心。用这种方式得到的权力，基本上就会枉主法，猎农民，以官为威，以法为机。"这是司马迁最痛恨的一种态度：了解法、掌握法是为了绕过它，得到投机的机会。换句话说，越是了解规定的人就越能找出方法钻漏洞，从而得到好处。

司马季主认为，这些人"无异于操白刃劫人者"，其实就是土匪，用各种方法抢劫人民。那些人刚当官的时候，会想尽办法把自己的外表弄得漂漂亮亮的，"饰虚功执空文"，以此获得被拔擢的机会。一旦被提拔上去，就绞尽脑汁地去把位子占住，想尽一切办法把功劳都揽到自己身上，"以无为有，以少为多，以求便势尊位"。全都充满了欲望，要吃得好，喝得好，要有漂亮的马车，要有好的马，旁边要有美女和歌伎。

借由司马季主的话，司马迁其实是在批判，如果不用正确的方式来运作公权力，就不是真正的君子，相当于"为盗不操矛弧者也，攻而不用弦刃者也"。这些人欺骗父母却不落罪名，危害君主却没有遭到诛伐。接下来，在所辖境内如果有盗贼，你其实应该予以平定，如果有外来的威胁也要予以抵抗。如果有诈骗、偷盗的行为，你不能够禁止，或者是对偷挖公家利益造成损耗的人也没有办法禁止，就是没有做到为官者应该做的。更进一步，对于农夫、农时、生产也要留意，尽力让每一年都能够丰收——这就包含了一个更高的层次，即对天地抱有敬意。作为一个人，在天人呼应当中，完成人之为人的责任。如果明明有这样的能力却不去做，就是不忠。"不忠"不光指不忠于皇帝或者朝廷，更重要的是不忠于自己的职务。如果一个官员不能认真地看待自己的职务，或者才能不够，那就意味着他根本不应该做到这个位子，是僭用了更有能力的人的位子，也就是"窃位"。

司马季主用这种方法告诉宋忠和贾谊，他们犯了一种严重的错误：用职业来区分人的高下，以为当官的人比算命的人地位高，更值得尊重。可是当官的人也有好有坏，而且坏人的比例可能高得多，绝对不能把所有官员一视同仁，认为他们都是贤者。"子独不见鸱枭之与凤皇翔乎？兰芷芎藭弃于广野，蒿萧成林，使君子退而不显众，公等是也。"一些非常美好的人被抛弃了，却有非常糟糕的人被拔擢到上面，这是官场的现实。司马季主说，你们凭什么看不起我们算命的呢？

算命的有算命的自尊，也有作为一个行业的基本规范。

卜者的工作牵扯到人与自然之间的联系，所以一定要"法天地，象四时"，对自然规律有所掌握，并且将之运用到认知和理解人世上。而在人世的这一边，则要"顺于仁义"。除此之外，还要学习一套非常复杂的技能，学会"分策定卦"，而且要熟悉背后的一整套仪式，这些东西全部加在一起，才能够"言天地之利害，事之成败"。所以不管是对于人世还是自然，如果卜者不能依循这个行业的真正规范，就没有资格做一个卜者。因为卜者牵涉的知识如此复杂而广泛，所以先王圣贤定国家大事的时候，就必须运用"龟策"，从这种自然与人世交界的幽微之处下定决心，有所决断。

"卜"在历史上的地位有多高呢？从远的来看，在传统的说法中，为了治理天下，伏羲先做了八卦，接下来周文王再把八卦衍出三百八十四爻。近一点来说，越王勾践光是模仿文王的八卦，掌握八卦的根本道理，就足以破敌国，霸天下。不只是大事要卜，就连日常生活中产子之类的事情，都要先"占吉凶"。司马季主一点都不觉得作为卜者有什么值得自卑的地方。

更进一步来说，一个称职的卜者，身上必须具备什么样的德行呢？首先，围绕着卜筮有很多礼仪，所以如果服饰或行为稍微不像样，就无法从事这个行业。接下来，必须要有德。因为这些道理毕竟还是要运用在人世上，所以"言而鬼神或以飨，忠臣以事其上，孝子以养其亲，慈父以畜其子，此有德者也"。

接下来，贾谊和宋忠从世俗的角度对卜者发出了质疑："卜筮也是一桩买卖，收的钱不还是进到自己的口袋吗？"为了回应这句话，司马季主说，那么就来看看卜者对顾客可以提供一些什么样的服务。

"病者或以愈，且死或以生"，又或者是"患或以免，事或以成"，再往下一层，在最基本的人伦上"嫁子娶妇或以养生"，这些都是卜筮者提供的服务。卜筮者这样做，"岂直数十百钱哉"，反而是"利大而谢少"。老子所说的"上德"，是给予别人最大的德惠，可是不要求得到同等的恭敬或者谢忱——司马季主用这种方式来解释老子说的"上德不德，是以有德"。

引用完老子之后，司马季主接着引用庄子："君子内无饥寒之患，外无劫夺之忧，居上而敬，居下不为害，君子之道也。"实质上还是在说卜筮这个行业。君子有那么多的依赖，可是卜筮者其实基本上无所依傍，但如此一来也没有什么现实条件可以限制他们。在简单的表面背后，道理其实非常深沉复杂。"积之无委聚，藏之不用府库，徙之不用辎车，负装之不重，止而用之无尽索之时"，真正做事情时，卜者不需要那么多工具，不受时空条件的限制，就连庄子所说的君子都不可能超越这个行业的美德。更进一步说，在世俗的概念底下，人们或许会指责卜者的话不准，可是，"子何故而云不可卜哉？天不足西北，星辰西北移；地不足东南，以海为池；日中必移，月满必亏；先王之道，乍存乍亡。公责卜者言必信，不亦惑乎！"为什么算命的人说话会不准？跟这个行业的本质是有关系的。他们是依赖天地的运行来形成自己的意见。西北不足，所以星辰都在运行的过程中往西北迁移；东南低下，所以河流要流进海里。天地有一定的规矩，太阳走到最高的地方，必然就要往低处下落，月亮盈满之后就要开始有其亏，而人创造出来的东西会根据时间的变化而变化。天都不是完满的，更何况人世？所以从天地之间得到的知识、智慧，反映在人世的预言上，并非每一件事情、每一句话都能够实现。人们指责卜者"言不信"，其中一个根本的原因，就是卜者所要占知的道理本身就有太多的变数。

司马季主接下来解释第二层缘故。他说，像纵横家这种"谈士辩人"，可以用非常多的技巧来说服人主，例如"言必称先王，语必道上古"：明明是自己定的计谋，偏要说这是先王的智慧；明明是针对现实所拟定的策略，非要说在历史上是何等情况。这就是说话的策略。通过这种方式，一来刺激人主仔细听他们的意见，二来也是在替自己铺设后路，如果他所说的话无法实现，完全可以推到"先王""上古"那里。这就是迎合人主，所以这些纵横家有这么多的话，话语中有这么多技巧，包括很多夸张的部分。我们不能指责他们这样说话，否则他们怎么能够说服国君呢？但如果人们可以理解纵横家这种说话方式，那么为什么不能理解卜者的言论？卜者面对的甚至都不是国君，他们要做的事情是"导惑教愚"，面对"惑"和"愚"的人，一句话往往无法让他们听明白。大家认为算命的人话非常多，喜欢夸夸其谈，感觉好像在骗人，其实并不是这样，这是卜者在工作上不得不面对的情况，不得不解决的问题，"故骐骥不能与罢驴为驷，而凤皇不与燕雀为群，而贤者亦不与不肖者同列"。

在此，司马季主不只讲了日者这个行业需要哪些能力，更是要告诉宋忠和贾谊，作为仕人，不应该用官本位的态度来睥睨其他行业的人，反而应该谦卑地向其他行业的人学习。如果一个官员愿意虚心学习的话，其他行业的人可以帮助他更清楚地了解人，了解"人之不齐"，他也就能够更进一步地思考，让自己的策略和知识更有说服力。

讲到这里，主客之间的位置已经彻底扭转了。贾谊和宋忠后悔不该用这种高傲的态度对司马季主提出这些问题，他们自认为了解"人"，所以想到要去卜医中间找那样的人才，现在他们已经知道，眼前这位司马季主就是卜者中的人才，而且超过他们的预想。本来要来衡量卜者的贾谊与宋忠，这时反而被司马季主评价和估量了。

司马季主最后的一段话是要告诉贾谊跟宋忠，真正的君子应该是怎么一回事：

> 君子处卑隐以辟众，自匿以辟伦，微见德顺以除群害，以明天性，助上养下，多其功利，不求尊誉。

唯有在人群中隐而不彰，才能有自己的德行，不会沾染乌合之众的习气。只有把自己的生命收拾干净，才能够真正发挥助上养下的功能。如果一个人去追求尊誉，让别人都知道他的名字，那这个人就不是真正的君子。"公之等喁喁者也，何知长者之道乎！"司马季主的年纪比贾谊和宋忠要大，更重要的是，卜者这一职业比官吏更古老，含藏着永恒的真理。

记录"被遗忘的智者"

听完这番话，宋忠、贾谊两人就愣在那里，说不出话来，最后只能拍拍屁股，"摄衣而起，再拜而辞"。到了东市市门，他们还沉浸在一种恍惚的状态当中，"仅能自上车，伏轼低头，卒不能出气"。他们被司马季主的气势给压服了，也被他的道理震撼住了。一方面，他们显然懊悔，自己面对这样一个智者的时候竟然表现得如此鲁莽；另一方面，他们也在思考司马季主究竟是一个什么样的人，他刚刚说的这一套道理，究竟应该用什么方式来吸收、消化。

三天之后，两人同时到朝廷里。宋忠在殿门外见到贾谊，就把贾谊拉到旁边叹着气说："道高益安，势高益危。居赫赫之势，失身且有日矣。"他们不得不反省，今天所从事的行业（做官），虽然给自己带来了名声和地位，可是地位越高，风险也就越大，然而追求真理不应该是"道行"越高人也越来越安稳吗，为什么我们会变成这种"势高益危"的情况呢？他们听了司马季主的一番话之后，内心开始思考：我们嫌算命的人言而不信，可是算命的人说话不准又怎么样呢？不准也没有人回去找他退钱。而我们服务国君，也要经常做出各种判断。我们跟国君说错了话，代价又有多高呢？相较于卜者，我们的处境是多么艰难啊，这不就是老子所说的"无名者万物之始也。天地旷旷，物之熙熙，或安或危，莫知居之"吗？卜者游移在自然与人世之间，就像老子所说的"无名者"，不彰显自己，他们站在万物缘起的"道"上，看到的天地是如此广阔，看到万物在各种"道"之下繁荣生长。他们更清楚什么是"安"，什么是"危"，而"我与若，何足预彼哉！彼久而愈安，虽曾氏之义未有以异也"。他们追求的东西和庄子的哲学没什么两样，也是一路走入并离开人世，再进到一种神人的境界当中。相较于他们，我们一直陷在人世的权力中，而权力之不测，是我们必须要承担的。

话说到这里，基本上这一段叙事就结束了。

宋忠的下场是什么呢？他被皇帝派去出使匈奴，但是没有完成使命，所以必须抵罪。而贾谊去担任梁淮王的辅佐，但是偏偏梁淮王从马上跌下来，死了。于是"谊不食，毒恨而死"。

换句话说，贾谊、宋忠虽然拥有知识，拥有来自知识的智慧，但只要在最根本的一点上犯了错误，就没有办法回头。这个根本的错误就是"务华绝根"。在植物当中，到底是根重要还是花重要？对人而言，是追求安稳、对一切事物都有明澈的洞察重要，还是追求权力和地位重要？太史公最后的评语是："古者卜人所以不载者，多不见于篇。及至司马季主，余志而著之。"他的感叹是，这么多历史资料之中，有关卜者的少之又少，少到只能够找到司马季主一个人。也正因为这样，所以必须在《史记》中将司马季主留下来，让他在历史上为人所知。借由这种方式，司马迁让卜者这种"务根"的态度留在历史当中。

在《日者列传》里，"吾闻古之圣人，不居朝廷，必在卜医之中"是非常关键的一句话。从这句话引申出去，就说明在另一个重要的群体中也可以找到被遗忘的智者。司马迁并没有忽略这个群体，于是写下了《扁鹊仓公列传》。

扁鹊仓公列传：汉医的智慧

神医扁鹊

众所周知，扁鹊、仓公是中国历史上的名医。

"扁鹊者，勃海郡郑人也，姓秦氏，名越人"。扁鹊年少时遇到了"长桑君"，一眼认出他是个奇人，谨慎有礼地对待他。长桑君也意识到，用这种方式看待自己的扁鹊并非一般人，便一直观察他。过了十几年，长桑君"乃呼扁鹊私坐"，告诉他："我有禁方，年老，欲传与公，公毋泄。"扁鹊敬诺。然后，长桑君从怀里拿出药让扁鹊喝了下去，说："饮是以上池之水，三十日当知物矣。"作为一个医者，扁鹊的神秘能力就来自长桑君给他的水。

长桑君把禁方书给了扁鹊之后，就忽然不见了。显然他不是凡人，而是神仙。三十天之后，扁鹊就有了特殊的眼力，能看穿人的皮肉，一直看到内脏，如此一来，自然就很容易知道患者出了什么问题。为了不让别人感到害怕或者大惊小怪，扁鹊假装自己的医术来自诊脉。扁鹊有的时候在齐行医，有的时候在赵，在赵的时候，他给自己取了这个特别的名字——扁鹊。

在春秋后期，大夫的权力越来越大，国君的势力越来越弱。

晋昭公时，赵简子作为大夫，独揽国事。有一次，他得了非常严重的病，连续五天不省人事，身边的大夫很害怕，想来想去，觉得必须找一位神医，就把扁鹊找来了。

扁鹊看过赵简子之后，赵简子身边的人董安于就问他，大夫到底生了什么病呢？扁鹊说："不用担心，这种症状有过先例，秦穆公也是昏迷过去，七天不省人事。醒来之后告诉旁边的人，自己到了一个神奇的地方——天帝的宫殿。秦穆公在那里待了很久，学到很多东西，甚至可以看到未来。天帝跟他说："晋国且大乱，五世不安。其后将霸，未老而死。霸者之子且令而国男女无别。"这样一来，才有了"公孙支书而藏之，秦策于是出"。正因为秦穆公预见了未来，才会有秦国后来的历史变化，包括"献公之乱、文公之霸，而襄公败秦师于殽而归纵淫"。扁鹊告诉董安于，赵简子的病跟秦穆公一样，所以不用担心，最多三天他一定会醒过来，然后会说他去了哪里，看到了什么。

两天半之后，赵简子果然就醒了过来，跟诸大夫说：

> 我之帝所，甚乐。与百神游于钧天，广乐九奏万舞，不类三代之乐，其声动心。有一熊欲援我，帝命我射之，中熊，熊死。有黑来，我又射之，中黑，黑死。帝甚喜，赐我二笥，皆有副。

天帝还告诉他，"晋国且世衰，七世而亡"，秦国会用军队"大败周人于范魁之西"。赵简子知道这些未来的信息之后，叫董安于写下来，妥善存放。董安于这时候才明白，扁鹊早就知道赵简子身上发生了什么事情，于是"以扁鹊言告简子，简子赐扁鹊田四万亩"。可以说，这是在三家分晋之前，扁鹊崛起的一个故事。

接下来，扁鹊到了虢。虢是一个小国，扁鹊到的时候，虢太子刚刚去世，扁鹊到了宫门下，就问太子得的是什么病。中庶子说："太子病血气不时，交错而不得泄，暴发于外，则为中害。精神不能止邪气，邪气畜积而不得泄，是以阳缓而阴急，故暴蹶而死。"

扁鹊接着问："是什么时候死的？"

"鸡鸣时。"

"已经收殓了吗？"

"还没有。"

扁鹊就跟虢国的一个大夫说："听说太子不幸而死，但是我有能力让他活过来。"人家听了这话，不免觉得荒唐，虽然之前听过让人起死回生的方式，包括割皮解肌，诀脉结筋，但都是过去的传言。"难道你的医术能像传言中那样吗？如果不是的话，岂不意味着你可以逆反天道？"

扁鹊于是仰天叹气："夫子之为方也，若以管窥天。"这种想法，就像从一根管子里去看天。若是以为让一个人复生在医学上很困难，那只是因为医术还不够透彻罢了，而扁鹊能够探测的是更根本的地方。"不待切脉望色听声写形，言病之所在。闻病之阳，论得其阴；闻病之阴，论得其阳。病应见于大表，不出千里，决者至众，不可曲止也。"他继续说道："如果你觉得我是随口说说的话，那么不如让我去看一看太子。你可以摸摸他的两股之间，现在应该还有体温，因为他并没有真正死去。"中庶子发现，太子身体的状况果然如扁鹊所说，于是马上报告了国君。国君听后深感惊讶，赶紧出来见扁鹊，说："窃闻高义之日久矣，然未尝得拜谒于前也。先生过小国，幸而举之，偏国寡臣幸甚。有先生则活，无先生则弃捐填沟壑，长终而不得反。"国君讲到太子之死，痛哭流涕，不可自持。

其实，太子的病有一个专门的名词，叫作"尸蹶"，具体说来就是"以阳入阴中，动胃繵缘，中经维络，别下于三焦、膀胱，是以阳脉下遂，阴脉上争"。真正的问题是阴阳颠倒，所以一时之间气闭而不通，"阴上而阳内行，下内鼓而不起，上外绝而不为使，上有绝阳之络，下有破阴之纽"。从脉象上来看，人确实是死了，不过这时候如果能够"以阳入阴，以阴入阳"，就可以把他救活。于是，扁鹊叫弟子子阳"厉针砥石，以取外三阳五会"，对太子进行针灸。过了一会儿，太子真的醒过来了。扁鹊又让太子喝了药，体内的阴阳进一步调和，二十天以后太子就完全恢复了。从此之后，全天下都知道扁鹊是个能起死回生的名医。

扁鹊很谦虚，说："越人非能生死人也，此自当生者，越人能使之起耳。"在虢国太子这个故事里，扁鹊作为名医，最大的特点并不是起死回生，而是他不依循当时其他医生的看法。当时的医术对病症的看法太粗糙了，连生死之间的判断都过于简单。由于扁鹊可以洞识内脏，所以他知道，在生死之间，在一切阴阳调和与变化之间，存在着太多的可能性。

起死回生只是过去传统认定的一种医术传奇。为了印证这样的传奇，人们往往会编造一些故事，比如说古代名医怎样把人拆开，怎样用各种稀奇古怪的医术。扁鹊不是这样的，他看到了生死之间的过程，所以当病人还没有达到终点时，医者就有机会救活他。

司马迁用这种传奇方法彰显了扁鹊的历史地位，但他并不是要在史书里教人如何当一名医者，而是要整理中国医方中最精微的细节和道理，说明不是随便什么人都可以当医生。要做到扁鹊这样的地步，医生对于人，以及人体的内在运作必然有一种洞识的智慧。有了这种智慧，他不只能够医人，更可以进一步运用这种智慧的其他部分。所以，开头的部分写扁鹊是讲医理本身，但是接下来，这篇列传精彩的地方是要告诉我们，拥有这种医理智慧的扁鹊，到底把他的道理用在一些什么方面。扁鹊的很多事例可以离开医学的固定领域，而对人生有所烛照，有参考的价值。

六不治

在这篇文章中，司马迁一方面写出了两位名医的奇特行迹，以及他们在医术上的成就；另一方面呼应《日者列传》，着重说明在卜和医这两个行业之中也大有人才。在医者的传记之中，扁鹊与仓公的写作方式虽然不太一样，但都是将中国古代医理的一些重要规范写在传记当中，用这种方法，这些汉医的基本医疗概念与做法就通过《史记》流传了下来。接下来，司马迁用另一个故事凸显出扁鹊诊病之神，同时也说明，在那样一个古老的时代，医生都秉持着什么样的信仰。

"扁鹊过齐，齐桓侯客之。"扁鹊一看到齐桓侯，马上就说："君有疾在腠理，不治将深。""腠理"指的是皮肤之上。齐桓侯很不以为然，一看齐桓侯否认，扁鹊也就离开了。扁鹊离开后，桓侯跟左右的人不屑地说："医之好利也，欲以不疾者为功。"由此看来，对于扁鹊这样的说法，他不但完全不接受，而且抱着一种猜疑讽刺的态度。

五天后，扁鹊又来了，说了同样的话："先生你有病，但是这次的病已经在血脉当中。如果不治疗的话，还会更加深入。"桓侯的回答也一样："寡人无疾。"扁鹊就又回头走了。桓侯对于扁鹊坚持说他有病，要帮他治病，非常不高兴。让桓侯更不高兴的恐怕是扁鹊的态度："你这是什么态度？你说我有病我就得承认我有病？我说我没病你掉头就走！"桓侯已经越来越不耐烦了。

过了五天，扁鹊又来了："先生，你有病，病已经在肠胃之间。如果现在不治疗的话，这个病会更加深入。"前面桓侯已经"不乐"，这次干脆什么话都不说。扁鹊仍然掉头就走，桓侯也就更加不高兴。

再过五天，桓侯竟然又见到了扁鹊。这次不一样了，扁鹊"望见桓侯而退走"。桓侯觉得很奇怪，"使人问其故"。扁鹊就说："如果一个人有病，他的病是在皮肤表层，这个时候'汤熨之所及'，可以敷药；如果到了血脉，就必须要用针石；如果到了肠胃，可以用吃药的方式，尤其是用酒下药，让它从里面发出来。不过，如果病症再深入，到了骨髓，就不是医生可以挽回的事情了。就算是司命之神来也没有办法。我远远一看，就知道桓侯的病已经深入骨髓。现在已经没我可以做的事了，所以我退着出来。"五天后，桓侯果然发病，这时候他派人去找扁鹊，扁鹊早就逃走了。桓侯最终就这样病死了。

这个故事其实反映了中医医理中非常重要的一件事情："知微"。良医真正要做的是看到尚未发作的病症。如果先看征兆，也就是早疾，并且及时去处置的话，人就不会死。"人之所病，病疾多，而医之所病，病道少。"在汉医的医理上面，人有各式各样的疾病，但是医治疾病却只有几个最关键、最重要的根本原则。不过，这些道理在遵守的时候也不完全是医生的事情，显然是由医患关系决定的，所以接下来《扁鹊仓公列传》里面就提到了"病有六不治"，但这六种病并不是真正的病，而是看待病的态度。

"骄恣不论于理，一不治也。"根本不相信医生的人没有办法

扁鹊针灸画像石之一（山东省博物馆藏）

医治，齐桓侯就属于这种。"轻身重财，二不治也。"明明生了病，却不愿意花钱来挽救自己的身体，那也没有办法医治。第三种叫作"衣食不能适"。生了病需要在生活上有所节制，但是如果不愿意配合，这种人也不能治。再下来，"阴阳并，藏气不定"。身体里面阴阳浮动不定，医生没有办法确切地把脉，找到阴阳失调的根本缘由，也没有办法医治。还有一种不能医治的，就是当人的身体弱到了一定程度，连服药都会伤害身体的时候，这种人无法医治。在汉医的医理中，药都是有好坏两面的，如果药物进到身体里面，造成的破坏让病人无法承受，那么这样的人当然也就无法医治了。最后一条是，"信巫不信医"，如果相信光怪陆离的巫术和鬼神，就没有办法医治了。

扁鹊不只以医药闻名，更重要的是，他还有很多灵活的手法。扁鹊每到一个地方，就会观察那个地方特别的风气，"随俗为变"。邯郸的风气是"贵妇人"，女性生病之后很舍得花钱医治。到这种环境，扁鹊摇身一变，成了专治妇人病的名医。洛阳的风气是爱老人，意味着尊重老人，想尽办法为老人延命，于是在洛阳，扁鹊又变成了老人病的医生，专门治"耳目痹"。咸阳秦人的偏好是疼爱小孩，所以扁鹊又化身为儿科医生。

能够"随俗为变"需要几个基本条件。第一，扁鹊的医术必须够全面。老人、妇人、小孩，各自的病有那么多种，怎么可能治得完？但是如果医生能掌握处理疾病的一些根本原理、原则，再多种类的病症都难不倒。另外，不只要做一个医生，还要做一个社会观察家，走到任何地方都可以在最短时间内体察当地的风俗，并应用这些特殊的风俗，找到当地人最看重医者的部分。

正因为这样，扁鹊声名鹊起。到什么样的程度呢？当时定都咸阳的秦国正在崛起，秦的太医令李醯听说扁鹊的名声后，自知技不如扁鹊，产生了非常强烈的忌妒心，怕扁鹊到了秦之后会造成医学环境的大变化，对自己不利，于是就诉诸那个时代最常用的手法，"使人刺杀之"。

扁鹊被暗杀了。但是扁鹊的名声并没有随着他的生命而结束，他的医理也没有因此断绝。司马迁特别说道："至今天下言脉者，由扁鹊也。"稍后到了全篇结尾处，太史公又针对"忌妒"这个话题，就扁鹊的下场补了一句短短的感慨。忌妒是一种强烈的情绪，而且带有非常巨大的破坏能力，所以扁鹊才"以其伎见殃"。

汉代疑难杂症指南

仓公早早就知道，医者的名气最好不要随便让别人知道，所以他"匿迹自隐"。但阴错阳差地，他的名气最后还是留了下来，被写在《史记》当中。

司马迁写扁鹊与写仓公，用的笔法完全不同。写扁鹊的时候，讲的是他以什么方式受了训练、教育，然后是在行医过程中特别值得称颂的传奇，同时将他所相信并留下来的医理夹杂在其中。写仓公的时候，《史记》宕开笔墨，先写了缇萦救父的故事。

仓公个性独特，还身怀绝顶医术，所以在乡里非常低调，低调到近乎孤僻。只要是知道他会医病的人，都跟他产生过复杂的纠结——许多人知道仓公能医病，但是仓公不一定愿意医治，因此在乡里结怨，被人家控告抓到长安去了。幸好他的女儿缇萦给皇帝写了一封文情并茂的书信，这才被救了出来。

我想，司马迁在写的时候，恐怕没有想让这个故事变成文章中最重要的一段，然而到了后世，反而是大部分人都知道缇萦的故事，她以孝心、聪明的孝行，以及令人感动的自我牺牲精神，在中国的传统价值中得到了特殊的定位。不过，也因为这样，后来人们都知道缇萦，却忘了缇萦的父亲才是这个传记真正的主角。缇萦的故事只是一个引子，是为了描述仓公的个性。相比名满天下结果遭杀害的扁鹊，仓公一开始就知道要低调，根本不愿意让自己的医名传扬在外。换句话说，依照仓公的个性，司马迁根本没有机会认识这个人，更不要说留下他在医学上的智慧了。就是因为他被诬陷抓到了长安，差点遭受肉刑，女儿救了他之后，反而使皇帝注意到了这个人。

缇萦在上书的时候特别说，如果让他受肉刑或者被杀，就再也无法改过自新，无法对社会有所贡献了。那么，这个人为什么值得让别人产生期待，待他改过自新后会对社会有所贡献？汉文帝调查一番之后发现，原来此人是个名医。汉文帝就好奇地问淳于意（仓公的本名）："既然你是个名医，那么你的医术是从哪里来的？大家都说你是名医，你到底治过哪些人？都用什么样的方式医治的？留下了什么样的记录？我听说过很多关于你的故事，可是有些东西听上去并不合理，所以请你告诉我。"于是，在《扁鹊仓公列传》的后半段，司马迁就记录了淳于意与皇帝的问答。

从史学的角度看，这段对话应该是司马迁在宫中档案里找出来的。他看到了这批资料，知道它的价值，所以把淳于意回答皇帝的长文全部收录到列传之中。

皇帝问题的关键，在于淳于意到底是不是一个名医。我们当然都知道，为了淳于意，后来汉文帝甚至废除了肉刑。不过，淳于意在狱中真的是"危在旦夕"，可以想见，他为了自救，必然要竭尽过去的所能来回答这个问题，证明自己的能力。另外，他还不能空口说白话，因为皇帝会找人去检验。为了让皇帝的使者相信确有其事，淳于意采用了一定的策略，把他结交过的齐国贵族以及他们所生的病，分门别类，一一地写了出来。

因为牵涉到生死，所以淳于意必然经过精挑细选，而且必然要讲其中的道理，包括汉代初年的医学中处置一些特定疾病时背后的原理。今天称之为"汉医"的这门学问，有自己的独到之处，也因此吸引了许许多多的人才。这么多有智慧、有能力的人集中在这里，才让这种知识发扬光大。淳于意等于是将这套已经发展了非常久的学问，集大成地写在他回答皇帝的文章里。从史学的立场上来看，这又彰显了司马迁自己在医学专业上的造诣。唯有如此，他才能够在古往今来这么多医者留下的医学材料之中，知道什么样的材料最有效，最值得被留下来。

讲完个案之后，接下来一大段，是淳于意回答汉文帝另外一些特别的问题。例如，很多病的名称是一样的，外表的病征也相同，可是为什么会有不一样的诊断？同样的症状，有些病会致死，有些却可以医治，这是什么道理？

淳于意回答说："单纯地看症状是有限的，不能够用症状的类别去看病、诊断、治疗，这就是为什么古代圣人发明了脉法。"这就接到了前面的扁鹊，扁鹊是中国古代脉法上重要的突破者。脉象才是古代中国医学的度量、规矩、权衡、绳墨，只有在脉象当中，才可以感知到阴阳的差别，与天地相印。从脉象上了解阴阳、天地之间各种元素和力量在人身体里面的运作是诊断与医治的根本。脉法是非常复杂的，有一部分要依赖诊脉者的主观经验。所以，诊脉者必须非常有经验，才能够更细腻地去区分和感知到同样症状的不同起因。

淳于意接下来说："长期以来，我一直累积并接触自己诊断过的病症，凭借这样的经验，才能真正诊断出确定的疾病。在这个过程当中，有些案例表明，表面上相同的症状，有些可能非常严重，有些却并不那么严重。这就是为什么表面上看同样的病，从脉象上看就知道有的是医不了的重症，有的是可以救活的轻症。"

皇帝又问："我知道你医治了很多人，可是有一个人，齐文王，他年轻的时候就得了病，而且病得非常严重。既然你是一个名医，刚刚的记录里面也显示你几乎医遍了齐国的贵族，可是其中为什么没有齐文王？"这里就牵涉到淳于意的基本态度。他说："赵王、胶西王、济南王、吴王皆使人来召臣意，臣意不敢往。文王病时，臣意家贫，欲为人治病，诚恐吏以除拘臣意也。"

如果被抓走了，那家庭靠谁养活呢？所以一知道这件事情，淳于意就逃跑了。他先把户籍从齐国移出来，让人们误以为他不在齐国。后来想想还不够，他就干脆在齐国境内到处游方，看很多的病人，赚足够多的钱。皇帝这样问，是因为心疼齐文王年纪轻轻就死了，他想了解，如果齐文王当时找了淳于意，医得活医不活呢？

　　当然，这个问题非常难以明确地答复。不过淳于意仍然很有诚意地、努力地回答。他说："我虽然没有真正医治齐文王，可是我听到、看到并了解了他生病去世的情况。他最重要的是喘，然后头痛，接下来影响到眼睛看不清楚。依照我对医理的认知，这不是病，这是'肥而蓄精，身体不得摇，骨肉不相任，故喘'。太胖了，又缺乏运动，身体就产生了各种复杂的问题，不应该拿来当病来医治。我们的脉法有一些很清楚的原则：二十岁的时候'脉气当趋'，人年轻的时候血脉鼓舞，好像是在快跑；三十岁以上'当疾步'；四十岁'应安坐'；到了五十岁，则要'安卧'；六十以上，'气当大董'。"要判断一个人是不是健康，首先要看他的年纪。二十岁的时候的脉象是在跑，到了三十岁像是在快走，四十岁是安坐，五十岁是安卧，到了六十岁最好是深长，简直测不到，这才叫健康。齐文王生病时不到二十岁，依照脉象，这个时候要能够活跃。一旦把他当作病人来医治，在病理的处置上就要故意让脉搏变慢，而这是"不应天道四时"。后来齐文王的病很严重，医生甚至给他针灸，这就更加不行了，因为"所谓气者"，是要调养饮食，用各种方式来适应他的骨肉。在淳于意看来，年少的人本来应该鼓舞他的气，可是用针灸处理的时候就是帮他泄气，结果反而害死了齐文王。

　　这是一段非常有趣的对话。真正对话的双方不是皇帝与淳于意，而是淳于意与齐文王的其他医生。在这个隔空的对话之中，彰显了淳于意的水平以及他所代表的这套脉法、他所相信的那些医学原理。

仓公的智慧

后面一大段，是汉文帝问淳于意的来历。通过讲述关于自己的来历及医术的优缺点，淳于意的回答彰显了另一种历史面向——当时医者的养成、来历，以及自我认同。

回到《扁鹊仓公列传》开头讲仓公的部分。"太仓公者，齐太仓长，临菑人也。"也就是说，"太仓公"是一个尊称，因为他当过"太仓长"，他真正的名字是姓淳于，名意。他年轻时就喜欢医学，到高后八年的时候，同郡有个人叫"公乘阳庆"，在地方上有一定的地位，更重要的是，他的医术出神入化。阳庆当时已经七十多岁了，一身的功夫和医学知识没有人可以传承，于是就传给了淳于意，包括"古先道遗传黄帝、扁鹊之脉书，五色诊病"。"五色诊病"意味着通过各种表象，能够直接看到人的五脏——扁鹊在医学方面最特别的地方就在于能够拨开皮肉看到人的内脏，所以他的诊断才会那么精准。

跟随阳庆学了三年之后，淳于意就有了"知人生死，决嫌疑，定可治"的能力。齐国很多人知道他是阳庆的徒弟，但阳庆的老师又是谁呢？这一直是很神秘的一件事情。皇帝甚至在诏书里说："我问了被你看过病的齐国王公贵族，没有人晓得你的老师到底是从哪里来的，跟谁学习的。"淳于意就解释，阳庆家里很有钱，他虽然有这么高明的医术，但是不随便替人治病，所以地方上有头有脸的人不见得认识阳庆，更不用说阳庆的老师了。接下来，淳于意说："我当时跟阳庆学的时候，他给我提了一个条件，不能让别人知道他的医方，所以大家不会知道阳庆，更不会知道他的师承。"他这是在告诉皇帝，医者有自己专业上的尊严。

皇帝又问："这样有本事的人，为什么要教你呢？你是用什么方式得到这一身本领的呢？"淳于意就很诚实地说："我开始学医的时候，根本不认识阳庆。"淳于意猜到皇帝心里的怀疑——如果阳庆根本不让别人知道自己，淳于意又怎么知道他的呢？

淳于意解释道："我先是自学。后来因为我太喜欢这门知识，所以我到处学，去看看还有哪些方法可以用。有了一定基础之后，我听说齐国有个了不起的医者，叫作公孙光。公孙光传的是古方，而不是现在流传的这种知识。我先去拜公孙光为师，从他那里得到了各种医方和医学的道理。学到一定的程度，我就忍不住问老师还有没有别的。老师说，并不是他吝啬，有所隐藏，他会的都已经教我了。他还让我答应，这一身本领不能随便教别人。"这也是汉医的习惯，所有东西都是秘密传授的，不能公开。

淳于意答应之后，有一天公孙光闲来无事与淳于意讨论药方：

> 见言百世为之精也。师光喜曰："公必为国工。吾有所善者皆疏，同产处临灾，善为方，吾不若，其方甚奇，非世之所闻也。"

公孙光就告诉淳于意："其实还有一个人，也许你有机会跟他学。可是这个人，他是连我都看不起的，不愿意教我。如果有机会让他知道你的兴趣、能力，以及已经有的基础，或许他会同意见你。不过我要告诉你，这个人年纪很大了，而且家里非常有钱，所以你要用别的方式靠近他。"这个人显然就是阳庆。

虽然从公孙光那里知道了阳庆的名字，但淳于意并没有立刻去找阳庆。有一次，阳庆的儿子阳殷到齐国宫廷献马，这时候公孙光刚好是献马的中间人，如此也就认识了阳殷。两人交往一段时间之后，公孙光特别跟阳殷介绍，淳于意对医术有很高的热情，而且对医术高超的前辈极为敬重。这样，通过阳殷牵线，淳于意才认识了阳庆。淳于意其实是要让皇帝知道，他光是接近阳庆就已经非常困难了，所以要敬谨地侍奉阳庆，让阳庆特别偏爱他，从而传授一身功夫。

皇帝思考得非常缜密，马上就问淳于意说："那你应该有弟子吧？你教过别人学你的医方吗？他们都学到了什么？"

淳于意回答：

> 临菑人宋邑。邑学，臣意教以五诊，岁余。济北王遣太医高期、王禹学，臣意教以经脉高下及奇络结，当论俞所居，及气当上下出入邪逆顺，以宜镵石，定砭灸处，岁余。灾川王时遣太仓马长冯信正方，臣意教以案法逆顺，论药法，定五味及和齐汤法。高永侯家丞杜信，喜脉，来学，臣意教以上下经脉五诊，二岁余。

淳于意在细节上做了非常清楚的分疏，他教每个弟子都是不一样的东西。虽然他没有直接说，但是表达了两件事：第一，唐安跟他学了"五诊上下经脉，奇咳，四时应阴阳重"。唐安还没学成就去当齐王的侍医了，换句话说，光是在淳于意这里学到一点点皮毛，在世间行医就可以处理很多病症了。第二，淳于意答应公孙光和阳庆不会随便把医方和医法外泄，因此这几个弟子没有一个人可以取得完整的知识。这其实也是淳于意的小心机，他要告诉皇帝，全天下没有一个人可以取代他。

　　皇帝问了最后一个问题："依照你现在的本事，能够完全不出错吗？"又是一个很难回答的问题。淳于意再次巧妙地说："治病的时候，一定先要把脉。把脉是为了精准地确认病因在哪里。另外，把脉能够测知这个病的严重程度。所以，如果脉象是顺的，就表示这个病可以治，脉象败逆的话，就无法挽回。"淳于意的意思是，如果你问我是不是每个病人都能够治好，我要诚实地说，不是。有些病严重到脉象已经败逆，我就不治了。可是如果你问我的是，我的判断会不会错，那基本上不会错。最关键的是我要判断病是可治的还是不可治的，不可治，我就不治了，可是当我要治，就一定能够治得好。

　　用这种方法，中国传统医学一些非常精要的思想被留在了《扁鹊仓公列传》当中。仔细分析，这又代表了皇帝跟一位名医的交手。皇帝怎么问、淳于意怎么回答，中间全都是智慧。最后皇帝得到了自己想要的，这个时候可以信赖淳于意，淳于意也说服皇帝，活了下来。

　　太史公最后引用老子的话："美好者不祥之器。"人身上有特别能力不见得是好事，这样的特质势必会引来许多忌妒甚至仇恨。扁鹊就因为医术太了不起，结果丢了生命。但是，淳于意不一样，他懂得隐藏自己的能力，当需要的时候又会拿出来运用在人际智慧当中，保全自我。对比这两位名医的遭遇，也可以得到这样一种对于生命的领会。

货殖列传：为商人正名

职业平等

借由《日者列传》中宋忠和贾谊的一番对话，司马迁试图说明，这个社会里，人才除了理所当然地在读书人、贵族和官员外，往往见于"医""卜"这两个行业。这类群体因为牵涉到特殊才能，所以人才高度集中。这是司马迁作为一个史家的视角，他认为必须离开传统的范围，把医者和卜者之中真正有本事的人也予以表彰，在历史上留下他们的痕迹。除了《日者列传》和《扁鹊仓公列传》之外，他还写了另外一篇列传，认为这个领域同样充满了各种人才，绝对不能忽略。这一篇就是《史记》倒数第二篇——《货殖列传》，也是除掉《太史公自序》之外，列传当中的最后一篇。《货殖列传》作为《史记》的终卷，显然有它特殊的地位，体现在司马迁不太一样的写法上。

列传的第一篇是《伯夷列传》，《伯夷列传》一开始就没有讲人物，而是先讲了一大段道理。最后一篇《货殖列传》，一开始也不讲人物，先讲道理。不过，这两篇列传讲道理的方式不太一样。《货殖列传》摆在《史记》的压轴位置，是因为太史公要表达一个跟当时的传统、世俗智慧不太一样的判断，也就是商人、货殖不应该被放在最低的社会层级，被人看不起。商业贸易有其根本的价值和智慧。

《货殖列传》开头先引用老子的话："至治之极，邻国相望，鸡犬之声相闻"，但是呢，"民各甘其食，美其服，安其俗，乐其业，至老死，不相往来"。在文帝、景帝到武帝前期的很长一段时间，道家，尤其是老子的道术，是汉代政治的最高指导原则。所以表面来看，可能会认为这句话是司马迁借用老子的权威，在展示什么叫作好的政治。好的政治就是无为，想尽办法让每个人都降低自己的欲望，这样人民就会非常好治理。不要知道太多，不要贪求太多，小国寡民，这是老子的政治主张。

但有趣的地方是，《货殖列传》引用了这一段话之后，立刻接的是"太史公曰"。这才是司马迁真正的姿态，事实上，他并不同意老子所说的话。

> 夫神农以前，吾不知已。至若诗书所述虞夏以来，耳目欲极声色之好，口欲穷刍豢之味，身安逸乐，而心夸矜挽能之荣使。

作为太史公，神农以前的材料不够用，所以我不知道。但是"《诗》《书》以下"，我们看到的状况是什么？我们看到，人各种感官的享受已经充分地发达，深入到了社会风俗，深入到了民心。换句话说，长久以来，人们就是以追求感官欲望不断得到满足的方式在过日子，这是历史的事实。

这个历史事实，不管用什么了不起的高论，说再多大道理，也不可能改变。因此，统治者真正的策略是："善者因之，其次利道之，其次教诲之，其次整齐之，最下者与之争。"

我把这段话倒过来解释。太史公说，面对人已经拥有这些欲望与享受的习惯，最糟糕的一种方式是强制他不能拥有这种欲望；稍微高明一点的，是想方设法设立规则，要求人只能在规则中去满足自身欲望；再稍微高一点的是用教诲的手段，让他们放弃或至少节制对于欲望的追求；再高一等的，是让他们知道，在满足欲望与享受的过程中应该如何分配自己的能力，应该用什么方式让自己不受伤害；最上等的是，用人们原本拥有的欲望与享受的追求，因势利导，没有任何阻碍地将这种欲望与享受导向正确的方向。

到这里，如果追究司马迁的理论，其实还是"无为"。他要表达的是，面对不喜欢的状态或者事实，有资格、有权力的人如果真正理解"人"，最应该采取的方法是，让各种势力去建立自己的秩序。

所以，司马迁其实是以老子的道理反对老子的政治图像。这种批判是非常深刻的，意味着他指出了老子的内在矛盾：你不是告诉我们不要用强硬手段去阻止、主导或者规划吗？但你的政治理想却不可能以"无为"的方式来达成，因为你要强制人民放弃他们的欲望，是用"有为"的方式去抵制、防堵人民的欲望。这样怎么可能是对的呢？

由此，司马迁点出了撰写《货殖列传》的原因。在写《货殖列传》的时候，他要说的是更高一层的政治道理，也就是现代政治经济学的原理，最根本的一件事情叫作"物之不齐"。"物之不齐"是庄子《齐物论》中表达出来的，每样东西都有内在的本性，任何人都不能用强迫的手段"齐物"，真正能够齐的是"物各付物"，每个人、事物、现象都有各自的规律以及原则。

"物之不齐"表现在哪里？例如说山西、山东、江南、江北都有各自的产物，而这些特产大家很喜欢，这里面就产生了一个根本的道理——应该有不同的行业参与其中，才能够让这个"物之不齐"的状况得到平衡。在这里，司马迁开创了一个在那个时代难得的"职业的平等功能论"。"待农而食之，虞而出之，工而成之，商而通之"，这四种职业并立：农夫去种田，才能够得到土地上生长出来的作物，人们得以维持基本的生命；畜牧业者饲养动物，人才能够吃肉；工匠能够帮助人们得到许多生活上的必需品；商人能够让各处的"不齐之物"流通。更进一步说，有的人种田，有的人畜牧，有的人做工匠，有的人做商人，这是哪位了不起的圣人用他的规划刻意打造出来的吗？不是。这就又回到了无为的基本哲学，"人各任其能，竭其力，以得所欲"。这是自然的现象，正因为每个人有不一样的欲望，有不同的享受和追求，因此会造成这种社会的不同分工。因为物之不齐，所以每样东西都有相对的贵与贱。在这里，《货殖列传》建立的另外一个重要概念是事物价值的相对性——任何一样东西，其实都没办法决定其绝对价值。这已经有了后来经济学的"价格"概念，而价格是由需求和供给两种元素在动态中决定的。

司马迁基本上也是这样认为的。"物贱之征贵，贵之征贱"，事物会在动态的状况当中改变自身的价值，这就像是"水之趋下，日夜无休时，不召而自来，不求而民出之"。这不是任何人可以控制的，也不需要什么了不起的智慧才能够看清楚，它就是一套非常自然的规律。

农、虞、工、商是人民衣食生活的基本依赖，让这四种行业充分发挥作用，人民就过得好，如果不能让它们发挥作用，人民就过得贫穷。因此，货殖或者其背后的一套道理是："上则富国，下则富家，贫富之道，莫之夺予。"从个人或者集体的角度，如何让人们得到丰厚的生活，在什么样情况下会衰败贫困，是有自然的原理和规则的，重点在于如何掌握这种自然的原理和规则。

富国与富家

再后面的一段，司马迁就从历史的角度提出了一个"明证"——"上则富国，下则富家"，也就是说，富国与富家在道理上基本是贯通的。在此，司马迁举了越王勾践的例子。

越王勾践败于吴，被困于会稽之上，但是他用了两个重要的人：范蠡、计然。计然说："知斗则修备，时用则知物，二者形则万货之情可得而观已。"意思就是，如果一个国家能够一方面照顾到经济，一方面照顾到军事，那么国君所需的东西也就齐备了。接下来的问题就是，如何在经济上有所安排呢？很简单，你看一下基本的规律，基本的"物之理"。一般来说，在农业上"丰收"与"干旱"参半。如果十二年当中有六年基本上是丰收的，另外一半就是没有办法丰收的。而且，每十二年大概就会出现一次大饥荒，有时候是水灾，有时候是旱灾，所以必须要从"或然率"上去做准备。在干旱的时候，反而必须准备船只，遇到了水灾的时候，反而要准备车。因为干旱结束后必有大水，大水结束后必有干旱。

另一个关键的原则在于"物价"，而受物价影响最大的是农作物。计然同样给出了一个公式。谷价如果低到二十钱一斗，则"谷贱伤农"。可是谷价高就好吗？如果谷价高到九十钱，那些必须买食物的升斗小民就倒霉了。所以必须控制物价。不过，控制物价不是说任何时候粮食只能够卖四十五钱，而是要给出一个基本范围——"上不过八十，下不减三十"。要让谷价维持在这个范围内，才能够"农末俱利，平粜齐物，关市不乏"——"末"就是一般的升斗小民——在一定物价范围之内，事物才会有正常的流通，这就叫作"治国之道"。

春秋末战国初，各国的货币形态开始慢慢成熟。范蠡、计然的一个基本原则和理想是，一国之中应该做到"务完物，无息币"。在这个经济体系里做到货币流通，货币越是流通，就越能促成物物之间的交易，使得缺乏物资的地方得到物资，生产过剩的地方把多余的物资送出去。货物交易中，有一些非常根本的道理，例如说，最关键的货物是粮食，可是粮食是会腐坏的，无法长期囤积，要去衡量有余与不足。如果用一种清醒的、冷静的眼光去衡量有余和不足，也就能够预测所有价值的变动。用今天的经济学原理来解释，如果有某类产品，其价值非常高，一定会有越来越多的人投入生产，就产生了供给上的增加。供给到了一定的程度，价格势必下跌。倒过来，如果某种产品的价格太低，没有人愿意生产，供给少到一定程度，价格也就上去了。每样东西都有相对的价格，现在贵重得不得了的东西，也可能有一天低贱如粪土。倒过来，现在非常低贱的东西，如果不仔细看它的变化，总有一天也会变得像珠玉一样珍贵。如果能够让钱币"行如流水"，久而久之，国家必然能够累积财富，进而变得强大。

越王勾践采纳了范蠡、计然的建议，果然在十年当中累积了庞大的财富。然后他"厚赂战士"，为越国打仗的人可以得到非常丰厚的待遇。有这么丰厚的待遇，这些士兵打起仗来比谁都英勇，因此本来比较弱小、地理条件糟糕的越国，反而战胜了吴。越王勾践达到了报仇的目的，甚至更进一步"观兵中国，称号'五霸'"。

在会稽之耻雪耻之后，越王勾践报完仇，范蠡感叹道："计然之策七，越用其五而得意。既已施于国，吾欲用之家。"于是范蠡离开了政治圈，"乘扁舟浮于江湖，变名易姓"。他到了齐，改名"鸱夷子皮"。

为什么要去齐国？《货殖列传》中有一个背景，那就是在所有货殖的发展上面，齐国是最早而且效果最显著的国家。《货殖列传》中有这么一段话：

> 太公望封于营丘，地潟卤，人民寡。于是太公劝其女功，极技巧，通鱼盐，则人物归之，繦至而辐凑。故齐冠带衣履天下，海岱之闲敛袂而往朝焉。

换句话说，太公望绕过了一般的生活，把自己的经济予以专业化，累积了财富，从而吸引人民来到齐。到后来，齐不但解决了人口不够的问题，社会组织和文明程度都有很大发展。"冠带衣履天下，海岱之间敛袂而往朝焉。"齐国越来越强大，变成东方的一个重要中心。

后来有一段时间，"齐中衰"，然后遇到了管仲。管仲在这里设立了轻重九府，开始发展货币经济，掌管各种货物的流通，辅佐桓公成为春秋五霸当中的第一霸，"九合诸侯，一匡天下"。管仲不只帮助了齐桓公，自己也得到了很多利益，虽然在身份上他只是一个大夫，可是累积的财富多过当时的许多国君。

"仓廪实而知礼节，衣食足而知荣辱。"到了齐威宣王的时候，经济基础打牢，齐国就发展出封建上复杂而优雅的"礼"。因此司马迁在《货殖列传》里说，"君子富，好行其德；小人富，以适其力。渊深而鱼生之，山深而兽往之，人富而仁义附焉。"他对于经济的成就给予了非常高的评价——只要富起来，对君子、贵族，也就是那些地位高的人有好处，能够让这些人得以深化自己的人生；对小人也有好处，让一般的升斗百姓也能够发展自己的能力。这是自然的，并非任何人所能控制。金钱是人取得尊严非常重要的一个依据，所以俗谚讲："'千金之子，不死于市。'此非空言也。"这都是财富所产生的正面效果。司马迁不愿意依循原来的基本看法，把财富看作毒蛇猛兽，应该被节制甚至被排除。

在这个背景下，范蠡要将这些生财之计用在自己身上，所以才先到了齐。过了一阵子，他又离开齐到了陶——也就是今天的南阳——在那里又换了一个名字，叫作朱公。

陶在"天下之中，诸侯四通，货物所交易也"。这里是水陆码头，一个交通枢纽，各地货物都会来到这里。所以范蠡就在这里"治产积居。与时逐而不责于人。故善治生者，能择人而任时。十九年之中三致千金，再分散与贫交疏昆弟。此所谓富好行其德者也"。范蠡用这种方式成了典范，因此后来中国讲到有钱人，一般都称其为"陶朱公"，指的就是范蠡。范蠡是用了计然的策略致富，而计然的策略是为越王勾践规划的。换句话说，在司马迁的眼中，货殖有一种特性，不管是经营自己的人生，还是要经营一个社会、国家，是一套共通的道理。

史家：独立思考者

讲完计然、范蠡之后，司马迁接下来讲的是一个特别的人——子贡。子贡的其他事迹写在《仲尼弟子列传》当中，所以这里讲得非常简短。司马迁一定要在《货殖列传》里面提一下子贡，也是为了破除当时普遍认为的儒家的基本态度。

子贡作为孔子身边最重要的弟子之一，在孔子死后结庐守丧，守得最久，对孔子极其敬重。然而作为儒家，作为孔子弟子，怎么可以做生意，怎么可以去逐利呢？在《仲尼弟子列传》当中也许不会问这个问题，但是到了《货殖列传》，司马迁事实上就在回答这个问题。

简单地说，居丧是需要物质条件的。子贡是孔子弟子当中最有钱的一个，他的经济基础可以让他无所事事，只在那边守丧。子贡是孔子的弟子，他离开孔子之后曾经在卫担任一阵公职，后来在曹、鲁之间做生意，所以他在七十子中是最有钱的。同样是孔子的弟子，原宪是连糟糠都不见得可以随时吃到、吃饱的，更不要说他的居所永远都在穷巷里了。

反观子贡，一出门就是一大车队随行的派头。因为他有这样的财货，所以无论走到哪个国家，国君都非常尊重他，需要用对待另一位国君的礼节去招待子贡。而且，能够让孔子名扬天下最关键的人物、最关键的支持力量，也是子贡，所以司马迁说，"此所谓得势而益彰者"。孔子本来就非常了不起，因为有子贡这种"得势者"，能够让孔子的光亮传播得更远，得到更高的地位。

用这种方式，司马迁在他的列传最后一篇再度表现出一个史学家的追求——成一家之言。《货殖列传》是一个独立思考者的示范。在那个时候只有几家的思想和立场，儒家、道家又是主流当中的主流，但是司马迁在《货殖列传》一开头就挑战了老子。从他的角度看，老子也不是每句话都是真理。相反，老子自己的道理中也可能存在矛盾，是需要读者去认真检验的。后面，当他在讲子贡的时候，也是在破除人们对儒家的许多刻板印象。

如果继续追溯下去，司马迁还在《太史公自序》里面引用了父亲司马谈的《论六家要旨》。更进一步地说，司马迁的立场叫作"史家的立场"，是一个更高、更超越的立场，不依循任何一家，用来自历史的累积去评断各家的主张。从历史的角度，必须要观察、记录不同的现象，在观察与记录的过程当中，也就不得不承认人的现象的多元性。在这样的情形底下，跟随任何一套理论都不会是史家的立场和态度。一个史家，非得是一个独立思考者不可——正是在独立思考当中，诞生了一家之言。

简短的结语

为什么要读《史记》

司马迁的历史态度

我们今天要读《史记》，首先会遇到两个问题：为什么读？用什么方式读？

和所有中国传统经典一样，《史记》是在与我们不一样的环境及时代中产生的。经典最简单的定义是"经过时间淘洗后存留下来的古书"，久远之前的人们面对不一样的生活环境和课题，将他们思索的内容写成文字，然后一代一代传留下来，成为经典。较之同时代的书籍，传统经典可以使我们离开有限的视野和熟悉的现实，感受不一样的人类经验。当然，能够留下来的经典不仅在时间上古远，还包含了一些经过不同时代、不同社会反复检验的共同价值。这些可能是人类共同的遭遇或命运，也可能是不同世代累积下来的共同智慧。

此外，今天我们读《史记》，还可以学习司马迁看待历史的态度，以及书写历史的方式。在一般的教育体制下，从课本里学到的往往是一堆固定的事实，往往让人以为历史就是什么时间什么人在什么地方做了什么事。用这种方式学习历史会有两个严重的问题：第一，我们以为历史都是拿来背诵的，而为了应付考试背下的这些事实，绝大部分都会在考后迅速遗忘；第二，我们很难去思考究竟可以在历史中学到什么，尤其是与现实相关的智慧。

司马迁不是用这种方式看待历史的。在读《史记》时，我们首先要了解司马迁的"史识"。单纯看数字，《史记》有一百三十篇，多达五十二万余字，是一部很庞大的书。但是换一个角度来看，《史记》横跨几乎三千年的时间，把中国发生过的所有事情、曾经存在的人、累积下的经验，只用这五十二万余字来记录，可以说是极为精简。司马迁在处理三千年来所发生的事情时，他在用一种清楚的意识，一个衡量历史轻重厚薄的标准，去判断到底应该把什么写进来，把什么排除在外。这样的选择标准用我们的观念来说就叫"史识"。

"史识"与"史观"密不可分。当我们认为历史就是一些固定的事实时，就没有史观存在的空间，即不管什么样的人来写，历史总是那堆东西，不管是张三还是李四来写，都不会写出不一样的东西。但是，历史如果真是如此，就没有史学存在的必要，也不可能比较什么历史书是好的，什么样的历史学家比较杰出。

历史真正重要的不是事实，而是事实与事实之间的关系，或者进一步说，是解释"如何"及"为何"，这是与我们当下学习历史的态度差异最大的地方。按司马迁的态度，历史不是一堆"What"，重要的是"How and Why"。在个人层次上，一个人为什么会用这种方式讲话做事？作为一个群体，彼此行为之间的互动会产生什么模式，他们为何如此？某些事情会导致什么样的后果？为了达到某种目的又选择何种手段？这些都在历史里，也是我们理解、研究史学时最重要的挑战。

当我们以这样的视野和方式去整理丰富庞杂的史实，就会对人类行为有一个合理的解释，从而碰触到普遍的人类经验，真正做到以古鉴今，让历史对当下现实有所帮助。司马迁在著作中清楚地展现了这种历史态度。他用了几个重要的观念解释《史记》的目的。

首先是"究天人之际"。简单来说，在解释历史上人的行为、判断是非善恶时，必须区分这是不是意志可控的事情，有些东西人再怎么样努力也无法改变，比如说像命运般庞大的东西，或者人与人之间的社会限制。要公平地评价一个人，从他的行为因果中得到智慧，就一定要区分"天"与"人"。司马迁讲的"天"指庞大的背景，是与个人努力无关的部分，而"人"就是一个人如何思考、如何选择、如何作为，在最后如何承担责任。

司马迁还告诉我们，要好好在历史中学习，就要"通古今之变"，即在时间之流中，不仅要看单一事件的来源、发生、变化，还要把眼光拉高，看长时段里的人在集体行为中如何运用权力，组构社会，进行交易。这类集体的行为，在更长的时间周期里就必然有一种特别的模式，在司马迁的语言里，这个模式就叫作"通古今之变"。这个概念的重点在于"通"，即它不是个别事件的解释，而是能够归纳的、更明确的模式。我们掌握之后，不管是看待古人还是分析今人，都能够有一种超越时间的眼光。

能够在历史中"究天人之际"，"通古今之变"，也就彰显出司马迁另一个巨大的野心，即"成一家之言"。这仍然与我们的历史观念不一样，历史怎么会是每个人说来都一样呢？对司马迁来说，如果你说不出"一家之言"，提不出自己的独特看法，比如周代怎么瓦解、秦始皇如何统一六国、汉武帝如何改造汉朝，就根本不配做历史学家。写历史就要写到"成一家之言"，不能人云亦云。

　　所以，我们今天读《史记》，就是学习如何解释历史，如何在其中区分出命运与人的意志，在历史里看到更加庞大或长远的模式。这些与我们今天对历史的观念差距太大，必然会给予我们很多刺激。

《史记》的地位

　　认识《史记》有若干种方式，包括如何理解它两千多年来在中国史学和文学上的特殊地位。

　　从史学角度来看，中国人的历史意识在早期就已经很发达了。中国的历史在周代发生重要转折，直到 20 世纪我们才比较仔细地掌握了周之前的商代文化。从文献或考古资料上看，商代的文化非常奇特，它背后有着一个神鬼交错的世界。在商代人的意识中，现世活人所在的世界与死人或者灵魂所在的世界交错。我们看不到、触摸不到后者，但可以通过各种渠道，包括灵媒或动物，跟它来往。那个世界就在生者身边，与生者没有截然的差异。所以我们会在商代文化里看到很多沟通天地的精巧描绘。

　　不过，自从西边的周人崛起后，这种文化就有了很大的改变。在公元前 12 世纪到公元前 11 世纪之间，周人剪商成功，建立了新的政权，同时带来了全新的政治制度和文化。新的政治制度叫作封建制度，新的文化就依附封建制度而成立。封建制度来自亲族系统，换句话说，它的核心概念与精神最看重自然的亲族关系，作为父亲、儿子、叔伯、侄子外甥，你是什么样的身份，在一般的生活礼仪乃至政治权力上就做相应的行为。由此，我们认识的中国历史与文化才真正浮现出来。

　　周人这种价值观带来了一个很重要的需求，即必须保留宗族系统的记录，使第二代、第三代乃至更久之后的人们仍能清楚每个人与其他人的亲族关系，这就要依赖记忆，而人的记忆没有那么可靠，自然必须依赖记录了。

在中国上古的考古资料、金石资料里面，青铜器的用法在商代到周代之间明显出现了很大的变化。在商人那种鬼神世界中，青铜器是人与非人世界的交流工具，所以铸刻了以动物为主的各种纹饰。我们可以想见，在仪式中，鼎或者其他青铜器里焚煮东西的香气、烟往上传，商人相信这样就可以与住在上面超越现实世界的祖先进行沟通。

周人从商人那里继承，甚至应该说"偷"来铸造青铜器的方法，但是他们铸造的青铜器的重点特征改变了。商人青铜器表面华丽复杂的艺术性纹饰，或者说功能性的神鬼交会的纹饰慢慢被忽略，取而代之的是铭文，即把文字刻铸在青铜器上。为什么要在青铜器上写字呢？我们要看到青铜器铭文的固定形式。青铜器铭文和周人发展出的其他记录方法，都是为了让这种关系，以及围绕这种关系所需要的经验永久保留下来。在此开始诞生中国非常强大的意识传统，也就是大家经常听到的，在世界各种文明中，中国人的历史意识最发达，历史记录最完整，这部分来自周人在建立封建制度过程中，功能性地保留了这些资料。

但是这种意识在功能性作用之后发生了各种深化、变形，其中最重要的阶段在春秋时代，这时出现了《左传》。原来只是为了把人与人的关系、与礼仪有关的部分记录下来，现在则进一步出现了特殊面向，被赋予了新的意义和教训。换句话说，从《左传》开始，如果不学历史，不去继承自古以来流传下来的经验，生活就会变得危险而艰难。不知道前人遇到了哪些事情，他们用什么方式去面对，又如何解决，与懂得从历史中吸取教训的人相比自然远远不如。从这里开始，东周历史的记录进入王官学的系统里，变成了贵族教育中非常重要的一部分。

从这个脉络看下来，到了汉朝，我们才能够了解，司马迁的《史记》是这种传统的集大成者。《史记》是一部通史，也就意味着是人类有意识、有经验以来的总和。通史是时间的完整呈现，司马迁要从开天辟地、人怎么来、人的社会怎么来、人的历史怎么来开始写起。通史不会有真正的终点，因为时间要继续流下去，不过在现实上，司马迁只能把历史写到自己那个时代。这件事情本身的意义非常重大，因为这是中国历史意识的一次提升与突破。在这个时候，历史取得了一种整体性，不再是一块块、一段段的。一个人一辈子发生了什么事，或者稍微长一点，一朝一帝或者从一个家族的建立到灭亡，这都是一段一段的历史。我们有看待这些片段的眼光，但司马迁用他的著作让我们认识到，当我们把历史当作一个整体时，所看到的历史、从里面学到的内容，以及因此认识到的世界与道理，是完全不一样的。

所以历史有不同的意义，最浅显的诸如昨天的事情教会我们今天怎么面对现实，而深邃的哲学性意义则要把历史作为总体来掌握和理解。从这个意义来说，司马迁在中国历史意识的深化上厥功至伟。在《史记》之前与之后，如何看待历史、历史包括什么、历史可以给我们什么，是彻底不同的。至少从这一角度，司马迁不但写了一本书，而且改变了中国文化，他的方式直接建立在中国文化最核心的一个面向，即如何看待历史上。这个态度是由司马迁建立的，此后无论谁进入中国文化、进入中国历史，都无法遗忘。